안종화

「한국영화 40년 약사」

영화진흥위원회 엮음

KB192733

kofic 영화진흥위원회
Korean Film Council

일러두기

* 『안종화 「한국영화 40년 약사」』는 원고 그대로를 영인하였으며 독자의 이해
  를 돕기 위해 윤문과 교정을 거친 글을 함께 싣고 해제를 덧붙였다.

* 각각의 글과 글 사이에 각 시기별 영화제작에 사용되었던 카메라를 소개하는
  짧은 글(『카메라로 본 한국영화사』)을 삽입하여 당시 영화 제작 상황을 엿볼 수 있게
  하였다.

* 영화의 작품명과 연도는 한국영상자료원 한국영화데이터베이스(KMDb)를
  따른다.

* 당대 자료 인용은 원문의 표기를 따르되, 맞춤법과 띄어쓰기는 경우에 맞춰
  국립국어원의 『표준국어대사전』을 따른다.

* 문장부호는 다음과 같이 표기한다.

  - 홑낫표(「 」): 신문, 잡지, 단행본, 학술지, 논문에 수록된 개별 글과 보고서 제목

  - 겹낫표(『 』): 신문, 잡지, 단행본, 학술지 제목

  - 홑화살괄호(〈 〉): 영화, 드라마, 시나리오, 공연예술 등의 작품 제목

  - 큰따옴표(" "): 직접 인용

  - 작은따옴표(' '): 간접 인용과 강조

영화이론총서 41

안종화

「한국영화 40년 약사」

영화진흥위원회 엮음

kofic 영화진흥위원회
Korean Film Council

목차

사진·표 목차

사진 목차

표 목차

발간사

    영화진흥위원회는 영화 연구자를 비롯하여 영화를 사랑하는 모든 분들을 위해 1979년 제1집 『영화예술로의 성장』을 시작으로 2024년 제40집 『시네필의 시대』 등 영화 분야의 다양한 주제를 다루는 '영화이론총서'를 발간하고 있습니다.

    「한국영화 40년 약사」의 저자 안종화(安鍾和, 1902~1966)는 <해의 비곡>(1924)의 출연 배우이자 <꽃장사>(1930), <노래하는 시절>(1930) 등의 작품을 연출한 감독입니다. 그중 <청춘의 십자로>(1934)는 오리지널 네거티브 필름이 발굴되어 2007년 복원된 현존하는 가장 오래된 무성영화시대 극영화 작품이기도 합니다.

    1961년 한국영화인협회 주최로 안종화의 영화 생활 40년을 기념하는 사업으로 기획되어 한국영화의 이면 비화를 회고록 형식으로 서술한 『한국영화측면비사韓國映畵側面秘史』(1962)는 먼저 발간되었지만 정사(正史) 형식의 「한국영화 40년 약사」는 자료를 수집하고 정리하는 데 그친 미발표 원고였습니다. 1979년 한국영화 60주년 기념으로 전시와 행사를 준비하던 중 「한국영화 40년 약사」의 친필 원고가 안종화 감독의 배우자이신 이애경 님의 기증으로 영화진흥공사 발행잡지 『영화』 5, 6월호와 7, 8월호(총 2회)를 통해 일부 소개되었고 '2024년 국가기록원 맞춤형 복원·복제 지원' 선정을 계기로 해당 원고를 다시 검토하고 출간을 하게 되었습니다.

『안종화 「한국영화 40년 약사」』는 영화감독이자 배우 그리고 영화사가로서 안종화라는 인물의 일대기를 따라가면서 '활동사진 도입 초창기 시기에서 1961년 5·16 이후까지' 한국영화사를 되짚어보는 데 의미가 있을 것입니다.

안종화가 집필한 「한국영화 40년 약사」는 활동사진 도입 초창기 시기부터 1961년까지 한국영화사를 총 13개의 장으로 정리하여 한국영화의 전반적인 흐름을 기술하고 있습니다. 더불어 「안종화 「한국영화 40년 약사」의 특징과 의미(김종원)」부터 「안종화의 배우 시절: 여형배우에서 화형배우로(한상언)」, 「카프영화 운동과 안종화(이효인)」, 「안종화의 초기 연출작 <꽃장사>와 <노래하는 시절>(김명우)」, 「식민지 조선의 멜로드라마가 우리에게 말해주는 것: <청춘의 십자로>(정종화)」, 「조선일보사 주최 '제1회 영화제'와 안종화의 영화사 서술(이화진)」, 「해방기 안종화의 역사극과 '민족'이라는 화두(전지니)」,

「안종화 감독의 경찰영화 <수우>에 관한 재고찰(함충범)」, 「한국전쟁 이후 안종화의 영화계 활동(유창연)」, 「한 손에는 '메가폰(megaphone)', 한 손에는 '교편(敎鞭)'을: 안종화의 영화교육 활동(남기웅)」, 「카메라로 본 한국영화사(조성민)」까지 안종화의 「한국영화 40년 약사」를 기반으로 그동안 축적된 한국영화사의 자료를 재검토하고 다양한 관점이 반영된 총 11편의 원고도 담고 있습니다.

마지막으로 『안종화 「한국영화 40년 약사」』의 발간을 위해 애써주신 모든 분께 감사의 마음을 전합니다. 앞으로도 영화진흥위원회는 영화산업, 영화문화, 영화사 등 다양한 영화 분야의 자료를 발굴하고 발간하는 데 노력을 기울이겠습니다. 여러분들의 많은 성원과 관심 부탁드립니다.

영화진흥위원회 위원장
한 상 준

영화이론총서 41

안종화「한국영화 40년 약사」

제1부

1. 한국영화 40년 약사

2. 안종화 「한국영화 40년 약사」의 특징과 의미

1. 한국영화 40년 약사

안종화

1) 영화에의 서곡

한국에서 움직이는 사진(활동사진)이 공개된 것은 1897년 가을, 서울 충무로(당시는 니현(泥峴)이라 했음) 어느 회관에서가 최초였다고 전문(傳聞)되고 있으나 확실한 근거는 없는 이야기이고 그 이듬해인 1898년 서울 서대문 밖에서 연초회사(煙草會社)를 경영하고 있던 영국인 '아스트 하우스(?)'라는 사람이 남대문에 있는 어느 중국인 창고를 빌려서 프랑스의 단편 필름을 상영했다는 것은 기록되어져 있는 바이다.

이는 화차(汽車)와 기선(汽船)이 움직이고 풍경이 전개되어지는 식의, 내실도 아무것도 없는 한낱 '카메라·워어크'에 불과한 단편이었지만 관객들(엄격히 말하면 '구경꾼들')은 사진이 움직인다는 사실에 흐뭇한 표정들을 지었고, 입장료(入場料)로 받는 연초(煙草) 공갑(空匣) 열 갑을 구하느라고 애들을 썼던 것이다. 이것은 자기 회사의 담배를 선전 판매하고자 하는 상술에 불과한 것이었으나 이를 한국에서의 활동사진 상영의 첫 출발이라고 볼 때에는 기록할 만한 일인 것이다.

이러한 상태로 4~5년이 지난 후 동대문에 최초로 영화관람장이 나타났으나 이 역시 연초 선전과, 처음으로 부설한 전차의 승객을 유도하기 위해서 시도된 선전책의 일환이었고 상영물도 전의 것과 비슷비슷한 것이었다. 그러나 이즈음에는 소위 '팬'이라는 영화애호가들(주로 청소년층)이 많이 생겨서 저녁이 되면 이곳 영화 관람장은 성시를 이루곤 했다. 이 최초의 영화 관람장은 좀 후부터 '광무대(光武臺)'라 불리어져 상당한 기간 동안 활동사진뿐만 아니라 연극도 상연되어지곤 했다. 이 시절엔 상설관(常設館)은 물론 없었고, 새로운 필름이 도착되어지는 대로 그때그때 흥행을 했던 것이며 어떤 때는 같은 필름만을 계속하여 상영하였으나 관객의 발걸음은 여전하였다.

1910년 그러니까 한국에 활동사진이 최초로 공개된 지 열세 해 뒤에야 활동사진 상설관은 나타났다. 을지로 1가에 일본인에 의해서 '고등연예관(高等演藝館)'이 건립된 것을 효시(嚆矢)로 관철동에 '우미관(優美館)', 종로(鐘路)에 '단성사(團成社)' 등이 섰던 것이다.

이렇게 해서 본 궤도에 오르기 시작한 영화 흥행은 그것의 대부분이 미국영화, 일본영화, 프랑스영화들이었으니 남촌(종로이남)의 상설관에서는 일본의 것이었고 북촌(종로이북)에서는 프랑스의 것이었다.

이 무렵부터는 해설자(解說者)도 등장하기 시작하였으므로 서양의 진보적 문물과 예의(禮儀), 풍습(風習), 의류(衣類) 그리고 생활양식 같은 것도 단편적으로나마 쉬이 짐작되어졌고 이것은 흥미 이상의 개화에의 지도서적인 역할도 했었던 것이니 청소년 학생층이 여기에서 얻는 지식은 실로 다대했던 것이다.

이렇듯 영화 '팬'들이 격증하고 외화의 흥행이 성공적이었건만 활동사진이 소개된 지 십수 년이 경과하도록 한국 내에서의 국산 영화는 나타날 줄을 몰랐다. 이것은 피압박 민족이기 때문에 각 부문의 예술 활동이 억압당하고 통제를 받아 감히 새로운 예술, 특히 영화 같은 엄청난 '스케일'의 것을 제작해 볼만한 용기가 없었던 데서 기인되었던 결과이다. 결국 한국에서의 영화 제작은 일본인에 의해서 시도되었던 것이니 이는 이상(異常)한 것이었다고 하기보다는 오히려 당연한 것이었다고 보아야 하는 것이다.

1910년 8월 치욕적인 한일합병(韓日合倂)이 선포된 이후로 증가되기 시작한 일본인들의 도항(渡航)은 한국 내에서의 각계각층에서마다 실권을 장악하는 현상을 만들었던 것이고, 이 먹음직스런 영화 흥행에도 그들은 거리낌 없이 착안(着案), 명목상의 '국산영화'를 제작했던 것이다.

2) 초기의 영화제작

조선키네마사가 창립되기까지

한국에서 최초로 영화 제작이 시도된 것은 1918년 신파극의 전성기가 지나고 연쇄극(連鎖劇)의 유행이 시작되려던 때로서 당시의 극단들은 새로운 기획으로서 '연쇄극 활동사진'을 제작하기 시작했다. 극단 '신극좌(新劇座)'의 <의리적 구토(義理的仇討)>(1919)[1]를 필두로 '혁신단(革新團)', '문예단(文藝團)' 등의 극단들이 동경으로부터 일본인 기사를 초빙하여다가 일본의 신파 '연쇄극'을 모방 촬영하여 무대의 장면과 장면 사이에 영사하였던 것이다.

그러나 이러한 몇 장면의 연쇄극의 필름은 연극에의 보조수단에 지나지 않는 것으로서 한국 고유의 인물, 풍경 같은 것을 최초로 스크린에 옮겨 비추어 주었다는 효시적(嚆矢的) 의의 외엔 하등의 가치도 없는 것이었다.

영화 독자(獨者)만의 필름이 제작 공개된 것은 1920년의 일로서 극단 '취성좌(聚星座)'가 경기도청 위생과의 위촉(委囑)을 받아 '콜레라'를 예방하기 위한 내용의 영화(활동사진적인 것이었지만)를 만들었던 것이다. 그러나 이것 또한 '연쇄극 활동사진'이 아니었다 뿐, 형식이나 내용 등은 수준 이하의 활동사진(영화 아닌)적인 것이었다. 이러한 일련의 '연쇄극필름'의 제작이 거듭되다가 1922년에야 활동사진 선(線)에서 일보 전진된 영화가 제작되기 시작했다. 윤백남(尹白南)이 체신국의 의뢰를 받아 저축사상(貯蓄思想)을 높이기 위한 내용의 <월하의 맹서>(1923)를 이월화(李月華)를 주연으로 하여 제작하였고, 일본인 하야가와 마쓰타로(早川增太郎)[2]가 해설계(解說界)의 인기자(人氣者)이던 김조성(金肇盛)을 주연으로 하여 <춘향전(春香傳)>(1923)을 만들었던 것이다.

그러나 상기한 두 작품도 활동사진으로부터는 전진된 것이었지만 영화라고 보기에는 아무래도 부족한 것이었다. 어쨌든 <월하의 맹서>는 한국에서의 극영화 제작의 시초였다는 점에 의의가 있는 것이고, <춘향전>은 흥행을 목적으로 제작된 본격적인 극영화였다는 점이 특기할 만한 사실인 것이다.

<춘향전>은 그 원작이 한국 삼대 고전 중의 하나로서 일반 민중

들에 의해서 이루어진 '국전문학(國傳文學)'적인 것이어서 영화로서는 보잘것없는 것이었지만 흥행 상으로는 성공이었다. 이 영화를 제작한 일본인 하야가와 마쓰타로는 원래 중학 교사였는데 문화사업에 눈을 떠 '조선극장'과 '황금연기관'을 경영하던 것이었는데 <춘향전>의 흥행이 성공함으로써 그가 만든 '동아문화협회'도 발전, 영화 제작이 계속되어졌다. 이 무렵부터는 한국에서도 구태의연한 신파극에 반대하는 신극운동이 시작되어 '토월회(土月會)'같은 신극 극단이 혁신적인 내용의 연극을 공연하기 시작했는데 같은 신극 운동단체인 '무대예술연구회(舞臺藝術研究會)'가 부산에서 신극을 공연하는 것을 본 일본인 자본가들이 이들 '무대예술연구회'의 멤버를 전원 포섭하여 공칭자본금(公稱資本金) 20만 원의 대기업회사인 '조선키네마사'를 창립하였다. 현재, KBS부산방송국 자리에 사옥을 정하고 제1회작으로서 <해의 비곡(海의 秘曲)>(1924)을 제작하였다.

영화 <해의 비곡>은 일본인 다카사 간죠(高佐貫長, 후일 왕필렬(王必烈)이라는 한국식 이름을 사용했음)이 각본과 감독을 겸하고 이월화, 안종화(安鍾和)가 주연한 작품이었는데 일본 동경의 '조일회관'에서 시사를 볼 때, 일본 영화인들에게도 절찬(絕讚)을 받아 '니카츠(日活)영화사'의 연간 육본(六本)씩의 영화를 수입하겠다는 제의를 받아들여 수출계약이 맺어졌던 것이다.

그 후 '조선키네마사'는 윤백남을 입사시켜 그로 하여금 <운영전(雲英傳)>(1925)이라는 이조 사화(史話)에서 취재(取材)한 영화를 만들게 하였다. 그러나 <운영전>은 작품상으로나 흥행 상으로나 실패를 거둬 '조선키네마사'는 이로부터 사양(斜陽)의 길을 걸었다.

당시 실정으로 보아서 대자금(大資金)을 투입하여 한 편의 영화를 만들기도 어려운 일이었거니와 웬만큼 한 작품이 아니고서는 제작비 정도의 흥행 수입도 곤란하였던 것이니 <운영전>은 전작 <해의 비곡>에서처럼 일본에 수출할 수 있을 정도의 작품이 못되어 제작비의 반액(半額)도 뽑아내지 못했던 것이다.

그러나 이 회사로부터 조선영화의 주석(柱石)이 된 안종화, 이경손, 나운규, 남궁운, 이월화 등의 제 인재가 배출된 것은 특기할 만한 소득이었다 아니할 수 없는 것이다.

3) 독립 프로덕션 난립의 발단

'조선키네마사'에서 <운영전>을 만들었다가 실패를 본 윤백남은 즉시 '조선키네마사'를 탈퇴하고 연구생으로 있던 전원을 데리고 서울에 올라와 '윤백남프로덕션'을 만들었다. 1925년의 일이었다. 여기서 윤백남을 잠깐 소개해 둘 필요를 느낀다.

백남(白南) 윤교중(尹敎重)은 일찍이 일본에서 공부했던 사람으로서 영화 이전 시대에는 연극인으로서 극계를 이끌던 사람이다. 비록 영화인으로서는 성공을 거두지 못했을망정 한국에서는 최초인 극영화 <월하의 맹서>를 만들었던 공로가 있으며 그가 만든 독립 프로덕션은 한국에서의 영화제작의 신기운을 진작시켰던 것이다.

'윤백남프로덕션'은 <심청전(沈淸傳)>(1925) 한 작품으로 그치고 말았으나 <심청전>은 그 제작 태도나 예술적 태도에 있어서 진지한 일면을 보여주어 관중들은 오락물로서의 흥미 이상의 감정으로서 이 영화를 대했던 것이며, 이로써 한국영화도 발전할 수 있다는 가능성이 충분히 입증되었던 것이다. 그리고 '윤백남프로덕션'은 후일 한국영화계를 오랫동안 주름잡았던 독립프로덕션의 선구적 모체가 된 개척자적 공로를 끼쳤던 것이며, 거기에서 후일 한국영화계의 중심인물, 특히 나운규, 이경손 같은 인물들이 성장했던 점은 특기할 만한 사실인 것이다.

그 후에 제작된 <멍텅구리>(1926), <쌍옥루(雙玉淚)>(1925), <비련의 곡>(1924), <흥부전(興夫傳)> 등은 한결같이 조잡한 작품들이었으며 맹목적인 흥행, 시험의 변두리를 벗어나지 못하였다. 이러한 시기에 조일제(趙一濟)는 자기의 전 사재를 투입하여 '계림영화협회(鷄林映畵協會)'를 만들어 영화제작에 하나의 신계기(新契機)를 만들었다.

조일제는 일찍이 신문인으로서 윤백남과 더불어 활약하던 사람으로 일본의 신소설을 번안(翻案) 발표하는 일면 신소설 창작에도 힘써, 초기 한국문단에 적잖은 공로를 끼쳤던 사람이다. 조일제는 제1회작으로서 일본의 신소설인 오자키 고요(尾崎紅葉)의 『금색야차(金色夜叉)』라는 자신이 직접 번안, 발표했던 것을 이경손으로 하여금 감독하게 했다.

<장한몽(長恨夢)>(1920)이라 제명을 붙였던 이 작품은 소설가요 신문기자인 심훈(沈薰)을 등장시켰을 뿐만 아니라, <장한몽> 자체가 일반인들에게 널리 알려진 작품이었으므로 흥행 상으로도 굉장한 히트를 했으며 따라서 여타 제작자들로 하여금 영화 기업에 관한 확고한 신

념을 주었던 것이다.

이어서 제작한 <산채왕(山塞王)>(1926)은 예상과는 달리 실패였다. 그러나 이들 작품들의 흥행 상의 성(成), 패(敗)와 내용 면의 호(好), 불호(不好)는 차치(且置)하고라도 '계림영화협회'는 제작기구로서 중요한 존재였던 것이니 '조선키네마사' 이후 부동상태(浮動狀態)를 면치 못하던 영화계가 이에 이르러 기틀이 잡혀가기 시작하였고 이 협회는 거의 전부라고 해도 과언이 아닐 후일의 주축 영화인을 양성해 냈던 것이다.

특히 '계림영화협회' 이후 일반 관객들의 영화에 대한 관심과 정열은 대단하여져서 서울 시내의 웬만한 곳에서도 'XX프로덕션'이라든가 'XX영화제작소'라든가 하는 간판을 볼 수 있을 정도로 당시의 영화인들은 비상한 의기와 정열로 영화제작에 전념하였던 것이며, 일반 관객들도 영화를 하나의 예술로써 인정하기 시작했고 지식인들의 영화계의 진출도 현저히 눈에 띄었던 것이다.

다시 말하면 이로부터 한국 영화는 맹목적인 시험적 단계를 벗어나 하나의 기업으로서, 예술로서 확고한 기반을 마련해 가기 시작했던 것이다.

4) 나운규의 활약

나운규는 '조선키네마사'에서 영화인으로서의 출발을 시작한 이후 <심청전>의 주연을 함으로써 그의 영화적 역량을 인정받기 시작하였다. 그러나 그 후(其後) 여타 동지들이 '계림영화협회'등에서 활발한 움직임을 전개할 때 유독 그만은 침묵을 지키는 듯했었다. 고향인 회령에 가있었던 것이다. 그러나 1926년 영화 <농중조(籠中鳥)>가 발표되자 세상에서는 깜짝들 놀랐다. 그의 작중 역은 조연인 듯했지만 그의 연기만은 지금까지 볼 수 없던 명연이었던 것이다. 이 영화에서 그는 각본 중 자기가 출연하는 장면은 자기 자신이 직접 각색하는 '우(愚)(?)'를 범했던 것이지만 스크린에 나타난 그의 연기는 훌륭했고 작품 전체를 놓고 보더라도 별 흠이 없었다. 보통의 경우 연기자가 제멋대로 자기 출연하는 부분을 고친다는 것은 언어도단인 것이다. 그러나 나운규는 파격적인 '우'를 범했던 것이다. 여기서부터 그의 '천재(天才)'는 작용하기 시작하였다. '우(愚)'를 '현(賢)'으로 끌어올리는 역량을 그는 가졌던 것이다.

'농중조'는 유행가(流行歌)로서 널리 알려진 노래였는데 영화화되어 흥행적으로도 크게 성공했고 이의 제작회사인 '조선키네마프로덕션'은 계속해서 한국 고유의 민요인 '아리랑'과 똑같은 제명의 영화 <아리랑>(1926)을 발표하였다. 각본, 감독, 주연 모두가 나운규였다.

침묵을 지키는 듯 보이든 그는 회령에서 이 희대(稀代)의 걸작을 썼던 것이다. 그때까지만 해도(사실은 지금에 있어서도 그러하지만) 각본, 감독, 주연을 겸하는 천재는 나타나지 않았던 것이고, 이와 같은 '천재'를 발휘한 나운규의 각본은 물론 연출도, 연기도 일종의 광적(狂的)인 경지에까지 들어선 듯한 느낌을 주는 것이었다.

이로써 나운규라는 이름은 방방곡곡에 널리 알려졌고 그는 천재 아닌 '괴재(瑰才)'였던 것이다.

<아리랑>에 그려진 내용은 슬픈 이야기였다. 단순히 한두 사람의 자연인들의 슬픔이 아닌 피압박(被壓迫) 민족으로서 수난을 받던 한국인 전체의 슬픔이었다.

　한국 고유의 향토와 풍속을 배경으로 피압박 민족이기 때문에 받아야 하는 압박, 착취 때문에 느끼는 울분과 반항이 <아리랑>에는 생생하게 묘사되어 있었던 것이며, 애조(哀調)를 띠고 흘러나오는 민요가락은 뭇사람들의 가슴에 감동을 주었던 것이다.

　이 작품이 왜제(倭帝) 당국의 검열을 통과할 수 있었던 것도 나운규의 기발한 머리에서 짜내어진 다음과 같은 교묘한 수단 덕분이었다.

　그는 피압박 민족으로서 고민하고 일제에 항거하는 주인공 '영진(永鎭)'을 정신이상자로 만들었다. 그리하여 일인 경관을 때려눕히는 통쾌(痛快)를 보여주고 보통 사람으로서는 감히 생각지도 못할 범행(실은 정당한 것이었지만)을 행하게 하고 끝내는 정신을 회복하여 일경의 손에 끌려가게 만들어, 보는 사람으로 하여금 통쾌감과 더불어 울분을 자아내게 했던 것이다. 그리고 원작자의 명의를 제작자인 일본인의 측근자의 이름으로 발표하여 검열당국자들의 신경을 무디게 만들었던 것이다.

　걸작 <아리랑>을 발표한 후로도 그는 계속해서 <풍운아(風雲兒)>(1926), <들쥐>(1927), <금붕어>(1927) 등을 발표하였다. 그리하여 작품에서나마 그는 그 독특(獨特)의 스타일을 엮어냈던 것이다. 맥맥히 흐르는 반항정신, 애조적인 낭만과 휴머니티는 그의 기발한 연출수법에 의해서 유려하게 그려졌다.

　이로부터 나운규는 한국 영화계의 왕자로 군림하기 시작하였다.

5) 그 외의 작품들

이즈음에 한때 제작을 중단하고 있던 '계림영화협회'는 재기하여 일본에서 연구하고 돌아온 소설가이자 영화인인 심훈을 기용하여 그로 하여금 <먼동이 틀 때>(1927)를 만들게 했다.

심훈은 탁월한 예술적 식견을 지닌 문인이었을 뿐만 아니라 전술한 <장한몽>에 출연한 이래 영화에도 깊은 관심을 품고 일본에 건너가 연출수법을 연구하고 돌아온 지식인이었으니 그가 만든 <먼동이 틀 때>가 우수하다는 평을 받았다는 것은 결코 우연한 일이 아니었다.

특히 이 작품은 새로운 연출수법을 사용하여 그때까지 유치한 상태를 면치 못하고 있던 여러 기술적인 면에 신기풍(新氣風)을 보여주었을 뿐만 아니라 본격적인 미술장치로서 화면을 아름답게 만들었던 것이다.

그리고 이를 전후하여 10여 편의 영화가 제작되었으나 다음의 몇 작품을 제외하고는 하나같이 논급의 대상이 못 되는 작품들이었다.

'극동키네마사'의 <괴인의 정체>(1927)는 그때까지 볼 수 없던 탐정극으로서 흥행이 좋은 편이었다. 이는 하나의 새로운 제작 태도를 보인 작품으로서 영화에 있어서의 기획이 새로워야 한다는 사실을 보여준 것이었다.

이경손 감독의 <봉황의 면류관>(1926)과 <춘희>(1928)는 어느 정도 시정(詩情)이 풍기는 작품으로서 화면이 대단히 아름다웠고 양심적인 작품으로서 예술성을 살리려고 애쓴 흔적이 보이는 것이었다.

기타의 것들은 저급한 관객을 상대로 하여 제작된 것이 대부분이었으나 흥행 상으로도, 작품 상으로도 실패를 보였던 것이니 당연하다면 당연하달 수도 있는 결과였다.

6) 내적 분열시대

이 무렵 안종화 주재 하에 이경손(李慶孫), 김을한(金乙漢) 등의 문단인 영화인이 관계한 '조선영화예술협회'라는 연구단체가 생겼다. 구태의연한 신파극 영화 제작을 지양하고 새로운 예술운동을 전개하기 위해서 신인을 양성해 내야 한다는 취지로서 발족되었던 것이다.

계속해서 '조선영화예술가동맹', '시나리오작가협회'가 생겨 한국영화계에 있어서는 처음으로 보는 영화이론과 영화 비평이 활발히 전개되었던 것이다.

이는 실제의 영화제작에 있어서는 그의 조직이나 이론이 확고하지 못했고 전문적인 연구가 결여되어 하등(何等)의 진보나 공적의 흔적을 남기지 못했다.

다만 이를 계기로 좌경 영화인들이 찬동(讚動)하기 시작하여 <유랑(流浪)>(1928)이니 <혼가(昏街)>(1929)니 <지하촌(地下村)>(1930)이니 하는 작품들이 만들어졌고 맹목적인 논쟁이 전개되는 등의 내적 분열이 비롯되기 시작하였던 것이다. 이에 강경히 반대하고 나선 것은 나운규 등의 사람들이었다.

'조선키네마사'를 탈퇴한 나운규와 그의 동조인들은 '나운규프로덕션'을 세우고 활발한 작품 활동을 전개하여 <잘 있거라>(1927), <옥녀(玉女)>(1928), <사랑을 찾아서>(1928), <사나이>(1928), <벙어리 삼룡>(1929) 등으로서 변함없는 인기를 떨쳤으며 흥행은 항상 좋았으나 전주(錢主)들의 배만 불렸고 그 자신은 항상 채귀(債鬼)들에게 시달림을 받았다.

그리고 무질서, 무계획한 그의 생활태도는 예술활동에까지도 크게 작용하여 그의 활약도 사양(斜陽)에 들어선 듯한 느낌이었다.

결국 '나운규프로덕션'은 해체되고 나운규는 수난을 받기 시작했다. 1930년에 이르러 '조선영화예술협회' 이후 침묵을 보이던 안종화 감독은 다시 선배 윤백남과 뜻을 같이하여 '문예영화협회'를 결성하였지만 별로 성과를 거두진 못했고 본격적인 영화연출가로 활약을 시작하여 <꽃장사>(1930), <노래하는 시절>(1930)을 만들었고 이규환(李圭煥)은 일본에서 귀국하여 나운규와 더불어 <임자없는 나룻배>(1932)를, 역시 일본에서 조명을 연구하고 돌아온 김성춘(金聖春)은 방한준(方漢駿)과 더불어 <살수차(撒水車)>(1935)를 그리고 박기채(朴基采)는 <춘풍(春風)>(1935) 등을 제작하여 유능한 신인들이 속속 배출되며 새로운 기풍을 조성해 가기 시작했다.

7) 발성영화의 출현

1935년을 전후하여서는 초창기에 활약하던 사람들이 퇴조를 보이고 안종화, 이규환, 방한준, 박기채, 윤봉춘 등의 신인 감독들이 본격적으로 등장하기 시작했으며 연기자들도 전택이(田澤二), 김일해(金一海), 이원용 등의 남자배우와 김소영(金素英), 문예봉(文藝峰), 현순영(玄舜英) 등의 여자배우가 새로이 등장하여 일대 전환을 보이기 시작했으나 작품은 한결같이 무성이었다.

이 시기에 수입 공개된 구미영화는(물론 일본영화도) 모두가 발성영화여서 관객들의 영화를 대하는 눈도 점차 변모해 가기 시작하였다.

그러나 유독 한국영화만은 무성의 상태에서 벗어나지 못해 관객들로 하여금 점차 흥미를 잃어가게 하였다. 이러한 시기에 기술자로 활약해오던 이명우(李明雨)는 그의 형 이필우(李弼雨)로 하여금 녹음을 맡게 하고 '경성촬영소'의 대표인 일본인 와케지마 슈지로(分島周次郎)의 뒷받침을 받아 최초의 발성영화 <춘향전(春香傳)>(1935)을 만들어 내었다. 이 작품은 공개되면서부터 화제를 모으기 시작했고 흥행도 대성공이었다. 지금까지는 '벙어리'만 대해 오던 관객들이었기 때문에 소리를 내는 영화(국산영화)는 신기하기만 했던 것이다. <춘향전> 이후로 '경성촬영소'는 제작비 관계로 <아리랑고개>(1935), <장화홍련전>(1936) 등의 무성영화를 제작하였고 '한양영화사'에서는 <아리랑 3편>(1936)을 발성으로 제작했다. 그러나 흥행은 별로 신통치 못했다. 첫 발성영화 <춘향전>의 경우와는 달라 관객들은 발성영화라 할지라도 작품의 질에 관심을 가지기 시작했던 것이다.

이러한 과도기적 시기에 이규환은 중국 영화계를 시찰하고 한국에 들른 그의 일본에서의 선배요 스승인 스즈키 시게요시(鈴木重吉)와 함께 <나그네(일명 여로(旅路))>(1937)를 제작하였다. <여로>는 기술이나 내용 등에 있어서 흠잡을 데가 별로 없는 작품이었다. 관객들은

<아리랑>을 보았을 때와 같이 심취(深醉)하였으니 주연인 왕평과 문예봉 등의 연기도 명연이었던 것이다.

이 작품은 한국영화 사상 <아리랑>에 비유되는 우수작이었으니 <춘향전> 이후 한때 위기에 들어선 듯한 기분을 주던 영화계는 이 작품으로서 모든 기우가 해소되어졌던 것이다.

이즈음에도 무성영화는 의연(依然)히 제작되어 안종화 감독의 <인생항로(人生航路)>(1937)와 <역습(逆襲)>(1936), 신경균(申敬均) 감독의 <순정해협(純情海峽)>(1937), 홍개명(洪開明) 감독의 <청춘부대(靑春部隊)>(1938) 등이 발표되었다.

본격적 발성영화 시대로 들어선 것은 1938년 이후로서 대규모의 영화기업을 목표로 '조선영화사' 같은 회사가 창립되어 새로운 기재와 촬영소 같은 시설도 세워지기 시작했다.

작품을 들어 본다면 예(例)의 '조선영화사'에서는 박기채 감독으로 하여금 <무정(無情)>(1939, 이광수 원작 장편소설)을, 이규환 감독으로 하여금 <새출발>(1939)을, 또 김유영(金幽影) 감독으로 하여금 <수선화(水仙花)>(1940)를 연출케 했고, 방한준 감독은 <한강(漢江)>(1938)을 윤봉춘 감독은 <도생록(圖生錄)>(1938, 유치진 원작 희곡) 등을 각각 연출하여 호평을 받았다.

8) 수난기

1938년경부터 일본은 군비확장에 광분하기 시작하였으니, 따라서 모든 물자도 차차 통제되어 배급화가 되어갔다. 영화 자재의 빈곤도 이 무렵부터 비롯되기 시작했고 제작활동은 위축 일로였다.

특히 1935년 나운규가 가작 <오몽녀(五夢女)>를 마지막 작품으로 발표하고 그 이듬해인 1936년 아깝게도 요절(夭折)한 후로 심훈, 김유영 등의 중축(中軸) 영화인들이 사거(死去)했던 것도 한국영화계에 있어서는 큰 타격이었던 것이다.

일제 당국은 영화 통제 정책으로서 생필름의 배급통제 외에도 전 영화인에게 등록령(登錄令)을 내려 영화인들의 활동까지도 감시하기 시작했다. 그러다가 1941년 드디어 영미영화의 수입은 금지하고 일본영화의 보급에만 주력하여 군국주의 사상의 주입에 전력하였다.

본격적인 수난은 1942년부터였다. 일제 당국은 산재하고 있는 한국인 영화 제작소의 기능을 말살하기 위한 방책으로서 개인의 제작활동은 일체 금지시키고 국책(식민정책) 단일회사를 만들었던 것이다.

'사단법인 조선영화사'라는 일종의 강제 노동소. 이의 실권은 물론 일본에서 건너온 삼, 사류의 기술자들이 장악하였고 한국 영화인들은 그 밑에서 기계적인 노동자가 되어야 했다.

뜻있는 영화인들은 이 회사에 입사하는 것을 거부하기도 하였으나 그에 대신해서 가야 할 곳은 전쟁터이자 강제징용지뿐이었다.

그래도 3~4명의 영화감독들은 용하게 피하였고 어떤 이는 차라리 전쟁터를 택하기도 하였다.

이러한 틈바구니 속에서 '조선영화사'는 <그대와 나(君과 僕)>(1941)이니 <지원병(志願兵)>(1940)이니 하는 일종의 '출병 선전사진'을 만들어 냈었다.

이러한 제작 통제가 있기 이전 민간 제작단체가 최후를 장식한 작품은 그래도 가작들이었다. 최인규 감독의 <수업료>(1940), <집없는 천사>(1941), 중국 상해에서 돌아온 <복지만리(福地萬里)>(1941), 일본에서 오랫동안 연출공부를 하고 돌아온 이병일 감독의 <반도의 봄>(1941) 등.

여기서 1935년 이후 민간회사 해산 직전까지에 발표된 발성영화들의 작품에 대해서 잠깐 얘기해 보기로 한다.

그것은 당연한 결과이기도 한 것이었지만 대부분의 작품이 기술적인 제 문제에만 편중하여 작품의 내용 면을 소홀이 취급한 폐단을 보였다.

그러나 이러한 현상은 갑자기 무성에서 발성으로 이천(移遷)되기 시작한 과도기적 단계에서 면하기 어려운 일시적인 현상이었으니 1940년대에 접어들면서부터는 기술적인 면의 향상과 더불어 내용적인 면도 충실해지기 시작했던 것이다.

이렇게 향상을 보이기 시작할 무렵에 일제의 발악은 일체의 한국의 자주성을 빼앗아갔고, 따라서 한국영화의 모든 면을 무참히 짓밟아 버린 것이었다. 그러나 1945년 8월, 일제의 연합군에 대한 무조건 항복은 이 땅에 광복이라는 뜨거운 선물을 가져다주었다.

9) 8·15 광복 이후

8·15의 해방은 실로 급작스러운 것이어서 정치, 경제, 사회 등의 모든 부문이 그러했듯이 영화계도 감격과 흥분 속에서 1945년 당년(當年)을 보내버리고 1946년 봄을 맞이하면서부터야 본격적인 활동이 시작되었다.

전한국영화제작가협회장인 이재명(李載明)이 이전에 '조선영화주식회'에서 제작실무를 담당했던 경험을 토대로 '서울영화사'를 창립하여 제작에 나섰고, 역시 광복 이전(통제회사 이전) '고려영화사'의 책임자로 활약하던 이창용(李創用)이 '고려영화사'를 다시 재건하여 제작을 시작하였다.

광복 이후 발표된 최초의 작품은 최인규(崔寅奎) 감독의 <자유만세(自由萬歲)>(1946)였다.

<자유만세>는 일제에 대한 반항과 광복의 기쁨을 그린 작품이었으나 그 후로도 이와 같은 류의 작품들은 속속 발표되었다. 독립투사(獨立闘士) '안중근'의 공적을 그린 <안중근 사기(安重根史記)>(1946), <3.1혁명기>(1947), <해방된 내 고향>(1947) 등을 들 수 있다. 이러한 일련의 작품들은 압제(壓制)와 위축 속에서 36년간을 살아온 관중들에게 갈채를 받았던 것이니 이것은 오히려 당연한 결과였다 할 수 있을 것이다.

이 무렵 김소동(金蘇東) 감독은 그의 제(弟) 김한일(金漢日)과 함께 '영화과학연구소'를 창립하여 영화과학의 진취를 꾀하는 한편 <목단등기(牡丹燈記)>(1947)를 제작하였는데 이 작품은 예(例)의 '영화과

학연구소'에서 최초의 국산녹음기(國産錄音機)를 조립(組立)하여 사용, 제작한 작품으로서 훌륭한 성과를 거두었다.

그 소재(素材)를 일제와의 투쟁(鬪爭)에서 취재(取材)한 작품은 1948년까지에도 계속해서 제작 발표되었다. 예거(例擧)해보면 <윤봉길 의사(尹奉吉 義士)>(1947), <불멸의 밀사>(1947), <민족의 절규>(1947), <유관순(柳寬順)>(1948), <성벽을 뚫고>(1949), <조국의 어머니>(1949), <애국자의 아들>(1949), <독립전야>(1948), <민족의 새벽>(1947) 등이다. 그러나 이러한 주류와는 다른 각도에서 제재(題材)를 구한 작품도 더러 발표되었으니 박기채 감독의 <밤의 태양>(1948), 안종화 감독의 <수우(愁雨)>(1948), 이규환 감독의 <똘똘이의 모험>(1946), <그들의 행복>(1947), <갈매기>(1948) 등을 들 수 있다.

그리고 주연 스타로서 활발한 움직임을 보이든 조미령(趙美鈴), 최은희(崔銀姬) 등이 발굴된 것도 이 무렵이었으니 조미령은 <갈매기>에서 최은희는 <새로운 맹서>[3](신경균 감독)에서 각각 픽업되었던 것이다.

그러나 극심한 생필름 난은 35㎜ 표준 영화 외에도 16㎜ 소형영화를 병작(倂作)하지 않을 수 없게 만들었으며 빈약한 시설은 의욕 있는 영화인들을 안타깝게 만들었는데 현상작업은 일제시대에 건립되었던 '광희동촬영소(光熙洞撮影所)'(을지로 소재)에서 대부분 행하여졌으며 소형영화는 '영화과학연구소'를 이용하였다. 그리고 셋트 촬영은 '조선영화사'의 촬영소 등에서 행하여 졌다. 또한 촬영기도 일제시대부터 사용되어 오던 20여 년 전의 것인 '발보' 카메라 수대와 '아이모' 카메라 10여 대가 그 전부였다. 군정기간(軍政期間) 동안까지만 해도 기재와 시설이 이렇듯 빈곤(貧困)한 속에서도 불같은 정열과 숭고한 예술적 의욕(意慾)에 넘치는 여러 영화인들에 의해서 각 부문의 재건이 한창 이루어지려던 때에 6·25사변은 발발되었다.

10) 6·25사변 이후

민족적 비극인 6·25의 돌발은 겨우 발아(發芽)를 시작하려던 한국 영화계를 깨끗이 쓸어버렸다. 미비한 시설이었지만 기존시설은 전부 소멸되어버렸고, 유수한 영화인들도 전란 통에 희생, 사거(死去)했고 혹은 납치되었던 것이다.

그러나 다행히 남하해서 목숨을 보지(保持)한 영화인들은 피난생활의 시달림 속에서 수개월을 보내다가 부산, 대구 등지에로 점차 집결하기 시작하여 활로들을 모색하였다. 감독 한형모(韓瀅模), 김소동(金蘇東), 촬영기사 김학성(金學成) 등은 포탄이 작열하는 일선을 종군하여서 한국동란사를 기록촬영하고 다녔으며 홍성기(洪性麒)는 공군(空軍)에 종군하여 '<출격명령(出擊命令)>(1954)'을 제작하였던 것이다.

한편 전택이(田澤二), 이향(李鄕), 노경희(盧耕熙), 한림(韓霖), 강철(姜鐵) 등은 피난지 대구에서 무대를 조직하여 김소동의 연출 밑에서 <신라성(新羅城)>을 공연하였으며 부산에서는 유계선(劉桂仙), 조미령(趙美鈴), 김신재(金信哉) 등의 일급여우들과 전창근(全昌根), 이철혁(李喆爀) 등의 사람들이 연극 운동을 전개하여 관객들의 대단한 호평을 받으면서 현상(現狀)을 유지해갔다.

이렇듯 1950년 이후 공백기가 계속되다가 1953년 휴전이 성립되고 정부가 다시 서울로 환도(還都)되어 사회의 질서도 차차 회복되고 정치행정도 본 궤도(軌道)에 들어서자 따라서 영화계에도 재건의 기운이 태동되기 시작하여 제작가협회가 재발족하고 감독협회도 다시 조직되었다. 그러나 범람하는 외화의 기세에 눌려 국산영화는 좀처럼 소생(蘇生)될 줄을 모르던 것이 문교부 당국으로부터 방화구제책의 일환으로서 국산영화에 대한 면세(免稅)조치가 발표, 시행되자 제작계는 새로운 활기를 보이기 시작했다.

이에 제1착으로 제작된 것이 <춘향전(春香傳)>(1955)이었다. 이 작품은 여우(女優) 조미령의 부군인 이철혁에 의해서 제작이 담당되고 이규환 감독으로 만들어졌던 것인데 작품도 좋았으려니와 흥행도 대성공이었다. 이는 오랫동안 국산영화에 굶주렸던 관객들이 모처럼의 가작(佳作)에 흐뭇하게 심취(深醉)할 수 있었던 것이었으니 당연한 결과였다 할 것이다.

이러한 <춘향전>의 대성공에 자극을 받은 영화제작계는 앞을 다투어 제작을 시작하여 국산영화 '붐'이 조성되기 시작하였다.

당시의 영화 내용을 살펴보면 역시 사극이 주류를 형성하고 있었다 할 수 있는데 1955년에 제작된 15편의 작품 중에서 사극물은 7편이나 되었고 그 이듬해인 1956년의 42편 중에서도 반절 이상의 작품이 사극물이었다.

문제 되었던 작품을 들어 본다면 첫째 김소동 감독의 <왕자호동 낙랑공주>(1956)를 꼽을 수 있다.

이 작품은 한국사극영화 사상 최초의 대작으로서 주목을 끌었을 뿐만 아니라 사극영화 '붐'도 이 작품의 성공에서부터 비롯되었다고 말할 수 있을 것이다. 같은 사극물로서 이병일(李炳逸)이 감독한 <시집가는 날>(1956)이 제4회 아시아영화제에 출품되어 최우수 희극작품상을 획득하여 한국영화도 이로부터 국제적으로 두각을 나타내기 시작했고 안종화 감독에 의해서는 최초의 칼라물인 <춘향전>(1958)이 제작되어 호평을 받았다.

그러나 이러한 주류 속에서도 현대극물이 본격적으로 다루어지기 시작했다. 특히 한형모(韓瀅模) 감독이 제작한 <자유부인>(1956, 정비석 원작 소설)은 당시까지에 있어서는 최고의 관객인원인 15만여 명을 동원시켜 또 하나의 현대 애정극 '붐'을 불러일으켜 놓았다. 그리고 흥행에는 실패했지만 김기영(金綺泳) 감독의 <죽엄의 상자>(1955)⁴ 이후 유현목(兪賢穆) 감독이 인기스타로 등장한 배우 최무룡(崔戊龍)과 손을 잡고 <잃어버린 청춘>(1957)을 제작하여 양심적인 작품이라는 호평을 받았다.

이렇듯 활발한 제작활동의 여파로서 기록할 만한 신인 연기자들도 많이 등장했는데 톱스타로서 인기를 떨치는 김진규(金振奎)가 <옥단춘(玉丹春)>(1956)에서, 전기한 최무룡이 <죽엄의 상자>에서 데뷔하였고 나애심(羅愛心)이 1955년 <여군>에서 데뷔한 이래 <백치 아다다>(1956, 계용묵 원작 단편소설)에서 호연을 보여 주었고 김삼화(金三和)는 1957년 <양산도(陽山道)>에서 데뷔 한 이래 <논개>(1956)에서 호평을 받았다.

감독으로는 전기한바 있는 유현목이 <유전의 애수>(1956), <교차로>(1956), <잃어버린 청춘>(1957)에서 그 독특의 리얼한 터치를 보여 양심적인 연출가로서 주목을 받기 시작했고 이강천(李康天)은 <피아골>(1955)과 <백치 아다다> 등 특이한 작품을 만들어 일약 중견이 되었다. 또 김기영은 <죽엄의 상자>(최초의 동시녹음 작품)로 출발하여 두각을 나타내기 시작하였다.

노장으로는 안종화 감독이 <대춘향전>(1957), <사도세자>(1956), <천추의 한>(1956) 등으로 현상을 유지했고 윤봉춘은 <논개>(1956)와 <처녀별>(1956)을, 이규환은 <심청전>(1956) 등으로서 활동을 계속했다.

1957년에 들어서면서부터는 장편소설의 영화화 '붐'이 시작되어 인기소설이 속속 영화화되었다. 1957년도에 제작된 24편의 영화 중에서 그 원작이 장편소설인 것이 3분의 2에 가까운 15편이나 되었던 것이다.

이러한 일련의 작품들은 대부분이 예술성보다는 흥행성에 치중된 것들이었으니 영화 기업이 본격화되지 못하고 군소 제작회사가 난립한 데서 기인된 결과였다 할 것이다.

11) 전성기(1958년)

1958년에 접어들면서부터는 한국영화도 전성기에 들어선 듯한 느낌이었다.

1957년의 총 제작본 수가 24편이던 것에 비하여 1958년의 제작본 수는 80여 편이나 되었다는 것은 경이적인 사실이었던 것이다. 더욱이 안양에 대규모의 촬영소가 건립됨을 위시해서 정릉에는 '아세아재단'에 의해서 '정릉스튜디오'가 화양동에는 '삼성스튜디오', 왕십리에는 '칼라라보'가 만리동에는 '대영촬영소'가 각각 세워졌으며 '안양촬영소'를 건립한 '수도영화사'의 홍찬 사장은 자신이 직접 미국 할리우드를 방문하고 미국의 우수한 시설을 시찰, 최신 기재를 수입해 들이는 등 활발한 움직임을 보이기 시작하여 영화 한국으로서의 기초가 확립되어갔다.

이러한 작품들의 대부분은 신인 감독들에 의해서 만들어졌고 출연한 연기자들도 대부분이 신인들이었으니 이러한 현상은 한편으로 좋지 못한 결과를 조성한 폐단도 없지 않았지만 아무튼 특기할 만한 일이었다.

괄목한 활동을 보인 감독은 홍성기, 신상옥, 김기영, 김화랑, 이강천 등의 신인들과 원로급에 속한다고 볼 수 있는 이병일, 김소동 등이었다.

홍성기 감독은 <출격명령>(1954)으로 출발한 이래 1955년 <열애>에서 재능을 보인 후 1957년에는 <실락원(失樂園)의 별>[5](전후편) 1958년에 들어와서는 <별아 내 가슴에>, <산 넘어 바다건너>, <자나 깨나> 등으로서 멜로드라마의 기수로 등장하였으며, 신상옥은 <무영탑>(1957)으로 출발한 이래 <꿈>(1955), <지옥화>(1958) 등의 진통기를 겪은 후 1958년 <어느 여대생의 고백>에 이르러 연출가로서의 기반이 확립되어졌다.

김기영은 <황혼열차>(1957), <초설>(1958)을 발표하여 호평을 받았는데 <황혼열차>에서 신인 김지미를 픽업하였던 것도 기록해 둘 만한 일이다.

이강천은 <피아골>, <백치 아다다>에서 그의 연출적 역량이 인정된 이래 1958년에는 '수도영화사'의 <생명>을 감독하였다. <생명>은 한국에서는 최초로 대형화면으로 제작된 작품이었다.

김화랑은 희극물에 재능을 보여 수 편의 희극영화를 만들었으나 논급의 대상은 못 되는 작품들이었다.

그리고 이병일은 <자유결혼>(1958, 하유상 원작 희곡)을 발표하여 관록을 보였고 김소동은 <돈>(1958), <오! 내고향>(1959) 등의 양심적인 작품을 발표하여 호평을 받았다.

이 외에 논급해 둘 만 한 작품도 더러 있으나 대부분의 제작회사와 감독들은 일시적인 시류를 타고 나타났다가 곧바로 자취를 감추는 상태였다.

1959년

1959년의 제작본 수는 총 100여 본을 훨씬 넘는 숫자였다. 그러나 '질'보다는 '양'만 과다하여 기록해 둘 만한 작품은 수 편에 그치는 정도였다. 감독들도 전술한 바 있는 사람들 외에도 수십 명이 나타나곤 했으나 수준 이하의 태작을 하나씩 발표하곤 유성처럼 사라졌다. 그러나 다음의 몇몇 중견들과 신인들의 작품은 우수한 것이었다.

홍성기는 <청춘극장>(김래성 원작 장편소설)으로서 크게 성공한 후로 <별은 창 너머로> 등 일련의 멜로드라마물로서 일급 연출자로서의 위치를 확립하였다.

신상옥은 <춘희>(듀마 원작)의 성공 후로도 <동심초>(조남사 원작 방송극), <가난한 애인들>, <슬픈목가>(정비석 원작 장편소설) 등 일련의 여성물로서 관객을 동원시켰다.

그러나 1959년의 문제작은 아무래도 김기영 감독의 <십대의 반항>(오영진 원작 시나리오)이었다 할 것이다. 이 작품에서 호연을 보여 준 바 있는 안성기가 '샌프란시스코영화제'에서 최우수 아역상을 수상했던 것도 특기할 만한 사실이다.

이 외에도 조긍하, 유두연, 최훈, 박종호, 김묵 등의 신인들이 활발한 움직임을 보여 주었다.

그러나 대부분의 작품들은 태작이었고, 대부분의 제작회사가 '일작일사'로서 해산되는 폐단을 보였으며 대부분의 감독자들이 만용의 '우'를 범하였다는 것은 한결같이 영화기업의 미비상태에서 기인된 결과였다고 밖에 말할 수 없을 것이다.

12) 1960년 이후(5·16 혁명 이전까지)

1960년 이후는 완연히 신인들의 독무대였다. 감독도 연기자도 그리고 여타 기술자 등도 대부분이 신인이었다.

제작본 수도 전년같이 풍성하였지만 대부분 범작들이었다. 어쩌다 신인들의 작품이 우수한 일면을 보이기도 하였지만 꼽아보면 불과 10여 편이 호평을 받았을 뿐 여타는 작품으로도 흥행으로도 모두 실패였다.

그러나 기술적인 면은 상당히 진보되었으니 시네마스코프 총천연색 영화도 제작되기 시작했던 것이다. 신상옥 감독과 홍성기 감독에 의해서 <춘향전>(1961)이 경작 발표되었는데 신상옥 감독의 <춘향전>은 11주라는 장기 흥행기록을 수립하여 한국영화 사상 최고의 흥행수입을 올려 화제를 불러일으켰다.

　연기부 면도 스타 시스템이 확립되어가는 느낌을 주며 그들에게 좋은 연기환경만 만들어 준다면 훌륭한 연기들을 보여 줄 것 같았다. 특히 김승호 같은 배우는 <로맨스빠빠>(1960, 신상옥 감독)로 제7회 아시아영화제에서 남우주연상을 획득한 이래 다음 해인 제8회 아시아영화제에서도 <박서방>(1960, 강대진 감독)으로 남우주연상을 획득하였던 것은 특기할 만한 일이었던 것이다.

　신진 감독으로서 이름을 떨치기 시작한 사람은 우선 예의 <박서방>으로서 김승호에게 호연하게 한 강대진을 들 수 있다. 그는 또 <박서방> 다음으로도 <마부>(1961)를 연출하여 '백림영화제'에서 특별작품상을 수상케 했던 것이다.

　다음으로는 색다른 터치를 보여준 바 있는 이성구가 있으며 김수용, 안현철, 권영순, 이봉래, 유두연, 정창화 등이 근년부터 역량 있는 연출가로 등장하기 시작했다.

　그러나 서울에 있는 4~5개의 국산영화 개봉관으로서는 연간 백여 본에 달하는 영화를 개봉한다는 것은 분명히 무리인 것이니 웬만큼 한 작품(흥행성 문제)이 아니고서는 쉽게 개봉이 안 되는 현상도 보여지는 것이다.

　이러한 등등의 현상은 자연히 대작 '붐'을 일으키게 하였던 것이니 작품다운 작품은 만들지도 못하면서 스케일만 크게 벌려놓고 제작비도 엄청난 선에 도달케 만든 것이다. 거의 모두의 시대물이 와이드스크린에 옮겨지고 천연색 화면을 자랑하며 관객을 유인하였다.

그것은 자기 스스로를 자살의 길로 걷게 만드는 결과를 초래할 뿐이었다. 이러한 현상은 영화 고유의 예술성이 망각된 참으로 우려할 일인 것이었다.

그러나 최신에 이르러서는 다시 현대물이 작품적으로나 흥행적으로 좋은 현상을 보이고 있어 한국영화의 전도도 낙관 시 된다.

13) 5·16 혁명 이후의 현황

한국영화는 참으로 가시밭 험로를 걸어왔던 셈이다.

일제치하에서 싹이 튼 후 모든 타 분야도 그러했지만 영화도 햇빛이라곤 모르고 자라왔다. 그러나 음으로 양으로 무수히 짓밟히면서도 명맥을 이어왔었다. 그러나 일제의 통제단일회사는 그나마의 생명도 빼앗아 버렸었다. 그때부터 4년 여는 암흑이었다.

1945년 8월 광복이 된 후로도 수난은 호되게 받아야 했다.

광복이 된 지 불과 5년이 채 못 되어 이북 공산당의 남침을 받았던 것이다. 이의 피해는 참으로 처참한 것이었다. 구태여 여기에 적을 필요도 없는 것이지만!

이렇듯 험로 속에서만 허덕임을 받아온 한국영화가 그래도 오늘날과 같이 희망이라도 보여 줄 수 있었다는 것은 영화인들의 줄기찬 투쟁과 꺾이지 않은 의욕에서만 비롯된 결과였다 할 수 있을 것이다.

특히 1961년 5월 16일의 군사혁명은 정치, 경제, 사회 등의 제 분야에 일대 개혁을 가져왔던 것이지만 영화분야에 있어서도 매우 의욕적인 희망을 가져다주었다.

영화가 현대인의 생활에 지대한 영향을 주고 있다는 것은 구차하게 왈가왈부할 필요도 없는 것이지만 한국의 혁명정부는 특히 영화정책에 많은 관심을 표명하고 있으며 그것은 실제 활동에 많은 영향을 주고 있는 것이다.

우선 표면적으로 나타난 몇 가지만 추려보더라도 방대한 영화관계업무가 문교부 소관에서 허덕이던 것이 신설된 문공부로 이관되어 다각도로 연구 검토되고 있으며 문공부 내에 국립영화제작소가 설치되어 영화예술에 대한 국가적인 뒷받침이 공고히 된 것이다.

그리고 전문 21조로 된 영화법이 제정 공포되어 제작, 수입, 배급, 흥행 등의 제 분야에 걸친 영화정책이 구체적으로 표명되어 영화인들에게 흐뭇한 미소를 주었으며 또 영화인들의 구호에만 그쳤던 영화금고의 설치도 충분히 검토되어 현재 시험단계에 들어서있는 것이니 영화기업에 대한 정부의 시책은 고무적인 것이라 하지 않을 수 없다.

그리고 또 한 가지 특기해야 할 사실은 종래까지는 그야말로 난립방치의 상태에 있던 56여의 군소 제작회사가 16개 사로 통합 정비되어 한국영화도 명실 공한 영화기업으로의 지향이 시작된 것이다.

이러한 일련의 고무적인 현황은 혁명 이전까지 만해도 도저히 상상도 되지 않던 것이었으며 1960년 4월에 있은 학생 혁명에 의해서 새로 정권을 잡은 장면 정권은 모든 타 분야에서와 마찬가지로 영화에도 무정견, 무계획한 태도를 보여 한국영화에 수삼의 신제 세금을 과세하는 등의 '졸렬'을 범하였던 것이다.

5·16혁명 이후의 특히 군소 제작회사가 정비된 후의 제작 근황을 살펴보면 그 후로 불과 수개월이 경과했으므로 별로 두드러진 변혁은 나타나지 않고 있으나 다음과 같은 매우 희망적인 움직임을 보여주고 있다.

제일 먼저 눈에 띄는 현상으로는 지금까지 제작자금에 다대한 영향을 주고 있던 군소 흥행사들의 유동자금이 점차 힘을 잃어 가기 시작한다는 점이다. 이전까지의 대부분의 영화제작은 실로 '울며 겨자 먹는'식의 상태 속에서 행하여지던 것이었다. 이러한 속에서 만들어지는 영화가 조잡했고 그것의 흥행도 물론 작품의 질도, 모두가 형편없는 것이었다는 것을 짐작하기는 쉬운 노릇인 것이다. 영화종사자(제작자, 감독, 배우, 작가 등)는 그들 흥행사의 '주먹구구' 속에서 움직여지던 것이었다.

이렇듯 제작자의 제작 태도, 연출자의 연출 태도, 연기자의 연기 태도가 그리고 작가의 창작 태도가 비정상적이었는데 그 속에서 만들어져 나온 작품이 정상적이었을 리는 없는 것이다.

또 하나 눈에 띄는 현상으로는 연기자들이 점차 안정된 연기 태도를 보이기 시작하는 점이다.

연기자 문제에 이르면 신인 문제를 이야기하지 않을 수 없게 된다.

연출자나 제 기술종사자들에 있어서의 경우와도 달라 대부분 한국의 인기배우들은 한꺼번에 수 개의 작품에 출연하는 상태에들 있는 실정이니 이러한 그들의 연기가 어떠하리라는 것쯤 쉽게 짐작되는 것이며 이렇듯 '매너리즘'[6]에 빠진 배우들의 연기를 관객들이 좋아할 리 없는 것이다.

이러한 현상은 유능한 신인을 발굴해 냄으로써 타개할 수도 있는 것인데 그것이 불가능한 것으로 생각되어졌던 것이다. 이것은 역시 제작시스템이 확립되지 못하여 인기 배우를 등용시키지 않으면 흥행이 되지 않는다는 흥행사들의 통속적인 관념에서 기인된 현상이었다.

그러나 이러한 관념도 차차 일소되어져 가기 시작한다.

최근에 발표된 수삼의 작품은 신인을 주역으로 기용하여서도, 흥행 면에서 커다란 성공을 보였음은 물론 작품의 질적인 면도 괄목할만한 진보를 보였던 것이다. 솔직히 말하면 지금까지의 한국영화에서는 하나같이 스타들의 네임 밸류가 크게 작용했던 것이 사실이며 그리고 몇몇의 인기배우들의 출연이 없는 영화는 흥행이 별로 좋지 않았었던 것도 사실이다. 그러나 이것은 국산영화관객의 질이 낮았던 데서 기인된 것이었다. 다시 말하면 '자승자박'의 우를 한국영화인들은 범하였던 셈인 것이다. 국산영화관객의 질이 낮았다는 것은 결국 한국영화의 질 역시 그만큼 낮았다는 말이 되는 것이다. 대부분의 영화 '팬'들은 국산영화에는 외면을 하고 외화관으로만 가던 것이었다. 이렇듯 많은, 비교적 질이 높은 영화 '팬'들과 오랫동안 유리되어 왔다는 것은 한국영화로서는 참으로 애석한 일이었던 것이다.

그러나 오늘날에 이르러서는 한국영화도 상당히 호평을 받기 시작한다. 작품의 질도 상당히 향상된 게 사실이고 따라서 외화만 보던 많은 사람들도 한국영화에 관심을 보이기 시작하는 것이다.

이는 물론 작가나 연출가, 기술종사자들의 질이 높아졌다는 말이기도 하나 연기자들의 연기 수준이 향상되었다는 것이 단적으로 증명되는 말이다. 신인들은 물론이지만 지금까지 고민기(苦悶期)에 처해있던 기성 연기자들도 점차 답보상태에서 벗어져 나오고 있는 것이다. 참으로 반가운 현상이라 하지 않을 수 없다.

이 외에도 5·16혁명 이후에 개선되어진 점은 참으로 많으나 모든 면이 '희망적'이라는 한마디로 가름되어지는 것이며 '한국영화의 개화는 지금부터'라는 결론도 맺어지게 된다.

한 가지 더 말해 두어야 할 것은 한국에 있어서의 영화이론문제이다.

오늘날 구미 외국에 있어서 영화가 하나의 독립된 학문으로서 완성된 토대를 마련해 가고 있다는 것은 주지의 사실이다. 한국의 경우 차라리 과다(過多)하달 정도로 수없는 작품이 쏟아져 나오면서도 영화이론의 빈곤은 의연(依然)한 느낌이다.

현재 활약하고 있는 영화평론가 및 영화이론가, 시나리스트 등은 그들의 대부분이 문학, 연기 등의 타 분야의 사람들이 어쩌다가 영화를 한낱 호기심으로써 다루어 왔던 것이고 영화를 하나의 학문으로서 연구해 왔던 것은 아니다. 이를 가혹한 평이라고 할 사람도 없지 않을 줄 아는 바이나 이는 전혀 당연한 결과라 말할 수 있는 것이니 불과 40년의 연륜(그것도 수난의 역사만을 거듭해 온)을 가진 한국 영화로서는 어쩔 수 없는 일이었던 것이다.

수년 전부터 몇몇 대학에 영화과가 신설되고 서울의 수개 처에 영화를 연구하는 예술학원이 설립되고 있으나 이는 현재로 봐서는 시험적인 단계를 헤어나고 있지 못하는 실정이고 선진 제국에서 영화를 전공하고 돌아온 사람도 몇몇이 있으나 이들도 별로 두드러진 활동은 보이지 못하고 있다.

영화잡지도 수삼 종이 간행되고 있으나 흥미로운 기사를 게재하는 정도일 뿐이고 전문적인 영화이론은 찾아볼 수 없는 실정이다.

영화이론에 관계되는 것은 아니지만 시나리오 작가도 숫자적으로는 상당히 많다. 그러나 작품다운 작품을 쓰는 사람은 별로 없으며 대부분의 작가는 각색에만 손을 대고 있고 창작물은 차라리 신인들에게 기대를 걸어보는 형편이다.

그러나 이러한 현상도 점차로 개선되어져 가기 시작하며 정부에서도 검토하고 있는 바이지만 국립영화학교 같은 전문학교가 생겨 시설이나 강사진을 충실히 하여 제반 기술분야나 이론 면의 교육을 전문적으로 실시한다면 좋은 결실이 맺어질 것이다.

끝으로 제9회 아시아영화제를 앞두고 갖가지로 수고들을 하고 있는 이병일 씨를 비롯 여러분들의 노고를 치하하는 바이며 특히 영화제의 준비에 많은 도움을 주고 있는 정부 당국에 영화인의 한 사람으로서 감사하는 바이다.

카메라로 본 한국영화사 ①

고몽-데메니 Goumont-Demeny

1893년 초창기 영사기사이며 촬영감독인 오스카 뒤퓌(Oscar Depue)는 일본 여행기 강연을 위해 영사장비(stereopticon)를 찾고 있는 버튼 홈즈(Burton Holmes)를 처음 만났고 이를 계기로 약 50년을 홈즈와 동행하게 된다.[7] 촬영감독 뒤퓌는 1897년 프랑스에서 고몽(Léon Gaumont)을 만나 60㎜ 데메니 카메라(Goumont Demeny Chronophotograph)를 구입하고 이탈리아 바티칸에 위치한 성 베드로 광장 촬영으로 첫 영화촬영을 하게 된다. 1900년까지 60㎜ 천공기, 인화기, 영사기, 휴대용 현상기를 개발하고 1901년 유럽에서 시베리아 횡단열차를 타고 블라디보스톡에서 일본 나가사키(長崎)를 경유해 8월 초 한국의 부산[8]에 도착한다. 홈즈 일행은 부산에서 증기선을 타고 제물포로 이동하여 제물포에서 수도 서울을 잇는 기차인 경인선을 타고 서대문에 위치한 경성역에 도착한다. 서울에 도착한 홈즈 일행은 숙박했던 호텔, 궁궐, 거리, 독립문 등 1901년 서울의 풍경을 촬영하고 중국의 의화단 운동이 종결되는 9월 초 서울에서 북경으로 이동한다. 북경에서 가까운 다구(大沽)에서 치푸(烟台)로 이동해 일본 동경에 도착한다. 뒤퓌는 미국으로 돌아가기 전 동경 그랜드 호텔 근처 요코하마 클럽에서 러시아에서 촬영한 필름부터 일본 촬영까지 현상을 했다. 35㎜ 표준을 벗어난 60㎜ 필름은 구하기도 어렵고 와이드 필름의 교환에도 힘들어 뒤퓌는 영국에서 35㎜ 비오스코프(Bioscope) 카메라를 구입하여 1902년부터 여행기록을 촬영한다. 뒤퓌가 촬영한 필름은 초창기 한국의 영상을 기록한 가장 오래된 필름이다.

[사진 1] 매거진을 위에 장착한 60㎜ 카메라 (출처: 『1901년 서울을 걷다』 2012)[9]

2. 안종화 「한국영화 40년 약사」의 특징과 의미
- 이와 관련 그의 글과 함께 살피기 -

김종원

　안종화(安鍾和)라는 이름 석자가 영화학도들에게 친근하게 다가오기 시작한 것은 2008년 3월 4일 무성영화 <청춘의 십자로>(1934)가 발굴돼 영상자료원에 의해 공개되면서부터였다. 국내에선 처음 질산염 원본 필름 형태로 보존된 이 영화는 전체 9롤 중 훼손이 심한 1롤을 제외한 8롤이 복원되었는데, 그나마 대략적인 내용을 알 수 있는 1롤과 스태프의 이름이 들어간 끝 자막(ending credits)의 7롤이 손상되지 않아 다행이었다.

　그런데 문제는 무성영화로서 변사의 구연(口演)이 가능한 해설 대본이 없는 상태여서 배우의 역할이나 줄거리를 제대로 꿸 수 없다는 데에 있었다.

　필자는 영상자료원으로부터 이 영화에 대한 자문을 요청받자 엄핏 떠오르는 게 안종화의 『한국영화측면비사』(1962, 춘추각 발행)였다. 이 책에서 읽었던 <청춘의 십자로>에 대한 언급이 떠올랐기 때문이다. 당시만 해도 이 저서에 대한 인식이 그리 높지 않았다. 확인해 본 결과 예상대로 이 영화에 대한 설명이 무려 6페이지에 걸쳐 자세히 적혀 있음을 알게 되었다. 다행히 이로 인해 <청춘의 십자로>의 대체적인 내용과 등장인물, 배역에 대한 궁금증을 거의 풀 수 있었다.

다만 주인공 영복(이원용 분)과 연인 관계인 급유소 여직원(김연실) 이름이 영희(英姬)로 되어 있는 점 등 등장인물의 이름이 잘못 적힌 부분이 있음도 확인할 수 있었다. 그녀가 영복에게 보낸 편지(인서트)에는 분명히 계순(桂順)으로 되어 있었기 때문이다. 이는 기억의 착오에 의한 오류라고 할 수 있다. 기록이 얼마나 중요한지 깨닫게 하는 메시지였다.

1) 역대 한국영화역사 관련 글의 개요와 쟁점

안종화는 우리나라 최초의 영화사 부산 조선키네마의 <해(海)의 비곡(祕曲)>(1924)의 주연으로 첫발을 디딘 후 <운영전>(1925)을 거쳐 <꽃장사>, <노래하는 시절>(1930) 등의 감독과 <은하에 흐르는 정열>(1935)의 각본에 이어 영화역사 관련 글까지 집필한 특이한 존재였다. 그가 만든 영화 필름들은 소실돼 겨우 <청춘의 십자로>의 일부나마 보존하게 됐지만 초창기의 상황과 발전 과정을 기술한 글들은 손상 없이 남아 있다. 그 출발점이 바로 1938년 제1회 조선일보 영화제(12일)에 앞서 11월 20일부터 7회에 걸쳐 집필한 200자 원고지 85매 분량의 「조선영화발달의 소고(小考) -20년 고투(苦鬪)의 형극로(荊棘路)」이다.

물론 그 이전에도 영화 수입 시대부터 당대에 이르기까지 포괄적으로 언급한 이구영의 「조선영화계의 과거 현재 장래」(『조선일보』,

1925년 11월 23일~12월 1일, 8회 연재)를 비롯하여 심훈의 「조선영화총관」(『조선일보』, 1929년 1월 1일, 4일, 2회 분재), '일요특집'으로 기획된 손위빈(孫煒斌)의 「조선영화사 -10년간의 변천」(『조선일보』, 1933년 5월 28일), 백야생(白夜生)의 「조선영화 15년 -초창기에서 현재까지 주마등에 비친 기억」(『조선일보』, 1936년 2월 21일~3월 1일 8회 연재) 등 한국영화사와 관련된 글이 있었다.

심훈은 조선(京城)에 활동사진이라는 것이 처음 수입되기는 1897년(광무 1년), 지금으로부터 33년 전에 남산정에 있었던 '본정좌'라는 조그만 송판 쪽 바라크 속에서 일본인 거류민을 위해 실사 몇 권을 가져다가 놀린 것이 효시가 된다고 했다. 그 후, 1년이 지난 광무 2년(1898년) 늦은 가을에 서대문 밖에서 애스터 하우스라는 회사를 경영하던 불란서 사람이 남대문통 상업은행 자리에 있던 중국 사람의 창고를 빌려 파테회사에서 찍은 사진 몇 권을 가져와 와사등(瓦斯燈)을 사용하여 영사를 했다고 했고, 손위빈도 심훈의 견해를 그대로 수용했다. '본정좌라는 조그마한 송판 쪽 바라크' 대신 '본정좌라는 송판 쪽으로 지은 가옥(假屋)'으로, '서대문 밖에서 애스터 하우스라는 회사를 경영하던 불란서 사람'을 '서대문 밖에서 회사를 경영하던 외국 사람'으로 달리 표현했을 뿐, 내용은 같았다. 이구영은 영화 탄생 초기의 외국의 예는 들긴 했으나 영화가 언제 우리나라에 들어왔는지에 대해서는 언급하지 않았다. 백야성의 「조선영화 15년 -초창기에서 현재까지 주마등에 비친 기억」은 제작을 중심으로 현황만을 언급한 것이었다.

안종화는 「20년 고투의 형극로(荊棘路) -조선영화발달의 소고」 (이하 조선영화발달의 소고)를 통해 우리나라에 영화가 들어온 시기를 1902년경이라고 했다. 이 연대는 바로 안종화의 출생 연도와 일치한다. 두 글의 차이는 심훈이 33년 전 할아버지 때의 일로 거슬러 갔다면 안종화의 경우는 아버지 때의 얘기를 했다고 할 수 있다. 당시 이런 글을 보도할 수 있는 언론 매체는 1896년 4월에 창간된 『독립신문』과 『뎨국신문』(1898년 8월 창간), 『황성신문』(1998년 9월 창간) 정도였다. 이 사실을 놓쳤다면 그때 영화를 봤던 사람들의 구전(口傳)에 의존할 수밖에 없었을 것이다. 안종화의 글은 다음과 같이 이어진다.

일반인에게 영화가 공개되기는 명치(明治) 35년(1902년) 경이었다. 그때 외국인의 손을 거쳐 동경에 있는 길택상회(吉澤商會)로부터 가져다가 영미연초회사(英米煙草會社)의 선전으로 공개하였었다. 그것은 50척(呎) 내지 1, 2백 척의 필름으로 풍경과 화차(火車) 등의 실사였다. 상영 장소는 구리개(銅峴) 자리에 있던 영미연초회사 창고 안이었고, 관람인에게는 빈 궐련(卷煙) 갑을 20매씩 받았다. 이것이 조선에 있어서 활동사진의 공개로서는 처음이었고 그때 일반 관람자로서는 경탄함을 마지않았으니 혹자는 영사되는 포막(布幕)을 들쳐 보곤 하기까지 하였다 한다. 그러던 것이 그 후 여섯 해를 지나서 명치 41년(1908년) 가을이 되자 동대문 안 전기회사 차고 곁에 있는 광무대(光武臺)에서 활동사진의 흥행을 하였었다. 역시 그때도 단척(短呎)이었던 관계로 난쟁이 지전(紙錢) 태우는 요술과 창극 사이를 이용해서 올렸으니 필름은 거의 전부가 불국(佛國) 파데 회사가 제작한 것이었다.

그런데 안종화의 이 글에는 몇 가지 오류가 있음을 발견할 수 있다. 이를테면 명치 35년, 즉 1902년에 영미연초회사의 선전용으로 영화를 상영했다고 했으나 그때는 런던 본사가 설립된 시기로 한국에서는 1904년부터 사업을 시작했을 뿐 아니라 명치 41년(1904) 가을에는 광무대(光武臺)가 존재하지 않았다. 박승필이 콜브란에 의해 운영되던 동대문 안 전기회사 차고 옆 활동사진관람소를 인수한 것이 1908년 9월 6일이었기 때문이다.

안종화는 잇따라 대정 7, 8년도(1918~1919)에 신극좌, 혁신단, 문예단 등 연극단의 순으로 무대에서는 도저히 실연(實演)할 수 없는 천척 가량의 야외 활극 장면을 박아서 극과 연접(連接)시킨 연쇄극을 만들면서 활동사진 시대가 도래했다고 언급하고, 아울러 극단 취성좌(聚星座)에 의한 위생선전 활동사진극의 제작 사실도 덧붙였으나 순(純) 영화제작품 시대가 아니었기에 생략한다고 가볍게 넘겼다. 그 대신 1921년 봄 체신국(遞信局)이 저금장려를 목적으로 만든 윤백남 감독의 <월하(月下)의 맹서>(1923)가 나오면서 활동사진이 아니고 일반인이 영화라 불러준 시대라고 했다.

박누월도 이 무렵 출간한 『영화배우술』(1939, 삼중당 발행)에 「조선영화발달사」를 게재했으나 영화의 도입 시기를 비롯한 전문이 1년 전 『조선일보』에 발표한 안종화의 「조선영화발달의 소고」를 그대로 옮겨 놓은 것이었다.

영화의 도입 시기와 전개 과정에 대해서는 그 뒤에도 임화(「조선영화발달소사」, 월간 『삼천리』, 1941년 6월호), 김정혁(「조선영화사」, 『인민평론』 1946년 3월 창간호, 4월호), 강소천(「조선영화가 걸어온 길」, 『영화시대』, 1946년 4월 증간호) 등에 의해 계속 거론되었다.

2) 「한국영화 40년 약사」와 기존의 언급 사이

안종화는 사후(死後) 영화진흥공사가 발행한 격월간지 『영화』 (1979년 여름, 가을호 2회 분재)에 남긴 원고지 116매 분량의 「한국영화 40년 약사」를 통해 전반적으로 앞의 원고에서 누락된 부분을 첨가하거나 수정, 보완하는 등 다소의 변화를 보여 주었다. 이 유고는 종전의 기술(記述)과 어떤 차이가 있으며 그 의미는 무엇인가.

첫째는 활동사진의 도입 시기에 대한 변화이다. 앞서 「조선영화 발달의 소고」에서는 찾아볼 수 없는 1898년 설을 긍정적으로 수용한 점이 눈에 띈다. 이는 우리나라에 활동사진이 수입되어 일반에게 공개되기는 명치(明治) 35년, 외국인의 손을 거쳐 동경에 있는 길택상회(吉澤商會)로부터 가져다가 영미연초회사 선전으로 공개한 것이 최초였다는 1902년보다 4년이나 앞당긴 것이다. 서대문 밖에서 연초회사를 경영하고 있던 영국인 아스트 하우스(?)라는 사람이 서대문에 있는 어느 중국인 창고를 빌려 프랑스의 단편 필름을 상영했다는 것은 '기억되어져 있는 바'라고 긍정한 반면, 그 이전 1897년 가을 서울 충무로(당시는 泥峴) 상영설에 대해서는 확실한 근거가 없다고 부정했다. 이는 앞서 심훈(조선영화총관)과 손위빈(조선영화사

-10년간의 변천)이 언급한 1898년 최초의 활동사진 상영설을 받아들인 셈이어서 주목할 만하다.

그런데 문제는 이런 결론에 이르기까지 일관성을 유지하지 못한 데에 있다. 그는 이에 앞서 출간한 『한국영화측면비사』에서도 당초에 활동사진이라고 불리운 이 '문명의 괴물'이 서울 장안에 처음 등장한 것은 반세기도 전인 1905년 영미연초회사가 담배선전을 위해 을지로 입구에서 종로로 가는 길 오른쪽 벽돌창고에서 빈 담뱃갑 열 장을 받고 입장시키면서 비롯되었다고 했기 때문이다.

둘째는 윤백남의 <월하의 맹서>(1923)에 앞서 나온 위생영화의 존재에 대한 것이다. 이에 대해 안종화는 "취성좌의 등장으로 위생선전 활동사진이 약간 제작된 적도 있지만 이는 순영화 제작품 시대가 아니었음에 생략하기로 하겠다"(「조선영화발달의 소고」)라고 가볍게 언급했으나 『한국영화측면비사』에 이르면서 평가의 수위가 높아졌다.

그는 연쇄극이 소멸되기 전 해에 송도 이서(松都以西)의 관서(關西) 지방에 콜레라가 발생하여 전국에 급속히 번져가자 이에 놀란 조선총독부 위생과에서 일반 민중에게 위생상식을 보급하기 위해 김소랑(金小浪)이 이끄는 연극단체 취성좌로 하여금 계몽영화를 만들게 했는데, 필름 길이가 2천7백 피트가 된다고 했다. 이 최초의 활동사진은 호열자가 만연했는데도 평소 위생 관념이 투철한 갑의 가정은 무사했으나 그렇지 못한 을의 가정은 병이 전염되어 고생했다는 내용으로 이루어졌다는 것이다. 그러나 제목은 명시하지 않은 채 이 활동사진이 완성됐을 때 혁신단의 임성구(林聖九,

1887~1921)가 지병인 폐결핵으로 이미 죽고 신극좌의 김도산(金陶山, 1891~1922) 역시 연쇄극 촬영 시에 입은 부상으로 별세했다고 하여 상영 시기를 짐작케 해주었다.

그런데 「한국영화 40년 약사」에 이르러 안종화는 제작 연도를 1922년이라고 명시적으로 밝혔으나 여전히 제목은 말하지 않은 채 "활동사진연쇄극이 아니었다 뿐 형식이나 내용 등은 수준 이하의 활동사진적인 것에 지나지 않았다"라는 당초의 인식을 바꾸지 않았다. 그러나 이에 대해 위생계몽영화에 대한 존재를 구체적으로 증언한 사람이 복혜숙이다. 그는 뒷날 월간 『영화』(1974년 1월호)의 「나의 영화 반세기」와 『동아일보』(1981년 5월 6일 자)의 「나의 교유록(交遊錄)」을 통해 윤백남 감독의 부탁을 받고 방역(防疫) 영화에 단역으로 출연한 바 있다고 회고했다. 그때 17세로 쌀 세말 값도 안 되는 2원의 출연료를 받고 나갔는데, 당시만 해도 배우라면 '광대'라며 천한 직업으로 여기던 시절이어서 이경해(李鏡海)라는 가명을 썼다는 것이다.

이 영화는 길거리에서 불결한 음식을 사 먹지 말고, 병나면 무당을 불러 굿을 할 게 아니라 약을 먹거나 병원에 가야 한다는 이른바 예방의학 정신을 고취한 것이었다. 복혜숙은 배탈이 나서 "아이고 어머니, 나 죽네!" 하며 우는 작은 역할을 했고, 굿을 하는 무당 역에는 취성좌(聚星座)의 대표이며 김소랑의 부인인 마호정(馬豪政)이 맡았다고 했다. 진짜 무당을 불렀으나 활동사진에 나가면 수명이 짧아진다고 거절하여 취해진 결과라는 것이다. 여러 언급으로 보아 이런 계몽영화는 한편 이상이 만들어졌을 가능성이 높다.

    문제는 이처럼 <월하의 맹서>에 앞서 분명히 방역을 목적으로 만든 계몽영화가 있었음에도 불구하고 그 존재를 무시해 왔다는 사실이다. 그 결과 윤백남 감독의 <월하의 맹서>가 호적에 올라 극영화 제작의 시초(안종화)가 되고 조선영화 제작 작품사의 연표(年表) 제 일렬에 기록되는 시조적인 작품(김정혁)이 되었다.

    그렇다면 역사란 입맛에 맞는 사실만 선택적으로 평가해야 하는가 하는 문제가 제기될 수밖에 없다. 세계인이 뤼미에르 형제의 시네마토그라프를 평가하는 것은 <열차의 도착>과 같은 실사영화가 뛰어나서가 아니라, 아직까지 경험하지 못한 기술, 움직이는 영상을 최초로 보여 주었다는 데에 있었다. 이는 같은 날 활동사진연쇄극 <의리적 구토>(義理的仇討, 1919년)에 앞서 상영된 실사(實寫)영화 <경성전시의 경(景)>이 있었음에도 불구하고 그 존재를 외면한 당시 영화인들의 인식과 같은 맥락이라고 할 수 있다.

    안종화의 「한국영화 40년 약사」에는 앞서 「조선영화발달의 소고」에는 나오지 않은 얘기와 1940년대 이후의 자취들이 보완, 추가되었다. 그 대표적인 예가 일제의 통치 아래여서 드러낼 수 없었던 나운규의 <아리랑>(1926)에 대한 언급이다. <농중조>(1926)에서 보여 주었듯이 나운규는 자신이 출연하는 장면은 직접 각색하는 어리석은 짓(?)을 했지만 스크린에 나타난 그의 연기는 훌륭했고, 여기서부터 그의 천재성이 드러나기 시작했다고 하였다. 한때 침묵을 하는 듯이 보였던 그가 고향 회령에 내려가 쓴 희대의 걸작 <아리랑>

이 그의 감독, 주연으로 나오자 광적인 경지에 들어선 느낌을 주었다며, 이 영화에 그려진 내용은 단순히 한두 사람이 겪은 슬픔이 아닌 피압박 민족으로서 수난을 받던 한국인 전체의 슬픔이었다고 평가했다. 이 작품이 검열을 통과할 수 있었던 것은 나운규의 기발한 머리에서 짜낸 교묘한 수단, 즉 주인공 영진을 정신이상자로 만들고 원작자의 명의를 제작자인 일본인 측근자의 이름으로 내세웠기에 가능했다고 하였다.

「한국영화 40년 약사」에서는 안종화 주제하에 이경손, 김을한 등의 문단인 영화인이 관계한 조선영화예술협회라는 연구단체와 조선예술가동맹, 시나리오작가협회의 발족에 대해서도 언급하고 있다. 구태의연한 신파 극영화의 제작을 지양하고 새로운 예술운동을 전개하기 위해 신인을 양성해야 한다는 취지로 발족한 시나리오작가협회와 조선영화예술협회는 한때 영화이론과 영화비평이 활발히 전개되는 듯했으나 전문적인 연구가 결여되어 하등의 진보나 공적을 남기지 못했다고 했다. 다만 이를 계기로 좌경 영화인들이 찬동(讚動)하기 시작하여 <유랑>(1928)이니 <혼가>(1929)니 <지하촌>(1930)이니 하는 작품들이 만들어졌고 맹목적인 논쟁이 전개되는 등 내적분열이 일어나게 됐다는 것이다.

이에 강력히 반대하고 나선 것은 나운규 등의 사람들이었다.

조선키네마를 탈퇴한 나운규와 그의 동조자들은 나운규프로덕션을 세우고 활발한 작품활동을 전개하여 <잘 있거라>(1927), <옥녀>(1928), <사랑을 찾아서>(1928), <벙어리 삼룡>(1929) 등으로 변함없는 인기를 떨쳤으며 흥행은 항상 좋았으나 전주들의 배만 불렸고 그 자신은 항상 채귀(債鬼)들에게 시달림을 받았다고 했다. 결국 나운규프로덕션은 해체되고 나운규에겐 수난이 닥쳐왔다고 했다.

이에 대해 앞서 집필한 「조선영화발달의 소고」에서는 이보다 더 구체적으로 설명하고 있다.

당시의 빈한(貧寒)했던 조선영화계는 자연생장의 혼류(混流)를 걸으면서도 희미한 허무주의적 사상과 향토적 색채를 작품마다 한 모퉁이씩 보여가고 있을 때인데 여기에 출현한 영화예술협회는 신흥영화예술운동의 새로운 단계의 선을 긋고 말았으며 바야흐로 경향영화의 싹이 보이려함에 있어서 첫 출발의 역할을 감행한 모체라 볼 수 있었던 것이다.(중략) 이렇게 기술했다.

여기에 주요 멤버를 들자면, 윤기정, 김영팔, 임화, 서광제, 김유영, 강호 등이니 그들은 당시 예맹원으로서 영화에로 참여를 사양치 않았던 것이다. 이내 이 단체는 연구반을 설(設)하고 1년여의 연구와 조련(調練)을 쌓는 동시 1회로 노자(勞資) 관계를 주제로 한 시나리오를 착수하였다가 다만 첫 기회에 좌절되고 말았으나 <유랑(流浪)>을 낳아놓고 말았다고 했다. 이 작품은 표현 기술상 다소의 치졸을 면치 못했으나 비교적 리얼한 내용의 작품으로서 원작은 당시 단편작가로 정진하고 있던 이종명 씨가 썼고 감독은 김유영 씨였다.

1931년 가을에는 경향영화제작사(傾向映畵製作所)인 서울키노가 창립되어 이효석, 서광제, 안석영, 김유영 등에 의한 연작 시나리오 <화륜(火輪)>을 제작하게 되었다고 했다.

「한국영화 40년 약사」에 나타난 안종화의 경향파 영화에 대한 인식은 「조선영화발달의 소고」의 집필 당시보다 엷어졌음을 알 수 있다.

안종화는 무성영화 시대의 가작으로 <아리랑> 외에 심훈의 <먼동이 틀 때>(1927, 계림영화협회)와 <임자없는 나룻배>(1932, 유신키네마)를 꼽았다. 이는 「한국영화발달의 소고」에서도 언급한 견해였다. 심훈은 탁월한 예술적 식견을 지닌 문인이었을 뿐아니라 <장한몽>(1926)에 출연한 이래 영화에도 깊은 관심을 갖고 일본에 건너가 연출수법을 연구하고 돌아온 지식인이었다며 그가 만든 <먼동이 틀 때>가 우수하다는 평을 받았다는 것은 결코 우연한 일이 아니었다고 했다. 특히 이 작품은 새로운 연출수법을 사용하여 그때까지 유치한 상태를 면치 못하고 있던 기술적인 면에 신기풍을 보여 주었을 뿐 아니라 본격적인 미술장치로서 화면을 아름답게 만들었다고 했다. <임자없는 나룻배>에 대해서는 구체적인 설명이 없었다.

앞서 「조선영화발달의 소고」에서는 <임자없는 나룻배>는 오랫동안 경도(京都) 신흥촬영소에서 연찬(研鑽)의 길을 밟고 있던 이규환 씨가 돌아와서 처음으로 감독했던 작품인데 조선영화계에서는 오래간만에 우수영화를 대하게 되었던 것이라고 언급했었다.

안종화는 아울러 이규환의 <나그네>(旅路, 1937)를 발성영화시대의 대표작으로 꼽았다.

"이러한 과도기적 시기에 이규환은 중국영화계를 시찰하고 한국에 들른 그의 선배요 스승인 스즈키 시게요시(鈴木重吉)와 함께 <나그

네>를 만들었는데, 이 영화는 기술이나 내용에 있어서 흠잡을 데가 별로 없는 작품이었다"라고 평가했다. 아울러 "관객들은 <아리랑>을 보았을 때와 같이 심취하였고 주연인 문예봉 등의 연기도 명연이었다"라고 했다.

안종화는 1935년 전후한 시기에 공개된 일본, 구미영화는 모두 발성영화여서 영화를 대하는 관객들의 눈도 점차 변모하기 시작했으나 유독 한국영화만은 무성의 상태에서 벗어나지 못해 점차 관객들의 흥미를 잃게 만들었다고 했다. 이 무렵 일본인 와케지마 슈지로(分島周次郎)가 이끄는 경성촬영소의 제작으로 이명우(감독), 이필우(촬영) 형제에 의한 최초의 발성영화 <춘향전>(1935)이 나왔다며 흥행도 대성공이었다고 했다. 그러나 그 이후 나온 <아리랑 3편>(1936)을 비롯한 일련의 발성영화는 대부분 실패했다고 하였다.

안종화는 본격적인 발성영화 시대로 들어선 것은 1938년 이후 대규모의 영화기업을 목표로 출발한 조선영화사가 새로운 기재와 촬영소 같은 시설을 갖추면서였다고 했다. 그 시기에 호평을 받은 작품으로 박기채 감독의 <무정>(1939), 이규환 감독의 <새출발>(1939), 방한준 감독의 <한강>(1938), 윤봉춘 감독의 <도생록(圖生錄)>(1938) 등을 꼽았다.

안종화는 1938년도 이후의 사회 상황을 수난기라고 하였다. 군비확장과 함께 일반적인 물자의 통제와 배급화는 물론 영화자재의 빈곤도 이 무렵부터 비롯돼 제작활동이 위축되기 시작했기 때문이라는 것이다. 그러나 본격적인 수난은 1942년부터였다고 했다. 일제 당국은 생필름의 통제 외에도 전영화인에게 등록령을 내려 한국인영화제작회사의 기능을 마비시키고 영화인들의 활동까지 감시하기 시작했다고 언급했다. 일본에서 건너온 3, 4류의 기술자들이 장악한 일종의 강제노동소 같은 사단법인 조선영화사가 그 실세였다는 것이다.

이런 상황 아래서 만들어진 게 <너와 나>(1941), <지원병>(1941)과 같은 일종의 '출병선전' 영화라고 했다.

하지만 『한국영화측면비사』에서 거론했던 군국주의를 찬양하고 침략전쟁의 대열에 참여하자는 <군용열차>(1938, 서광제)나 <병정님>(1944, 방한준), <승리의 뜰>(1940, 방한준)과 같은 어용영화에 대해서는 거론하지 않았다.

안종화는 이상과 같이 해방 전 한국영화의 흐름을 짚었다. 그 대부분이 무성영화 후기까지의 상황을 포괄적으로 개진한 「조선영화발달의 소고」의 내용과 관점에서 크게 벗어나지 않았다.

그 이후의 「한국영화 40년 약사」는 다음과 같이 13개 항목으로 나눠 정리하고 있다. 그는 이미 <견우직녀>(1960)를 끝으로 은퇴한 상태였다.

(1) 영화의 서곡   (2) 초기의 영화제작   (3) 독립프로덕션 난립의 바탕

(4) 나운규의 활약   (5) 그 외의 작품들   (6) 내적 분열시대

(7) 발성영화의 출현 (8) 수난기의 상황(이상 일제강점기)

(9) 8·15 광복 이후 (10) 6·25사변 이후   (11) 전성기

(12) 1960년 이후   (13) 5·16혁명 이후의 현황(해방 후)

3) 각주가 필요 없는 역사의 기록

그의 유고는 광복 이후 발표된 최초의 작품이 최인규 감독의 <자유만세>(1946)였다는 데서 시작된다. <자유만세>는 일제에 대한 반항과 광복의 기쁨을 그린 작품이었으나 그 후로도 이와 같은 유의 작품들은 계속 발표되었다고 했다. 그 예로 <안중근 사기(史記)>, <3·1혁명기>, <해방된 내고향> 등을 들었다. 이 무렵 김소동 감독은 그의 동생 김한일과 함께 영화과학연구소를 창립하여 영화과학의 진취를 꾀하는 한편 <목단등기>(1947)를 제작했는데, 이 작품은 예의 영화과학연구소에서 국산 녹음기를 조립하여 사용한 최초의 작품으로서 훌륭한 성과를 거두었다고 하였다. 그러나 이렇게 주류가 된 항일영화와는 각도가 다른 박기채 감독의 <밤의 태양>(1948), 안종화 감독의 <수우(愁雨)>(1948), 이규환 감독의 <똘똘이의 모험>(1946)과 <갈매기>(1948), 신경균 감독의 <새로운 맹서>(1947) 등이 나오면서 조미령, 최은희와 같은 배우가 배출되었다고 했다.

그러나 극심한 생필름난으로 16㎜ 소형영화를 만들지 않으면 안 되었고, 현상작업은 일제 강점기에 건립된 을지로 소재 광희동 촬영소를 이용하지 않으면 안 되었다고 했다.

- 이상 '8·15 광복 이후'

6·25의 돌발은 겨우 발아(發芽)를 시작한 한국영화계를 쓸어 버렸고 남하해서 생명을 부지한 유능한 영화인들은 작열하는 일선에 종군하여 영화를 찍었는데, 이때 홍성기 감독이 종군하여 <출격

명령>(1954)을 만들었다는 것이다. 이후 이규환 감독의 <춘향전>(1955)이 나와 흥행에 성공함으로써 '국산영화' 붐이 조성되기 시작했다며, 이병일 감독의 <시집가는 날>(1956)이 제4회 아시아영화제에 출품돼 최우수 희극상을 획득함으로써 한국영화도 국제적으로 두각을 나타내기 시작했다고 했다. 안종화에 의해 최초의 컬러물인 <춘향전>(1958)이 제작돼 호평을 받은 사실도 언급하였다.

이러한 역사물의 주류를 이루는 가운데 한형모 감독의 <자유부인>(1956)이 나와 당시로선 최고인 15만 관객을 끌어들임으로써 현대 애정극 붐을 일으켰다고도 했다.

아울러 김기영이 <죽엄의 상자>(1955), 유현목이 <잃어버린 청춘>(1957)으로 감독 데뷔한 사실과 함께, 흥행에는 실패했으나 <죽엄의 상자>로 데뷔한 후 유현목 감독과 손잡고 <잃어버린 청춘>을 만든 최무룡과 <옥단춘>(1956)의 김진규, <피아골>(1955)과 <백치 아다다>(1956) 등 특이한 작품을 내놓은 이강천 감독에 대해서도 언급하였다.

노장으로는 안종화 감독이 <대춘향전>(1957), <사도세자>(1956) 등으로 현상을 유지했고, 윤봉춘과 이규환도 각기 <논개>(1956)와 <심청전>(1956) 등으로 활동을 계속했다고 했다.

- 이상 '6·25사변 이후'

1957년 영화 제작 편수가 24편이던 것이 1958년에 들어서면서 85편으로 늘어난 점을 강조하고, 안양에 대규모의 촬영소가 건립된 것을 비롯하여 화양동의 삼성스튜디오, 만리동의 대영촬영소

등이 신설되거나 확장된 사실도 환기시켰다.

안종화는 홍성기, 신상옥, 김기영, 김화랑, 이강천 등을 괄목할 만한 활동을 한 신인 감독으로, 이병일, 김소동을 원로로 꼽았다. 홍성기는 <열애>(1955)에서 재능을 보인 후 <실낙원의 별>(1957), <별아 내가슴에>(1958) 등으로 멜로드라마의 기수로 등장했으며, 신상옥은 <동심초>(1959), <슬픈 목가>(1959) 등 일련의 여성물로서, 김기영은 안성기로 하여금 샌프란시스코영화제에서 아역상을 받게 한 <10대의 반항>(1959)을 꼽으며 특기할 만한 감독이라고 하였다. 그러나 대부분의 작품들은 태작(駄作)을 면치 못했으며, 대다수의 회사들은 '일작일사(一作一社)로서 해산되는 패턴을 보였다고 했다. 이강천은 <피아골>, <백치 아다다>에서 연출적 역량을 인정받은 이래 <생명>(1958)을 통해 최초로 대형영화(시네마스코프)를 보여 주었다고 했다.

- 이상 '전성기'

안종화는 1960년 이후는 완연히 신인들의 독무대였다고 진단했다. 시네마스코프 총천연색영화가 제작되는 등 기술적인 면도 진보되었다고 했다. 신상옥 감독과 홍성기 감독에 의해 <춘향전>(1961)이 나왔는데, 신상옥 감독의 <성춘향>(1961)은 11주라는 장기 흥행 기록을 수립하여 한국영화사상 최고의 흥행수익을 올려 화제를 모았고 김승호 배우가 <로맨스 빠빠>(1960, 신상옥)로 제7회 아시아영화제에서 남우주연상을 획득한 데 이어 <박서방>(1960, 강대진)의 김승호가 남우주연상을 받은 것은 특기할 만

한 일이라고 하였다. 기대할 만한 신진 감독으로 <박서방>의 강
대진과 작품명 없이 이성구, 김수용, 이봉래 등을 꼽았다. 이와 함
께 한계에 이른 개봉관의 문제점도 짚었다. 서울에 있는 4~5개의
국산영화관으로는 연간 100편에 이르는 영화 상영은 무리여서 자
연히 관객들을 유인하기 위해 천연색 와이드스크린으로 옮기는
현상이 나타나고 이에 걸맞은 사극이 양산됨으로써 결국 자살의
길로 가게 만드는 원인이 되었다고 했다.

- 이상 '1960년 이후'

　한국영화는 참으로 가시밭 험란의 길을 걸어온 셈이라고 했다.
하지만 광복이 된 지 5년이 못 돼 이북 공산당의 남침을 받는 등
의 험로 속에서도 1961년 5월 16일 군사혁명이 정치, 경제, 사회
등 여러 분야에 의욕적인 희망을 갖게 해주었다고 언급하였다. 표
면적으로 나타난 몇 가지만 추려 보더라도 방대한 영화 관계 업무
가 문교부 소관에서 허덕이던 것이 신설된 문공부로 이관돼 다각
도로 연구 및 검토되고 있으며, 국립영화제작소가 설치돼 영화예
술에 대한 국가적인 뒷받침을 공고히 할 수 있게 됐다고 했다.

　이 밖에도 5·16 이후 개선된 점은 참으로 많으나 모든 면이 '희
망적'이라는 한마디로 가름 지어지는 것이라고 했다. 아울러 그동
안 난립, 방치되었던 56여 개의 군소 제작사가 16개 사로 통합 정
비됨에 따라 한국영화도 영화기업으로의 발판을 마련할 수 있게
됐다고 하였다. 아울러 영화 조잡의 원인이 된 군소 흥행사들의
유통자금이 점차 힘을 잃어감에 따라 주먹구구식으로 이루어졌던

영화제작의 관행과 네임 밸류에 따라 특정 배우에게 작품이 쏠리는 현상도 지적하였다.

이와 함께 영화이론의 문제, 대학의 영화과 신설, 수적으로는 많으나 각색에만 의존하는 시나리오 작가의 현상 등을 거론했다. 그는 외국의 경우를 언급하며 한국에서는 과다할 정도로 수많은 작품이 쏟아져 나오는데도 이에 대한 마땅한 비평이 없다는 점을 지적했다. 현재 활약하고 있는 영화평론가 및 영화이론가, 시나리스트 등은 대부분 문학, 연극 등의 타 분야의 사람들이 어쩌다가 영화에 호기심을 갖고 관계하게 된 것이라고 비판했다. 수년 전부터 몇몇 대학에 영화과가 신설되고 서울의 수개처에 영화를 연구(공부?)하는 예술학원이 설립되고 있으나 현재로 봐서는 시험적인 단계를 벗어나지 못한 실정이고, 선진제국에서 영화를 전공하고 돌아온 몇몇이 있으나 이들도 두드러진 활동은 보이지 못하고 있다고 했다.

영화잡지도 수삼 종이 간행되고 있으나 흥미로운 기사를 게재하는 정도일 뿐이고 전문적인 영화이론은 찾아볼 수 없다고 지적하였다.

안종화는 이렇게 「한국영화 40년 약사」에서 개진하였다.

- 이상 '5·16혁명 이후의 현황'

그렇다면 「한국영화 40년 약사」의 특징과 의미는 무엇일까.

첫째, 역사란 편리한 대로 취사선택을 할 수 있는 게 아니라는 것을 보여 주었다.

자신이 현장에서 겪은 일을 씨줄 삼아, 보고 들은 얘기를 눈높이의 날줄로 엮어냄으로써 각주(脚註)가 필요 없는 기록으로 남게 하였다. 이런 사례는 외국에서도 찾아보기 어려울 것이다. 후학들이 안종화와 같은 선구자를 만날 수 있었던 것은 행운이 아닐 수 없다.

둘째, 쟁점이 되는 영화의 도입 시기에 대한 견해이다. 그는 이 문제에 대해 확증을 잡지 못하고 1902년 설을 주장하다가 심훈 등의 언급한 1898년 설을 긍정적으로 수용했다. 이는 앞서 필자가 할아버지(1898년)와 아버지(1902년) 때의 일로 비유한 바 있듯이 당대에 자신이 겪고 들은 얘기 위주로 적다 보니 나타난 현상이라고 할 수 있다.

셋째, 자신과 관련된 일에 대해서는 과장하거나 내세우려 하지 않았다는 점이다. <청춘의 십자로>의 경우 「한국영화발달의 소고」에서는 그해에 한 편밖에 나오지 못한 작품으로 이원용과 신일선 씨가 오래간만에 나타나 흥행 상 다소 유리함을 얻었을 뿐이라고 했으나 「한국영화 40년 약사」에서는 1930년대에 이르러 침묵을 보이던 안종화 감독이 선배 윤백남과 문예영협회를 결성했으나 성과를 거두지 못하고 본격적인 활약을 시작하여 <꽃장사>, <노래하는 시절>을 만들었다고 정리했다.

하지만 「한국영화 40년 약사」에서 아쉬웠던 부분은 객관성과 집약도가 떨어지고 대체로 산만해졌다는 점이다. 해방 전의 자취는 주로 「한국영화발달의 소고」를 활용하여 완성도가 높았으나 은퇴 상태에서 새로 추가한 해방 이후의 상황, 특히 '5·16 혁명 이후의 현황'이라는 소제목 아래 쓴 군사정부 시절의 영화정책에 대한 견해에 이르게 되면 당황하게 된다.

70년대 중반에 정부 산하의 기관지에 게재된 이 원고는 <견우직녀>(1960) 이후 은퇴 상태에서 생활고에 시달릴 무렵 어렵게 집필한 것으로 여겨진다. 그러니까 중풍으로 병고(病苦)를 치르기 전이라고 할 수 있다. 이 글은 또한 안종화의 첫 작품으로 거론됐던 <고향>이 성사되지 못하고 기획에 머문 작품이었음을 확인해 주기도 했으나, 모처럼의 논쟁인 <아리랑 그후 이야기>(1930, 이구영 감독)를 둘러싸고 벌어진 서광제에 대한 언급이 빠진 점이 아쉬웠다.

그는 제주도와 깊은 인연이 있다. 배우 데뷔작인 부산키네마의 첫 작품 <해(海)의 비곡(祕曲)>(1924, 이월화 주연)과 마지막 감독작품이 되어버린 <견우직녀>(김삼화 주연)가 모두 제주도의 로케이션으로 이루어진 작품이기 때문이다.

필자는 영화평론가 이영일이 주도한 1966년 1월 광화문 교육회관에서 열린 영화예술상 시상식 때 '영화인 30년 유공자'의 한 사람으로 불편한 몸을 지팡이에 의지하고 나왔던 안종화 선생의 초췌한 모습을 잊을 수가 없다.

파르보Parvo

연쇄극 공연 중 영화를 상영한 작품 <의리적 구토>(김도산, 1919)는 한국영화의 출발점이라는 점에서 의미가 크다. 조선영화인의 영화기술이 부족한 현실을 고려해 단성사 경영주 박승필은 일본 덴카스(天活) 소속의 촬영기사를 초빙했다. 모자를 쓰고 목조 촬영기를 멘 사람은 미야카와 소노스케(宮川 무之助)로 '발보'라 불리운 프랑스 데브리(Debrie)사의 파르보(Parvo)로 촬영했다.[10] 파르보는 1908년 출시 이후 현장의 불편한 점을 지속적으로 개선해 여러 모델을 출시했는데 카메라 내부에 400피트 매거진을 장착하고 16프레임으로 6분을 촬영할 수 있다. 1922년부터는 카메라 바디를 나무에서 알루미늄으로 변경해 뉴스 촬영용 인터뷰 카메라를 출시하였다.[11] 초창기 조선영화 제작에 있어 파르보를 사용한 작품은 <해의 비곡>(안종화, 1924)을 연출한 부산 조선키네마주식회사 다카사 간죠(高佐貫長, 조선이름 왕필렬)이다. 회사의 중역인 무역업자가 3,500원에 구입한 파르보는 1925년 <운영전>, <신의 장>, <동네의 호걸>을 끝으로 해산한 후 부산일보사를 거쳐 경성제국대학에서 5원을 받고 대여했다고 한다.[12] 또한, 윤백남프로덕션에서 <심청전>(이경손, 1925)을 촬영하기 위해 일본인 니시카와 히데오(西川秀洋)가 틈이 생겨 땜통을 들고 다닐 정도로 오래된 파르보 카메라를 오사카(大阪)에서 200원에 구입한 기록이다.[13] 1930년대에는 원산프로덕션 도야마 미쓰루(遠山滿) 대표가 <금강한>(1931) 등을 제작하기 위해 파르보 JK 모델을 구입했고[14] 이규환은 <밝아가는 인생>(이규환, 1933)의 촬영을 위해 일본 촬영감독 후지이 키요시(藤井淸)를 데리고 왔는데 그가 가지고 온 카메라가 파르보 JK이다. 이 카메라는 <강건너 마을>

(나운규, 1935)을 연출한 나운규에게 팔았다.[15] 이필우는 일본 오사카에서 홍순언이 구입한 파르보 카메라로 <전과자>(조선이름 김소봉, 1934) 등 경성촬영소 작품에 사용한다. 또한, 조선 최초의 발성영화 <춘향전>(이명우, 1935)을 제작하기 위해 파르보 카메라에 녹음기와 동기를 맞추기 위한 모터를 연결하고 방음장치(blimp)를 제작했다.[16] 해방 이후에도 영화 현장에서 꾸준하게 사용되었다.

[사진 2] <임자없는 나룻배>(이규환, 1932) 배우와 스태프, 파르보 카메라 오른쪽 이명우 촬영감독
(출처: 영화진흥위원회)

[사진 3] <수우>(안종화, 1948) 홍일명 촬영감독과 안종화 감독
(출처: 영화진흥위원회)

영화이론총서 41

안종화「한국영화 40년 약사」

제2부

1. 안종화의 배우 시절
: 여형배우에서 화형배우로

한상언

1) 들어가는 말

안종화는 연극배우, 영화배우, 시나리오 작가, 영화감독, 연극 연출가, 영화교육자로 활약한 연극, 영화 부문에 있어서 중요한 위치를 차지하는 인물이다. 여기에 연극과 영화가 처음 만들어지던 시절부터 관련 경력을 쌓아온, 그 자체로 우리 연극, 영화의 역사와도 같다.

초기 연극, 영화계에 활동했던 안종화는 자신이 경험했던 것, 혹은 듣고 보아 알고 있었던 것을 후대에 전하기 위해 다수의 글을 남겼다.[17] 우리 연극과 영화가 연륜을 쌓기 시작하면서부터 있었던 기록되지 않은 사건들이 지금껏 전해져 올 수 있었던 것은 그가 남긴 저작의 힘이 컸다. 그의 헌신이 아니었다면 연극, 영화 초창기에 활약한 다양한 인물들과 그들의 구체적 활동은 망각의 늪으로 빠져들어갔을지도 모른다.

안종화의 저작은 자신의 경험을 통해 얻은 지식을 이야기의 형태로 풀어냈다는 점이 특징이다. 그가 쓴『신극사이야기』(1955)나『한국영화측면비사』(1962)와 같은 경우, 그 밑바탕에는 안종화의 체험이 깔려 있다. 하지만 아쉽게도 자신에 관한 내용은 비중 있게 다루지 않았기 때문에 그가 몸담아 활동했던 신파 단체나 그의 구체적

활동 내역에 관해서는 별반 알려진 바 없다. 안종화 개인에 관해 주목한다면 그의 활동이 비중 있게 언급되지 않은 점은 아쉬울 따름이다.

이 글은 안종화가 연극, 영화계에 처음 몸담았던 20세 전후의 시기에 활동했던 배우 이력을 추적하기 위한 것이다. 배역과 스태프가 엄밀하게 구분되지 않던 시절, 어깨너머로 배운 지식과 경험은 훗날 영화배우와 연출가의 자리를 오가며 활동하게 되는 자양분이 되었던 게 사실이다. 하지만 이러한 체계적이지 못한 교육 시스템은 한 명의 예술가로 성장하는 데는 한계를 가질 수밖에 없다. 이러한 문제점은 안종화가 1920년대 중후반부터 평생을 연극, 영화교육에 헌신하게 된 이유이기도 하다.

당연한 이야기지만 초기 연극, 영화에 관한 기록은 많지 않다. 특히 배우에 관해 언급한 문헌은 더욱 드물다. 소략한 기록이나마 찾아 안종화의 배우로서 이력을 살펴보는 것은 안종화의 삶을 복원하여 연극, 영화인 안종화를 이해하기 위함이다. 이러한 시도는 안종화라는 인물을 통해 초창기 우리 연극, 영화계의 상황을 이해하는 데 도움을 줄 수 있기 때문이다.

2) 극계 진출 이전 안종화

영화사가 이영일은 초창기 활약한 영화인들에 관한 이야기를 『한국영화인열전』(1983)이라는 제명의 단행본으로 발간하였다.[18] 이

책에 수록된 내용을 토대로 살펴보면, 안종화의 본관은 순흥(順興), 원래 이름은 용희(龍熙)이며 1902년 1월 21일 아버지 안두식(安斗植)과 어머니 김해 김씨 사이에서 1남 2녀의 막내로 태어났음을 알 수 있다. 참고로 큰 누이는 붕희(鵬熙), 작은 누이는 명희(明熙)이다. 조부 안상홍(安祥鴻)이 종2품 오위장(五衛將)을 역임하였고 아버지도 관직을 하는 등 그의 집안은 누대로 벼슬을 하던 가문이었다. 그러다 보니 안종화가 출생하던 시기만 해도 지금의 명동 근처에 99칸짜리 집을 소유했을 정도로 재산가였다.[19] 안종화의 집안이 서울 중심부에 근거지를 두고 있었던 지라 일찍부터 근대적 문물의 혜택을 누릴 수 있었다. 어린 시절 아버지 밑에서 한문을 배운 후 학령이 되어서는 초등교육기관인 공성학교(共成學校)에 입학하였다.[20] 1908년 5월 세워진 공성학교는 다방골이라 부르던 다동에 있었다. 다방골 조선인 실업가들이 만든 이 학교의 교장은 유신혁(劉臣爀), 교감은 월남 이상재(月南 李商在)였다.[21]

공성학교를 마친 안종화는 봉명학교(鳳鳴學校)에 입학한다. 1908년 9월 중등교육기관으로 출발한 봉명학교는 보통 봉명중학으로 불렸다. 이곳은 미장동(美牆洞)이라 불리던 지금의 을지로 입구, 롯데호텔 자리에 있었으며 입학 연령은 15세 이상 20세 이하에 해당했다. 1902년생인 안종화의 봉명학교 입학 연도는 1915년 이후로 추정된다.

안종화의 학력에 관해 또 하나 살펴볼 것이 있다. 이는 『대한연감』(4288년판)에 수록된 '매동학교'(梅洞學校)와 '간이상업'(簡易商業)을 졸업했다는 기록이다.[22] 우선 간이실업학교는 "입학자격에 특별한

학력 제한을 두지 않고 야간제 혹은 계절제 교육과정을 편성하는
등 유연한 학사 운영이 가능"한 1년제 실업보습학교로 일반적으로
보통학교에 부설되었다.[23] 경성부에서는 1910년부터 공립간이실
업학교를 기존 공립보통학교 안에 설립하였는데,[24] 매동공립간이상
업학교는 다소 늦은 1913년에 만들어졌다.[25] 이러한 상황으로 보아
안종화는 공성학교와 봉명학교 이외에 1913년 이후 매동학교에
부설된 1년제 매동공립간이상업학교도 다녔던 것으로 보인다.

구한국의 관리였던 이상재는 만국평화회의를 비밀리에 준비하다
가 1907년 6월 통감부에 구속되었으며 2개월 후 증거불충분으로
출소했다. 그는 교육 사업에 뛰어들어 공성학교의 교감으로 있었으
며 황성YMCA 강당에서 잠자고 있는 조선이 깨어나야 함을 역설
했다. 대중들 앞에 서서 피 끓는 이야기를 토해내는 식의 연설회는
보통 환등, 활동사진, 연극 등과 함께 공연되었다. 『신극사이야기』
에 수록된 이상재에 관한 내용을 인용해 보자.

> 종로 도심(都心)에 우뚝 높이 솟은 붉은 벽돌의 고층건물, 이것이 황
> 성(皇城)기독교청년회관(YMCA)이다. 강당에선 환등대회(幻燈大會)가 있
> 었다. 남녀노유 할 것 없이 강당 안에 꽉 찼다. 기독 일대기의 오색찬
> 란한 그림이 정면 큰 옥양목 휘장(스크린)에 비치인다.
> 탄성(歎聲)과 더불어 신기했다. 여기에 월남 이상재(李商在) 선생이 사
> 회를 하고 설명을 한다. 월남 선생은 다방골 공성학교(共成學校)를 세우
> 고 교장으로 계시며, 선생 자신이 어린 소년들과 벗하여, 새 시대에로
> 내보내는 교육사업을 하실 때이다.[26]

구한말의 풍경을 기록한 글 속에 월남 이상재의 모습을 언급한 것을 보면 공성학교를 졸업한 안종화에게 있어 유년 시절 이상재의 가르침은 잊을 수 없는 기억으로 남았던 것 같다.[27] 또한 황성기독교청년회에서 보았던 환등과 영화, 연극 등에 관한 기억 역시 그를 평생 문화의 중요성을 가슴에 안고 살게 하는 계기가 되었을 것이다.

유년 시절 만난 친구 중에는 석영 안석주(夕影 安碩柱)도 있었다. 안종화와 안석영은 공성학교 동창생이었다.[28] 안석영이 사망한 직후 안종화는 『연합신문』에 그의 추도사를 게시했다. 이 추도사에는 "夕影! 夕影! 兄은 나와 幼時에 竹馬를 타지 않았소! 그리고 또 二十 靑年時代부터 兄과 나와는 한 길로 드러서게 되는 出發을 갖었섰소!"[29] 라며 어린 시절부터 이어진 인연과 청년 시절부터 함께 해온 연극, 영화인으로의 출발을 회고하고 있다.

서울 한가운데 살았던 안종화는 누구보다 먼저 신파극과 활동사진을 접할 수 있었다. 일본인촌에는 일인들을 위한 극장이 있었으며 동대문 부근의 광무대(1903년 동대문활동사진소로 출발), 서대문 인근의 원각사(1902년 황실희대로 시작)가 일찍부터 자리를 잡고 있었다. 이 두 개의 극장 외에 1907년을 전후하여 조선인을 위한 사설 극장이 들어섰다. 파고다 공원 주변에 세워진 단성사, 장안사, 연흥사가 바로 그것이다. 서울 중심지에서 유년 시절을 보낸 안종화는 어린 시절 서울에 처음 들어선 극장 구경을 다녔으며 극장에 관한 내용을 그의 저서 『신극사이야기』에 남겼다.

일찍이 서울 안에는 협률사(協律社)란 존재가 있어서 음률과 창, 가
무 등속을 무대 위에서 보였다. 그러므로 서대문 감영 앞에 원각사(圓
覺社)란 단층 건물의 극장이 생겼다. 이 무대에서 협률사의 공연을 보
았다. 국창(國唱)도 등장하였다. 대궐 안에서는 청취기를 대고 들으셨
다. 실로 이것이 황실극장 격이었다. 후일에는 국내부 관리로 되었다.
그러자 앞에서 말한 바와 같이 남촌에 일본인 극장이 생긴 것을 모방
해서 북촌에는 극장이 늘었다. 여기에 꼽으면 동관에 단성사(團成社)가
있고, 한양골(樂園洞)에 장안사(長安社)가 서고, 사동(寺洞)에 연흥사(演興
社)가 섰다. 그중에서도 단성사나 연흥사는 대표적인 극장으로서 새로
운 연극을 하기에 완비된 무대들이었다. 원각사 초에는 장내가 남포
등이었지만, 연흥사, 단성사로 들어와선 제법 희미하나마 전등들이었
다. 이 최신식 무대![30]

『신극사이야기』속 북촌의 극장가에 관한 서술은 혁신단의 임성
구가 연극을 하기 직전인 융희 원년 시기에 있었던 극장 중 광무대
를 제외한 원각사, 단성사, 연흥사, 장안사를 다루고 있다.[31] 협률사
공연에 관한 사항은 전언으로 알고 있는 내용일 수도 있으나 원각
사 내부의 남포등이나 단성사와 연흥사 내부의 희미한 전등이 들
어왔다는 사실은 그의 관극 경험을 통해 기억하는 사실일 수 있다.
이렇게 추정하는 이유는 『신극사이야기』에서 이인직의 연극에 대
해서 "원각사에서 연극행동이 있었다 하는 바 그 확장을 잡을 수
없으므로 여기에선 생략키로 하다."[32]고 간단히 넘어가 버렸으나 그
보다 22년 전인 1933년 『조선중앙일보』에 연재한 「무대이면사」에
서는 "리인직의 연극 무대만은 완전이 실패하고 말엇다"라고 언급

하며 시중에 떠도는 식으로 "탈박아지를 쓰고 나와서 연설만하는 게 무에 무언지 얼어 먹을수가 업는데 바로 그것의 일흠이 (시바이) 라듸-"라며 이인직의 연극이 전근대적 관객에게 통하지 않았음을 강조하고 있다.[33] 이런 점에 비추어 보면 「무대이면사」의 경우 부정확한 내용들도 수록하였던 것 같으나 이에 비해 『신극사이야기』의 경우 본인이 체험하거나 들어 확실히 아는 내용을 주로 다루었음을 알 수 있다. 안종화의 관극 경험은 그가 배우가 되는 데 있어서 결정적인 계기를 만들어 주었을 것이다.

초창기 극장에서는 재래의 연희를 비롯해 활동사진, 신파극 등이 두루 상연되었다. 그러던 중 1910년 최초의 상설 영화관인 경성고등연예관이 생겼으며 1912년 관철동에 조선인 전용 활동사진 상설관인 우미관이 문을 열었다. 일본인 측으로는 1912년 대정관 1913년 황금관이 활동사진 전용관으로 영업을 시작했다. 또한 혁신단을 필두로 신파극단들이 설립되기 시작하여 조선인 신파 연극이 무대에 올렸다. 도시의 밤을 환하게 밝히는 극장과 활동사진관의 불빛은 도시에 거주하는 학생들을 매료시켰다. 안종화 역시 공부보다는 신파극과 활동사진 구경에 열중했다. 그의 이러한 경험은 그의 진로에 영향을 주었으며 훗날 『신극사이야기』와 『한국영화측면비사』의 재료가 되었다.[34]

3) 신파극단의 여형배우

일본의 신파극단에는 여배우가 없었다. 여배우가 없는 가부키의 전통 때문이었다. 대신 온나가타(女形)라고 하는 남자배우가 여자 역할을 대신했다. 일본 신파극을 그대로 수입했던 조선의 신파극단도 마찬가지였다. 여자 역은 예쁘게 생긴 남자가 주로 맡았다. 안종화는 신파극단에서 여형배우로 활약했다고 알려져 있다. 하지만 그가 언제 신파극단에 입단했는지는 정확히 알 수 없다. 신파배우 안종화의 이름이 등장하는 문헌은 1920년 3월에나 나오기 때문이다. 관련 기사를 인용해 보자.

> 林聖九一行의 連鎖劇
> 동경셔 긔수가 나오는 로 박혀볼 작뎡
> 우리 됴션의 연극을 가장 처음으로 긔척한 혁신단 림성구(革新團 林聖九) 일힝은 이 단이 우리 됴션에 나타난지 임에 십여년에 털끗만치도 굴흠이 업시 만도의 환영속에서 영광잇고 힝복스러웁게 오날까지 나려왓다. 말ᄒᆞ면 다른 극단보다 특별한 뎜은 각처에 헤여져 잇는 빈한한 동포를 위ᄒᆞ야 아못죠록 구원ᄒᆞ고쟈 ᄒᆞ는 가상한 이다. 쟉년즁에는 각디로 도라다이며 슌히 힝년을 ᄒᆞ던바 요사이 경성에 올나와셔 단성샤에서 흥힝ᄒᆞ는 민족의 사상이 변쳔됨을 ᄯᅡ라 졈ᄉᆞ 긔량ᄒᆞ야 나가는 모양이며 이번에는 단성샤쥬 박승필(朴承弼)씨 후원을 어더 가지고 련쇄극을 촬영ᄒᆞ고쟈 동경국제활영쥬식회샤에 사람을 보니여 긔사를 쳥ᄒᆞ려는디 이번에 촬영ᄒᆞ는 것으로 말하면 인쳔과 굿흔 바다가에셔 기션과 밋 『쏫』을 타고 슈상에셔 일디 활약을 ᄒᆞ는 것과 밋 평양에 나려가셔 모란봉과 부벽루 대동강을 비경삼아 가지고 됴일

지 군의 장한몽(長恨夢)을 아조 유감되는 것 업시 촬영홀터이라는 동단에는 단쟝 림셩구 군은 물론이거니와 그 아리로 교가 가득한 녀역에 안종화(安鐘和)와 년죠잇는 릉란흔 한챵렬(韓昌烈) 김슌한(金順漢) 박희텬(朴喜天) 군 등 유명한 비우들만 망라ᄒ얏다더라[35]

위에 인용한 기사는 임성구가 이끌던 혁신단에서 연쇄극을 촬영하는데 여형배우로 안종화가 등장한다는 내용이다. 혁신단 단장 임성구와 신파배우로 이름을 떨치던 한창렬, 김순한, 박희천과 함께 안종화의 이름이 등장하는 것은 여형배우가 드물던 시기여서일 수도 있지만 1920년에 이미 안종화가 신문지상에 이름이 오를 만큼의 인지도가 있었거나, 아니면 혁신단 무대에 처음 등장하는 배우에 대한 홍보 차원일 수도 있다.

안종화가 혁신단을 통해 배우가 되었는지는 알 수 없다. 안석영은 안종화가 김도산의 신극좌에서 여형배우로 활약했다고 언급하고 있으며, 심지어 심훈은 안종화가 신파 전성기에 김소랑의 취성좌에서 활약했다고 전한다.[36] 혁신단 외의 신파 여러 극단에서 두루 활약했을 가능성도 있다. 안종화와 죽마고우인 안석영의 글을 보다 자세히 살펴보자.

"이, 안씨는 김도산(金陶山) 일행에서 여형(女形)배우로 노랑목소리를 빼어서 관객의 간장을 근지럽게 하던 이로 영화에 '니마이메'로는 매우 흡족하도록 걸맞았다. 손길이 분가루로 씻은 듯이 지금도 곱지만 여형배우 시대로부터의 그 세련된 손짓은 지금도 친구들의 시선을 끄는 터요. 오랜만에 만나 손을 잡았을 때 벗의 맘을 부드럽게 하나니

이 고흔 손길이 그로 하여금 염사(艶史)를 장만하게 했을 것이다."[37]

위에 인용한 글처럼 손이 부드럽고 세련된 손짓의 안종화를 안석영은 김도산의 신극좌 출신의 여형배우로 기억하고 있었다. 안석영의 기억이 맞는다면 안종화가 김도산의 신극좌를 통해 신파배우가 되었으나 곧 혁신단으로 옮겨 갔을지도 모른다. 안종화가 혁신단 출신 한창렬과 단장 임성구의 영결식에 참석했다는 기록을 남긴 것에 비해 같은 시기 세상을 떠난 김도산의 장례에 참석했다는 내용이 없는 것도 이를 짐작케 한다.[38] 만약 안종화가 신극좌를 떠나 혁신단으로 갔다면 김도산의 영결식에 참석하기 껄끄러웠을 수도 있다. 이런 추정과는 별도로 안종화는 기사에 나오는 1920년부터 임성구가 사망하던 1921년까지 임성구의 혁신단에서 활약했을 것이고 그 이전 혹은 이후 시기에는 김도산의 신극좌와 김소랑의 취성좌에서 신파배우로 활동했을 가능성이 있다.

그럼 안종화는 언제 신파배우가 되었을까? 안종화는 『신극사이야기』의 「自序」에서 "著者 自身이 演劇, 映畵에 從事한지 三十有四年"이 되었다고 기록했다.[39] 책이 나온 1955년이나 『평화신문』에 『신극사이야기』의 저본이 되는 「예원비문」을 게재했던 1954년을 기준으로 보면 1920년 혹은 1919년에 데뷔했다는 말이다.

1919년 신파극계는 큰 변화가 있었다. 이 무렵까지 김도산의 신극좌는 한때 이기세가 운영했던 예성좌원들이 주축이었다. 하지만 극계를 떠났던 이기세가 1919년 10월 문예단의 깃발을 들고 나서자 신극좌의 주요 단원 대부분이 신극좌를 떠나 이기세의 문예단으로 돌아가 버렸다. 실제 신극좌의 여형배우로 유명하던 이응수(李應洙)도 이때 문예단으로 옮겼다. 단원이 부족해 극단 문을 닫아야 하는 상황에서 신극좌는 연미단 출신의 이경환(李敬煥)과 혁신단 출신의 김영덕(金泳德)을 중심으로 새롭게 단원들을 충원하여 재기하게 된다.[40] 이러한 신파극계의 변화는 극단 인원의 연쇄적인 이동을 가져왔다. 이때 안종화가 신극좌 혹은 혁신단에 가담했을 수도 있다. 대부분의 극단에서는 여자 역을 맡을 배우가 필요했기에 그렇다. 수염이 없는 미끈한 얼굴에 한들한들한 자태까지 안종화의 모습은 여형배우에 어울렸다.

단성사 운영주 박승필은 신극좌와 혁신단에 연쇄극 제작비를 지원해 주었다. 박승필의 도움으로 김도산은 조선인으로서는 처음으로 연쇄극을 제작했다. 제목은 <의리적 구토>(1919)였다. 연쇄극은 극장 안에서 실연할 수 없는 장면을 활동사진으로 찍어 보여주는 것으로 경성의 일본인 극장에서는 수년 전부터 유행이었다.[41]

1919년 10월 27일 단성사에서 처음 공연된 연쇄극은 조선인이 주축이 된 영화제작의 효시였다. 안종화가 <의리적 구토> 제작에 참여했는지는 알 수 없다. 하지만 『한국영화측면비사』에 <의리적 구토>의 제작 과정을 상세히 기술하고 있고,[42] 곧바로 임성구의 혁신단에서 제작하기로 한 연쇄극 <장한몽>(1920)에 출연한다는 기사로 보아 이 시기 연쇄극 제작에 어느 정도 관련이 있었으리라 추정할 수 있다.

위에 인용했던 기사에서처럼 1920년 3월, 안종화는 임성구의 혁신단에서 활약하고 있었고 혁신단에서는 조선인들이 가장 좋아하는 신파 레퍼토리인 <장한몽>을 연쇄극으로 제작하려고 준비 중이었다.[43] 심순애 역을 맡을 마땅한 여형배우가 없었던 혁신단에서는 여형으로 인기를 끌기 시작한 안종화가 필요했다. 그런데 1개월 후 단성사에서 개연된 작품은 <장한몽>이 아니라 활극이었다. 관련 기사를 인용해 보자.

西洋式을 加味한
革新團 活動劇
처음으로 진화된
셔양식 활동사진

신파련쇄활동사진을 김도산일 이 쳐음으로 박어 만도의 인긔를 널니 엇엇지만은 거긔셔 더 좀 진화되야 박엿스면 쏘는 실연이 젹고 사진이 만엇스면 ᄒ는 싱각이 일반 관긱의 바라던바이라 그런듸 이번 혁신단 림셩구(革新團 林聲九)군이 단셩샤 々주 박승필(朴承弼)씨의 대 뎍々후원을 엇어 련쇄극을 박인 것을 이십륙일밤부터 단셩샤 무듸 위에 올녀 관람케 ᄒ엿눈듸 사진을 보건듸 이왕 련쇄활동사진보다 일층 진화발달되야 대부분 셔양 사진의 가미를 너허 대모험활극으로 될수 잇눈듸로는 잘 박은 것이 드러난 바 실연이 젹고 사진의 셔양풍이 만허셔 만원이된 일반관긱은 더욱 열광ᄒ야 박수갈치가 쓴일시 업셔々 림셩구 군의 대셩공이라 ᄒ겟눈듸 긔챠와 자동챠의 경주와 강물에 써러지는 쾌활과 기타 셔양인의 집 삼칭 위에셔 격투ᄒ다가 악훈을 그 위에셔 아러로 써러트리는 장대한 대활극이 잇셔々 참으로 자미 진々훈 셔양사진과 조곰도 다를 것이 업더라[44]

앞의 인용한 기사를 보면, 혁신단에서 만든 연쇄극은 실연은 적고 활동사진의 비중이 큰, 다시 말해 연쇄극보다는 활동사진의 일부 장면을 신파극으로 공연하는 연쇄활동사진에 가까웠다. 그러면서 기차와 자동차의 경주, 강물에 떨어지고, 서양식 3층 집에서 격투하다가 바닥으로 추락하는 식의 활극 장면이 연출되었다고 전한다. 이때 상연된 작품은 <학생절의>(전32장, 1920)[45]로 활동사진을 이용한 촬영에는 멜로드라마인 <장한몽>보다는 경쾌함과 스펙타클로 무장한 활극에 더 잘 어울릴 것으로 판단했던 것 같다.[46] 이 연쇄극에 안종화가 참여했는지는 알 수 없다.[47]

연쇄극 제작으로 예전의 명성을 되찾고 있던 신파극단에 먹구름이 끼기 시작했다. 폐병을 앓던 임성구의 병세는 더욱 심해져 더 이상 무대에 설 수 없었다. 임성구와 함께 혁신단을 이끌던 한창렬도 병석에 누웠다. 급기야 1920년 12월 29일, 한창렬이 신병으로 사망했다. 1921년에는 예상치도 않게 신극좌의 김도산이 연쇄극 촬영 중 얻은 부상으로 병석에 누운 지 몇 달 만에 늑막염으로 사망했다. 신극좌의 좌장 자리는 문예단에서 복귀한 안광익이 이어받았다. 같은 해 11월에는 폐병을 앓던 임성구까지 사망했다. 혁신단의 단장은 동생 임용구가 이었다. 임용구는 1923년 연쇄극 <장한몽>을 제작하여 함흥 등지에서 상연했다.[48] 1923년 무렵이면 안종화가 윤백남의 민중극단에서 활약하고 있던 시기라 혁신단에서 제작한 연쇄극 <장한몽>에는 출연하지 않았던 것으로 보인다.

한때 임성구의 신파극과 다른 연극을 만들기 위해 노력했던 윤백남은 1920년 3월 조선흥행물주식회사의 설립을 통해 극장 설립의 기회를 노렸으나 실패한다. 그 이후인 1920년 10월부터 친일단체인 국민협회의 기관지인 『시사신문』의 편집국장으로 일했다.[49] 『시사신문』의 발행인 민원식이 1921년 2월 암살당하여 신문 발행이 중단되었을 무렵 윤백남은 독자적으로 극장 설립을 꾀하게 된다. 그 결과 같은 해 3월 총독부로부터 극장 설립을 인가받는다.[50]

윤백남의 극장 설립 계획에 따라 1922년 1월 극장 부속 극단으로 이용하게 될 목적으로 민중극단이 조직된다. 민중극단에는 윤백남 이외에 조일제(趙一霽)와 김운정(金雲丁)이 각본을 담당하기로 했으며 김도산의 뒤를 이어 신극좌를 이끌던 안광익을 비롯하여 좌장을 잃은 신파극의 배우들이 모였다. 안종화도 그 틈에 끼었다.[51]

하지만 윤백남의 극장 설립이 무산되면서 민중극단은 새로운 후원자를 찾게 된다. 그렇게 하여 야마모토 시게히코(山本重彦)가 운영하던 반도문예사가 민중극단의 후원자가 된다. 민중극단은 반도문예사 예술부 소속이었으며 이 단체의 주간은 윤백남이었고 안종화 역시 직원으로 일했다.[52] 그러면 반도문예사에서 어떠한 활동을 전개했는지 다음의 기사를 인용해 보자.

산본중언(山本重彦)의 경영하는 반도문예ᄉ(半島文藝社) 예술부에셔는 금번 불쇼한 비용으로 동경에 유명한 가극비우 이십여 명을 고빙하야 오는 이십팔일 밤에 시니 황금관에셔 뎨일회 가극을 흥힝하고 그 뒤에는 됴션 각디로 순회하며 문화션전뎍 가극을 흥힝홀예뎡이라더라[53]

앞의 기사는 야마모토 시게히코가 경영하는 반도문예사에서 도쿄의 가극배우들을 고빙해 황금관에서 가극을 공연한다는 기사이다. 이 기사를 토대로 추정해 보면, 반도문예사 예술부에는 윤백남이 이끄는 민중극단이 있었으며 이외에도 일본 내 흥행 단체들의 조선 공연을 기획하였던 것 같다. 하지만 반도문예사가 문을 닫으면서 민중극단은 그 활동에 큰 어려움에 처한다. 단원들이 하나, 둘 극단을 떠나자 어느 틈에 민중극단 안에는 오래전부터 신파극을 하던 이들은 사라지고 새롭게 연극을 하기 위해 입단한 신진들이 더 많았다. 1923년 3월의 공연을 끝으로 윤백남은 민중극단 운영을 포기했다. 안종화도 그 무렵 탈퇴한 것으로 추정된다. 남아 있던 단원들이 지방 흥행을 위주로 하며 몇 년을 더 버텼지만 결국 역사 속으로 사라지게 된다.

이즈음 한국영화사의 중요한 사건이 있었다. 바로 <월하의 맹서>(1923)가 윤백남과 민중극단원들의 손으로 만들어진 것이다. 총독부 체신국에서는 우편 저축을 장려할 목적으로 시나리오 공모를 했고 윤백남의 민중극단이 선택된다. 윤백남은 이 작품의 각본과 연출을 담당하였고 극단의 젊은 배우들이 출연했다. 안종화도 이 영화의 제작에 참여했다.[54] 내용은 다음과 같다. 영득(권일청 분)은 노름에 가산을 탕진하고 약혼녀 정순(이월화 분)의 호소에도 노름빚 때문에 노름에서 빠져나오지 못한다. 그 사실을 안 정순의 아버지(문수일 분)가 오랫동안 저축해 놓은 돈으로 빚을 탕감해 주고 영득과 정순은 달 아래 새로운 미래를 약속한다는 내용이었다. <월하의 맹서>는 1923년 4월 완성되어 경성호텔에서 열린 기자 시사회에서 처음 공개되었다. 이후 전국에서 무료로 상영되었다.

<월하의 맹서>의 제작이 완료된 후 윤백남은 민중극단의 운영을 포기했다. 안종화도 민중극단을 탈퇴했다. 남은 이들이 민중극단의 이름을 몇 년간 계속 유지했지만, 큰 성과 없이 사라져 버리게 된다.

민중극단에서 나온 안종화는 1923년 9월 조선극장에서 공연된 토월회 2회 공연에 분장을 지도했다. 일본 유학생 출신의 아마추어 학생이었던 토월회원들은 공연을 위해 전문 연극인의 도움이 필요했다.[55]

다시 연극을 할 기회를 찾고 있던 안종화는 겨울로 접어들 무렵 함흥 출신의 동경 유학생들의 도움을 요청받는다. 이들은 그해 12월 함흥에 설립되는 동명극장(東明劇場)의 낙성에 맞춰 극단을 조직할 계획을 세우고 있었다. 이 계획은 지역에서 신망이 두터웠던 지두한(池斗漢)이 추진하였다. 그는 훗날 조선연극사(朝鮮演劇舍)를 운영하며 1930년대 조선연극이 꽃피는 데 결정적인 역할을 한 인물이다. 극단 이름은 예화극단(藝華劇團)이었다.[56] 지두한이 주도하던 극단 설립에 서순익(徐舜益), 박정걸(朴定杰), 천재현(千載現), 김호영(金浩榮) 등 동경유학생들이 동참하였고 같은 해 12월 예화극단이 이름을 바꾼 예림회(藝林會)가 조직된다.

안종화를 초빙해 문예부장 직책을 맡긴 예림회에서는 1924년 1월 6일부터 20일간 예정으로 원산, 청진, 성진, 회령, 나남 등 북선 순회를 계획했다.[57] 공연작은 체홉의 <결혼신청>, 이기세의 <희망의 눈물> 등 이었다. 실질적으로는 공연될 모든 작품을 전문 연극인이었던 문예부장 안종화가 책임졌다.

예림회는 우리 영화사의 중요한 인물인 나운규, 주인규, 김태진 등을 배출한 극단으로 유명하다. 함흥 출신인 주인규, 김태진은 창립 시부터 함께 했으나 나운규는 회령 순회 중 합류한 경우이다. 회령 공연 당시 회령청년회에서는 예림회 환영회를 열었다. 부대행사로 회령청년회와 예림회와의 친선 축구 경기가 있었다. 회령청년회를 이끌던 검은색 두루마기를 입은 청년이 심판을 보았다. 그 청년은 공연이 시작되자 객석의 맨 앞에 앉아 열심히 박수를 쳤다. 연극이 끝나고 나서는 자신의 집으로 예림회원 몇몇을 초대해 대접했다. 그 자리에서 그 청년은 예림회의 다음 공연지인 간도로 가는 길을 자신이 안내를 해줄 수 있으니 예림회에게 입단시켜 줄 것을 청했다. 회원들은 안내인이 있으면 좋지만, 배우로서 별 볼 일 없어 보이는 그 청년을 입단시켜야 할지 말아야 할지 고민이었다. 다른 단원들이 대부분 부정적이었지만 안종화가 나서 그 청년이 주인공 역은 힘들겠지만 노역이나, 악역을 맡을 사람도 필요하니 일단 입단시키자고 했다. 이렇게 해서 나운규는 예림회에 입단하였다.

북선과 간도 공연까지 마치고 함흥으로 돌아온 예림회는 더 이상 공연을 이어갈 자금이 없었다. 때마침 부산에서 무대예술연구회가 공연을 준비한다는 소식이 들려왔다. 안종화는 함흥 생활을 마치고 부산으로 떠났다.

4) 조선영화계의 화형배우

무대예술연구회 회원들은 1923년 10월, 부산 공진회에 맞춰 부산 국제관에서 공연하기 위해 부산으로 내려왔다. 1회 공연 후 여관비가 떨어진 이들은 동래 범어사에 진을 치고 있으며 대구 출신의 엄주태(嚴柱泰)가 마련한 자금을 가지고 공연을 준비하여 1924년 4월 17일 부산 국제관에서 무대예술연구회 2회 공연을 펼쳤다.[58] 안종화가 함흥을 떠나 부산에 도착했을 때는 2회 공연이 준비 중이던 때였다.[59] 훗날 이경손은 겸손하고 착실한 성격의 안종화를 보고 진정 배우다운 배우라고 생각했다고 한다.[60] 메인 프로그램은 <레미제라블>을 번안한 <아, 무정>으로, 연출은 이경손이 맡았다. 장발장 역은 서울서 현대극으로 유명하던 이상필(李相弼)이었다. 특이한 점은 얼마 안 되는 관객 중 일본인 실업가들이 공연을 유심히 보고 있었다는 것이다.[61]

무대예술연구회는 양산 출신의 김정원의 주선으로 양산 일대에서 순회공연을 마치고 부산으로 돌아왔다. 하지만 자금 상황은 더욱 악화되어 문을 닫을 수밖에 없었다. 단원들은 부산의 박간산정(迫間山亭)에 모여 무대극연구회의 해산식을 거행했다. 이 자리에서 부산에 대규모의 영화회사가 설립될 예정인데 무대극연구회원 전원이 전속 배우로 입단할 수 있다는 내용을 교섭을 맡고 있던 윤헌(尹櫶)이 보고했다. 윤헌은 무대예술연구회 회원은 아니었지만 그를 통해 일본인 실업가들이 무대예술연구회의 공연을 보고 새로 만들어지는 영화제작사에 이들 전원을 배우로 채용하고 싶다는 의사를

타진해 왔기에 그 협상을 맡고 있었다.[62]

이 무렵 부산에서는 영화제작의 싹이 트고 있었다. 부산의 일본인 실업가들은 관동대지진의 여파로 일본영화산업이 타격을 입은 가운데 그 틈을 이용해 영화를 만들어 일본에 수출할 계획을 세웠다. 이 시기 일본에서는 중국을 배경으로 한 지나극(支那劇), 조선을 배경으로 한 조선극(朝鮮劇)이 큰 인기를 끌었다. 1924년 쇼치쿠키네마에서 제작한 야스다 노리쿠니(安全憲邦)의 <역류에 서다>(逆流に立ちて)는 그해 가장 인기 있던 영화로 조선 배경이었다. 재미있는 사실은 이 영화에 등장하는 모든 배우는 조선말을 모르는 일본인이었고, 단지 조선옷을 입고 등장할 뿐, 조선에서 촬영된 것도 아닌 도쿄 외곽의 치바현(千葉)에서 로케이션 촬영을 했다.[63]

1924년 7월, 부산의 일본인 의사, 변호사, 대상인들이 출자한 조선키네마주식회사가 설립되었다. 자본금은 75,000원, 1회 불입금 18,750원의 주식회사였다.[64] 총포화약상이던 나데 오도이치(名出音一)가 사장이었고, 불교대학을 졸업하고 어느 절의 승려로 있던 다카사 간죠(高佐貫長)가 취체역으로 연출을 책임졌다. 그 외 가토 소아과 원장 가토 세이치(加藤精一)와 와타나베 다쯔소우(渡邊辰左右)가 취체역을, 변호사 구보다 고로(窪田梧樓)와 다나카 요시노부(田中美登)가 감사역, 아쿠쯔 마사아키(阿久津正明)가 지배인을 맡았다. 이들은 회사설립의 목적을 8가지로 적시했다. 그 내용은 다음과 같다.

1. 내선 융화 및 모든 종의 교육 자료가 될 만한 영화 제작 판매
2. 조선에 각 방면의 실사 영화 제작 판매

3. 조선 풍속을 기본으로 하는 순영화 제작 판매

4. 일반의 수요에 응하는 활동사진 촬영

5. 활동사진 상설관의 경영 및 순업

6. 영화 상설관 경영 및 영화의 제작 사업에 대한 투자

7. 내외 영화 및 촬영 영사기 등의 매매 및 대부

8. 각 항목에 부대하는 사업[65]

위와 같이 조선에서 영화제작을 목적으로 한 조선키네마주식회사에서는 영화제작을 위해 일본에서 촬영감독을 초빙해 왔다. 배우는 조선인을 데려다 쓸 계획이었다.

안종화는 조선키네마주식회사의 첫 번째 영화 <해의 비곡(海の秘曲)>(1924)에서부터 주역을 맡았다. 이 영화는 다카사 간죠가 왕필렬(王必烈)이라는 예명을 사용해 시나리오와 연출을 맡았고, 일본에서 온 촬영감독인 사이토(齊藤)와 스토(須藤)가 나누어 촬영했다.[66] 내용은 "우연히 만난 남녀가 연애를 하다 보니 서로가 친남매임을 알고 함께 바다에 빠져 죽는다"라는 줄거리였다.[67] 제주도에서 촬영된 이 영화에서 안종화는 주인공 진문기와 그의 아들 역을 맡아 1인 2역의 연기를 펼쳤다 여름에 시작된 촬영은 9월 중순 끝났고 10월 14일부터 오사카에서 열린 키네마연구회에 출품되었다. 더불어 부산을 시작으로 조선에서의 상영이 시작되었으며, 11월 말에는 일본에서도 상영되어 총 3,000원의 흑자라는 꽤 성공적인 흥행 기록을 세웠다.[68]

혁신단의 여형배우로 무대에 서기 시작했던 안종화는 민중극단을 거쳐 예림회와 무대예술연구회에서 활동하며 그 실력을 인정받은 결과 조선에서 막 제작되고 있던 활동사진의 주인공 역을 맡아 연기할 수 있었다. <해의 비곡>으로 이제 안종화라는 이름은 조선을 대표하는 '화형배우'의 하나가 되었다.

[사진 4] <해의 비곡>
(출처: 『키네마순보』 1924.12.1.)

<해의 비곡>의 촬영이 끝나자 조선키네마주식회사에서는 보다 조선적인 것으로 영화를 만들 계획을 세우고 이를 책임질 인물을 찾았다. 안종화를 비롯해 무대예술연구회 회원들은 조선연극계의 중진으로 민중극단을 이끌었고, 저축계몽영화인 <월하의 맹서>의 연출과 각본을 맡았던 윤백남을 천거했다. 부산의 무대예술연구회에도 잠시 참여한 바 있었던 윤백남은 이때 김해의 합성학교의 교장으로 있었다. 한때 민중극단에서 윤백남

[사진 5] <해의 비곡> 출연 당시 안종화
(출처: 『한국영화측면비사』 1962)

을 모셨던 안종화가 합성학교로 찾아가 윤백남에게 조선키네마주

식회사에 입사할 것을 청했다.[69]

조선키네마주식회사에 입사한 윤백남은 <운영전>(1925)을 영화로 만들자고 했다. <운영전>은 조선 세종 시대를 배경으로, 그 내용은 안평대군의 애첩인 궁녀 운영과 안평대군의 식객 김진사가 서로 사랑하여 밀회를 즐기다가 발각되어 사랑의 도피를 하고, 안평대군의 추격에 끝내 자살한다는 내용이었다. 윤백남이 각본과 연출을 맡았고, 운영 역은 김우연, 안평대군 역은 유수준, 안종화는 김진사 역을 맡았다.

윤백남이 연출을 맡은 이 영화는 꼬여만 갔다. 캐스팅에 불만을 품은 이월화가 촬영이 마무리되지 않은 상황에서 보이콧을 선언하였고,[70] 윤백남의 연출력에 대한 불만이 제작진과 배우들 사이에서 터져 나왔다. 심지어 교군으로 나왔던 나운규는 윤백남을 앞에 두고 욕을 할 정도였다. 일인들은 윤백남의 능력을 의심하였고 우여곡절 끝에 영화는 마무리되었다.[71]

1925년 1월 14일 <운영전>은 단성사에서 개봉되었고 흥행은 신통치 않았다. 안종화의 연기에 대해서는 "갓득이나 적은 눈이 『레프럭터-』의 強烈한 光線으로 因하야 쪽바로 쓰지 못하는 일이 만타 그리고 筋肉表情에 좀 더 努力하얏스면 한다"[72]는 평가를 듣기도 했다.

[사진 6] <운영전>에 출연한 이채전
(출처: 『芝居とシネマ』 1924년 1권 2호)

<운영전>의 촬영이 끝날 무렵 조선키네마주식회사에서는 <암광>(1925)의 촬영에 들어갔다. 연출을 맡은 왕필렬은 조선인 배우들을 더욱 함부로 대했다. 그는 나운규의 연기가 마음에 들지 않는다고 돌을 집어던져 발뒤꿈치에 맞추기도 했다. 그날 나운규는 같은 연구생들과 함께 서러워 엉엉 울었다고 한다. 일인들의 조선인에 대한 무시와 차별에 조선인 배우들은 화가 났다. 특히 연구생들의 불만은 더욱 심했다. 윤백남은 자신을 따르는 사람들을 데리고 서울로 올라가 버릴 계획을 세웠다. 이중 조선키네마주식회사에서 배우로서 재능을 인정받고 있던 안종화는 부산에 남기로 했다.[73]

윤백남, 이경손, 나운규, 주인규, 김태진 등이 영화사를 탈퇴했다. 남은 조선인 배우들의 동요가 있어서 영화 촬영은 원래 계획했던 것과는 달리 급조되었다. 영화 제목도 <암광>에서 <신의 장>으로 바뀌었다. 이 영화의 내용은 다음과 같다. 악한 강태득을 구해준 백정 권의근이 태득의 누이 용주를 사모하게 된다. 태득은 누이 용주를 팔아먹으려 하고 이를 알게 된 의근은 용주를 구한다. 미친 태득은 절벽에 떨어져 죽고, 의근과 용주는 서로 사랑하게 된다. 이경손은 이 영화에 대해 "實感 안나는 센티멘털리즘이었고 유치하기 짝이 없"[74]는 영화라고 혹평했다. 이러한 평가와 별개로 조선키네마주식회사에서 없어서는 안 될 인물인 안종화는 주역인 악한 강태득 역을 연기했다.

1925년 4월, <신의 장>이 개봉되었고 7월 <동리의 호걸>이 조선키네마주식회사에서 제작되어 개봉되었다. 안종화가 <동리의 호걸>에 어떤 역으로 출연했는지는 알 수 없다. <해의 비곡>의 성공에 고무되었던 주주들은 연이은 영화들의 실패에 낙담했다. 1925년 5월 주주총회에서 주주들 간에 의견 충돌이 일어났고, 이 충돌로 주주들 간에 소송이 진행되었다. 어수선한 가운데 영화제작이 중지되었고 안종화와 나머지 배우들도 조선키네마주식회사에서 탈퇴했다. 안종화는 대구의 유지들의 후원을 받아 예술협회를 창설하고 대구를 중심으로 연극 활동을 펼쳤다.[75] 1925년 여름부터 시작된 지방 순회는 그해 겨울까지 이어졌는데 사람들은 이 순회 극단을 일명 '안종화 일행'이라 불렀다. 안종화가 극계에 데뷔할 당시 임성구, 김도산, 김소랑, 안광익, 이기세 등이 극단을 대표하였듯이 이제는 영화배우로 이름을 알린 안종화가 극단을 대표하는 스타였다. 안종화 일행은 조선키네마주식회사에서 제작했던 영화 필름을 가지고 남선 지역을 순회했다. 이때 마산노농동우회 기본금 마련을 위한 공연이라 선전한 것이 문제가 되었다. 해당 단체에서 사실무근이라 반발하는 등의 소란이 있었고,[76] 이것이 문제가 되었는지 안종화 일행은 1926년 들어서는 더 이상의 활동이 없었다. 이와 동시에 안종화의 배우 생활도 막을 내렸다.

5) 나오는 말

안종화가 배우로 활동하던 시기는 1920년 무렵에서 1925년에 이르는 만 6년 정도의 짧은 시기이다. 이 시기는 우리 극계가 신파극에서 신극으로 넘어가는 과도기에 해당하며, 영화계의 경우는 연쇄극이 시작되어 짧은 전성기를 지난 후 관에서 제작한 선전영화와 민간에서 제작한 극영화를 본격적으로 선보이기 시작하는 우리 영화사의 첫 페이지에 해당한다.

안종화는 신파극의 원조라 일컬어지던 혁신단을 통해 배우 생활을 시작했고 신파극에서 신극으로 이행해 가는 시기 민중극단의 중요 배우로 있었다. 여기에 토월회를 비롯해 함흥의 예림회, 무대예술연구회, 대구의 예술협회 등 다수의 연극 단체에서 극단의 핵심 인물로 중요한 역할을 담당했다. 또한 주요 신파극단에서 제작한 연쇄극과 체신국에서 제작한 선전영화인 <월하의 맹서>를 비롯해 본격적인 극영화로 접어드는 시기 가장 중요한 영화제작회사인 부산의 조선키네마주식회사에서 주연배우로 활약하며 그의 이름을 전국적으로 알렸다.

안종화는 6년에 불과한 짧은 배우 생활 동안 우리 연극, 영화사의 중요한 결절점에 해당하는 시기를 마치 주인공처럼 한복판에서 몸소 체험했다. 그가 『신극사이야기』와 『한국영화측면비사』를 통해 우리 연극, 영화의 역사를 기록하려 노력하였던 것은 이 시기 자신의 체험이 한국 연극, 영화사에 있어서 얼마나 중요한 시기인지를 절감하고 있었기에 그랬을 것이다.

배우로서 안종화는 미소년의 외모로 신파극 시절에는 여형배우로 활동했으며 나이를 조금 더 먹은 후에는 니마이메(二枚目)라 불리던 잘생긴 남자 주인공 역을 주로 맡았다. 또한 이경손의 언급처럼 그의 성격이 진지하고 착실했기에 부단한 노력을 통해 단순한 미남배우를 떠나 <신의 장>에서 악한 강태득 역을 연기했던 것처럼 자신의 연기 폭을 넓힐 수 있었다. 이렇듯 안종화는 1925년에 이르면 조선영화계를 대표하는 화형배우의 한 명으로 언급되었을 뿐만 아니라 자신이 소속된 극단을 안종화 일행으로 불릴 정도의 대중적 영향력까지 가지게 된다.[77]

1926년 이후 안종화의 삶은 그 이전 시기에 있었던 배우로서의 경험이 만들어 낸 결과물이라 말해도 크게 과장된 말은 아닐 것이다. 그는 배우로서 무대에서 서고 카메라 앞에서 연기하는 대신 시나리오를 쓰고 연극과 영화를 연출하는 식으로 무대와 화면의 뒤편에서 작품을 직접 창조하는 연출가로 성장하였다. 그런 의미에서 1926년 이후 안종화를 이해하기 위해서는 그가 배우로서 활동한 이력을 살펴보는 것이 도움이 될 것이다.

카메라로 본 한국영화사 ③

윌리엄슨 Willamson

문예단의 연쇄극 <지기>(이기세, 1920)의 영화 부분은 우리나라 사람의 손으로 촬영되었고, 현상부터 인화까지 모두 국내에서 제작되었다.[78] 조선영화의 초창기에는 영화를 제작하기 위한 장비와 시설이 부족했기 때문에, 일본인이 보유한 카메라를 빌려서 영화를 촬영하는 것이 일반적이었는데 조선영화에서 사용되는 카메라 대부분은 몇 년 전부터 일본에서 창고에 보관되어 있던 중고 카메라들이었다.[79] 이필우는 영화 배급, 조선 최초의 촬영감독, 영사기 사운드 헤드 개발, 녹음기사 등 조선 영화 초창기에 다양한 분야에서 활동했다. 그는 <장화홍련전>(박정현, 1924)을 촬영하기 전 도청 등에서 의뢰한 계몽영화 촬영을 위해 일본인 나리키요 에이(成淸榮)가 보유한 영국제 윌리엄슨(Willamson, 1904) 카메라를 대여해 사용했다.[80]

중국 텐진(天津)의 일본인 친구에게 100원을 주고 구입한 고몽 카메라(Gaumont Chronophotographe 35㎜, 1897)는 <멍텅구리>(이필우, 1926) 촬영 중 매거진 위치 차이로 필름을 잘 감지 못하는 등 고장이 발생해 애를 먹었다.[81] 이필우는 1931년 일본에서 홍순헌 일행과 공연을 따라다니며 오사카(大阪)에서 파르보(Parvo) 카메라와 아이모(Eyemo)를 구입하기도 했다.[82] 이후 일본인 촬영기사들 사이에서 성장한 후배 촬영감독과 일본 유학 후 돌아온 2세대 촬영감독이 등장하기 전까지, 이필우는 조선 무성영화 시대의 대표 촬영감독으로 활동했다.

[사진 7] 윌리엄슨 카메라를
시연하는 이필우 촬영감독
(출처: 「촬영술의 천재」,
『매일신보』, 1925.10.3.)

[사진 8] <개화당이문>(나운규, 1932) 배우와 스태프, 윌리엄슨 카메라 오른쪽에 손용진
촬영감독 (출처: 영화진흥위원회)

2. 카프영화 운동과 안종화

이효인

1) 안종화의 그늘

조선영화예술협회 연구생 출신으로 <유랑>(김유영, 1928) 등에 배우로 출연하기도 했던, 카프 운동의 지도자 임화는 카프영화에 대해 "카프의 영화부가 생기고, 하여 새로운 동향이 활발하게 표면화되면서 조선서 처음으로 영화이론과 비평이라는 것이 생기어 … 경향 영화 운동은 조직과 이론에 앞설 뿐으로 실제 창작활동이 상반치 못하면서 소화 8, 9년경에 이르러 사회정세는 변하기 시작하여 이 운동은 퇴조"[83]하였다고 평가하였다. 임화의 서술처럼, 긍정적 평가와 한계를 지닌 카프영화 운동의 출발점인 조선영화예술협회는 그래서 문제적이다. 카프 영화인들이 처음부터 자신들이 독자적인 단체를 결성하는 대신 조선영화예술협회에 가입한 이유는 두 가지라고 본다. 첫째는 영화계 진입을 수월하게 하기 위한 것이었고, 둘째는 좌파가 우파 민족주의 운동과 연대를 도모한 1927년의 정우회 선언 및 신간회 결성과 연관된 것이었다. 즉 일제의 치안유지법에 의한 공산당 인사 체포에 대응하기 위해 민족주의 세력과 동맹을 맺자는 정우회 선언과 국내 운동단체를 총망라한 신간회 결성과의 연장선상에서 생각할 수 있다. 하지만 이후 벌어진 일 즉 '안종화를 중심으로 의욕적으로 모인 조선 영화계 인사들이 새로운 제작 시스템을 기획하다가 신진 양성을 위해 기르던 청년들에 의해 오히려 쫓

겨났다'라는 것은 그 주체들이 당시 영화계의 주요 인물들이었다는 점에서 많은 것을 시사하고 있다. 즉 카프 영화인들과 충무로 영화인들의 헤게모니 경쟁 구도, 윤리적 정당성 문제 등을 담고 있다. 안종화는 그런 점에서 또 하나의 역사적 의미를 지닌 인물이다.

[사진 9] 임화가 장정을 맡은 영화소설 『유랑』
(출처: 한상언영화연구소)

그 갈등의 원인과 윤리적 정당성 판단 문제는 나의 오래된 숙제였다. 짧고 미미했지만 현재까지 의식·무의식적으로 내 삶을 지배하고 있는 청년 시기 나의 의식 및 활동과 직간접적으로 관계하고 있기 때문이다. 그것은, 내 의식의 절반 정도에서 작동하고 있는 에피스테메(episteme)[84]인 동시에 벗어나려고 애쓰지만 쉽지 않은 식민지 의식과도 관련 있으며, 여전히 누구도 완벽할 수 없는 윤리적 판단 문제이기 때문이다. 내가 카프영화 연구를 처음 시작한 것은 1989년이었다. 당시 대표적인 운동권 출판사 중 하나인 풀빛출판사에서 『사상문예운동』이라는 계간지를 내면서 「카프영화 운동의 전개 과정」이라는 글을 청탁받았던 때였다. 이 글은, 변재란의 「1930년대 전후 프롤레타리아 영화 연구」[85]와 함께 해방 후 처음으로 카프영화 운동을 한국영화사 속의 당당한 공식 기록으로 등재한 글이었다. 1988년 민족영화연구소를 개설한 이후 나는 북한영화 연구를 통하여 할리우드와 충무로는 물론 라틴 아메리카의 제3의 영화와는 또 다른 영화이론을 찾는 한편 카프영화 운동을 조망함으로써 과거의 운동 경험으로부터 무엇인가를 배우고자 갈망하던 중이었다. 풀빛출판사 대표 나병식은 민청학련 사건으로 사형선고를 받았으며, 주간인 문학평론가 채광석은 서울대 김상진 열사 추모 시위를 주도한 인물이었다. 나병식은 말년까지도 음주를 하면 '목숨을 건 운동 경력, 죽음의 공포'에 대해 말하곤 했던 사람이었다. 계간 사상문예운동은 문학평론가 김명인이 주간하였는데, 인하대 교수로 2024년 정년 퇴임하였다. 그는 학생 운동 당시 경험한 체포와 고문 과정에서 발생한 '서로가 서로를 고발하면서 이루어진 인간 관계의 파탄'에 대해 강조한 바 있다.[86]

김정일의 주체사상과 『영화예술론』(1973)을 탐닉하던 중 만난 카프영화 운동의 파격적인 주장은 예술 창작자와 관객과의 민주적 관계 지향, 혁명 무기로서의 영화 인식 등에서 비슷한 성격을 지닌 것이었다. 민중적이며 자주적인 영화를 지향하던 당시의 나는 그 단순한 이론과 운동론의 열정에 매료되었다. 영화학적으로 정교하지 못한 원론적 수준의 『영화예술론』과 카프영화 운동의 프롤레타리아 영화 운동론은 현실에 적용하기 힘든 것이었지만, 특별한 감성적 자극과 아이디어를 준 것은 사실이었다. 따라서 안종화 등이 축출될 만한 이유가 충분히 있었을 것이라고 나는 판단했다.

하지만 카프영화 운동을 주도했던 김유영 등이 연장자이자 영화계 선배인 안종화 등을 쉽사리 매도한 후 영화 제작비와 자재 등을 차지한 내막에 대한 것은 의문이었다. 이 갈등에 대한 당시 경험자들의 서술은 당사자 안종화와 강호의 상반된 기록밖에 없다. 뒤에 자세히 서술할 테지만, 안종화는 "자신이 카프 가입을 거절하였기 때문에 카프 영화인들의 음모와 공작에 의해 축출"되었다고 기록하고 있다. 이 글은 전쟁 직후인 1954년에 쓴 글이다. 6·25전쟁 기간에 남북한이 특정 지역을 점령할 때마다 벌어진 숱한 참상은 이미 널리 알려진 바 있다. 그 과정에 남쪽의 많은 사람이 죽거나 월북하였으며 휴전 선언 이후 정상적인 삶을 되찾은 영화인들 역시 레드 콤플렉스를 피할 수 없었을 것이다. 그런 사정은 강호도 마찬가지일 것이다. 후술할 강호의 글은 1962년에 쓴 글이다. 6·25전쟁 이후 김일성은 북한에 있었던 남한 출신 운동가 박헌영을 '미제스파이'라는 죄명으로 사형하였다. 그때 박헌영과 연관된 대부분의 남한 출신 인물들도 숙청되었다. 1962년이면 김일성 권력이 확고해진 시기로서 강호 또한 일제시대 예술 활동에 대해 비판적인 태도를 유지하지 않을 수 없었을 것이다. 「라운규와 그의 예술」에서 카프 영화인들을 신랄하게 비판하는 것 또한 그런 맥락에서 나온 것으로 추측된다.

2) 조선영화예술협회

　일제하 카프영화 운동(1928~1934)의 주축이 되었던 인물들이 처음으로 모인 단체는 조선영화예술협회였다. 조선에 들이닥친 근대 문물 중 하나인 영화는 당시 청년들의 주목을 끌었고, 특히 크게 성공한 나운규의 <아리랑>(1926)은 그들을 행동과 실천으로 이끌었다. 그 구체적인 집합장은 1927년에 설립된 조선영화예술협회였다. 안종화는 이에 대해 다음과 같이 기록하였다.

　안종화 주재하에 이경손(李慶孫), 김을한(金乙漢) 등의 문단인 영화인이 관계한 '조선영화예술협회'라는 연구단체가 생겼다. 구태의연한 신파(新派) 극영화 제작을 지양하고 새로운 예술운동을 전개하기 위해서 신인을 양성해 내야 한다는 취지로서 발족되었던 것이다. 계속해서 '조선영화예술가동맹', '시나리오 작가협회'가 생겨 한국영화계에 있어서는 처음으로 보는 영화이론과 영화 비평이 활발히 전개되었던 것이다. 이는 실제의 영화제작에 있어서는 그의 조직이나 이론이 확고하지 못했고 전문적인 연구가 결여되어 하등(何等)의 진보나 공적의 흔적을 남기지 못했다. 다만 이를 계기로 좌경(左傾) 영화인들이 찬동하기 시작하여 <유랑(流浪)>이니 <혼가(昏街)>니 <지하촌(地下村)>이니 하는 작품들이 만들어졌고 맹목적인 논쟁이 전개되는 등의 내적 분열이 비롯되기 시작하였던 것이다. 이에 강경히 반대하고 나선 것은 나운규 등의 사람들이었다.[87]

　안종화 등의 영화인과 문학인 출신인 윤기정 등이 함께 조선영화예술협회를 만들었다고 하지만 사실 영화인들이 주축이었다. 좀 더 구체적으로는 "이우의 출자로 결정됐던 조선영화예술협회는 최초의 의도가 좌절됨에 따라 이경선 사퇴로 안종화 단독으로 운영하게 되었다."[88] 신인 양성 후 작품을 제작하기로 한 안종화 등은 강의와 실기를 가르치는 3개월 강좌를 열어 20명을 양성했는데, 감독 김유영, 강호, 평론가 서광제, 시인 임화, 배우 조경희 등이 연구생이었다. 조선영화예술협회가 있었던 예지동 100번지는 종묘 맞은편 세운상가 종로 쪽 입구 왼쪽에 있었다. 상가와 주택들이 밀집했던 그 지역은 현재 아파트 건설 공사 중이다. 제1회 작품은 안종화 시나리오, 연출의 <이리떼>로 결정되었지만, 실제 실행에 옮기지 못 하게 된다. 그 사정을 안종화는 이렇게 밝히고 있다.

> 유감히도 나는 작품 착수 이전에 퇴진했다. 그 표면 카프계 영화인들이 잠입해가지고 지하공작으로 작품 내용을 바꾸려 했던 것이다. 순진한 연구생 일동이 그 조종에 넘어갔다. 당시 나만은 예맹의 가입을 거절하였기 때문에 대립은 여기서부터 발단하였다. 작품 자재와 모든 준비를 갖춰놓은 채 나와 이우는 고스란히 물러났다. 또 나와 행동을 같이 한 연구생 몇 명까지도 있었다.
> - 안종화의 「나와 영화예술협회시대」-[89]

노만은 "신인 양성으로 영화계에 남긴 공적이 지대할 뿐만 아니라 각계 인사들로 구성된 영화인회도 조직하여 영화의 질적 향상을 도모코자 영화합평 좌담회 등을 가졌던 사실이었다. 이 영화인회의 주요 멤버들은 이경선, 안종화, 이구영, 나운규, 김을한, 안석영, 이익상, 김기진 등이었다. 이들의 모임은 영화인과 문인들과의 접촉으로 문인들의 영화계 진출을 촉진한 것이며 또한 문예 작품을 영화화하여 그 수준을 향상시키는데 크게 이바지하게 되었던 것이다"라고 평가한다.[90] 카프영화 운동의 주도자 중 한 명으로서 해방 후 월북한 강호는 내부 사정을 좀 더 자세하게 기록하고 있다.

조선영화예술협회는 영화 부문에서 카프의 영향하에 조직된 첫 단체였고 카프 작가들인 윤기정, 김영팔 등이 직접 지도하고 있었다. 협회는 1927년 연구생을 모집하여 신인 육성사업에 착수했다. 초기에는 20여 명의 연구생이 있었으나 날이 갈수록 일시적인 허영심에서 나왔던 사람들은 하나둘씩 대열에서 떨어져 나갔고 그해 가을에 가서는 겨우 열네 명의 인원밖에 남지 않았다. … 예술 일반에 관한 문제들과 문학에 관한 것들은 윤기정, 김영팔 등에 의하여 많이 추진되었으나 중요하게는 전공에 대한 강사들이 잘 보장되지 않아 허다한 나날을 자체로 연구하는 길밖에 다른 도리가 없었다. 그러던 중 윤기정의 알선으로 나운규가 강사로서 출연하기로 약속되었다. 이리하여 우리들은 우울과 침체가 가셔지고 새로운 활기가 떠돌기 시작했다.[91]

강호는 이 글에서 나운규를 제외한 대부분 영화인을 낮게 평가하며 조선영화예술협회가 그다지 내실 있는 단체가 아니었다고 정리하면서, 나운규가 4번 출강하였던 순간을 묘사하고 있다. 물론 안종화와 카프 영화인들 사이에 일어난 갈등에 대해서도 다르게 말하고 있다. 서로 차이가 있기는 하지만 조선영화예술협회는 영화제작사로 출발하였으나, 여러 명망가를 끌어들이고 신인 육성을 꾀했다는 점에서 다른 제작사들과는 차별성을 지녔으며, 조선프롤레타

리아예술가동맹(KAPF) 관련 인
물들이 적극적으로 개입하면서
지향점이 변했다고 정리할 수 있
을 것이다.

[사진 10] 서울키노에서 만든 김유영의 <혼가>
(출처: 한상언영화연구소)

3) 조선영화예술협회의 갈등

안종화(安鍾和, 1902~1966, 본명 안용희)는 종로의 매동학교에서 운영
한 간이상업학교를 졸업하였다. 신파배우 1세대로서 예림회, 임성
구 일행 등에서 활동했으며, 나운규를 영화계를 이끌기도 하였다.
독보적인 배우 중 한 명이었던 그는 이후 <청춘의 십자로>(1934) 등
을 연출하면서 영화계의 중추 역할을 하였다. 일제 말기에는 친일
단체인 조선영화인협회 이사장을 맡았으며, 해방 후에는 잠시 조선
영화동맹 중앙집행위원장을 하다가 곧 그 반대편 조직인 영화감독
구락부에 참여하였으며, 서라벌예술대학 학장, 대한민국예술원 회
원 등을 지냈다. 그는 1962년 발간된 『한국영화측면비사』(1962)에
서 당시 상황을 다음과 같이 상세하게 설명한다.

안종화는 <狼群(낭군)>(이리떼)을 선의로만 해석하고 그 날로 약간 써두었던 구고를 중단하는 한편으로 <낭군>의 구상에 들어갔다. … 연구생 전원이 모여 앉아 있었다. 그 가운데서, 당시 회원이었지만 문단에서도 이름이 좀 있었던, 그래서 연구생의 리더 격인 윤아무개가 벌떡 일어서더니 다짜고짜로, '안선생, 당신은 마땅히 제명감이오' 하는 것이었다. 하도 어처구니가 없어서 멍하니 서 있는 안종화에게 그는 계속해서 공박을 가했다. 즉 지도자의 위치에 있음을 기화로 경리 부정을 저질렀고, 게다가 연구생 조경희에게 불칙한 야욕을 품어 장춘단 공원에서 추행을 자행했고, 또한 예술성과는 동떨어진 <낭군>을 만들어놓아 전혀 기대에 어긋나는 결과를 초래케 했으니 … 연구생들을 충동한 것도 이 윤가였고, 또한 그들에게 경향파적인 이론을 가르친 것도 그였다.[92]

여기에 나오는 윤가는 문학평론가 윤기정을 말한다. 윤기정이 주도하여 금전 비리, 성추행, 작품 문제 등을 문제 삼아 안종화를 제명했다는 주장이다. 안종화는 추가로 "<암로>를 만든 것은 강호였는데, 그 역시 영예 연구생으로 있다가 김유영 일파의 망동에 분개하고 고향인 진주로 내려가서 … <유랑> 촬영이 끝난 후, 영화예술협회 회원들은 한 사람씩 두 사람씩 그를 찾아와서 사과를 했고"[93] 라고 쓰고 있다. 이영일 또한 『한국영화전사』(1969)에서 안종화가 카프 영화인들의 "감쪽같은 축출 공작으로 물러나기 전에 이경손, 이우, 김을한 등은 이미 물러나 있었다"라고 서술하고 있다. 『한국영화발달사』(1997) 또한 당시 정황을 비슷하게 설명하지만 "카프파 작가들도 좌익계에 기울어지지 않고 오직 한국영화 발전을 위하여 노력했던 흔적을 엿볼 수 있다"[94]라고 나름의 인정을 하고 있다. 강호가 <암로>를 만든 것은, 김유영 등의 행동에 분개하여 떠난 것이 아니라, 고향 창원 근방에서 제작 투자자를 구했기 때문이라고 판단된다. 강호는 김유영을 비판하면서도 이 사건에 관해서는 상반된 주장을 하기 때문이다. 또 '회원들이 안종화에게 찾아와서 사과했다'는 진술은 실제 일어난 일일 수도 있지만, 진심으로 사과한 것인지 단순히 인간적 정리에서 사과한 것인지는 불분명하다.

강호(姜湖, 1908~1984, 본명 강윤희)는 창원 출신으로 가난한 집안 출신이지만 13세에 일본으로 건너가 교토중학교, 교토회화전문학교를 졸업하였다. 미술과 연극 분야에서도 활동했으며, <암로>(1929), <지하촌>(1930)의 감독이었다. 카프가 해산되는 계기였던 '신건설사 사건'의 신건설 극단에 1932년 가입하였으며, 이 무렵 일본 프롤레타리아 영화 운동 기관지인 『영화클럽』과 신건설사 발간 『우리동무』와 연관된 출판법 위반으로 구속되기도 하였다. 많은 글을 쓰지는 않았으나 그의 마지막 영화운동론은 「조선영화운동의 신방침」(『조선중앙일보』, 1934.4.6.)으로서 16㎜ 소형영화 제작과 기존의 제작 및 배급 체제를 벗어난 운동의 새로운 모델을 추구한, 카프 영화 운동에 관한 마지막 글이었다. 출소 후 부산에서 간판 화가를 하다가 1937년 다시 공산주의협회자 사건으로 체포되어 대구형무소에서 4년을 복역했다. 해방 후에는 조선프롤레타리아연극동맹 서기장으로 활동하다 1946년 월북했다. 이후 북한에서 국립영화촬영소의 연출가와 무대미술가로 활동하면서 평양미술대학에서 영화와 무대 미술을 강의했다.

강호는 김유영을 '연구생 시절부터 약삭빠르기로 유명한' 인물로, 서광제를 '아버지가 전당포를 경영하고 있었고, 어머니가 고리대금업을 하고 있던 주책 망나니'로 표현하고 있다. 카프 문예 운동을 한계가 분명한 운동으로 낙인찍어야만 했던 북한의 분위기를 감안하더라도 강호의 표현은 대단히 신랄하다. 그 이유는 김유영과 서광제가 카프로부터 벗어나 독자적인 단체 즉 신흥영화예술가동맹을 결성한, 분파적 행위에 대한 비판과 연관된 것이다. 강호의 조선영화예술협회 안종화 축출 사건에 대한 서술은 다음과 같다.

종로 4정목에서 양조장을 운영하는 리재원이라는 상인이 우리들에게 네가필림 250메터를 제공해 주었다. 사실인즉 그것은 우리들에게 준 것이 아니라 조선영화예술협회의 '주간'이라는 자리를 차지하고 있던 안종화에게 주었던 것이다. 필림은 확보되었지만 우리들에게 제작비가 없었으며 생활비조차 없었다. 그러나 우리들은 착착 준비를 진행하였다. <류랑>이라는 씨나리오를 『중외일보』에 연재하였고 촬영대본을 집체적으로 작성하였다. … 조선영화예술협회 연구생들 중에서 그 핵심 분자들이 1927년 8월에 카프에 가맹하였고, 그들을 중심으로 하여 카프 영화부가 활발한 활동을 개시하였다. 1928년 봄에 제작한 <류랑>은 사실상 카프의 직접적인 지도에 의하여 창작되었다. <류랑> 촬영 당시에 약간의 복잡한 문제가 있었다. 그것은 주간이었던 안종화가 <류랑>의 연출을 거부하고 <고향>이라는 씨나리오를 들고나왔기 때문이었다. 문제는 우리들이 확보한 네가필림이 사실상 안종화에게 제공된 것이라는 데 있었다. 그러나 우리들은 총회를 열고 안종화의 행동을 규탄했으며 그를 협회에서 제명했다. 필림은 우

리들이 완강히 장악하였으나 안종화의 친구인 출자주는 제작비 지출을 거부했다.[95]

강호는 안종화의 협회 내 지위와 필름 획득 경로를 인정하고 있다. 또 조선영화예술협회 관련 기사가 1927년 3월에 나온 것을 감안하면, 김유영과 강호 등은 동 협회에 연구생으로 가입한 후 1927년 8월에 카프에 가입하였다고 볼 수 있다. 따라서 김유영 등이 카프 가맹 후 안종화의 말대로 '축출 공작'을 했을 수도 있다. 안종화는 윤기정이 주도하여 재정, 성, 예술성 등 세 가지 문제를 거론하여 모든 것을 두고 나왔다고 하지만, 강호는 <유랑>의 연출을 거부하고 <고향>(혹은 <이리떼>)[96]이라는 작품을 하고자 했기 때문에 제명했다고 주장한다. 당시 카메라의 희소성을 감안한다면, 안종화가 말하는 '두고 온 작품 자재'는 필름을 의미한다. 안종화의 친구 출자주는 이우로 짐작된다. 또 김유영 등의 망동에 분개하여 강호가 낙향하여 <암로>를 만들었다는 안종화의 주장과는 달리 강호는 다른 사실을 밝히고 있다.

<유랑>의 촬영을 재 착수하기 선에 새로운 출자주가 우연히 나타났다. 그러나 이미 착수한 <류랑>에다 추가 투자할 것을 그가 거부했기 때문에 우리들은 별개의 조직으로 그 자본을 리용하기로 결정하였다. 그래서 협회는 력량을 분리시켜 따로 남향키네마를 조직하게 되었다.[97]

조선영화예술협회의 <유랑> 투자에 이어 진주 창원 지역 인사로 짐작되는 투자자가 나타나서 <암로>를 강호 연출로 제작하게 되었다는 말이다. 이에 대해 나는 『한국영화역사강의 1』(1992)에서 안종화와 카프 영화인 간의 극단적인 대립과 결별을 각기 다른 정치적 입장과 영화에 대한 관점의 차이라고 정리한 바 있다. "영화의 시대적 사명과 민족해방과는 관계없이 일본인까지 끌어들여 제법 그럴듯한 영화제작사를 세우"는 것이 안종화 등의 목표였다면, 카프 영화인들은 "영화의 시대적 사명과 민족해방이라는 과제 아래 적극적인 영화 운동을 도모코자 모였던 것이었으며, 따라서 <낭군>과 <유랑>, 이 두 편 중의 한 작품 선택 문제는 조선영화예술협회의 주도적인 경향과 세력을 결정짓는 보다 깊은 문제였고 이런 이유로 그들은 많은 마찰을 각오하고서라도 서로가 투쟁하지 않으면 안되었다. 이 사건은 결국 카프 진영과 보수우익 진영 간의 투쟁이었고 그 결과는 민족 좌파 영화인들의 승리로 끝났다는 사실 그 이상의 의미를 갖는 것은 아니었다."[98]

하지만 시간이 지난 후 다시 생각하자면, 일본인 촬영기사 니시카와 히데오(西川秀洋)를 영입한 것은 실질적인 필요와 더불어 투자 유치에 필요한 사항이었으므로 이를 두고 수구적 민족주의 입장에서 비판한 것은 잘못된 것이었다. 그뿐만 아니라 당시 영화 투자 유치의 어려움을 생각한다면 안종화의 조직력은 오히려 긍정적 평가를 할 수 있는 부분이었다. 실제로 조선영화예술협회 창립에 관한 신문 보도 이후 출자자 이우의 아버지가 자금을 끊었으며,[99] 100여 명의 지원자 중에서 뽑은 20여 명의 연구생이 이후 조선영화계에서 중요한 역할을 한 것을 생각하면, 안종화의 노력과 결과를 평가 절하할 것은 아니라는 판단이다. 『한국 근대영화의 기원』(2017)에 서 나는 이를 수정하였다. '안종화에 비해 다섯 살 아래인 1907년 생 김유영이 조선영화예술협회의 연구부에 들어간 것은 그의 나 이 만 20세 때였다. 나이에 따른 서열 구분이 덜했던 당시 사정을 감안하더라도 리더이자 연장자인 안종화가 물러선 것은 일단 인 원수에서 밀렸기 때문이었다. 또 보통학교와 부속 간이상업학교를 졸업한 안종화와 보성고보 출신인 임화, 김유영, 일본 유학을 다 녀온 강호 등 새로운 사상을 섭취한 열정적 낭만 청년들과의 예술 적 논쟁에서 이길 수 없었을 것이다. 따라서 일제하 대표적인 친일 단체인 조선영화인협회 이사장, 이승만 단독 정부의 촬영소(대한영 화사, 구 적산 조선영화사) 소장, 정부 공보처 영화과장, 서라벌예술대 학 학장 등 반공이 국시인 나라의 양지를 누린 안종화가 『한국영 화측면비사』(1962) 등에서 의식적, 무의식적인 왜곡이 일어났을 것 이다.'[100] 『한국영화역사강의 1』에서는 당시 카프영화의 주도적 인 물이었던 김유영과 서광제의 인정 투쟁은 아예 고려하지 않고 그 들의 언행을 영화의 시대적 사명과 민족운동의 차원에서만 해석하 는 오류를 범하였다. 그들 또한 안종화와 마찬가지로 자신의 사회 적 생존과 명예를 얻기 위해 헤게모니 투쟁에 나섰던 점을 고려하 지 않고, 순수한 혁명적 행위로만 이해했던 것이다.

[사진 11] <유랑> 광고 (출처: 『중외일보』 1928.4.1.)

4) 조선 영화인들의 경쟁과 불화

무엇이든 편을 갈라 계보를 작성하는 일은 전체적 구도와 흐름을 이해할 때 유용하기도 하지만 대상의 개성 있는 특징을 계보도 속에 억지로 구겨 넣거나, 그렇게 강제로 넣어진 후에 남은 특징은 도외시되기도 한다. 나는 「카프영화 운동과 안종화」를 고찰하는 이 글의 마지막을, 계보도의 위험을 조심하면서 몇몇 개인과 한국영화사의 근저에 끈끈히 흐르고 있는 '경쟁과 불화'의 기원에 대해 말하는 것으로 끝맺고자 한다. 어쩌면 경쟁과 불화란 단어는 적합하지 않을지도 모른다. 그것은 인간 사회의 숙명적인 질서이자 앞으로 나아가는 에너지일 수 있기 때문이다. 그 구도는 다음과 같다.

① 기존 극단 출신의 인물들이 주축이 된, 박승필이 주도한 단성사 촬영부와 고려영화제작소의 단성계와 당시 신학문을 익히고 영화를 개척한 윤백남을 중심으로 한 백남계의 경쟁. 박승필은 조선 최초의 연쇄극 <의리적 구토>(김도산, 1919)를 제작했다. 두 그룹은 동시에 <심청전>(이경손, 1925)을 기획했는데, 미리 제작 신고를 한 단성계가 백남계에게 제작을 양보하였

다. 안종화는 일본 제작사인 조선키네마주식회사에서 배우로 출연했으며, 윤백남의 <운영전>(1925)에 출연하는 등 백남계로 분류할 수 있다.

② 윤백남의 그늘에서 벗어난 이경손은 정기탁과 함께 나운규와 경쟁하였다. <아리랑>으로 유명해진 나운규는 김태진, 이규설, 이창용 등과 일본인 요도 도라조가 설립한 조선키네마프로덕션에서 활동하였다. 이때까지만 하더라도 나운규와 카프 영화인과의 관계는 우호적이었던 것으로 보인다.

③ 조선영화예술협회의 갈등 결과 안종화는 강호, 김유영, 서광제 등 카프 영화인들과 결별한다. 동 협회에 강의도 나왔던 나운규는, 자신이 각본과 주연을 맡은 <아리랑 그 후의 이야기>(이구영, 1930)를 윤기정, 서광제 등이 신랄하게 비판한 것을 계기로 카프 영화인들과 소원해졌다. 카프 영화인들 또한 카프 본부로부터 이탈하여 대중문화 시장에서 고유한 영역을 확보하려고 시도하다가 김유영, 서광제 등과 강호 등은 분열한다. 이 무렵 안종화는 <꽃장사>(1930)를 연출하며 감독으로 전향하고 녹자석인 계보를 형성하기 시삭한다.

④ 안석영, 이서구 등 신문 기자들의 모임인 찬영회에서 영화인의 사생활을 비판하는 기사를 쓴 것을 계기로 1930년 송년회 모임에서 분기한 영화인들이 신문사를 습격하고 폭력을 행사한 찬영회 사건이 있었다. 이 사건의 배후에 카프 영화인들의 음모 혹은 나운규의 선동이 있었다고 볼 수 있지만, 우발적인

사건인 것은 분명하다. 하지만 본질적으로 이 사건은 기존 영화 세력(단성계와 백남계을 중심으로 활동한 구 세력과 카프 영화인을 중심으로 한 신흥 세력)과 새로운 영화 세력(자신들이 영화를 수입하고 그 영화들을 홍보하는 기사를 쓰면서 조선 영화는 비판했던 영화 담당 기자들의 모임인 찬영회) 갈등이었다. 즉 피식민지 대중문화 공간에서 벌어진 피식민지 민족 엘리트들의 헤게모니 투쟁의 한 과정이었다.

⑤ 1930년대 중반 무렵 방한준(<살수차>, 1935), 신경균(<순정해협>, 1937), 최인규(<국경>, 1939) 등이 등장하면서 기존 주류 영화인이었던 이필우, 이창용, 안종화, 윤봉춘, 나운규, 김유영 등은 감독으로서는 밀려나기 시작한다. 주류 영화인들은 탄압과 일제의 전쟁 분위기 등에 적응하기 위하여 전향적인 태도를 취한다. 서광제는 가장 먼저 친일 성격의 영화 <군용열차>(1938)의 감독을 맡았으며, 서광제 등 조선 영화감독 열 명은 일본영화감독협회에 가입한다.

⑥ 1940년 일제의 전쟁 체제하의 조선영화인들은 관제 단체인 조선영화인협회 등에 가입하여 생계를 유지해야 했으며, 1930년대 중반 이후 등장한 신인 감독들이 현장의 주류를 이루게 되고, 안종화, 안석영 등은 관제 주류의 자리를 차지하게 된다.

⑦ 해방 후 안종화는 잠시 좌익 단체인 조선영화인동맹에 몸을 담았지만 곧 그 반대편인 영화감독구락부에 참여하고 이후 한

국 정부에 적응하는 길을 걸었으며, 카프영화 혹은 주인규 등의 프롤레타리아 영화를 만들던 인물들은 북한에서 적응하는 길을 걷게 된다.

⑧ 친일 영화의 대표작을 만들었던 최인규 등은 해방이 되자 항일투쟁 영화인 <자유만세>(최인규, 1946) 등을 만들고 그의 계보는 신상옥, 이장호 등으로 이어졌다. 나운규가 민족영화의 화신으로 숭상되는 가운데 그의 절친이자 영화계로부터 존경받던 윤봉춘 등이 한국 정부의 정책에 부응하면서 상징적 권력으로 자리매김한다. 평론가 이영일은 윤봉춘, 이규환 등을 비평하면서 리얼리즘 계열 영화를 한국영화사의 정전으로 만든다.

⑨ 1980년대 새로운 청년 세대가 등장하면서, 기존 영화인들과 경쟁하고 갈등하면서 1990년대 중반 이후 세대교체를 이루게 된다.

간략하게 정리했지만, 이 속에는 많은 사연이 있다. 그 속살을 이해하기 위해, 안종화와 카프 영화인들이 길항하던 1930년 전후 시기 대표적인 에피소드 몇 개를 소개한다. 나운규가 죽음을 앞두고 사경을 헤맬 때 영화인들이 당시로서는 거금인 200원을 모아 전달했지만, 그의 곁을 지킨 것은 아기를 업은 앳된 현방란 뿐이었다. 그의 오랜 친구인 윤봉춘은 "네가 이렇게 중병에 누워 있는데도 찾아오는 사람이라고 한 사람도 없다. 이걸 보면 네가 전에 그네들한

테 호감도 못가졌고, 또 너무 냉정하게 굴었다는 생각도 없냐?"라고 묻자, 나운규는 "그건 피차일반이다"[101]라고 답했다고 한다. 그렇다, 나운규의 말대로 인생이란 그런 것이다. 하지만 그가 죽었을 때 그를 가장 강하게 비판했던 서광제와 김유영이 조사를 읽었다. 서광제는 "불우한 사생활로 말미암은 나군의 무궤도적인 개인 생활이 얼마나 그의 예술적 평가를 눌러버렸는가를 우리가 생각할 때 고인의 무덤에 뜨거운 눈물을 흘린다"[102]라고 썼다. 1937년의 일이었다.

김유영은 <유랑>으로 명성을 얻자, 서광제 등과 신흥영화예술가동맹을 조직하여 카프로부터 벗어나려고 시도하다가 호된 공개적 비판을 받고 철회한 후 서로 책임을 전가하는 추태를 보였다. 프롤레타리아 영화 운동을 입에 달고 있으면서도 카프와는 궤를 달리하는 조선시나리오작가협회 결성을 주도한다. 강경한 영화 운동론을 발표하거나 마치 당장 혁명이 도래할 것 같은 혁명적 잡지 『시대공론』을 발간하기도 하지만 그의 정세 판단은 크게 오도된 것이었다. 김유영이 쓴 발간사 일부를 옮기자면 다음과 같다.

보시오. 누구든지 아는 바이지만 자본주의 국가에 있어 정치적 경제적 몰락 위기의 공황으로 말미암아 비상한 수단을 쓰는 자본주의적 산업합리화는 급격한 계급 분화와 노동자계급의 집단적 투쟁을 초래하고 그들 자신의 자본주의적 모순을 격발하고 있습니다. … 지금 우리들이 결정적인 항쟁에 아지 '코-스'를 옮겼다고 볼 수 있습니다.[103]

이 잡지 발간으로 돈을 빌려준 친지들에게도 경제적 타격을 입힌 김유영은 이후 카프와 거리를 두게 된다. 또 평론가 서광제와 함께 일본에 정착할 정도의 역량을 단련하기 위해 갔지만, 그해를 넘기지 못하고 돌아온다. 서광제는 나운규를 비롯한 조선 영화인들을 가장 혹독하게 비판하였지만, 일제의 탄압이 카프에 가해지자 카프와 단절하였다. 이후 그의 논지는 변하기 시작하는데, 1938년 일본에서 '신체제론'이 공식적으로 언명되자마자 불과 십수 일 만에 '영화 신체제론'을 주장하였고, 최초의 친일 영화라고 볼 수 있는 <군용열차>(1938)를 통해 감독으로 데뷔한다. 서광제는 「영화인 자서전」[104]이라는 글에서 집안의 박대, 불효의 고통, 일본에서의 냉대, 귀국 후 받은 천대와 질투 그리고 좌익 시네아스트 활동의 무력함 등을 묘사한 후 "그리하여 그는 조선 특유의 영화 룸펜이 되었다"라고 끝맺는다. 이 글은 생활인으로서의 영화인을 솔직하게 묘사한 것인 동시에 자신의 전향에 대한 근거로도 보이는 것이었다.

<먼동이 틀 때>(1927)로 사회 문제를 영화에 적극적으로 옮긴 중요한 감독으로 인지되었을 뿐 아니라 소설 『상록수』로도 유명한 심훈 역시 대중의 수준과 기호를 생각할 수밖에 없는 감독으로서 고민이 많았다. 심훈이 카프 진영에 확실하게 참여하길 바라는 카프 인사들은 그를 자극하면서 그의 진중한 고민을 터무니없이 비판하곤 했다. 영화가 개봉된 지 한참이나 지난 후에 카프 측의 유명 인사 한설야는 만년설이라는 필명으로 <먼동이 틀 때>를 비판한 글을 『중외일보』에 실었다. 이에 심훈은 「우리 민중은 어떠한 영화를 요구하는가?-를 논하여 '만년설'군에게」[105]에서 조선의 현실에서 미

국이나 정부 예산으로 영화를 만드는 소련과 비교해서는 안 되며, 무산자당이 존재하는 일본과도 비교해서는 안 된다는 주장을 편다. 이에 임화는 「조선영화가 가진 반동적 소시민성의 말살-심훈 등의 도량에 항하여」[106]로서 재반박을 한다. 심훈은 투쟁보다는 대중 생활 현장과 개인의 내면 심리, 애정 문제 등을 대중적 수준에서 다룰 것을 주장했는데, 이는 지극히 현실적인 주장이었다. 심훈은 영화인들이 발표하는 많은 글이 근거를 밝히지 않은 번역이라는 것을 지적하는 동시에 영화인이 생활인이라는 것을 강조한다. 이 논쟁은 사실 <혼가>(김유영, 1929)와 <암로>를 만들었으나 개봉하지 못하고 있다가 이미 개봉했던 심훈의 <먼동이 틀 때>와 함께 '조선영화주간'이라는 기획 상영회 기간에 일어난 일이었다. 홍보의 일종인 동시에 카프 측의 심훈을 향한 '비판적 구애'였던 셈이다. 하지만 당시 카프 계열 인사들이 거의 장악한 언론 환경에서 비판받는다는 것이 심리적, 현실적 영향력이 적지 않다는 것을 상기한다면, 한설야와 임화의 심훈을 향한 비판은 조급하고 경솔한 것이었다.

안종화는 나운규를 영화계로 이끌었지만 이경손과 마찬가지로 나운규의 그늘에 있었다. 그것은 카프 영화인도 마찬가지였다. <유랑>(김유영, 1928)과 <먼동이 틀 때>(심훈, 1927)의 인물과 사건 설정은 <아리랑>(나운규, 1926)의 영향을 부인할 수 없다. 이런 경향은 <혼가>(김유영, 1929), <암로>(강호, 1929)에서도 나타난다. <아리랑> 역시 이광수의 소설 『무정』의 설정과 인물과 유사한 점이 많으며, <폭풍의 고아들 Orphans of the Storm>(D. W. 그리피스, 1921)의 감옥 석방 장면과 환호하는 군중 장면, 성적 희롱과 구출 장면 등은 <아리랑>의 격투 장면, 강간 장면, 살해 장면 등과 유사하다. 이런 점은 <아리랑>을 이해할 수 있는 간접 자료가 있음에도 불구하고 단지 필름이 없다는 이유로 관심받지 못하고 있다. 여기에서 말하고자 하는 것은 표절 문제가 아니다. 당시 조선이 처한 상황 즉 식민지적 혼성성을 말하는 것이다. 이는 호미 바바의 '사이에 – 있음'이 아니라, 과거의 기억을 현재의 현실성 위에 놓는 것을 의미한다. 과거가 있기에 '지금'이 있는 것이며, '지금'은 과거에 대한 기억을 구성하는 기초가 되므로 상호 작용하는 관계에 있다. 따라서 "안종화, 심훈, 김유영 등 상징적인 세 인물을 단지 일제에 대한 저항과 협력의 차원에서만 본다면, '혼성성의 공간'을 '흑백의 공간'으로만 파악하는 오류를 범하게 된다."[107] 그 시대의 에피스테메 속에서 각자가 지닌 에피스테메 혹은 지적 자본의 경쟁인 동시에 식민지 엘리트들의 헤게모니 경쟁의 눈으로 보면 훨씬 더 객관적인 시야를 확보할 수 있다. 하지만 개인마다 다를 수 있는 윤리적 정당성 문제는 '개인들' 혹은 집단의 차원에서 판단할 수 있을 것이다.

카메라로 본 한국영화사 ④

유니버셜Universal

　나운규가 연출에 주로 사용하던 카메라는 단성사 경영주 박승필이 한성전기회사에서 500원을 주고 구입한 미국제 유니버셜 카메라(Universal Camera)이다.[108] 미국 시카고 버크 앤 제임스(Burke & James, Inc)가 판매한 유니버셜 카메라는 무게가 약 9kg으로 실용적인 사용에 중점을 두어 설계되었고 100피트를 촬영할 수 있는 매거진이 카메라 안에 있다. 주로 뉴스 촬영, 교육용에 많이 사용되었다.[109] 한창섭은 <도회의 비가>(이창근, 1939) 촬영을 위해 서울에서 카메라를 대여한 후 반납하지 않았는데 이창근이 1942년 조선영화제작주식회사에 개발한 카메라 등을 매각할 때 제외한 카메라가 유니버셜이다.[110] 조선키네마프로덕션 <아리랑>(나운규, 1926), <금붕어>(나운규, 1927) 등 조선영화의 전성기를 뒷받침한 중요한 카메라였다.

[사진 12] <아리랑> 배우 및 스태프, 카메라 왼쪽이 이창용 촬영감독 (출처: 영화진흥위원회)

[사진 13] <삼걸인>(김영환, 1928) 촬영 현장, 이명우 촬영감독 (출처: 영화진흥위원회)

[사진 14] 유니버셜 카메라[111] (출처: 영화진흥위원회)

3. 안종화의 초기 연출작 <꽃장사>와 <노래하는 시절>

김명우

1) 들어가는 말

혁신단, 민중극단, 예림회 등을 통해 연극 활동을 펼쳐가던 안종화(安鍾和)는 부산의 조선키네마주식회사에서 제작한 <해의 비곡>(1924)에 출연하며 본격적인 영화배우 활동을 시작한다. 조선키네마주식회사의 화형배우로 주인공 역을 도맡으며 활동하던 그는 회사가 내분으로 와해되면서 또 다른 기회를 찾게 된다. 서울로 올라온 안종화는 조선영화예술협회를 세워 그곳에서 연구생을 교육하며 배우가 아닌 영화 연출가로 활동 영역을 바꾸었다. 하지만 카프 소속의 연구생들이 장악한 조선영화예술협회에서 그가 축출되면서, 그의 감독 데뷔는 조금 더 시간이 필요했다.

안종화가 연출가로 활동을 시작한 계기는 1928년 윤백남(尹白南)의 주도하에 만들어진 조선문예영화협회에서 강사로 연구생들을 지도한 후 연구생 중 한 명인 최남주(崔南周)의 출자로 <꽃장사>(1930)를 연출하면서부터이다. 곧이어 조선영화예술협회에 후원자이기도 했던 이우(李愚, 본명 이재현(李載峴))의 자금으로 <노래하는 시절>(1930)을 연출하였는데 이때가 1930년이었다. 이 시기는 조선영화예술협회를 통해 인원을 확충한 카프 소속 영화인들이 영화부를 조직하여 보다 적극적인 활동을 펼치던 시기이며 카프 소속이 아닌 영화인들까지 신흥영화예술가동맹에 가입하여 프롤레타리아 영화 운동에 힘을 보탤 때이다.

이 시기 안종화는 조선영화예술협회에서부터 인연을 맺은 카프 소속 영화인들과의 협력과 갈등이라는 긴장 관계 속에 있었다. 이는 사회주의 운동 노선의 변화에 따른 것이기도 했다. 이 과정에서 안종화는 카프 영화인들과 논쟁을 벌이기도 했고 김유영(金幽影)과 서광제(徐光霽), 김영팔(金永八), 안석영(安夕影, 본명 안석주(安碩柱)) 등 카프의 온건파들과 손잡고 조선시나리오작가협회를 조직하여 영화 제작을 함께 했다. 이러한 활동의 결과물이 1930년에 제작된 <꽃장사>, <노래하는 시절> 등 2편의 영화와 영화로 만들어지지 못한 시나리오 <싸구료 박사> 등이다.

본 글은 안종화가 활발히 영화 연출 작업을 이어가기 시작한 1930년 전후의 상황을 살펴보기 위한 것이다. 안종화 개인에의 삶에 있어서는 배우에서 연출가로 전환되는 변곡점에 해당하는 시기이며 프롤레타리아 문예 운동이 정점에 있었던 때인지라 안종화 스스로도 그러한 자장 안에서 자유롭지 않은 상황이었다. 그러다 보니 영화 기업가로 잘 알려진 최남주와 같은 인물 주변으로 카프 영화인들의 이름이 보이는 등 기존의 인식을 새롭게 할 만한 자료들이 산견되기도 한다. 이 글에서는 필름이 남아 있지 않은 이 시기의 안종화의 활동을 각종 문헌 자료들을 통해 살펴볼 것이며 이는 안종화의 초기 영화연출 시절의 상황들을 이해하는 데 큰 도움을 줄 것이다.

2) 조선문예영화협회

　1927년 12월 조선영화예술협회는 교육을 끝마치고 마지막으로 연구생들을 중심으로 극영화 제작을 준비 중이었다. 시나리오와 연출은 강사인 안종화가 맡기로 했다. 하지만 윤기정(尹基鼎)이 나서 연구생들을 카프에 가입시킨 후 이들이 중심이 되어 조선영화예술협회를 장악하고 연출을 맡기로 한 안종화를 협회에서 축출하게 된다. 이 사건을 계기로 안종화는 자신을 따르던 김유영, 서광제 등과 결별했다. 이후 윤기정을 중심으로 한 연구생들이 장악한 조선영화예술협회에서는 김유영의 연출작 <유랑>(1928)이 제작되고, 협회는 발전적 해체를 하게 된다.

　조선영화예술협회에서 축출된 이후 안종화는 연극·영화 교육을 전문으로 하는 영화학원인 조선문예영화협회를 만들어 운영했다. 1928년 11월 윤백남의 착안으로 조선영화계의 신인 양성과 조선영화제작사업을 목표를 두고 만들어진 조선문예영화협회는 한때 윤백남과 함께 조선문예단을 이끌었던 이기세(李基世)를 비롯해, 소설가 염상섭(廉尙燮), 중국문학 전문가 양백화(梁白華), 연극인 김운정(金雲汀), <월하의 맹서>(1923)의 촬영을 맡았던 오오타(太田同)와 안종화 등이 주축이었다. 이들은 연지동 158번지에 사무실을 두고 신극공연과 영화제작을 위한 신인배우 및 영화인 양성을 목적으로 연구생을 모집하였다. 아래의 기사를 통해 조선문예영화협회가 설립된 시기 연구생을 모집하는 내용을 살펴볼 수 있다.

朝鮮文藝映 協會 研究生募集

　작일 본지에 보도한 조선문예영화협회(朝鮮文藝映 協會)는 리사(理事)
로 리긔세(李基世) 렴상섭(廉想涉) 량백화(梁白華) 김운정(金雲汀) 제씨의
협력으로써 사업을 진행하기로 된 바 극반(劇班) 영화반(映畵班) 기술부
(技術部)의 데일회 연구생(第一回 研究生)을 모집하게 되엇는데 사계에 뜻
잇는 유지들은 속히 련지동(蓮池洞) 一五八번디 동회 사무소로 조회 쏘
는 래문하기 바란다하며 강습과목은 演劇論, 舞臺監督의 理論 及 實
際, 映畵撮影術, 支那戱曲, 近代劇 講義, 俳優術 脚本作法, 映畵講話,
카메라技能 及 一般槪念 鏡玉光學, 寫眞數學, 寫眞化學, 製畵論, 製畵
實習 等, 演劇 及 映畵의리론과 실디를 아울러 교수하게 된다더라[112]

　조선문예영화협회는 영화인을 양성하기 위해 강의를 개설하여
연구생들이 수강할 수 있도록 했다. 강습했던 과목으로는 연극
론, 무대감독의 이론과 실제, 영화 촬영술, 희곡, 근대극, 배우술,
각본작법, 영화강화, 카메라 기능 및 일반개념, 렌즈광학, 사진수
학, 사진화학, 제화론, 제화실습 등 연극·영화의 이론과 실기를
아울렀다. 조선문예영화협회는 그 단체명에서 알 수 있듯 문학과
예술에 바탕을 두고 영화를 만들고자 했다. 이에 따라 문학계의
권위자였던 염상섭이나 중국문학자였던 양백화 등 문학가들이
단체를 조직하는 데 참여하였고 강사로는 근대극에 윤백남과 김
운정, 중국문학에 양백화, 한국문학에 염상섭, 영화 부문에 안종
화가 강의를 했다. 협회는 당초 신인 양성과 영화 제작을 함께 추
진하려 했지만, 영화 제작은 결코 쉬운 일이 아니었다. 그래서 우
선 신인 양성에 집중하기로 결정하고 연구생을 모집했다. 지원자

는 100여 명을 훌쩍 넘었고, 그중 시험을 통해 최종 26명이 선발되어 입학했다.[113]

3) 최남주와 <꽃장사>

조선문예영화협회가 1회 연구생을 배출한 후 안종화는 조선문예영화협회 연구생 출신인 최남주가 설립한 조선영화사에 김영팔과 함께 참여한다. 1929년 4월 만들어진 조선영화사는 조선영화계의 제작과 상영 활동의 발전을 도모하면서 영화 평론의 중요성 또한 인식하며 기관지격인 영화잡지 『조선영화』를 발행하고자 했다.[114] 조선영화사를 설립한 최남주는 전남 광주의 부호였는데, 그는 안종화와 협력하여 영화를 만드는 등 영화 <꽃장사>의 제작을 시작으로 본격적인 영화 활동을 이어간다. 프롤레타리아 예술 운동이 활발히 진행되던 시대적 상황 속에서 안종화의 영화 활동을 보다 입체적으로 살펴보기 위해서는 그와 함께 영화 작업을 하며 여러 문화예술인들과도 관계를 맺었던 최남주 역시 주목할 필요가 있다.

[사진 15] 『조선문예』에 수록된 영화잡지 『조선영화』의 광고 (출처: 「광고면」 『조선문예』, 조선문예사, 1929.5.)

조선영화사의 창립 당시 사무실은 경성부 종로 1정목 55번지 조선문예사 안에 있었다. 조선문예사는 송영(송무현, 宋武鉉)의 주도 하에 사회주의 성격의 문예잡지 『조선문예』를 출판하던 곳이었다. 얼마 후 조선영화사는 견지동 44번지로 이전한 것으로 보인다.[115]

조선영화사는 당초 영화잡지 『조선영화』를 발행할 계획이었으나 이 계획은 실현되지 못한 것으로 보인다. 그러나 1929년 5월 창간한 『조선문예』에 실린 광고를 통해 『조선영화』에 게재하기로 한 기사의 목록을 확인할 수 있다.[116] [사진 15]의 『조선영화』 광고를 보면, 송영, 윤기정, 임화(林和), 김유영, 서광제, 최승일(崔承一), 남궁운(南宮雲), 안석영 등 카프 소속의 영화인들과 윤백남, 안종화, 이구영(李龜永) 등 민족계통의 영화인들이 함께 잡지 발간 기획에 참여하고 있던 점을 알 수 있다. 이는 1929년 당시 좌익과 우익의 영화인들이 서로 손을 잡고 영화계 발전을 도모했던 시대적 상황을 잘 보여준다.

이와 더불어 『조선영화』 광고에 실린 기사의 목록을 통해 조선영화사에 대한 안종화의 글, 윤백남의 영화평론, 현재 조선영화계에 대한 윤기정의 글, 그리고 영화각본에 관한 임화의 글 등이 『조선영화』에 포함될 것으로 예상할 수 있다. 또한 영화 강좌, 해외 소식란, 개봉 영화 소개란 등이 기재된 것을 통해 『조선영화』가 조선영화계의 최신 동향을 전달하고, 영화 비평의 장을 마련하기 위해 조선영화사에서 발행될 계획이었음을 유추할 수 있다.

<유랑>을 비롯해 <암로>(1929)와 <혼가>(1929) 등 카프 영화인들의 손으로 만들어진 영화들은 기술적으로 뒤처져 있었다. 또한 이들은 지방으로 흩어져 영화제작을 시도했지만 대부분 실패했다. 이

러한 상황을 통해 알 수 있듯이 카프 영화인들에게는 영화 제작을 함께 할 전문가가 필요했다. 이러한 필요성과 영화계의 실력 향상을 위해 1929년 12월 9일, 신흥영화예술가동맹이 만들어진다. 이 단체는 "신흥영화리론의 확립, 엄정한 영화 비판과 연구, 가급뎍 이데오로기를 파악한 영화 제작 등을 목표로"[117] 삼았다. 이들은 우선 나운규(羅雲奎), 안종화 등 민족주의 계통의 영화인에 대한 비판의 공세를 강화했다.

당시의 좌우 합작 분위기는 1930년 4월 카프의 볼셰비키화라는 새로운 방침으로 급변하게 된다. 카프 중앙에서는 카프의 영향 밖에 있던 각종 조직을 카프 휘하로 집결시키기 위한 활동을 전개한다. 영화계의 경우 카프 윤기정의 주도로 신흥영화예술가동맹을 해산하고 카프 영화부를 신설하는 것을 결정하게 된다. 카프가 방향 전환을 통해 극좌 노선을 선택하면서 영화계의 좌우 합작의 흐름 역시 변화하기 시작한다. 방향 전환에 소극적이던 김유영, 서광제와 카프 중앙의 방침에 맞춰 방향 전환을 주도했던 윤기정, 임화, 강호(姜湖) 등은 서로 갈등하게 된다. 갈등은 신흥영화예술가동맹을 해산하고 카프 영화부로 합류하는 대신 서울키노를 부활시키는 것으로 봉합된다. 하지만 서울키노의 김유영과 서광제가 안종화, 안석영, 이효석(李孝石) 등과 조선시나리오작가협회를 조직하고 <화륜>(1931)을 제작하면서 이들의 활동은 카프의 분파 행위로 비판받는다. 한편 윤기정, 임화, 강호 등이 청복키노를 조직하여 <지하촌>(1930) 제작에 나서자 카프 영화인들 사이의 갈등은 경쟁의 모습을 띄게 된다.

1929년 발간 예정이던 『조선영화』 광고면을 보면 송영, 김영팔 같은 카프 계열 영화인들과 윤백남, 안종화와 같은 민족주의 계열의 영화인들이 함께 참여한 점을 알 수 있다. 이를 통해 1929년 안종화와 윤백남 등 민족주의 계열의 인물들과 윤기정, 서광제 등 카프 계열의 인물들이 함께 교류했던 사실을 알 수 있다. 또한 조선문예사를 이끌던 송영과 조선영화사를 이끌었던 최남주의 협력 활동을 통해 그들이 카프 소속인 김영팔이나 안석영, 안종화 등이 매개가 되어 일정한 친분 및 협력 관계가 있었을 것으로 추정할 수 있다. 여기에 『조선문예』라는 잡지가 경향적 성격을 띠고 있었음을 감안할 때, 최남주는 당시 사회주의 계열, 즉 카프와도 일정한 관련을 맺고 있었던 것으로 추측된다.

조선영화사의 첫 작품은 안종화의 첫 번째 연출작인 <꽃장사>였다. <꽃장사>는 1929년 10월 촬영을 시작하여 1930년 3월 완성되었으며, 1930년 3월 13일에 단성사에서 개봉되었다. 앞서 살펴본 상황을 대입한다면 카프가 볼셰비키화를 채택하기 직전 상황이었다.

　　작년 십월 이래로 안종화(安鍾和)씨 감독으로 문예영화 장사를 착수하얏든 바 주연 최남주(崔南周)씨를 비롯하야 기타 조선문예영화협회 졸업생들의 출연이라 하며 돌연 시내 단성사에서 삼월(三月) 중순에 개봉키로 되엿다는 바 원체 문제를 거듭하얏고 신진들의 예풍을 보이는 만큼 팬들의 기대가 만타하며 더욱 동 작품을 감독한 안종화 씨는 조선에 처음으로 영화가 생겻슬 째에 해의비곡(海의秘曲)을 위시하야 삼사 작품의 주연으로 금일에 이르기까지 혹은 동경(東京) 경도(京都)로

각 영화디를 편답하고 도라와 연구에 연구를 거듭하며 조선영화계를
위하야 만흔 노력을 해오든 바이며 출연자 일동은 거의 각 전문교 고
등학부(高等學府)에 잇는 이들인 만큼 장차 진전을 보힐 영화계를 위하
야 만흔 공허이 잇스리라더라.[118]

위의 기사는 <꽃장사>의 개봉을 앞두고 홍보한 것으로, 조선문
예영화협회 졸업생들이 출연하며 <해의 비곡>에 출연했던 안종화
가 연출을 맡았다는 내용을 담고 있다. <꽃장사>의 줄거리는 다음
과 같다.

어린 두 男妹를 거느리고 鐵工의 生活로서 그날그날을 쓸쓸하게 보
내든 星莊, 그는 어느 날-동무를 爲하야 憤에 타는 行動을 하다가 結
局 監督의 怒를 사서 工場에서 쫓겨나게 되엇다.

星莊은 敎養은 잇섯스나 知識階級의 탈을 벗어버리고 街頭로 나서
서 行商을 하야 팡을 어덧다. 그는 언제든지 正義를 爲하야 싸울 것을
信念 삼아 勇敢하게 前進한다.

그는 偶然한 機會에 모진 世波에 짓밟혀 漂浪된 可憐한 一順이라는
女子를 求하얏다.

一順은 悲慘한 過去를 가지고 한낫 불상한 어린 生命을 依支하고
살아온 것이엇다.

불상한 열매는 星莊의 房안에서 고요히 죽엇다.

얼마 後 星莊의 집에는 괴이한 女子가 出入하자 一順의 가슴은 한층
더 쓰리고 슲헛다. 그는 自己의 恩人인 星莊압흘 써나랴고 決心하얏다.

어느 날 밤깁흔 째이다. 一順이 홀로 봇다리 신세로 다시 녯길을 밟
으려 하얏다. 마츰 XX會館에서 夜勤을 마치고 돌아오든 星莊은 이 光

景을 보앗다. 星莊의 왼 全身은 이것이 動機로 사랑의 불길은 심각하
야것다. 그들은 靑春의 꿈을 完全히 꾸엇다.[119]

철공소에서 해직당한 노동자와 비참한 과거를 지닌 표랑하는 여
성 사이의 사랑을 그린 이 작품은 최남주가 쓴 시나리오 <가화상>
을 안종화가 각색하여 연출한 작품이었다. 이 작품에서 최남주는
최남산이라는 예명으로 출연까지 했다. 조선문예영화협회의 졸업
생들이 출연한 순 문예작품이라는 점을 강조하며 대중의 기대를
높인 이 작품은 기대와 달리 큰 호응을 얻지 못했다. 특히 작품의
완성도가 미흡하다는 평가를 받았다.

1930년 3월 18일, 신흥영화예술가동맹의 주최로 <꽃장사>와
<회심곡>(왕덕성, 1930)에 대한 합평회가 열렸다. 안석영, 이하윤(異河
潤), 정홍교(丁洪教), 서항석(徐恒錫), 윤기정, 김유영, 서광제, 주홍기(朱
紅起), 강호(속기자)가 참석한 합평회에서 "꽃장사는 스토리가 반쯤가
서 끈어진 것"[120] 같다는 점과 "봉건적 퇴폐적 작품"[121]이라는 윤기
정의 지적을 받았다. 또한 주제적인 측면이나 작품의 완성도 역시
미흡하다는 평가였다. 물론 이 좌담회가 신흥영화예술가동맹 주최
라는 점 등을 고려해 보았을 때 수제적 측면에서 카프 평론가들의
눈높이에 미흡했을 수도 있다.

<꽃장사>를 제작한 조선영화사는 이후 1930년 10월 안종화의
주재 아래 영화제작 및 연구생을 양성하기 위해 연구부를 개설한
다. 새로 만들어지는 연구부는 영화계와 극계를 아우르기 위해 영
화반과 극반으로 나누었고, 연구부의 주요 사업은 영화제작, 무대

시연 및 방송극 제작, 기관지 발행 등이었다. 강사로는 안종화, 서은파(徐隱波), 김영팔, 조철영(趙哲英) 등이었다.[122]

연구생을 모집하는 등 의욕적인 활동을 보인 조선영화사는 <꽃장사> 이후의 작품을 제작하기 위해 <학생시대>라는 영화를 준비했다.[123] 하지만 영화로는 만들어지지 못했고 조선영화사를 이끌었던 최남주는 영화계를 잠시 떠난 후 광산 사업가로 자신의 입지를 다진 후 큰 부를 축적하고 조선영화사를 재건하게 된다.

4) 엑스키네마의 설립

영화 <꽃장사> 제작 이후, 안종화는 새로운 제작자인 이우와 함께 그의 두 번째 연출작을 준비한다. 우선 영화제작을 위해 이우, 김영팔, 안석영, 윤봉춘(尹逢春), 함춘하(咸春霞) 등과 엑스키네마라는 영화제작회사를 조직한다. 1930년 4월, 창립된 엑스키네마는 안종화 연출의 <노래하는 시절>(1930)과 <큰 무덤>(박윤수, 1931)을 제작한 후 세 번째 작품인 <싸구료 박사>(김영팔 원작, 안종화 연출)를 제작하려 했으나, 결국 제작되지 못하고 해체되었다.

엑스키네마의 첫 작품은 안석영의 영화소설을 영화화한 <노래하는 시절>이다. 아래의 기사는 엑스키네마 조직 후 창립작인 <노래하는 시절>의 영화 제작 계획을 다루고 있다.

리우(李愚) 안종화(安鍾和) 김영팔(金永八) 제씨가 '엑스(X)키네마'를 조직하고서 데일회작품으로 안석영(安夕影)씨의 씨나리오 <노래하는시절(時節)>을 촬영하리라는데 방금 촬영준비에 분망중이라하며 출연배우는 조선문예영화협회(朝鮮文藝映畵協會) 졸업싱 일동들이라는데 이 영화의 내용은 새로운 경향을 가진 것 이라는 바 농촌에서 이야기가 시작되어 농촌인의 고민상과 착종하는 도회의 음향미테서 지배되는 울분한 무리를 속여 농촌의 아들딸이 합류되여 여긔서 크나큰 파란과 싸홈이 이러나고 다시금 농촌의 새로운 빗을가저오는 커-다란 해빗이 써오르는 때에 대지(大地)는 노래한다는 것이니 장차 이 영화는 획시긔덕(劃時期的) 쎈세이숀을 이르킬지 자못 주목되는 바라는데 녀배우를 지원하는 이는 시내(水下町五十一ノ二) 조선문예영화협회로 문의함이 조켓다더라

指揮 李愚 씨나리오 安夕影 監督 安鍾和 顧問 沈熏 經理部長 金永八[124]

<노래하는 시절>은 시골 청년이 서울의 김부호에게 복수하는 이야기를 다룬다. 위 기사에서 언급했듯이 "농촌에서 이야기가 시작되어 농촌인의 고민상과 착종하는 도회의 음향 미테서 지배되는 울분한 무리를 속여 농촌의 아들딸이 합류되어 여긔서 크나큰 파란과 싸움이 이러나고 다시금 농촌의 새로운 빗을 가져오는" 내용으로, 농촌의 색채와 조선의 향토색을 강조한 작품이다. 또한 지주와 소작인 간의 갈등을 통해 계급투쟁의 요소도 담고 있었다. 기사에서는 이 영화가 "장차 획시긔덕 쎈세이숀을 이르킬"것이라는 기대를 표현하고 있다.

위 기사에서는 엑스키네마의 주요 멤버로 안종화, 안석영, 이우, 김영팔 등의 이름을 확인할 수 있다. <노래하는 시절>의 제작자이

기도 한 이우는 도쿄 유학에서 돌아와 우미관 앞에서 조선사진관이라는 대규모의 사진관을 경영하다가 1927년 설립된 조선영화예술협회의 재정을 담당하기도 했다.[125] 조선영화예술협회에서 김유영 연출로 만들어진 <유랑>은 그가 제공한 필름으로 만들어진 작품이었다. <노래하는 시절>의 흥미로운 점은 1928년에 창립된 조선문예영화협회의 회원들이 출연한다는 점이다. 제1회 연구생을 배출하고 해산된 것으로 알려졌던 조선문예영화협회가 그 이후에도 실체를 유지하고 있었던 것이다.

엑스키네마는 안종화와 가까웠던 인물들, 예를 들어 안석영과 김영팔 등이 모여 만든 일종의 동인회사였는데, 그 창립계획은 어쩌면 그 이전부터 준비되어 있었을 가능성도 있다. 안석영, 안종화, 염상섭은 이전부터 함께 어울리며 영화제작에 뜻을 두고 있었는데, 1928년 한 모임에서 <노래하는 시절>의 영화화 계획을 논의하기도 했다. 이 논의가 훗날 <노래하는 시절>의 제작으로 이어지게 되었다. 아래의 글은 <노래하는 시절>의 제작 기획을 엿볼 수 있는 대목이다.

一九二八년경, 지금의 신신(新新) 백화점 뒷자리에 재판소가 있었는데, 그 옆골목에 납작집이라는 선술집이 있었다. 夕影은 廉尙燮과 安鍾和와 셋이 어울려서 곧잘 이 술집을 단골로 찾아 들곤 했다. 거기에는 신문기자와 문학청년들이 들끓었는데, 廉尙燮은 흔히 양안(兩安)이 영화를 해야지, 새 사람들이 나와야 하지, 하는 말을 했다. 실상은 <노래하는 時節>을 만들게 된 것도 이 술집에서 술김에 한 말이 실현된 것이었다.[126]

안종화와 죽마고우였던 안석영은 이기세가 주도한 극단 예술좌 공연에 출연하거나 극단 토월회 창립회원으로도 참여했다. 1923년에는 박영희(朴英熙), 김복진(金復鎭) 등과 함께 파스큘라에 참가해 조선프롤레타리아예술가동맹 결성에 기여했으며, 1925년에는 『동아일보』와 『시대일보』에서 근무하며 언론계에서도 활동했다. 또한 1928년에는 『조선일보』의 학예부장을 맡으며, 지면을 통해 만문만화와 평론, 시나리오 등을 발표하며 활발한 활동을 이어갔다. 글솜씨와 재능을 인정받으며 언론지에 꾸준히 글을 기고하던 안석영은 「노래하는 시절」이라는 제목으로 『조선일보』에 글을 연재하게 된다. 이 작품은 1930년 6월 3일부터 7월 10일까지 총 29회에 걸쳐 연재되었으며, 연재 기간 중 엑스키네마에서 이 시나리오를 각색해 영화화할 계획이었다.

노래하는 시절
撮影開始
原作 脚色 安夕影
監督 安鍾和
시내 엑쓰(X)키네마에서는 그간 일회작품의 모든 준비를 맛치엇슴으로 새로운 경향을 가진 신문예영화 <노래하는 시절>(十二卷)을 착수하얏다는데 동작품은 리우(李愚)씨의 제공으로 촬영하게 된 바 조선미술(美術)계 더욱이 만화가(漫畵家)로써 명성이 놉고 또한 문단(文壇)에 신인(新人) 석영(夕影) 안석주(安碩柱)씨의 '씨나리오'인데 동 작품의 감독(監督)으로는 극단에서도 신망이 잇고 문예영화협회 이후로 오늘날까

지 영화계에 잇서서 만흔 연구와 활동을 해내려오든 안종화(安鍾和)씨
인바 조선영화계의 신진스타의 총출연으로 금번 동씨는 고심을 거듭
하야 새로운 감독수법을 보힐 것이며 싸라서 촬영에는 긔술계에 주
목할만한 태전동(太田同)씨의 담당이며 쏘한 문단에 중진인 김영팔(金
永八)씨의 편즙일터임으로 동 작품은 일반의 주목을 쓰을고 잇는바 출
연자 긔타 자세함은 추후 발표키로 한다고한다.

(사무소 水下町五十一ノ一) 엑쓰(X)키네마[127]

위 기사에 따르면, 『조선일보』에 연재 중이던 「노래하는 시절」이
안종화의 연출로 촬영을 시작했다는 내용을 확인할 수 있다. 독자
들에게 좋은 반응을 얻고 있던 「노래하는 시절」이 영화화된다는 사
실은 독자와 예비 관객들에게 큰 기대감을 불러일으켰을 것이다.
또한 조선미술계에서 명성이 높고, 문단에 신인이었던 안석영과 극
단에서의 신망이 높고, 조선문예영화협회 이후로도 꾸준히 연구를
지속해온 안종화에 대한 기대 역시 강조되었다. 영화의 촬영은 <꽃
장사>에서 호흡을 맞춘 촬영기사 태전동(太田同)이 맡기로 했고, 김
영팔이 편집을 담당했다. 5월 31일 기준으로 주연 배우 캐스팅은
아직 정해지지 않은 상황이었으며, 배우 캐스팅에 대한 내용은 아
래의 6월 12일 자 기사에서 확인 할 수 있다.

安夕影氏作 <노래하는 시절>
'엑스키네마'에서 撮影開始
이미 보도한바 시내 '엑스키네마' 데일회작품 리우(李愚)씨 제공의
안석영(安夕影)씨의 씨나리오 <노래하는 시절>을 안종화(安鍾和)씨 감
독으로 촬영을 개시 하얏다는데 이 영화의 출연자들은 일류스타-의

출연인 우에 신진녀우로 부산녀자상업학교(釜山女商)와 시내 근화(槿花) 녀학교 출신의 리애련(李愛蓮)양과 시내 숙명녀학교 출신의 문영애(文英愛)양이라는 바 새로히 나아온 만큼 일반의 긔대가 크다더라[128]

안종화와 안석영은 영화 제작을 준비하며 배우 캐스팅을 논의했고, 시나리오를 쓰면서 상의한 끝에 주연을 신인배우로 캐스팅하고자 했다. 그 결과 발탁된 배우가 신인배우 이애련(李愛蓮)과 숙명여학교 출신의 문영애(文英愛)였다.[129] 이애련은 1911년생으로 부산여자상업학교와 근화여자학교 출신이었다. <노래하는 시절>로 데뷔한 그녀는 이후 영화계에서 보이지 않게 되었는데, 안종화는 이애련에 대해 다음과 같이 설명했다.

愛蓮은 순진하기가 이를 데 없는 처녀였다. 세상 물정을 너무나 몰랐다고 할까. <노래하는 時節>의 촬영이 한창 막바지에 들어선 어느 날이었다. 아침 여덟 시까지 제작 본부에 집합하도록 되어 있음에도 불구하고, 어찌된 일인지 주역인 愛蓮과 조감독 한 녀석이 얼굴을 나타내지 않았다. 화가 나서 앉아 있는 安鍾和에게 스타아프 중의 하나가 반갑지 않은 놀라운 정보를 제공해 주었다. 愛蓮과 조감독이 여관에 누워 있다는 것이었다.

일행이 그들이 들어 있다는 여관으로 달려가자, 거기에는 조감독이 愛蓮과 더불어 누워 있었다. 나중에 알고 보니, 그 조감독이란 자는 자기가 출자자(出資者)라고 그녀를 속여, 출자자에게 잘 보여야 여배우로서 출세한다는 그럴 듯한 유인으로 愛蓮을 꾀어 낸 것이었다. 愛蓮은 그때 여학교를 나오자마자 영화계에 갓 들어온 소녀였지만, 아무리 그렇다고는 할지언정 이건 너무나 철부지의 짓이 아닐 수 없었다. 愛

蓮은 과부 어머니 밑에서 애지중지 자라난 몸이었는데, 이렇게 해서 꽃망울은 봉오리가 되기도 전에 떨어지고 만 것이었다.[130]

<노래하는 시절>을 촬영하던 중, 주연배우였던 이애련과 조감독이 여관에서 함께 발견되는데 조감독은 이애련에게 자신이 출자자라고 속였고, 꼬임에 넘어간 이애련은 이로 인해 어려움을 겪게 된 사건이었다. 결국 이 스캔들 이후 이애련은 영화계에서 사라지게 되었다. 이애련과 함께 영화의 주연으로 윤봉춘과 함춘하가 출연했으며, <꽃장사>에 등장했던 김명순(金明淳)도 참여했다.

<노래하는 시절>은 1930년 6월 초부터 시작하여 6월 29일에 촬영을 마쳤다. 총 12권의 필름이었고, 7월 상순에 개봉하기로 예정되어 있었다. 아래의 기사는 <노래하는 시절>의 촬영이 완료된 후 개봉을 앞두고 있다는 『중외일보』의 기사이다.

임미 보도한바 시내 액스키네마에서는 데일회 작품으로 석영(夕影) 안석주(安碩柱) 씨의 원작각색(原作脚色)인 <노래하는 시절>(全十二卷)을 리우(李愚) 씨 제공 안종화(安鍾和) 씨 감독과 태홍아(太虹兒) 씨의 촬영으로 제작중이든 바 지난 륙월 이십구일에 촬영을 끗마치여 김영팔(金永八) 씨의 편집(編輯)으로 이달 상순(上旬)에 시내 단성사(團成社)에서 상영하리라는데 실내(室內) 장면은 전부 전긔광선을 사용하야 재래에 보지 못하든 아름다운 장면이 만흐며 전편의 배경이 회화뎍(繪畵的)인 우에 윤봉춘(尹逢春) 함춘하(咸春霞) 기타 제씨의 열연섯인 만큼 놀라울 만한 장면이 만타는 바 주요한 출연자는 아래와 갓다.[131]

앞의 기사에서 주목할 점은 앞서 촬영을 맡기로 했던 태전동 대신 태홍아(太虹兒)라는 이름으로 촬영감독이 언급되고 있다는 사실이다. 태홍아는 조선문예영화협회 설립에도 참여했으며, 영화 <꽃장사>에서 함께 작업한 촬영감독 오오타 히토시의 예명이었다.[132] 또한 기사에서는 영화의 기술적 측면에 대한 기대를 표하는데, 영화의 "실내 장면은 전부 전긔광선"을 사용해 "재래에 보지 못하든" 장면을 담았다는 점이다. 이러한 특징은 『동아일보』에 감상평을 기고한 인돌 서항석(徐恒錫)의 말에서도 드러난다. 그는 "무엇이나 다 부족한 조선의 영화계에 잇서 이 영화가 종래의 영화보다 연긔, 감독, 촬영에 다소의 진전을 보여줌은 깃븐일이다"[133]라고 평했다. 이를 통해 영화가 촬영 기술과 연기 등 다양한 측면에서 새로운 영화적 시도를 했음을 알 수 있다.

<노래하는 시절>은 9월 12일부터 단성사에서 개봉했다. 당초 7월 상순에 개봉 예정이었던 영화가 9월로 연기된 것이었다. 아래의 기사에서 영화의 개봉일이 연기된 이유를 살펴볼 수 있다.

노래하는 시절

上映延期

九月上旬上映

次回作準備中

이미 보도한바 시내 엑스키네마의 제일회작품 안석영(安夕影)씨의 원작, 각색 안종화(安鍾和)씨의 감독 태홍아(太虹兒)씨의 촬영인 노래하는 시절이 이미 완성되어 방금 검열중이라는데 원래는 칠월 상순(上旬)에 상영(上映)키로 결정하야 만반 준비를 하엿든바 특히 시험 중 혹은 방학 중인 학생 제군을 위하야 는 이 더운 일긔에 협착한 극장에 위생상 일반관람객을 수용할 수 업는 고로 단연히 오는 구월상순(九月上旬)으로 상영일자를 연긔하엿다는바 이 영화는 긔술상(技術上)으로나 내용으로나 신경향(新傾向)을 보혀준 것이며 비상한 시를 읽는 듯한 외에 화면 화면의 련락은 물론 회화(繪畵)를 대하는 것 가태서 감흥이 깁 프리라하며 방금 제이회 작품을 준비중임으로 팔월 상순부터 촬영을 개시하리라 한다.[134]

위 기사에 따르면, 영화는 이미 완성되었으나 7월 12일 기준으로 검열이 진행 중이었음을 알 수 있다. 7월 초순에 개봉될 예정이던 영화는 검열로 인해 개봉 준비가 미뤄진 상태였다. 또한 7월은 시험이나 방학 기간으로, 학생층을 주요 관객으로 유치하기 위해서는 7월 이후에 개봉하는 것이 더 적합했을 것이다. 더불어 당시 극장은 냉방시설이 부족해 7월이나 8월 같은 한 여름에 비수기를 맞았

[사진 16] 단행본 『노래하는 시절』 시나리오
(출처: 한상언영화연구소)

다는 점을 고려할 때, 9월에 개봉하는 것이 흥행 성적에 더 유리했을 것이다.

<노래하는 시절>은 개봉 후 회동서관(滙東書館)에서 단행본 『노래하는 시절』(1930)로 출간된다. 『조선일보』의 1930년 9월 3일 자 기사에는 정가 50전에 『노래하는 시절』이 출간된다는 광고가 실려 있다.[135] 이와 함께 엑스키네마는

안석영의 시나리오 <출발>과 김영팔의 시나리오 <싸구료 박사>를 영화화하는 작업을 준비했고, 영화제작에 필요한 인원 및 배우를 양성하기 위해 남녀 연구생을 모집했다.[136] 그렇게 엑스키네마에 모인 연구생을 대상으로 『조선일보』에 연재된 「출발」의 스틸을 촬영하기도 한다.

5) <노래하는 시절>과 카프 영화인과의 논쟁

1930년대 초까지 조선영화계에서는 영화를 통해 사회적 문제를 표현하려는 시도가 있었다. 특히 카프영화 운동은 계급투쟁 및 사회변혁을 목적으로 활발히 전개되었다. 1930년에는 카프 중앙 산하의 카프영화부가 조직되었으며, 이때 1929년에 조직된 신흥영화예술가동맹은 카프영화부로부터 해산 명령을 받는다. 그러나 신흥영화예술가동맹의 김유영과 서광제 등은 이에 반대하여 해산 권유를 거부했다. 신흥영화예술가동맹을 둘러싼 갈등이 심화되자, 안석영과 김기진(金基鎭) 등은 신흥영화예술가동맹을 해산하는 조건으로 서울키노를 부활시키자는 제안을 내놓는다. 결국 신흥영화예술가동맹은 1930년 5월 24일 해산되었다. 카프영화부와 신흥영화예술가동맹 간의 갈등이 어느 정도 해소되었지만, 카프의 핵심 인물들을 제외한 다른 구성원들에 대한 비판은 계속되었다.

<노래하는 시절>을 둘러싼 윤기정과 함춘하의 논쟁에서도 이러한 비판과 갈등의 양상을 엿볼 수 있다. 카프 영화부의 주도적인 인물이었던 윤기정은 <노래하는 시절>에 대해 "감독의 부주의와 실

책은 한두군데가 안이"라며 강하게 비판했다. 윤기정의 비판은 신흥영화예술가동맹 해산 이후 1930년 12월 무렵 조선시나리오작가협회를 조직한 안석영을 비롯한 카프 소속의 인물들을 겨냥한 것이었다. 윤기정의 입장에서 카프영화부 중심의 활동을 강화하기 위해서는 조직 논리에 위배되는 활동을 한 인물들을 적극적으로 비판할 필요가 있었던 것이다.

윤기정의 비판은 주로 촬영과 편집 기법의 부족, 그리고 출연자들의 연기에 대한 지적과 같은 영화의 질적인 문제와 프롤레타리아예술의 관점에서 보이는 내용상의 결점으로 요약된다. 그는 극중 돌이 역을 맡은 윤봉춘의 연기를 제외하고는 동작이나 표정에서 과장된 부분이 있어 인물들의 연기에 결점이 있다고 평가했다. 또한 길용 역의 함춘하와 옥분 역의 이애련의 연기에 대해서도 인물의 성격이 제대로 드러나지 않고, 동작이 어색하며 표정이 잘 표현되지 않았다고 비판했다. 특히 윤기정은 내용적인 측면에서 영화가 노동자 계층의 현실을 제대로 반영하지 않고, 계급 투쟁의 문제를 애정 문제로 축소시킨 점을 지적했다. 또한 농촌을 지나치게 미화하거나, 농민의 현실적인 삶을 전혀 보여주지 않았다며 연출자가 농촌을 목가적으로 그리려는 태도를 문제 삼았다. 이어 인물형상에 관해서도 연출자가 길용의 행동을 개인적 행위로 묘사하여, 농촌 노동자의 실제 모습을 왜곡했다고 비판했다. 특히 고향을 떠나 서울로 오게 된 동기가 애인 옥분을 찾기 위함이며, 서울에 와서도 아무런 행동 없이 옥분과 재회하는 장면은 계급 투쟁의 문제를 전혀 인식하지 못한 무력한 장면이라 힐난했다. 즉 계급적 문제의식

이 드러나야 할 마지막 장면에서조차 남녀 간의 애정 문제로 귀결되는 점을 강하게 비판한 것이다.[137]

윤기정이 <노래하는 시절>을 비판한 글을 실은 후 얼마 지나지 않아, 길용 역을 연기한 함춘하는 『중외일보』에 반론을 게재했다. 그는 윤기정의 비판에 일부 동의하며 <노래하는 시절>이 수준 높은 작품은 아니라고 전제한 후, 윤기정이 지적한 농촌의 생활상의 미흡한 표현이나 농촌 청년들의 연애 장면에 대한 비판에 대해 반박했다. 그는 농민들에게도 본능적인 이성애가 존재하며, 길용이 서울에 와서 공장이나 직업소개소를 찾아 방황하는 모습 자체가 현실을 반영한 것이라고 주장했다. 또한 영화의 비현실성과 반계급성에 대한 윤기정의 비판에 대해 계급의식을 공장에서만 전파하는 것이 아니라 조선노동자들이 모이는 어떤 장소든 계급의식 형성에 중요한 의미가 있다고 반박하며, 반계급성에 대한 윤기정의 비판을 지적했다.[138]

함춘하가 지적한 대로 윤기정의 <노래하는 시절>에 대한 비판은 단순히 영화의 표현이나 영화적 완성도를 문제 삼은 것이 아니라, 안석영과 김영팔, 안종화 등과 같은 타협적 입장의 영화인들을 겨냥한 보다 노골적인 비판이었던 것이다.

6) 영화화되지 못한 시나리오 <싸구료 박사>

7월 12일 자 『조선일보』에 따르면, <노래하는 시절>의 개봉과 함께 기사 말미에 "방금 제이회 작품을 준비중임으로 팔월 상순부터 촬영을 개시"[139]한다는 엑스키네마의 차기 작품 안내가 포함되어 있다. 엑스키네마의 두 번째 작품은 <큰 무덤>으로 알려져 있으며, 이 영화는 한우(韓愚)의 원작을 바탕으로 박윤수(朴潤洙)가 연출을 맡았다. 그러나 실제로는 엑스키네마의 제2회 작품으로 <큰 무덤>이 아닌 <출발>이 될 가능성도 있었다. 1930년 8월 14일 자 『조선일보』에 실린 "豫告 씨나리오 出發"이라는 기사에서 안석영의 작품 <출발>이 <노래하는 시절>의 인기를 이어갈 작품으로 소개되었으며, 이 작품은 1930년 8월 26일부터 9월 21일까지 총 21회에 걸쳐 연재되었다. 또한 시나리오 <출발>을 홍보하기 위해 엑스키네마에서 스틸 사진을 찍어 광고하기도 했다.

그렇다면 왜 『조선일보』에 연재되던 <출발>이 아닌 <큰 무덤>이 먼저 영화화되었을까. 이를 이해하기 위해서는 엑스키네마에서 제작한 두 편의 영화 모두에 관여한 윤봉춘의 역할을 살펴볼 필요가 있다. 윤봉춘은 엑스키네마와 <큰 무덤>에 대해 다음과 같이 증언했다.

동경서 영화 감독술을 연구했다는 박씨라고 허는 사람이 있습니다. (…) 이 분이 자기가 제작비를 가지고 왔다 그랬습니다. 그 우리 영화사를 하나 맨들어서 영화를 맨들겠다는데 동아일보에 자기가 아는 문예부 기자 누군가를 찾아갔더니 그 윤아무개를 찾아가봐라 해서 나를 찾아왔다는 겁니다. (…) 자본도 가지고 왔습니다. 그러면서 "시나리오가 있느냐" 그래서 "시나리오 하나 쓰면 된다. 이러이러한 줄거리다." 했더니 "그 좋다 그걸로 하자" 그래서 <큰 무덤> 시나리오를 써서 박씨를 감독을 시켰습니다. 자기가 연출을 하겠다고 그랬습니다.[140]

앞의 인용문에서 윤봉춘이 언급한 '박씨'는 <큰 무덤>의 연출을 맡은 박윤수로, 그는 일본영화배우학교와 하합(河合)영화제작소에서 다년간 경험을 쌓은 인물이었다. 이를 통해 추정해 보면, 안종화는 <노래하는 시절> 개봉 후 원래 계획대로 시나리오 <출발>로 영화를 제작하려 했으나 자본을 가진 박윤수가 윤봉춘을 만나면서 상황이 바뀐 것으로 보여진다. 결국 <큰 무덤>은 안종화와 관련 없이 윤봉춘에 의해 엑스키네마의 이름과 박윤수의 자본으로 영화화되었다고 볼 수 있다.

1931년 2월 26일 단성사에서 개봉한 <큰 무덤>은 태흥아가 촬영했고, 윤봉춘, 박윤수, 하소양(河小楊) 등이 출연했다. 박윤수가 연출을 한 것으로 알려져 있지만 윤봉춘의 증언에 따르면 <큰 무덤>을 제작할 당시 박윤수의 연출 역량이 부족하여 결국 윤봉춘이 메가폰을 쥐고 영화를 완성한 것으로 보인다.

엑스키네마는 <큰 무덤> 이후 세 번째 작품으로 영화 <싸구료 박사>를 준비했다. 김영팔 원작 시나리오 <싸구료 박사>는 1931년 9월 7일부터 안종화가 각색하여 『동아일보』에 연재하였다. 아래의 『동아일보』 기사는 김영팔이 쓴 <싸구료 박사> 시나리오 연재를 예고한 내용이다.[141]

아직도 '씨나리오'가 發表어오기 비롯햇든 해가 야탓슬 쑨 외라 더욱 이것은 순小說과도 달라 한 개의 映畵를 만들기 爲한 脚本인 것이니 作品 內의 모든 行動을 한 場景씩 特定記錄해논 것입니다 이 『씨나리오』의 새로운 형식이 넘우 科學的인만큼 畵面畵面을 想像 消化하기에 퍽 難할줄 압니다 함에 筆者로서는 이것을 果是 文學 上으로 映畵的 效果를 잘드러낼 수 잇게 되며 쌀해서 讀者의 興味를 도드게 될지 다못 責任上 근심을 마지 안습니다.

그러나 이것은 불원에 映畵로서 되어 나올것임에 종래 '씨나리오'에 依한 한 形式에만 約束되지 안코 평이하게 흥미본위로 오로지 誠意를 다하야 쓰고자하오니 독자 제현의 끗까지 愛讀해주심만 삼가 바랄쑨이 외다.[142]

위의 기사에 따르면, 김영팔이 원작을 쓰고 안종화가 각색한 작품으로 <싸구료 박사>는 순소설이 아닌 영화를 위한 각본, 즉 시나리오로 집필되었음을 강조하며 독자의 흥미를 끌었다. 시나리오를 쓴 김영팔은 조선프롤레타리아예술가동맹의 창립 발기인이었으나, 1930년대 초에 카프에서 제명된 후 카프의 울타리를 벗어나 다른 곳에서 활동을 이어갔다. 시나리오 <싸구료 박사>는 1931년 10월 25일까지 총 35회에 걸쳐 『동아일보』에 연재되었다. 사실 엑스키네마는 시나리오를 연재하기 전부터 세 번째 작품으로 <싸구료 박사>를 영화화할 계획을 가지고 있었다. 1931년 6월 26일 자 『동아일보』 기사에는 <싸구료 박사>의 촬영이 시작되었다는 내용이 포함되어 있다.

X키네마 三回作
<싸구료> 博士
撮影을 開始
제一회 작품 <노래하는 시절>과 제二회 작품 <큰 무덤>을 제작한

엑쓰키네마에서는 제三회 작품으로 김영팔(金永八) 씨의 원작 <싸구료 博士>(구권)를 촬영하기로 되엇는데 특히 금번은 재래의 촬영식을 일 변하야 북조선지방의 명승지를 배경삼어 "로케숀"이 만흐리라하며 칠월중순에는 개봉이 되리라한다 이영화의 원작은 아즉도 조선영화 계에서 보지못하든 풍자적 희극스토리로서 함춘하씨 윤봉춘씨 하소 양 김연실양 외 제씨의 출연으로 일반팬의 기대에 마즈리라한다 동키 네마에서는 지난 이십일 발열한시차로 다음의 부원이 븍조선지방으 로 "로케숀"의 길을 떠낫다한다

감독 안종화 지휘 이재명

주연 함춘하, 윤봉춘, 김연실, 하소양

진행 심창렬 촬영 태홍아[143]

이 기사에서 언급된 바와 같이 <싸구료 박사>의 촬영이 함흥 지 방의 명승지에서 진행된다고 언급한 점은 이 영화가 기존 작품들 보다 더 큰 스케일로 제작될 것을 홍보하려는 의도로 볼 수 있다. 그런데 9월에 『동아일보』에 연재된 시나리오보다 그 이전인 7월 개봉을 목표 삼았다는 점을 고려하면, 『동아일보』에 9월에 시나리 오가 연재된 것은 영화 홍보를 위한 수단이라기보다는, 개봉이 지 연되면서 생긴 일정 변동을 반영한 것으로 볼 수 있다.

<싸구료 박사>의 각색과 연출은 안종화가 담당했고, 촬영은 엑 스키네마의 촬영기사였던 태홍아가 맡게 된다. 주연으로는 윤봉춘, 함춘하, 김연실(金蓮實), 하소양 등이 예정되어 있었다. 위의 기사에 서 흥미로운 점은 지휘라는 직책에 이재명(李載明)의 이름이 등장한 다는 것이다. <싸구료 박사>의 프로듀서를 맡기로 예정되어 있던

이재명은 당시 일본의 프로키노에서 활동을 하다가 1931년 무렵 조선으로 귀국한다.[144] 당시 이재명이 조선에 들어와 엑스키네마의 프로듀서를 맡으며 조선에서 활동을 시작한 것으로 보인다. 그러나 <싸구료 박사>가 제작되지 못하자 그는 최남주가 세운 조선영화사를 총괄한다. 이 시기에 이재명이 엑스키네마와 인연을 맺고 있었던 점을 고려할 때, <싸구료 박사>의 제작에 동향인 최남주도 참여했을 가능성이 있다.

한편, 안종화와 엑스키네마의 일원들은 <싸구료 박사>의 촬영을 위해 각지를 돌아다니면서 <수일과 순애>의 연극공연을 진행한 바 있다.[145] <수일과 순애>는 1931년 3월 13일에 개봉한 영화로, 윤봉춘과 김연실이 등장하는 작품이다. 엑스키네마는 <싸구료 박사>의 주연으로 예정된 윤봉춘과 김연실을 데리고 이 영화를 연극으로 각색하여 순회공연을 펼친 것으로 추정된다. 그러나 로케이션 촬영까지 계획되었던 영화 <싸구료 박사>는 최남주의 출자를 받지 못해 결국 제작되지 못했다.

<싸구료 박사>의 영화 제작이 취소된 후, 1931년 9월 안종화는 이 시나리오를 각색하여 『동아일보』에 연재했다. 연재한 내용은 이후 태화서관(太華書館)에서 영화소설로 발행할 계획이 있었던 것으로 보인다. 시나리오의 영화소설 출간계획은 현재 한상언영화연구소에 소장된 『싸구료 박사』의 검열본을 통해 확인할 수 있다.

[사진 17] <싸구료 박사> 시나리오
검열본 표지 (출처: 한상언영화연구소)

[사진 18] <싸구료 박사> 시나리오
검열본 속표지 (출처: 한상언영화연구소)

<싸구료 박사>의 제작이 불발된 후, 엑스키네마는 제일영화흥업사(第一映畵興業社) 등 몇몇의 합자로 자금 오만 원을 모아 영화 제작을 추진하기로 했다. 또한 엑스키네마 내 신설 연예부를 조직하고, 남녀배우를 모집했다.[146] 이후 8월 30일 자 기사에 따르면, 이렇게 모집한 약 60여 명의 배우들과 함께 용산의 개성좌(開盛座)를 시작

으로 전국 각지에서 순회공연을 계획했다.[147] <싸구료 박사>의 영화 제작이 불발된 이후 엑스키네마는 영화 제작이 원활하게 진행되지 않자 영화제작보다는 순회공연에 집중한 것으로 추정된다. 안종화가 주도적으로 이끌던 엑스키네마는 이 순회공연을 끝으로 활동을 중단했다.

[사진 19] <싸구료 박사> 시나리오 2회 (출처: 한상언영화연구소)

7) 나오는 말

안종화가 영화 연출을 시작한 1928~1931년 사이는 카프의 영향력이 컸던 때였다. 특히 <지하촌>(1931)이 검열로 인해 상영되지 못한 점과 <화륜>(1931)을 둘러싼 논쟁은 프롤레타리아 영화에 대한 조선영화인들의 열망과 이에 대한 식민 당국의 가혹한 조처라는 1930년대 초반 조선영화계의 상황을 잘 보여준다. 이 시기에 안종화는 카프 소속이 아님에도 카프영화와는 다른 진보적 영화를 만들기 위해 노력했다. 1930년대 초반의 일반적인 영화들처럼 계급투쟁을 다루거나 노동자를 주인공으로 한 영화들을 연출했음에도 불구하고 안종화는 카프의 조직 논리에 따라 비판의 대상이 되었다.

　카프 영화인들을 비롯하여 진보적 영화제작에 대한 탄압이 강해지면서 안종화는 영화를 제작하기 위한 투자자를 찾는 데 어려움을 겪게 되었다. 그럼에도 불구하고, 안종화는 식민지 치하의 조선인들을 영화 속에서 보여주려는 노력을 지속했다. 그리고 이후 안종화는 프롤레타리아 영화 운동의 가장자리에서 활동하다가 식민 당국에 의해 카프가 해산되는 등 사건으로 영화인들의 열망이 사그라질 무렵 1934년 <청춘의 십자로>를 연출하게 된다.

　이 글에서는 안종화가 영화감독으로 데뷔한 작품 <꽃장사>와 두 번째 연출작인 <노래하는 시절>의 제작 과정을 살펴보았다. 이를 통해 그가 참여했던 조선문예영화협회와 엑스키네마의 활동이 당시 조선영화계의 주요 동향이었던 진보적 영화 운동과 일정한 흐름을 같이 했음을 확인할 수 있었다. 또한 조선문예영화협회를 설립하여 영화교육과 영화인 양성을 목표로 했던 안종화의 욕망, 그리고 그가 엑스키네마를 설립해 여러 영화인들과 교류하며 영화 제작에 참여했던 배경도 파악할 수 있었다. 안종화의 초기 영화 제작 활동을 살펴보는 것은 프롤레타리아 영화 운동에 가려져 잘 드러나지 않았던 다양한 영화적 시도를 조명함으로써, 1930년을 전후한 조선영화계를 새로운 관점으로 바라볼 수 있게 한다는 점에서 의미가 있다.

윌라트Wilart

이구영은 조선영화계를 살리라는 춘원 이광수의 권유로 미국 뉴스 카메라맨이 소유한 윌라트 카메라(Wilart Camera)를 소개받는다. 단성사 대표 박승필은 카메라를 1,100원에 구입하고 단성사 촬영부(금강키네마)를 신설해 첫 작품으로 <낙화유수>(이구영, 1927)를 제작한다. 조선에 새로운 카메라가 들어왔다는 소식에 이필우, 이명우, 이경손, 가토 교헤이(加藤恭平)는 낙화유수 촬영 현장에 찾아왔고 렌즈가 좋아 화면이 밝았다고 한다.[148] '윌리아드' 카메라로 불리운 윌라트 카메라는 미국 뉴욕에 있는 카메라 제조회사(Wilart Instrument Co., Inc)에서 1919년에 생산한 카메라로 촬영을 위한 핸드 크랭크가 뒤편에 있고 매거진이 촬영 방향으로 위에 있어 이구영이 초창기 프랑스 파테(Pathe) 카메라로 착각할 정도로 외관이 유사하다. 미국의 파테 카메라로 불려진 윌라트 카메라는 바디와 매거진을 기후변화 대응과 내구성을 개선하기 위해 재질을 목조 대신 알루미늄으로 제작하였고 뷰파인더가 왼편에 있어 화면의 구성과 초점을 맞추는데 편리했다.[149] <수일과 순애>(이구영, 1931) 등 발성영화가 정착되기 전까지 조선영화계에서 사용되었다.

[사진 20] <낙화유수>
배우와 스태프, 카메라 오른쪽에
송수열 촬영감독 (출처: 영화진흥위원회)

[사진 21] <사랑을 찾아서>(나운규, 1928)
배우와 스태프, 카메라 왼쪽에 이창용
촬영감독 (출처: 영화진흥위원회)

[사진 22] <도적놈>(윤봉춘, 1930)
촬영 현장, 이진권 촬영감독
(출처: 영화진흥위원회)

4. 식민지 조선의 멜로드라마가 우리에게 말해주는 것
: <청춘의 십자로>

정종화

1) 필름 매체의 끈질긴 생명력

일제강점기에 만들어진 우리 영화 필름을 뒤늦게라도 찾을 수 있는 것은 무엇보다 필름 매체 특유의 생존 능력 덕분이다. 한국영상자료원이 2000년대 중반 중국전영자료관을 통해 '조선영화' 8편을 발굴할 수 있었던 것 역시 양국관계 등 여러 요인이 있었지만, 결정적으로 필름아카이브의 보존고에서 적절한 온습도 하에 관리되고 있었기에 가능했다. 사실 아날로그 매체인 필름의 생명력은 우리가 생각하는 것 이상으로 강하다. 이는 우리가 <청춘의 십자로>(안종화, 1934) 필름을 만났을 때 다시 한번 실감할 수 있었다.

당시 연구원이던 필자를 포함해 한국영상자료원의 아카이빙 인력들이 이 영화 필름과 처음 만난 것은 2007년의 일이다. 소장자는 해방 이후 6·25 전쟁 직후까지 단성사를 경영했던 오기윤의 유족이었다. 영상자료원 직원들을 만난 유족은, 모친으로부터 귀중한 필름이라고 전해 받아 줄곧 자택의 지하실에 보관하고 있었다고 알려줬다. 물론 완벽한 보존은 아니었다. 우리가 마주한 필름은 맡기 힘든 식초 냄새가 진동하는 초산화 신드롬이 상당히 진행되어 있었고, 양철로 만든 9개의 필름 캔 중 하나에 담겨 있던 한 롤의 필름은 아예 밀가루 반죽처럼 엉겨 붙어 있었다. 이른바 백화현상이 일어난 것이다.

처음 이 필름을 만났을 때 필자의 눈길을 사로잡았던 것은 필름 캔 위에 수기로 쓰인 식민지기 조선영화들의 제목이었다. 각 캔의 뚜껑에 쓰인 <장한몽>(1926), <아리랑>(1926), <세동무>(1928), <무지개>(1936) 같은 제목과 마주쳤을 때 식민지기 영화사 연구자로서 얼마나 흥분했겠는가. 사실 이 필름이 <청춘의 십자로>인지도 알지 못한 채 소장자를 만난 것이었기 때문에, 혹시나 하는 기대가 마음 속에서 요동친 것이다. 우리는 영상자료원으로 필름을 옮겨 필름 검색 장비가 아닌 육안으로 조심스럽게 필름을 확인하는 동시에 관련 사료를 조사하기 시작했다. 우선은 전부 같은 극영화의 필름임을 인지했고, <아리랑>이 배출한 배우 신일선의 이미지를 힌트 삼아 안종화 감독의 작품으로 좁힌 후 <청춘의 십자로>로 특정하기까지 그렇게 많은 시간이 걸리지는 않았다.

곰곰이 생각해 보면, 당시 단성사 사람들이 다른 영화의 필름 캔을 재활용해 이 영화를 보관한 것이었다. 이러한 추정은 아카이빙과 영화사적 관점을 디뎌 여러 가지 맥락으로 뻗어나간다. 먼저 6·25 전쟁 때까지 단성사 영사실 등지에는 일제강점기 조선영화 필름들이 남아있었을 것이라는 아쉬움. 다시 말해 전쟁 발발이 한반도에 조선극영화 필름이 하나도 남아있지 않게된 결정적인 이유이다. 지금의 우리는 <아리랑>은 고사하고 나운규가 살아움직이는 잠깐의 화면조차 영화 필름을 통해 확인할 수 없다. 다음은 필름 한 롤이 검색도 불가능할 정도로 엉겨 붙게 된 이유. 필름 캔에

<아리랑>이라고 쓰여있으니 수차례 열어봤을 터이고, 그렇게 실온의 공기와 접촉한 한 캔의 롤은 백화가 진행된 것이다. 반면 나머지 필름들은 캔에 밀봉된 채 서늘한 창고에 보관되어 살아남았다. 이탈리아 영화 <시네마 천국>(1988)에서 필름에 불이 붙어 화재가 나는 장면을 기억하는가. <청춘의 십자로> 역시 인화성 강한 질산염(Nitrate)이 성분인 예전 세대의 필름으로 제작되었는데, 이러한 필름이 온습도를 적절하게 제어할 수 없는 개인의 공간에서 70년 이상 버텨낸 것이다. 기적과도 같은 일. 디지털과 달리 훼손되지 않는다면 어떻게든 살아남는 아날로그 매체에 대한 새삼스런 경탄. <청춘의 십자로> 수집 사건은 한국영상자료원 아키비스트들에게 우리가 하는 일의 중요성을 새삼 인식하는 계기가 되었다.

2) 원본이지만 완본이 아닌 한계

<청춘의 십자로> 필름은 극장 개봉용 프린트가 아니라 오리지널 네거티브, 즉 원판 필름으로 수집됐다. 모두 9롤이다. 백화현상으로 검색 자체가 불가능한 한 롤을 제외하면 8롤인데, 그중 한 롤은 '끝(完)' 표시만 있는 자막 필름이었다. 이를 합본한 후 모두 7롤을 대상으로 복원에 착수해,[150] 현재 우리가 볼 수 있는 버전이 되었다. 중국전영자료관에서 찾은 <미몽>(1936) 등의 작품이 발성영화의 프린트(상영용) 필름이었다면, <청춘의 십자로>는 식민지기 조선 극영화 중 처음으로 발견한 무성영화이자 네거티브 필름이다. 즉,

원본의 질산염(Nitrate) 필름으로 발굴된 것은 영화기술사 측면에서도 의미가 크다. 하지만 최종 편집이 끝난 완성된 형태의 프린트가 아닌 것은 당시 관객과 만났던 최종 단계의 작품을 확인할 수 없다는 한계도 노정한다. 사실 복원된 필름과 사료에 기록된 개봉 버전의 러닝타임은 꽤 차이가 있다. 복원 작업을 거쳐 볼 수 있는 <청춘의 십자로> 영상은 7롤(4936.14피트)로, 당시 통상적인 영사 속도인 16프레임 기준으로 82.28분의 러닝타임이다.[151] 한편 개봉 당시 프린트는 '10권 2,455미터'로 기록되어 있다.[152] 이 기록이 정확하다는 가정 하에, 35㎜ 필름의 피트 기준으로 계산하면 134.23분(16프레임 기준)에 달하는 것이다.[153]

이는 백화현상으로 볼 수 없는 한 롤의 필름 길이, 즉 10분 내외 분량을 넘어서는 것이다. 원래 촬영 결과물인 네거티브 필름 중에서도 세월을 거치며 상당 부분 유실되었음을 알 수 있다. 현재 접할 수 있는 자료에 기록된 이 영화의 줄거리와 비교해 보면, 유실된 롤에는 주명구에게 정혼자를 빼앗긴 영복과 어머니 상을 치른 영옥이 각각 시골에서 떠나게 되는 장면이 포함된 것으로 보인다. 이를 더 정확히 확인하기 위해서는 당시 이 영화의 줄거리 기록을 참조해 볼 수 있다. 안종화가 후대인 1962년 시점 『한국영화측면비사』에 남긴 기록보다는, 당시 홍보 자료를 참고해 작성됐을 일간지 기사(『매일신보』 1934년 9월 22일 자)에 실려있는 줄거리를 참조하는 것이 유용하다. 완벽하진 않지만 영화의 전모를 파악하는 힌트가 될 수 있을 텐데, 기사에 수록된 '경개(梗槪)'를 현대어로 옮기면 다음과 같다.

영복(永福)은 성품이 순진하였던 만큼 일찍 봉선(鳳仙)의 집에 데릴사위로 들어가서 7년간 머슴을 살아왔다. 그러나 성례(成禮)하게 될 때에 한 마을에 살고 있는 주명구(朱命求)에게 봉선을 빼앗기고 오직 자기의 기구한 운명을 탄식하였을 뿐으로 늙은 자모(慈母)와 누이동생 영옥(永玉)을 고향에 남기고 길을 떠났다. 그 후 영복은 서울에 들어와 경성역 화물운반부[적모(赤帽)[154]] 생활을 하게 되자 근방 가솔린 스탠드에 근무하는 영희(英姬)[155]와 친근히 지내게 되었다. 영희는 병중에 있는 아버지를 모시고 어린 동생과 함께 근근히 살아가는 극빈한 터이었음에 자연 어려운 살림을 피차 이해하게 되는 터로부터 영복과 친밀케 되었다.

고향에 남아있는 영옥은 어머니가 세상을 떠남에 오빠를 찾어 상경하였든 끝에 생활난으로 카페의 여급이 되었다. 그러나 두 남매는 한 서울 안에 살고 있으면서 때로는 같은 장소를 피차 지나치게 되면서도 만나지 못하였다. 영옥은 여급생활을 하던 중 시골에서 상경하여 장개철(張介轍)과 부동[156]이 되어 지내는 주명구로 인해서 자기의 몸을 장에게 더럽히게 되고 이를 전후하여 실직한 영희까지도 공교히 그들 손에 걸리고 말았다. 영복은 영희의 유린당한 진상을 알게 되자 그는 분노가 극도에 달하였다.

그리하여 장의 집을 찾아갔을 적에 천만뜻밖에 누이동생 영옥을 만나서 고향 소식을 듣게 되고 따라서 영옥까지도 장에게 속아서 비참하게 된 경우를 알게 된 그의 분노한 감정은 높았다.

그리하여 영복은 장이 연석(宴席)을 베풀고 있는 곳까지 달려가서 분노한 감정은 여지없이 폭발되고 말았다. 전일(前日)에 순양(順良)하게 참아오던 그의 주먹은 장개철과 주명구를 용서치 않았다. 이리하여 영복의 남매는 영희의 가족과 더불어 새로운 앞날을 위하여 명랑한 새 생활은 열리게 되었다. [완(完)]

당시 <청춘의 십자로> 줄거리를 정리한 개요는, 현재 우리가 감상할 수 있는 버전의 장면 이미지를 생생하게 환기시키는 동시에, 당시 변사가 구두로 설명했을 풍부한 디테일들에 대한 궁금증도 어느 정도 풀어준다. 기사에 실린 영화 줄거리를 통해 크게 두 가지 지점을 더 파악해 볼 수 있다. 첫째, 필름에서 유실된 장면에 대한 추정이다. 영복이 주명구에게 약혼자를 빼앗기고 고향을 떠나는 장면, 그리고 영옥 역시 어머니의 장례를 치르고 오빠를 따라 서울로 올라왔지만 계속 영복과 엇갈리게 되는 장면이다. 말 그대로 제목 '청춘의 십자로'를 상징하는 장면들이 우리가 볼 수 있는 분량 외에도 더 묘사되었음을 알 수 있다. 둘째는 이 영화의 장르적 매력 (attraction). 안종화 감독이 배우 이원용의 표정과 액션 연기를 통해 멜로드라마적 파토스를 분출시키는 대목이다. "그는 분노가 극도에 달하였다", "그의 분노한 감정은 높았다", "(그의) 분노한 감정은 여지없이 폭발되고 말았다" 같은 문구는 이 영화가 당시 조선인 관객들에게 어필하려고 한 연출 전략을 분명히 확인시킨다. 그 클라이맥스는 바로 "참아오던 그의 주먹은 장개철과 주명구를 용서치 않았다"는 순간으로, 현재 버전에서도 확인할 수 있는 장면이다.

젊은 여성을 유린한 자본가 계급의 모던보이들을 도시로 이주한 노동자 주인공이 응징하는 통쾌함은 극장의 관객 앞에 선 변사의 실연으로 증폭되었고, 식민지 근대가 낳은 복잡한 계급 구도를 민족적 차별로 치환해 받아들였을 조선인 관객들은 열띤 박수로 화답했을 것이다.[157] 그렇다. 무성영화 <아리랑>이 선취한 텍스트적 효과는, 가장 대중적인 형태로는 <청춘의 십자로>까지 이어졌다.

이 영화는 1934년 9월 21일 조선극장에서 개봉했는데, 당시 일간지에 실린 기사 문구를 통해서 감독이 노린 대중장르적 속성을 파악할 수 있다. "마음의 십자로에서 갈 바를 못 찾던 순박한 사나이. 유린(蹂躪)! 증오(憎惡)! 복수(復讐)!", "청춘의 숙명적 비화!", "금추(今秋) 획기적 문예 걸작편."[158] 영화학자 벤 싱어의 관점으로 보면 멜로드라마의 역사적 본질은 강렬한 파토스와 과잉된 감정, 도덕적 양극화 같은 개념으로 빚어지는 폭력적이고 선정적인 스펙터클에 다름 아니다.[159] 서구의 멜로드라마 양식이 일본의 연극과 영화를 경유해 조선영화에 토착화된 것이 바로 '신파영화'라는 장르이자 화법이었다.

[사진 23] 현재 필름으로 볼 수 없는 영복(이원용 분)과 영옥(신일선 분)의 시골 장면 스틸 (출처: 영화진흥위원회)

[사진 24] 식민지 도시 노동자로 고단하게 살아가는 영희(계순. 김연실 분)와 영복(이원용 분) (출처: 영화진흥위원회)

3) 대중오락영화로서 당대의 평가

<청춘의 십자로>는 멜로와 액션 같은 장르 요소에 기반해 전력으로 대중적 오락영화를 지향했다. 서구 멜로드라마의 조선영화식 버전, 또는 당대를 대표하는 상업영화라는 측면에서 '신파영화'로 명명되는 이유이다. 고난을 당하던 주인공이 악한을 응징하여 유린당한 연인을 구출하는 서사, 이와 유기적으로 맞물린 액션 기반의 볼거리 요소. 바로 할리우드 영화가 식민지 조선 관객을 매료시킨 지점이다. 이는 사실 나운규의 <아리랑>이 가장 먼저 완성시켰다. 그는 대중을 소구하는 요소는 물론 상징적 장면까지 더해 예술성의 차원으로 나아가며, <아리랑>을 조선 무성영화를 대표하는 텍스트로 신화의 자리에 등극시켰다.

<청춘의 십자로>는 이때 조선영화가 할 수 있는 최선의 이야기와 묘사를 해냈지만, 당대 평가는 엇갈렸던 것 같다. 흥미롭게도 우리는 이 영화에 대해 꽤 자세한 분석이 진행된 두 편의 평문을 검토할 수 있다. 당시 조선영화계가 1년에 10편 미만의 영화가 만들어지는 영세한 상황이었음을 감안하더라도,[160] <청춘의 십자로>가 문화적으로 주목을 받았던 작품임을 말해주는 것이다. <임자없는 나룻배>(1932)와 <밝아가는 인생>(1933) 두 편을 연출한 신진 감독이었던 이규환이 1934년 9월 28일부터 10월 3일까지 3회에 걸쳐 『조선일보』에 연재한 평문[161]과 시인 박승걸(朴承杰)이 1934년 12월 1일부터 3일까지 『조선중앙일보』에 3회 연달아 게재한 「영화시평」[162]이 그것이다.

영화감독인 이규환은 초창기 영화계의 배우에서 감독으로 전향한 선배 영화인 안종화의 작품을 지지했다. 첫 회 서두에서 그는 "조선영화는 얼마나 잘 된 것을 보러 가는 것이 아니라 얼마나 못된 것을 보러 간다"라는 자조의 목소리가 있는데, 그러한 우려에도 불구하고 다행히 안심할 수 있는 작품으로 "가장 귀(貴)여운 노력의 결정"이라고 칭찬한다. 군데군데 흠이 보이지 않는 것은 아니지만, "일맥 생기를 볼 수 있다"며 "원작의 사상이 유지(幼遲, 인용자 주-유치)하지 않은 것, 각색의 장면 연결이라든지 출연자의 기분 유희를 피한 마음의 연기라든지 모두 가상(可賞)할 점이 풍부하고도 남는다"라는 것이다. 지금 우리에게 이규환의 평문이 중요한 것은 당대 조선영화의 규범적 스타일을 환기시키기 때문이다. 그는 <청춘의 십자로>가 조선영화가 범하는 단점들을 극복했다고 썼다. 이는 "흥미 없는 자막을 피하고, 작의와 아무 관련이 없는 화면을 피하고서 전편을 연결시킨 조선영화로서의 신선한 수법에 있어서는 (안종화) 씨의 이번 공적은 사실로 크다"라는 문장에서 확인된다.

2회차 연재에서 그는 촬영기사 이명우와 손용진[163]의 작업 그리고 배우진의 연기도 칭찬했다. 전자에 대해서는 "풍경이 가려한 조선 농촌의 정서와 정조와 면목(面目)을 스크린에다 흘려놓은 양 기사의 촬영술은 단연히 이번에 첫 공적을 나타내고 있다"라고 썼다. 후자 역시 배우의 장점을 중심으로 기술하는데, 이원용의 경우 "(연기가) 농촌에서 도회로 넘어오는 동안 전편을 통하여 탈선(脫線)이 되지 않은 것과 카메라의 크랭크 소리가 들릴 때까지 그곳에다가 자기의 몸을 융합시키고 있는 빛을 충분히 보이고" 있고, 역시 신일선은 "슬피우는 가련한 여성의 처지"를 표상하는 적역이라는 것이다. 마지막 회에서 이규환은 <청춘의 십자로> 덕분에 "스러져가는 듯한 조선영화가 진일보한 서광이" 보인다고 마무리한다. 한편 신경균 역시 이 영화를 칭찬한 바 있다. 그는 일본 교토의 영화스튜디오에서 일하고 돌아와 <순정해협>(1936)으로 감독 데뷔하기 전까지 평론을 썼는데, 안종화의 네 번째 작품 <은하에 흐르는 정열>(1935)을 비평하면서 다음과 같이 언급한 것이다. "전 작품 <청춘의 십자로>에 있어 화면의 연락의 정비와 템포, 리듬의 고조와 그리고 사이사이 흐르는 씨의 현실을 묘사하려 하는 의도, 이와 같은 것을 <은하에 흐르는 정열>에서는 찾아볼 수도 없었다"라는 문장에서, 그 역시 이규환과 같이 이 영화를 지지하는 창작자의 입장임을 알 수 있다.[164]

[사진 25] 서울역 로케이션 촬영에서 <청춘의 십자로> 제작진. 가장 앞줄의 왼쪽에서 두 번째가 배우 이원용, 그 옆으로 김연실, 카메라 오른쪽부터 신일선, 양철, 카메라 바로 왼쪽이 안종화 감독, 그 왼쪽으로 배우 박연, 이복본. (자료 제공: 한국영상자료원)

[사진 26] <청춘의 십자로> 제작진 기념 촬영. 뒷줄의 왼쪽에서 네 번째가 촬영기사 이명우, 그 옆으로 같은 작업복을 입은 김학성과 한 사람 건너 손용진이 촬영팀이었던 것으로 보인다. 그 사이 양복을 입은 남성은 제작자 이형원으로 추정된다. 앞줄의 왼쪽부터는 배우 노재신, 안종화 감독, 김연실, 이원용, 신일선, 오른쪽 위로 배우 박연, 그 오른쪽 아래로 이복본, 최명화, 그 바로 위가 양철. (자료 제공: 한국영상자료원)

한편 박승걸은 이 영화를 부정적으로 봤다. 각 연재분의 제목도 「인물의 배역에 결점 있다」, 「인물 분장에도 결점」, 「농촌을 몰랐다」라는 직접적인 비판 기조이다. 그는 "기술적 결함이 많았다"라는 문장으로 운을 떼며, 글의 목표가 "조선영화 제작자들이 공통적으로 범하고 있는 기술의 결여를 지적하여 마땅히 영화예술의 기술적 진전이 있어야 할 우리 영화계에 조언하려는 것"이라고 밝힌다.

그의 비교 기준은 서구영화의 흥행 요소를 수용해 식민지 조선 관객의 마음에 불을 붙였던 8년 전의 작품 <아리랑>(1926)이었다. '인물의 배역'을 지적하는 첫 회에서 그는 "아직까지 조선에 있어서는 <아리랑>에 출연하였든 나운규 이상 그 성격적 표정을 보여준 사람은 없다고 생각한다"며, 성격배우를 지향하는 이원용의 이전 활극 연기는 자연스러웠던 반면 이 영화의 표정 연기는 부족하다고 지적한다. 신일선의 경우, "<아리랑>에서 숙련된 기술을 보여준 씨는 과연 우리의 기대에 어그러지지 않으리라고 생각"했지만, 특히 "실연 당하고 이향하는 자기의 오빠와 헤어지는 장면"에서 <아리랑>의 소녀 같은 배역으로 분한 것은 어울리지 않는다고 썼다. 두 번째 '인물의 분장'의 측면에서는 "조선과 같이 유산(遺産)영화가 없는 곳에 있어서는 모든 것이 독창적이어야 할 입장"이라며, 고무 구두에 양말을 신은 것은 농촌 여성의 분장이 아니고, 영복 등 노동자 3인의 복장도 "해정(楷正, 인용자 주-똑바른)한 의복과 윤나는 얼굴"은 그 전형이 아니라고 비판한다. 세 번째 '농촌의 풍속, 습관 등'에 대한 지적에서는 초동들의 적은 나뭇짐은 물론, 인사하는 장면과 식사하는 장면이 농촌의 리얼리티를 살리지 못했다고 적었다.

글의 마지막에 '망언다사(妄言多謝)'라고 적은 것에서 그 역시 부정적 평가 일변도의 글에 부담을 느낀 듯한데, 그만큼 이 영화가 관심을 받았다는 반증이기도 했다.

4) <아리랑>의 후예, 식민지 관객의 마음을 사로잡다

<청춘의 십자로>가 당대 대중 관객의 마음을 사로잡은 것은 분명해 보인다. 1938년 11월 26일부터 28일까지 사흘간 『조선일보』가 개최한 조선 최초의 영화제를 앞두고,[165] 그동안 만들어진 조선 영화를 대상으로 영화팬들의 인기투표를 실시했는데,[166] <청춘의 십자로>는 2,175표를 받아 무성영화 부문 6위를 차지했다. 무성영화의 순위만 살펴보면, 1위는 <아리랑>(4,947표)이었고, 그 뒤로 <임자없는 나룻배>(3,783표), <인생항로>(3,075표), <춘풍>(2,921표), <먼동이 틀 때>(2,810표)가 뽑혔다. 이어 7위부터 10위까지는 <세동무>(1,608표), <사랑을 찾아서>(1,230표), <풍운아>(1,143표), <낙화유수>(1,015표)가 각각 랭크됐다.[167] 두 가지 정도 주목할 부분이 있다. 안종화는 <청춘의 십자로>뿐만 아니라 여섯 번째 연출작 <인생항로>역시 3위를 차지했다. 그가 대중이 원하는 영화를 능숙하게 만들어낼 수 있는 감독이었음을 입증하는 것이다. 또한 배우로서 나운규는 <아리랑>(나운규, 1926), <풍운아>(나운규, 1926), <사랑을 찾아서>(나운규, 1928), <임자없는 나룻배>(이규환, 1932)의 4편을 올렸고, 이원용역시 <낙화유수>(이구영, 1927), <세동무>(김영환, 1928), <청춘의 십자

로>(1934), <인생항로>(1937)의 주연작 4편을 랭크시켰다. 스타이자 감독으로 나운규가 무성영화 전기를 이끌었다면, 이원용은 그 뒤를 잇는 스타 배우였음을 말해준다.

식민지기 조선영화계에서 안종화는 무성영화 연출에 머물렀지만, 조선의 무성극영화가 보여줄 수 있는 최대의 흥행성을 일궈낸 감독이었다. 1935년을 전후한 시점 조선영화는 미약한 기술 환경에도 불구하고 토키(Talkie) 영화 제작을 모색했다. "이 작품이 원래 토키로는 불비(不備)한 바 있고 오히려 무성영화 편이 나을 것으로 되어"[168]라는 기록에서 확인할 수 있듯이, <청춘의 십자로> 역시 처음에는 발성영화화를 궁리했다고 한다. 바꿔 말하면 <청춘의 십자로>는 조선 무성영화가 가장 성숙기에 도달했을 때 만들어진 작품이다. 영화의 문법과 스타일부터 기술 기반까지 당시 조선영화계가 할 수 있는 최선의 결과물인 것이다. 무엇보다 이 작품의 현존은 <아리랑>을 볼 수 없는 지금의 우리에게, 조선 무성영화의 수준과 식민지 조선 관객에게 전달했을 영화적 에너지를 상상해 볼 수 있게 한다는 점에서 가치가 크다.

조선영화가 서구영화의 스펙터클과 예술성을 동시에 지향하면서, <쌍옥루>(이구영, 1925), <장한몽>(이경손, 1926) 등이 보여준 일본 신파영화를 잘 모방하는 것에서 벗어나, 조선만의 이야기와 화법을 찾아낸 첫 번째 성취가 바로 <아리랑>이었다. <아리랑>이 특별한 이유는 서구 영화예술에 대한 인식, 이를 기반으로 획득한 대중적 흥행성뿐만 아니라, 식민지의 계급과 민족 문제까지 부각시킨 텍스트이기 때문이다. 1930년대 전반의 무성영화들은 이처럼 <아리

랑>이 발현시킨 특별한 지점들을 각자의 계열로 이어냈다. 먼저 계급 대립 서사를 통해 전복적 운동성을 담으려 한 작품들이다. 나운규의 친구였던 배우 윤봉춘은 감독 데뷔작 <도적놈>(1930)에서 철공소 노동자를 주인공으로 내세우며 <아리랑>의 정서를 유지했고, 황운이 연출한 <딱한 사람들>(1932)은 흥남의 조선질소비료주식회사의 노동자 해고 사건을 다루며 1920년대 카프(KAPF)영화의 계급적 관점을 어렵게 이어냈다. 두 작품 다 일제 당국의 검열로 만신창이가 되었음은 쉽게 짐작할 수 있을 것이다. 다음으로 예술성을 계승한 것은 일본 교토의 영화스튜디오에서 견습하고 돌아온 이규환의 데뷔작 <임자없는 나룻배>(1932)이다. 나운규와 문예봉이 출연한 이 영화 역시 식민지 농촌의 현실을 그리는 것으로 나운규 영화의 저항성을 잇고 있지만, 표현의 수위는 전보다 낮아졌고 그 대신 조선의 로컬 컬러를 담아내는 것으로 연출 방향이 전환되었다.

<청춘의 십자로>는 계급 구도를 이야기의 동력으로 삼고 농촌(바로 표상으로서의 조선)의 향토색뿐만 아니라 도시적 경관을 영화적 배경으로 펼치면서, 무성영화 시기에 형성된 신파 양식을 창조적으로 변주해낸 <아리랑>의 흥행적 측면을 적자로 계승했다. 비극과 활극을 절묘하게 버무린 신파 화법을 기반으로, 대중오락으로서의 영화라는 한 방향으로 명쾌하게 밀고 나가, 조선인 관객들의 마음을 움직인 것이다.

고향의 지주 아들과 서울의 모던보이로부터 영복과 여동생 영옥, 연인 영희(계순)가 겪은 고초와 울분, 참다 참다 폭발하는 우직한 주인공의 복수 활극, 그리고 새로운 가족을 형성한 세 젊은이의 모습

을 담은 해피엔딩까지 <청춘의 십자로>는 조선 영화팬들의 열광적인 지지를 받을 수밖에 없었다. 이는 민초를 괴롭히는 지주, 여동생 영희(신일선)를 겁탈하려는 마름, 그를 응징하는 영진(나운규 분)을 등장시킨 <아리랑>에서 가장 대중적인 요소만 취한 것이기도 했다. 하지만 일본인 혹은 친일파를 연상시킬 수 있는 인물과 이들을 낫이나 주먹으로 벌하는 주인공의 구도는 직접적인 대사가 없는 무성영화의 공연성에서만 가능한 것이었다. 현재 우리가 볼 수 있는 <미몽>(양주남, 1936), <심청>(안석영, 1937), <어화>(안철영, 1938) 같은 작품에서 확인할 수 있듯이, 1930년대 중반 이후 조선영화는 활극적 에너지의 묘사력을 거의 상실하고, 신여성에 대한 처벌과 구원의 서사 혹은 조선색(로컬 컬러)의 발현을 통한 자기 이국화(self-exoticisation) 전략에 집중하는 것으로 후퇴하게 된다.

카메라로 본 한국영화사 ⑥

벨 앤 하우웰Bell & Howell

'베루'라고 불렸던 벨 앤 하우웰(Bell & Howell) 카메라는 1912년 출시한 2709 스탠다드(Standard) 모델이다. 애니메이션 촬영에 사용될 정도로 프레임 이동이 정밀한 카메라로 1958년까지 생산했다.[169] 1930년 이필우가 상해에서 벨 앤 하우웰 카메라를 보고 다룰 줄 몰라서 머리만 긁었다는 일화[170]로 볼 때 외국에서 들여온 중고카메라들을 사용한 조선영화계의 촬영감독들은 벨 앤 하우웰 카메라를 접하기는 쉽지 않았던 것으로 보인다. 1937년 최남주를 중심으로 설립된 조선의 할리우드라 불렸던 조선영화주식회사에 벨 앤 하우웰 카메라 2대를 보유한 기록[171]이 있다. 일본에서 촬영 수업을 받은 김학성의 국내 데뷔작 <성황당>(방한준, 1939)과 일본 도호(東寶)시네마에서 카메라를 대여해 촬영한 <복지만리>(전창근, 1941)는 벨 앤 하우웰을 사용했다.[172]

[사진 27] <성황당>(방한준, 1939) 촬영 현장, 김학성 촬영감독 (출처: 영화진흥위원회)

[사진 28] <성황당>(방한준, 1939) (앞줄)김학성 촬영감독과
방한준 감독, (뒷줄)배우 전택이와 최운봉 (출처: 영화진흥위원회)

5. 조선일보사 주최 '제1회 영화제'와 안종화의 영화사 서술

이화진

1) 들어가며

한국영화인협회가 '한국영화 50년'을 기념하며 펴낸 『한국영화
전사』(1969)의 대표 집필자가 되기 십여 년 전, 이영일은 그 자신이
한국영화의 통사를 서술하게 되리라고는 생각하지 못했다. 1999년
에 김소희와의 인터뷰에서 그는 다음과 같이 말했다.

> 안양촬영소를 건설했던 홍찬 씨가 나에게 영화잡지를 해보라고 해
> 서 58년에 『현대영화』를 창간했다. 영화사에 대한 관심을 그때부터
> 가졌는데 옛날 배우, 감독 사진을 구하려니 외국 거는 다 볼 수 있는
> 데 우리나라 해방 이전의 자료는 전혀 볼 수가 없었다. 내가 정리해야
> 겠다는 생각은 꿈에도 하지 않았고 안종화 선생을 필자로 모셔서 연
> 재를 계획했다. 그런데 6·25 사변 중에 모아둔 자료가 다 없어졌다며
> 정사는 쓸 수 없고 기억을 더듬어 뒷이야기를 쓰겠노라고 했다. 잡지
> 는 곧 폐간되었지만 그것이 계기가 되어 단행본이 나왔다.[173]

홍찬이 운영한 평화신문과 수도영화사에서 일하면서 안양촬영소
의 준공을 앞두고 『현대영화』를 창간했던 그 무렵의 이영일에게 안
종화는 해방 이전부터 한국영화의 역사를 서술할 수 있는 가장 적
절한 필자로 여겨졌다. 신파극단의 여형배우(女形俳優)로 시작해 무

성영화 <해의 비곡>(1924)에 출연하며 영화계에 데뷔했고 감독으로 전향한 후에는 <청춘의 십자로>(1934)를 비롯해 다수의 영화를 연출했던 안종화는 1958년에도 여전히 현역 감독이면서 영화계의 권위 있는 원로였다. 그의 권위는 감독으로서 쌓아 올린 업적보다도 1930년대부터 여러 영화인단체에 관계했고 해방 후에는 이승만 정부에서 대한영화사 촬영소장과 공보처 영화과장을 지낸 경력, 그리고 1954년에 개원한 대한민국예술원의 회원이었고 1957년에 영화 분야의 공로로 서울시문화상을 수상했다는 그 대표성에 바탕을 두고 있었다. 더욱이 그는 이미 여러 지면에서 한국의 근대 연극과 영화의 초창기에 대한 글을 발표했던 데다가 자신의 경험이 녹아든 『신극사이야기』(진문사, 1955)를 출간한 바 있었다.[174] 이렇게 하여 『현대영화』 창간호에 '특별연재'로 수록된 안종화의 「영화 사십 년사 뒷마당 이야기」는 잡지의 폐간 때문에 계속 이어지지는 못했지만 단행본 『한국영화측면비사』(춘추각, 1962)의 계기가 되었다는 것이 이영일의 설명이다.

한국전쟁 중에 많은 자료가 사라져버린 상황에서도 기억을 더듬어가며 '영화사 40년'에 대해 쓸 수 있었던 안종화는 부고 기사의 제목처럼 "우리 영화사(映畫史)의 증인",[175] 더 나아가 "한국영화의 유일한 '증인'"[176]으로 여겨졌다. 이 수식어가 버겁지 않았던 것은 그가 일찍이 1930년대부터 스스로를 한국영화계의 과거에 대해 '증언'하는 위치에 두어왔기 때문이다. 영화학자 자크 오몽(Jacques Aumont)과 미셸 마리(Michel Marie)가 지적했듯이 '증언'은 1세대 영화사가들의 영화사 서술에서 공통적으로 발견되는 '부적절한 연구 도구'이지만,[177] 분단과 전쟁으로 필름과 비필름 자료가 대거 유실된 한국에서는 '증언'에 기대는 것이 불가피할뿐더러 그렇게 기록된 것 또한 사료로서의 의미를 가졌다. 「영화 사십년사 뒷마당 이야기」가 연재된 지면에 소개된 대로 안종화의 글은 "귀중한 문헌 자료로서 반드시 독자에게 큰 감명을 줄 것"[178]이라는 기대와 함께 수록되었다.

안종화의 영화사 서술에서 눈여겨볼 대목은 그가 해방 전과 해방 후에 영화계 혹은 영화인을 대표하는 입장에서 한국영화의 역사를 '증언'했을 때 그 시대 한국영화의 '현재'를 어떻게 위치시키고 그 '미래'를 어떻게 상상하는지에 따라 증언의 의미가 달라졌다는 점이다. 『현대영화』 창간호에 '한국영화 40년사'를 술회한 그 시점에 그는 "항일적인 정신 밑에서 우리 영화를 개척해온 그 이면에 숨은 가지가지의 이야기를 풀어놓으랴 한다"[179]고 했다. 한국영화가 걸어온 길을 술회하는 일은 '일제의 수탈'과 그에 대한 '저항'을 언급하는 데서부터 시작해야 한다는 이 의식은 명백히 식민 이후의 것이며 그 후 오랫동안 한국영화사 서술의 근간을 이룬 것이기도 했다. 그러나 1938년에 안종화가 '조선영화'의 과거를 장대하게 서술했던 그때 '고투(苦鬪)의 형극로(荊棘路)'에는 '수탈'도 '저항'도 없었다. "남이 돌아다보아 주지 않는 곳에서 오직 해보겠다는 개척해야만 되겠다는 의지력 하나만으로서 분투"해온 영화인들의 자취[180]를 글로 남기는 것은 해방 전에도 후에도 '증언자'로서 그가 하고자 한 일이었지만, 무엇을 위하여 혹은 무엇을 향하여 그들의 '외로운 고투'를 기록했는지는 그때의 안종화와 한국영화계가 놓여있던 상황과 함께 돌아보아야 한다. 이 글은 안종화가 1938년에 제1회 영화제를 계기로 조선일보에 같은 해 11월 23일부터 30일까지 연재했던 「영화제 전기(前記) 20년 고투의 형극로: 조선영화 발달의 소고」를 중심으로 한국영화의 과거를 돌아보고 역사를 기록하는 일에 대하여 생각해 보고자 한다.

2) 1938년, 조선일보가 주최한 '제1회 영화제'

제1회 조선일보 영화제가 있었던 1938년의 가을로 거슬러 올라가 보자. 3·1운동 이후 일제가 문화통치로 전환한 것을 계기로 1920년대 조선 사회에서 조선어 민간 언론의 위상과 사회적 역할에 대한 기대가 높아졌다면,[181] 1930년대 중반을 지나면서는 언론이 일종의 '문화기업'으로 재인식되는 한편으로 상업화되어가는 변화가 있었다.[182] 1930년대 후반 신문사들이 경쟁적으로 기획하고 추진한 '문화사업'은 식민 정부의 통치 방향과 대척점에 서지 않으면서 '조선 문화'의 가치를 재발견하고 이를 보다 순화된 방식으로 재구성하는 효과를 낳았다.

1938년 2월에 동아일보사는 처음으로 전국 단위의 연극경연대회를 주최했는데, 이는 권두현의 지적처럼 "신문과 연극이 각자의 위상을 제고할 수 있는 수단으로서 상호 결합"한 '미디어 이벤트'였다.[183] 동아일보는 또한 1937년에 자사의 제1회 영화소설 현상공모 당선작인 최금동의 「환무곡」을 「애련송」이라는 제목으로 50회에 걸쳐 신문에 연재했는데, 1938년에는 극연 영화부가 제작하는 영화 <애련송>에 대해 자주 보도하며 이 영화의 숨은 공로자로 스스로를 내세우는 데 주저함이 없었다. 신문과 신극 단체(극연 영화부)가 조선영화 제작 붐에 올라탄 듯한 영화 <애련송>의 제작 과정은 1938년 11월에 '제1회 조선일보 영화제'가 개최되는 데에도 직간접적으로 영향을 미쳤으리라 생각된다.

조선일보 영화제는 동아일보사의 연극경연대회를 의식해 '신문과 영화의 상호결합'을 시도한 것으로도 볼 수 있지만, "조선영화계가 초창기를 지나서 새로운 단계로 발전을 도모하고 있는 요즈음 영화가 문화 영역에 끼치는 힘이 큼"[184]을 조선일보사가 인증하고 스스로를 조선 문화의 후원자로 자리매김하는 미디어 이벤트였다. 1938년은 조선일보가 '지령 6천호' 그리고 경영주 교체 후 '혁신 5주년'을 기념하는 해였다. 재정 곤란으로 윤전기를 쉬는 일이 여러 차례 있었고, 당국으로부터 발행정지 처분을 받아 사원들이 농성한 적도 있었기에 조선일보는 1938년에야 지령 6천호를 발행할 수 있었다. "벌써 맞이하였어야 할 것이지만 오늘 비로소 이날을 맞이"하는 이 특별한 해에, 조선일보사는 조선특산품전람회, 조선향토문화조사, 극동시국지도증정 등 3대 사업을 계획했다.[185] 조선일보 영화제는 1938년 내내 이어진 '지령 6천호' 발행을 기념하는 여러 이벤트 중 하나라 할 수 있다.

김승구는 1930년대에 조선일보사가 활동사진반이나 영화대회 등을 통해 영화를 '지속적이고 치밀하며 과감하게 활용했다'고 주장하면서, 조선일보 영화제가 비록 일회적인 행사에 그쳤다고 해도 영화에 대한 조선일보사의 일관된 기획이 응축된 이벤트로서 영화사적으로도 중요한 의미를 갖는다고 평가한다.[186] 가령, 조선일보사 활동사진반이 1936년 여름에 촬영한 백두산 등정 기록영화 제작은 획기적인 것이었다. 카메라맨 이명우와 당시에는 그의 조수였던 최운봉이 동행한 백두산 등정은 "무산을 기점으로 출발하여 천지의 절정까지 돌파한 후 귀로는 혜산진 코-쓰로" 내려오는 백두산 종횡단을 통해 "그 전폭을 잡아넣는 완전한 필름"[187]을 촬영하고자 기획되었다. 각 방면의 전문가들이 동행하여 "단순한 산악 풍경의 실사에 그치지 아니하고 귀중한 과학영화 한 편"을 만들고자 하는 의도도 있었다.[188] 이때 촬영한 필름은 1936년 8월 말부터 공개되었는데,[189] 조선일보사는 이후에도 활동사진반이 제작한 뉴스영화를 독자들을 대상으로 순회 상영을 하였으며, 1938년에는 '지령 6천호' 발행을 기념하는 '향토예술대회'의 출연자와 분장을 이용해 조선민속을 고증한 문화영화 <조선의 민속>을 제작 공개했다.[190] 1938년 가을에 열린 제1회 조선일보 영화제는 조선일보사의 영화 관련 활동이 꾸준히 지속되어온 것과도 관련이 있는 것이다.

영화제는 백두산 등정 기록영화를 촬영하면서 조선일보사와 관계 맺은 이명우가 발의해 추진되었다.[191] 영화제 준비위원회에는 발의자 이명우(고려영화) 외에 김태진(고려영화), 오영석(조선영화), 김정혁(조선영화), 김유영(극연영화부), 이기세(기신양행), 서병각(극광영화), 윤봉춘(한양영화), 이신웅(한양영화), 이구영(반도영화), 윤묵(천일영화), 안종화(금강영화), 손용진(조선키네마) 등 13명의 영화인이 이름을 올렸는데, 안종화는 이명우, 윤봉춘, 김정혁, 김태진과 함께 전람회부의 일도 맡았다.[192] 1938년 11월 26일부터 28일까지 조선일보사 강당(제1회장)에서는 '조선영화전람회'가 열리고, 부민관(제2회장)에서는 조선영화의 대표작을 감상할 수 있는 '조선명화감상회'가 있었다. 영화제 첫날인 26일 오전에 열린 개회식에서는 조선일보 사장 방응모의 개회사와 사업부장 홍기문의 경과보고가 있었고, 영화인들의 대표로서 조선일보사에 대한 감사와 영화제에 대한 감격을 표한 안종화의 답사가 이어졌다. 여기에 더하여 먼저 세상을 떠난 영화인 나운규(1937년 사망)와 심훈(1936년 사망)을 애도하는 묵도와 '영화제 만세 삼창'으로 행사를 마치고 전람회장에서 영화인들이 직접 방문객들을 맞았다.[193]

공식적인 영화제 기간은 겨우 3일에 불과했지만 영화제를 위한 준비 과정 자체가 기획의 핵심이라 해도 과언이 아닐 정도로, 11월 9일에 공식적으로 영화제 개최를 알린 이후 조선일보의 지면에는 관련 기사가 꾸준히 게재되었다. 이 초유의 영화제는 특히 '팬에게 구하는 영화제'임을 강조했다. 명화감상회에서 상영할 조선영화의 대표작을 선정하는 투표와 시나리오 공모뿐 아니라, 전람회에 전시될 자료의 출품에도 '팬'의 참여가 요청되었다.

> 이번 영화제 가운데 한 부문인 영화전람회는 조선영화의 걸어온 길을 엿볼 수 있는 동시에 영화라는 것이 어떻게 제작되어서 어떠한 길을 밟아 우리가 볼 수 있게 되는 그 과정을 자세히 입체적으로 보여드리겠거니와 16년 동안이나 갖은 풍상을 겪어온 만큼 귀중한 참고자료가 산재하여 도저히 찾을 길이 없는 것도 있고 또 세상이 모르는 조

선영화문화에 관심한 분도 적잖이 있을 줄을 믿는 바이다. 이런 기회를 타서 '브로마이드' 한 장이든 '프로그램' 한 장이라도 모두가 귀중한 것이니 이런 것을 가지신 분은 이번 사업의 진의를 충분히 이해해 가지고 솔선하여 출품해 주시기를 희망하는 바이다.[194]

조선영화전람회는 영화 제작 과정의 도해와 각종 기구를 전시하는 것 외에도, 조선영화의 초기 작품부터 1938년 당시까지 조선영화가 거쳐온 '16년'의 시간을 영화의 제작년월일과 출연, 감독 등을 연대기적으로 나열해 살아있는 영화사(映畵史)를 입체적으로 펼쳐보이고자 했다.[195] 그러나 전시 자료는 턱없이 부족했고, 그러한 결락은 신문사나 영화인들의 성익만으로는 메워지기 어려웠다. 1920년대에 본격적인 극영화 제작이 시작되었지만 꾸준히 영화를 제작하며 존속한 회사가 거의 없었고 부침이 많은 영화계에서 지속적으로 활동하며 자료를 보관해 온 영화인도 드물었으리라 짐작된다. 준비위원회에 이름을 올린 이들은 대부분 1930년대 중반 발성영화 시대가 열리면서 진용을 가다듬거나 새로 설립된 영화사에 소속되어 있었기에 회사 측으로부터 영화제작에 필요한 기구들을 제공받아 전시할 수는 있었겠으나 초창기 선전 자료 등은 그 개인이 소장한 것이 아니라면 구하기 어려웠을 것이다. 그렇기에 신문사가 보관하는 보도용 사진들 외에 영화의 홍보나 상영과 관련된 다양한 에피메랄 자료들(전단, 포스터, 브로마이드 등)을 전시하려면 독자들의 참여가 필요했다. 특히 스틸, 브로마이드, 스냅 중 어느 것의 '흔적'도 찾을 길이 없는 영화들에 대해서는 '영화애호자'의 관

심과 적극적인 참여가 절실해서 이런 영화들에 대해서는 따로 기사를 내기도 했다.[196]

[사진 29] 조선일보 영화제를 알리는 기사
(출처: 『조선일보』 1938.11.23.)

[사진 30] 조선일보 영화제 준비 광경
(출처: 『조선일보』 1938.11.26.)

한편, 명화감상회에서 상영할 조선영화의 대표작을 선정하는 일 또한 독자들의 투표로 이루어졌다. 독자 투표는 준비위원회가 당시 상영이 가능한 총 45편의 영화(무성영화 33편, 발성영화 12편)를 제시하고, 독자가 그중 무성영화 3편, 발성영화 3편의 제목을 적어 제출하는 방식을 취했다. 투표 기간은 11월 20일까지였는데, 조선일보사는 투표 기간 중 경과와 중간집계 순위를 보도하며 참여를 독려했고, 그 결과 20일부 소인이 찍힌 투표지까지 총 5천여 매가 접수되었다.[197]

이렇게 해서 최종적으로 조선영화 대표작 20편(무성영화 10편, 발성영화 10편)과 차점작이 선정되었다. 투표 결과([표 1])를 살펴보면, 가장 많은 연출작이 선정된 감독은 나운규이다. 그는 무성영화 3편

<아리랑>, <사랑을 찾아서>, <풍운아>)과 발성영화 1편(<오몽녀>) 등 총 4
편의 영화를 순위에 올렸다. 중간집계 순위에 들었던 <벙어리 삼
룡>은 최종적으로는 순위 안에 들지 못했지만, 무성영화 베스트텐
의 차점작인 <철인도>도 그의 작품이다. 영화제 개막 첫날 부민관
의 명화감상회는 '나운규의 밤'을 편성해 무성영화 1위를 차지한 <
아리랑>(해설: 성동호, 윤화)과 발성영화 2위를 차지한 <오몽녀>를 상
영했다.([표 2]) 조선영화계에서 나운규가 차지하는 독보적인 위상은
독자 투표를 통해 여실히 확인되었고, 영화제 첫날의 상영회는 그
러한 나운규를 추모하는 시간이 된 것이다.[198]

   안종화, 이규환, 홍개명이 순위 안에 2편씩의 연출작을 올리고 있
는 점도 눈길을 끈다. 이규환의 무성영화 <임자없는 나룻배>나 발
성영화 <나그네>가 비평계의 주목을 받았던 것과 달리 안종화와
홍개명의 영화들은 평단으로부터 특별한 관심을 얻지 못했는데,
1938년의 관객들은 이 영화들에 표를 던졌다. 발성영화 시대를 맞
아 새로 설립된 조선영화주식회사나 고려영화협회 등이 아직 대중
에게 뚜렷하게 각인될 만한 영화를 내놓지 못한 상황에서 초기 발
성영화 제작을 이끌었던 경성촬영소의 영화들이 여러 편 순위 안
에 들었다. 준비위원회가 제시한 12편의 발성영화 중 순위 안에 들
지 않은 <군용열차>(서광제, 1938)가 가장 낮은 득표를 했으리라는
것도 투표 결과를 통해 짐작할 수 있다. 투표 결과는 1938년 가을
시점에 대중 관객이 기억하는 '조선영화의 명편'이 어떻게 구성되
고 있는지를 보여주는 것이라 할 수 있다.

[표 1] 조선일보 영화제의 독자 투표로 선정된 '조선명화 베스트텐'
(출처: 『조선일보』, 1938.11.23.)

순위	무성영화		발성영화	
	제목	득표	제목	득표
1	<아리랑>(나운규, 1926)	4,947	<심청>(안석영, 1937)	5,031
2	<임자없는 나룻배>(이규환, 1932)	3,783	<오몽녀>(나운규, 1937)	4,596
3	<인생항로>(안종화, 1937)	3,075	<나그네>(이규환, 1937)	4,366
4	<춘풍>(박기채, 1935)	2,921	<어화>(안철영, 1938)	3,909
5	<먼동이 틀 때>(심훈, 1927)	2,810	<도생록>(윤봉춘, 1938)	3,597
6	<청춘의 십자로>(안종화, 1934)	2,175	<홍길동전 후편>(이명우, 1936)	2,946
7	<세동무>(김영환, 1928)	1,608	<장화홍련전>(홍개명, 1936)	2,456
8	<사랑을 찾아서>(나운규, 1928)	1,230	<미몽>(양주남, 1936)	2,115
9	<풍운아>(나운규, 1926)	1,143	<아리랑고개>(홍개명, 1935)	2,069
10	<낙화유수>(이구영, 1927)	1,015	<한강>(방한준, 1938)	2,061
차점	<철인도>(나운규, 1930)		<춘향전>(이명우, 1935)	

[표 2] '조선명화감상회' 프로그램
(출처: 『조선일보』, 1938.11.25.)

	프로그램	비고
1일차 1938.11.26.	무성영화 <아리랑> 발성영화 <오몽녀> 연극 <막다른 골목>	나운규의 밤
2일차 1938.11.27.	무성영화 <임자없는 나룻배> 발성영화 <심청> 연극 <막다른 골목>	<심청>은 영화제 상영으로 위해 새로 편집한 버전
3일차 1938.11.27.	무성영화 <인생항로> 발성영화 <나그네> 연극 <막다른 골목>	

조선일보사가 기획한 이벤트였다는 점을 염두에 두더라도 지상에 보도되는 내용으로 보면 '제1회 조선일보 영화제'는 상당히 성공적이었던 것으로 보인다. '조선명화 베스트텐'을 선정하는 독자

투표의 열기도 뜨거웠지만, '조선영화전람회'에도 수천여 점이 출품되었다. 전람회에는 사진(스틸, 스냅), 포스터, 콘티뉴이티와 시나리오, 각종 영화문헌과 프로그램뿐 아니라 촬영에 사용하는 기계 장치들, 모형 무대, 오픈세트, 의상, 녹음기 등 영화 관계자가 아니면 접근하기 어려운 각종 장비들, 영화 제작 과정의 도해, 세계영화발달약사, 세계각국영화관수, 전조선 상설관 분포도, 조선영화제작년대보 등과 같이 방문객의 이해를 돕는 참고자료들이 전시되었다. 심훈의 유작 <상록수>의 친필 각본, 나운규가 로케 헌팅까지 하고도 제작하지 못한 <황무지>의 시나리오도 이때 공개되었다.[199] 전람회장 안에서는 영화인들이 관람을 안내하고 싸인과 브로마이드도 제공해 방문객들로부터 크게 호응을 얻었다. 첫날 방문객 수만 해도 무려 천여 명이었다고 보도되었다.[200] 성황을 이룬 전람회는 예정된 마감보다 이틀을 더 연장해 막을 내렸다.[201] 영화제 행사 중 하나로 '명화감상회'와 함께 공연한 연극 <막다른 골목>은 시드니 킹슬리(Sidney Kingsley)의 원작을 한홍규와 김승구가 편역하고 안영일이 연출한 작품으로, 활동 중인 영화배우 40명이 출연한 '스타 언파레이드'[202]였는데, 스크린에서 활약하는 영화배우들을 무대에서 만난다는 것만으로도 관객들로부터 좋은 반응을 얻었다.[203] 조선일보 영화제는 11월 말에 막을 내렸지만 영화제와 함께 추진한 오리지널 시나리오 현상공모 마감은 이듬해 1월 31일이었기에, 1939년 초까지도 영화제의 열기가 계속 이어졌다고 할 수 있다.

[사진 31] 영화인들이 출연한 연극 <막다른 골목> 관련 사진
(출처: 『조선일보』 1938.11.26.)

3) '영화인들의 피와 눈물'로 구성되는 영화사

1938년 조선일보 지령 6천호 기념사업의 일환으로 추진되었던
여러 이벤트는 '조선 문화의 충복(忠僕)'으로서 공헌해왔다는 조선
어 민간 신문의 자부심을 강하게 내세우고 있었다. 1920년 발행 이
후 경제적 재정난과 식민 당국의 검열에 시달리면서도 결국 6천호
발행을 맞이했다는 '감격'은 지난 19년 동안 신문사가 걸어온 길을
'형극로(荊棘路)'에 비유할 때 더 벅찬 것이 되었다.[204] 1938년에 회
고되는 '고난의 가시밭길'은 신문사만이 걸어온 것이 아니었다. 제
1회 영화제 주최를 알린 1938년 11월 9일 사설에서는 이 이벤트
의 의의가 조선영화가 걸어온 고난의 길을 돌아본다는 데 있음을
강조하고 있다.

현하에 있어서까지도 영화에 대한 종종(種種)의 편견이 횡행하고 있는 터인즉 지금으로부터 십여 년 전을 돌이키어서는 더 말할 것이 없는 일이요, 선진지대에 있어서도 초기의 영화라 그다지 훌륭한 대접을 못 받았거니 조선과 같은 곳에서는 더 말할 것이 없는 일이다. 그래도 다른 선진지대에서는 물질적으로나마 풍족함을 얻어서 호사로운 의식(衣食)과 화려한 생활로써 정신의 상처를 깁고 남음이 있을지도 모르지만 조선에서는 그러한 혜택조차 받지 못하고 지내왔다. 아니 과거 조선의 **영화사**(映畫史)란 그 방면에 종사하던 몇몇 사람의 피와 눈물로 짜놓은 역사다. 이제 이르러 그들 선구자의 공적을 어루만지며 그들의 비상한 고난을 다시 한번 회억(回憶)해 주지 않을 수 없다. 물론 개중에는 점잖치 못한 대문도 있고 창피한 토목도 있지만은 그러한 개개의 사실이 문제가 아니다. 만일 전체를 통하여 볼진댄 가장 불우한 반면에 가장 많은 열(熱)과 성(誠)으로 일관해온 것을 부인치 못한다. …

금번이 제1회인 만큼 그 설비가 우리의 예기(豫期)를 꼭 만족시키어 주리라고는 장담키 어려우나 이 영화제를 계기로 해서 다소라도 영화에 대한 일반의 인식을 경정(更正)시키고 또 전(全)영화인의 협동정신을 길음이 있을 것만은 보증키 어렵지 않다. 조선영화의 걸어길 길은 걸어온 길에 비하여 아직 몇백배 몇천배가 먼 동시에 그 앞길도 반드시 뒷길보다 경탄(更坦)할 것은 아니다. 우리의 영화인들은 전일(前日)의 열과 성을 조금도 변함이 없이 또 거기다가 협동의 정신을 더하여 끝끝내 **영화사**를 빛나게 장식해 주기를 바라서 마지 않는다.[205]

앞장에서 살펴본 것처럼, 제1회 조선일보 영화제는 영화인들뿐 아니라 신문의 독자와 일반 대중, 특히 조선영화 '애호가'들의 적극적인 참여로 이루어진 이벤트였다. 이는 백문임이 지적한 대로 "식민지 시대 최초이자 최후로 조선 관객과 영화인들이 형성했던 단발적인, 그러나 대규모적인 기억의 공공화"[206] 작업이었다고 할 수 있다. 조선영화의 역사적 시공간을 재구성한다는 이 기획은 그 취지에서부터 '영화사(映畵史)'가 영화인들의 역사로 구성된다는 관점을 취하고 있었다. 인용된 대목에서 영화사,

[사진 32] 조선명화감상회 첫날
'나운규의 밤' (출처: 『조선일보』 1938.11.27.)

다시 말해 영화인들의 역사는 세상의 편견 속에서도 물질적 풍요나 화려한 생활에 대한 보상도 없이 "그 방면에 종사하던 몇몇 사람의 피와 눈물로 짜놓은 역사"이다. 그렇기에 영화의 역사를 돌아보는 일은 "선구자의 공적을 어루만지며 그들의 비상한 고난을 다시 한번 회억(回憶)"하는 것이 된다. 과거 이러한 영화인들의 "열(熱)과 성(誠)"에 지금의 "협동의 정신"을 더함으로써 앞으로 더 빛나는 미래를 기약할 수 있다는 것이 영화제 주최 측의 제언이다.

조선일보의 영화사 작업은 1938년 벽두에 이기세와의 담화에 기

초해 '조선영화의 생장사(生長史)'로 게재된 「오늘의 혈한(血汗) 명일 (明日)의 결실(結實), 개척자들의 형극로(荊棘路)」에서 시작된다.[207] "가 시덤불 속에서 걸어 나온 조선영화! 그 역사를 들추어볼 때 우리 는 그들의 역전고투의 거룩한 노력의 자취를 찾지 않을 수 없"기에 "초창기부터 지금까지 꾸준히 조선의 영화계를 위하여 반생을 바 쳐온 이 길의 선각자요 선배인 이기세 씨의 담화를 중심으로" 조선 영화의 역사를 엮은 것이 이 기사이다. 이 글은 이기세가 활동했던 신파극단의 '연쇄극 시대'부터 시작하며, "조선영화가 생긴 당초 작 품" <춘향전> 시대'와 그리고 거기에 이어지는 '<아리랑> 시대'까 지, 즉 연쇄극 시대부터 무성영화 시대까지를 서술하고 있다. 조선 영화의 '개척자들'은 사회로부터 이해받지 못한 서러움과 경제적 어려움을 겪어야 했고, '신사조'가 밀려든 후에는 이데올로기 문제 로 '정신적 형극의 길'을 걸어야 했다고 회고된다.[208]

같은 해 가을, 영화제를 계기로 이 형극의 길이 다시 언급된다. 영 화제 준비위원회 중 한 사람이었던 안종화는 개막식에서 방응모 사장의 축사에 답례하며 "남이 돌아다보아 주지 않는 곳에서 오직 해보겠다는 되겠다는 의지력 하나만으로서 분투하여 왔던", "우리 들과 함께 고난의 길에 올라서 조선영화의 씨를 뿌려보려다가 불 행히 먼저 세상을 버린 선구자들"을 특별히 언급한다.[209] 그리고 영 화제를 계기로 집필한 「영화제 전기(前記) 20년 고투의 형극로: 조 선영화발달의 소고」에서 조선영화의 발전에 기여한 선구자들 그리 고 '우리들'의 분투와 고난을 기록하고 기념한다.

1925년에 이구영이 조선일보에 연재한 「조선영화계의 과거-현재-장래」이래로 조선영화의 과거를 돌아보는 글은 간간이 신문지상에 기획 연재되었다. 그중에서도 다음의 글들은 1938년에 집필되는 안종화의 글과 함께 두고 논의해 볼 만하다.

① 이구영, 「조선영화계의 과거-현재-장래」, 『조선일보』, 1925.1.23.~12.15.

② 심훈, 「조선영화총관: 최초 수입 당시부터 최근에 제작된 작품까지의 총결산」, 『조선일보』, 1929.1.1., 1.4.

③ 손위빈, 「조선영화사: 10년간의 변천」, 『조선일보』, 1933.5.28.

④ 백야생, 「조선영화 15년」, 『조선일보』, 1936.2.21.~3.1.

이상에 언급한 글들이 모두 3, 4년의 간격으로 조선일보 지면에 발표되었다는 점이 공교로운데, '조선영화의 역사'라고 하지만 '제작의 역사'만이 아니라 조선에 영화가 처음 상영된 그때부터를 역사적 시간으로 헤아린다는 점에서도 공통적이다. 가령, 1933년에 발표된 손위빈의 글(③)의 경우 그때까지의 '10년간의 변천'이라고 하면 <월하(月下)의 맹서>(1923)와 함께 극영화 제작이 시작된 이후를 떠올리기 쉽지만, 이 글의 첫머리는 "조선에 활동사진이 처음 들어오기는 1897년이었는데"로 시작한다. 안종화의 글보다 2년 전에 발표된 백야생(④)의 글도 연재 첫 회에는 "활동사진이라는 것이 조선에 들어온 것이 역시 활동사진이 발명되자 며칠되지 않는 때"라고 언급하고 2회에 "조선에 소위 활동사진이 들어오기는 지금으로부터 삼십여 년에 가깝다"며 부연 설명을 한다. 1938년에 발표된 안종화의 글 또한 영화가 조선에 처음 소개된 때부터를 역사적 시간으로 포괄한다.

「영화제 전기(前記) 20년 고투의 형극로: 조선영화발달의 소고」라는 제목은 1938년 벽두부터 조선일보사가 강조해온 '고투의 형극로'라는 표현을 취했는데 '조선영화발달의 소고'를 부제로 삼음으로써 이러한 '가시밭길'이 결국 조선영화를 발달로 이끌었다고 서술하려는 그 목표를 분명히 했다. 안종화가 집필했지만 그 자신의 기억에만 의존하지 않고 조선일보사와 영화제 준비위원회가 수집한 자료들, 이전에 신문과 잡지에 게재된 여러 역사적 서술이 참조되었을 것으로 짐작된다. 즉 이 글은 직간접적으로 여러 '숨은 저자들'이 개입된, 1938년 시점의 역사적 축적이라 할 수 있다.

이 연대기적 서술은 '활동사진 수입 초'부터 '우리의 손으로 활동사진이 촬영·제작되는 때', <월하의 맹서>(안종화는 제작년도를 1921년으로 잘못 기록하고 있으나, 이 영화는 1923년에 제작되었다)와 동아문화협회의 <춘향전>(1923), 그리고 자신이 출연했던 조선키네마사의 <해의 비곡>(1924) 등 본격적으로 극영화가 제작되는 시기를 '<아리랑>(1926)의 전야'로 그린다. 초창기 조선영화계에서는 일본인들의 활약도 주목되는데, 그중 촬영기술자 니시카와 히데오(西川秀洋)에 대해 안종화는 "초기 작품에 있어서 <심청전>(1925)을 위시하여 거의 그의 손으로 촬영된 작품이 허다했으니, 그는 조선영화와 함께 고단한 길을 걷느라고 김치, 깍두기를 먹어가며 때로는 굶주리기도 많이 한 분"[210]이라고 설명했다.

안종화는 <아리랑>을 일대 파문을 일으킨 큰 사건으로 보지만 이 영화에 대해 다른 영화보다 비중 있게 서술하지는 않는다. 그러나 <아리랑>을 비롯해 많은 영화를 만들었던 독보적인 존재 나운규와 그의 행적에 대해서는 여러 부분에서 논평한다. 가령, 1930년 대 전반기 조선영화 제작이 부진했던 시기 나운규의 활동을 서술한 부분에서는 나운규라는 '영웅'의 불행이 조선영화 전체의 것인 듯 그려진다.

이때까지 나 씨는 가끔 망령된 영화제작의 태도를 보여왔다. 그의 무(無)양심했음을 논하니보다도 무엇이 나 씨로 하여금 그 같은 길을 걷게 했던가를 생각할진대, 그의 초기의 노(勞)를 위해서라도 애석한 통분이었던 것이다. 하면 하필 나 씨뿐이리요. 어느 사회인이나 의식(衣食)이 없이는 생존할 수 없을 것이요, 생존이 없이는 사업도, 노력도, 희망도, 건설도, 아무것도 없을 것이다. 하면 그도 고난의 길인 영화에 일생을 마치려 했고 또는 예술적 문화적 양심도 있었을 것이요, 자신의 장래도 헤아렸을 것인데, 불행히 빈곤을 막기 위해, 생명이 달린 육신을 보전하려고, 할 수 없는 길을 걸었다 할 것 같으면 생각해 주고도 남음이 있을 것이겠다. 이만큼 나 씨가 불운했던 만큼, 이해는 영화계의 흉년이었으매, 중앙에서는 도무지 제작된 영화가 한 개도 없었다.[211]

안종화의 관심은 조선영화의 개별 작품들보다도 온갖 역경 속에서도 그 영화들을 만들었던 사람들에 있었다. 그는 가능한 한 영화인과 영화인 단체들에 대하여 빠짐없이 언급하고 싶었던 듯 보인다. 나운규와 심훈처럼 평생 영화에 정열을 바쳤고 이제 세상을 떠난 '고우(故友)'들뿐 아니라 초창기부터 지금까지 조선영화에 헌신하면서 '고난의 길'을 걸었던 동료들의 이름을 기록하는 것이 영화제를 앞두고 조선영화의 역사를 쓰는 이유였다고 할 수 있겠다. 안종화 역시 "연극 영화를 하는 동안에 사생활까지 파괴"[212]될 정도로 생활이 곤궁했던 터이기에 그러한 역사쓰기를 통해 영화인으로서 살아가는 의미를 부여해 주는 것은 일종의 보상인 셈이었다.

그렇다 보니 「영화제 전기(前記) 20년 고투의 형극로: 조선영화 발달의 소고」는 11월 9일 자 사설에서 언급된 '협동의 정신'에는 의미를 두되, 영화계의 갈등이나 내분은 카프 계열의 영화와 관련해서만 간단하게 언급할 뿐이었다. 사실 1938년은 성봉영화원의 의정부스튜디오를 조선영화주식회사가 합병하는 문제로 성봉영화원과 조영, 그리고 성봉영화원 내부의 동인들 간의 분규 사태가 심각했던 해였다. 준비위원회에 (전)성봉영화원 소속 인물들이 참여하지 않은 것에서 그 후유증을 짐작할 수 있다. 그러나 이때의 안종화는 어려움 속에서도 서로 협력했던 사람들의 이름을 기록하는 데 더 무게를 두었다.

안종화의 조선영화사 서술은 인간의 탄생과 성장을 모방한 듯한 선형적인 연대기 형식을 취하고 있지만, 어떠한 계기(자본, 기술, 산업, 문화 등)를 통해 조선영화가 발달해왔는지를 구체적으로 설명하지는 않는다. 발성영화 제작이 본격화되었고 일본 영화사들과의 제휴를 통해 조선영화의 시장을 확대하려는 시도들이 있었으며, 영화 기업화론을 등에 업은 새로운 세대 영화인들의 활약에 대한 영화계 안팎의 낙관적 기대를 그는 목격하고 있었다. 그럼에도 그가 일관적으로 강조하는 것은 영화인들이 언제나 '고투의 형극로'를 걸어왔고 현재도 그러하다는 사실이었다. 안종화는 그 고투의 핵심에

'표현의 자유'나 '예술'과 같은 차원의 문제가 아니라 경제적 곤궁함과 생활의 문제가 있다고 보았다.

현재 제작중에 있어서 아직도 봉절을 보지 못하고 있는 영화들이 6, 7 작품 있는 바 대개는 반개년 이상 1년여의 제작시일을 허비하여 왔다. 그러면 여기에 그같이 제작시일을 잡아오게 되는 이유는 물론 당사자들에게도 깊은 연유가 있겠지만 지난 사변 이후로 외국제의 필름이 끊어지다시피 되었음에 자연 촬영도중에 일을 중단하게 되는 경우라든지 혹은 각 부문의 예기치 못했던 사고로 인해서 해를 넘겨오게 되는 곳도 있었다. 하면 여기에 제작 책임자이나 또는 작품의 중대한 책임을 진 사람들은 한 개의 좋은 영화가 되도록 고심했음에도 불구하고 기다의 난관은 급기야 예정시일을 한없이 넘겨오게 되었으니 그들의 고경(苦境)이란 상상만으로는 도저히 알지 못할 영화인들의 숨은 아전투(亞戰鬪)가 있는 터이다. 오랫동안 일을 중단하게 되면 그 사이 종업원들은 생활을 구하여 흩어지게 되고 사람들이 모이면 경제문제가 생기며 또 이것이 해결되는 때에는 카메라가 없고 기술자가 없으며 녹음과 제화(製畵)할 곳이 없어서 방황하게 된다. 이것은 아직도 편의를 보아줄 만한 촬영소가 (아직 건설 중에는 있으나) 되어 있지 못한 까닭이오, 인적 문제에 있어선 자연 가 부문 종업원이 일작(一昨)의 보수만으로는 도저히 자기들의 생활을 반년 내지 일년 이상 지탱할 수 없음에 중단된 사이를 이용해서 타사에 일을 보게 되는 관계상 일작이나마 난산을 보게 되는 터이다. 그러나 이러한 영화인들의 어제까지 불행했던 걸음이 앞으로는 다행(多幸)할 줄 믿으며 또는 그리되기를 바라는 터이다.[213]

마지막으로 안종화의 1938년의 글은 조선영화계가 놓여있었던 또 다른 상황에 대해 무관심하거나 의도적으로 관심을 표명하지 않았다는 점을 덧붙이고 싶다. 영화제의 전람회장에는 일본에서 입안 중인 일본영화법을 "소상히 기록한 게시"[214]도 있었다. 1939년 10월부터 시행되는 일본영화법은 조선영화를 전면적으로 통제하는 조선영화령(1940)의 모태였다. 1938년 내내 입안 중인 일본영화법의 내용이 조선에서도 자주 보도되었던 터에 조선영화인들과 전람회의 방문객들은 그 게시물을 어떻게 받아들였을까. 조선영화와 영화인에 대한 더 강한 통제의 시간이 다가오고 있었지만, 안종화는 그것을 아직 모르거나 모른 척했다.

4) 나오며

조선영화 초창기부터 활동했고 1938년에도 여전히 영화 제작 현장에 관계했던 안종화는 제1회 조선일보 영화제에서 영화인 모두를 아우르는 대표자로서 발언하고 조선영화의 역사를 서술했다. 그런 그에 대하여 이청기는 "연기자 또는 감독으로 호칭하는 것보다 사계(斯界)의 지도자로서의 영역이 넓다"[215]라고 평가했다. 불행히도 그가 '지도자로서의 영역'을 확고하게 한 것은 일본영화법의 실시를 앞두고 조선총독부 경무국의 활동사진검열실이 후원한 외곽단체 '조선영화인협회'의 회장을 맡게 되면서이다.[216] 조선영화인협회 회장으로 활동하는 중에 안종화는 조선영화인들의 '고난의 가시밭

길'을 돌아보기보다 '국민의 국가에 대한 사명'과 '영화인의 임무'에 대해 말하는 자가 되었다.[217]

『한국영화측면비사』에서 그는 자신이 어용 단체의 회장을 맡게 된 날을 회고하면서 "불명예스러운 감투"를 어쩔 수 없이 쓴 것이라고 말했다. "아무리 꽁무니를 빼어도 소용이 없었다. 워낙 소심하고 모질지가 못한 성격이라, 울며 겨자 먹기로 그들이 미리 작성해놓은 규약 문서에다 이름을 적어 놓지 않을 수가 없었다"[218]는 것이다. 이후 해방 전까지 영화계에서 일어난 일들은 '수난비사'로 기억되었다. 일제하에서 '황국 신민의 봉공'이라고 주장하던 일들이 『한국영화측면비사』에서는 그 "수난비사를 들추자면 한이 없지만, 비록 지나간 일이라고는 하나 생각만 해도 불쾌해지므로 여기서는 생략함이 좋겠다"라며 기록되지 않았다.[219] 수치심과 불쾌감 때문에 부끄러운 과거를 말하지 않겠다고 썼다고 해서 그가 자신의 과거 행적을 반성하는 사람이었다고 하기는 어려울 것이다. 일제의 영화 통제에 적극적으로 저항하지 않았고 그러한 억압에 굴복해버린 시기를 '수난기'로 명명함으로써 그는 조선영화인들의 '고투의 형극로'에 무거운 돌을 추가했다.

로얄 임페리얼Royal Imperial

이창근[220]은 일본 동경에서 전기학원을 다니던 중 영화 촬영 현장을 보고 카메라를 만들어 영화를 제작할 결심을 한다. 평양으로 돌아와 벨 앤 하우웰(B & H) 2709 스탠다드(Standard) 카메라를 모델로[221] 제작비용 1,300원을 들여 3년 동안 시행착오를 겪으며 로얄 임페리얼(Royal Imperial) 1호 카메라를 완성한다. 1회전에 8프레임 이동하는 간헐운동장치와 셔터를 시계태엽의 톱니바퀴로 만들었고, 종래의 카메라 매거진의 필름 수용 용량은 600피트였지만 1호 카메라는 800에서 900피트였다. 페이드 인, 아웃의 명암장치와 정회전과 역회전 촬영이 가능했고 별도의 뷰파인더는 없었다. 50㎜, 70㎜, 100㎜ 세 개의 렌즈는 회전이 가능해 교환하면서 촬영할 수 있었다. 서선키네마를 창립하고 1호 카메라로 <불멸의 영혼>(이창근, 1932)을 포지티브 필름으로 촬영했다.

[사진 33] 무명의 일기사가
영화촬영기 창작
(출처: 『조선일보』 1932.5.20.)

[사진 34] 서선키네마 창립 (출처: 『동아일보』 1932.6.19.)

　　1930년 초반 조선에 들어온 발성영화는 1935년 최초의 발성영화 <춘향전>
(이명우, 1935)의 제작으로 성공을 거두었지만 제작비 증가, 장비의 부족 등으로
활성화되지 못했다. 이창근은 발성영화제작을 위해 1935년 직접 장비 개발을
시작한다. 일본에서 광학녹음을 위한 램프를 구입하고 마이크와 앰프를 직접
제작했다. 2호 카메라는 발성영화의 녹음과 상영을 위해 촬영속도를 24프레임
으로 회전하는 모터를 장착했다. 기어는 공장에서 깎았고 카메라 바디는 알루
미늄으로 주물을 만들어 1호 카메라보다 정밀하게 제작했다. 2호 카메라로 발
성영화 <처의 면영>(이창근, 1939)을 연출하여 흥행에 성공한다. 이를 계기로 스
튜디오를 짓고 동양토키영화촬영소를 설립했지만 조선영화주식회사에 1호, 2
호 카메라와 촬영소 설비를 200원에 매각했다.

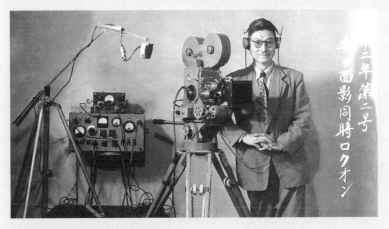

[사진 35] 제2호 카메라와 녹음 장비 (출처: 영화진흥위원회)

[사진 36] <처의 면영> 광고 (출처: 『매일신보』 1941.5.21.)

이창근은 한국전쟁 중 월남하여 한국영화 보호를 명분으로 한국영화에
세금을 면제해주고 외화에 중과세를 부과하는 입장세법 3차 개정을 계기로
영화 활동을 재개한다. 1954년 제 3호 카메라를 완성하고 기록영화
<건국 대통령의 창업>을 촬영했다. <인생화보>(이창근, 1957), <마법선>(이창근, 1969)
작품 등에 1970년대 초까지 사용되었다.

[사진 37] <건국 대통령의 창업> (출처: 『조선일보』 1956.4.21.)

[사진 38] 제3호 카메라 (출처: 영화진흥위원회)

6. 해방기 안종화의 역사극과 '민족'이라는 화두

전지니

1) 8·15 해방과 예술인 안종화의 위치

이 글은 해방 이후부터 한국전쟁 발발까지 대략 5년간 안종화의 극작 및 연출 이력을 '역사극' 작업 중심으로 살펴본다. 구체적으로 이 시기 극작가이자 연출가로서 연극계와 영화계를 횡단했던 안종화가 역사극을 통해 구상한 민족주의의 방향성을 모색하는 것을 목적으로 한다. 이 과정에서 김춘광, 이운방 등 당대 안종화가 함께 작업했던 역사극 작가들의 작업 경향을 함께 논의할 것이다. 주지하다시피 안종화는 식민지시기부터 연극뿐만 아니라 <청춘의 십자로>(1934) 연출 등 영화 작업을 다수 진행했던 인물이며『신극사 이야기』(1955)를 통해 증언자 혹은 기록자로서 한국연극사에 대한 사적(史的) 기술 작업 역시 수행한 바 있다. 곧 안종화의 이력을 어느 한 분야에 고정할 수 없지만, 이 글의 경우 편의상 그의 다양한 작업 중 주로 해방기 연출과 창작 활동에 중심을 두고 논의를 진행할 것이다.

그간 연극인이자 영화인, 그리고 사가(史家)로서 안종화에 대한 본격적 논의는 충분히 진행되지 않았으며 대개의 논의가 한국영화사에서 비중 있게 다루는 <청춘의 십자로>에 초점을 맞추고 있다.[222] <청춘의 십자로>를 제외한 안종화 관련 논의를 살펴보면, 김수남은 안종화의 영화 이력을 검토하며 성장배경과 영화 활동 등을 논하며 카프 진영과의 대립에 대해 설명한다. 이 과정에서 영화 텍스트를 해방 전후로 구분하여 분석하며, 배우이자 감독, 비평가, 그리고 행정가로서 안종화에 대해 주목한다.[223] 그 외 문경연은 안종화에 초점을 맞추고 있지는 않지만 박진, 박승희, 고설봉 등 근현대 연극사를 서술하는 남성 필자의 회고록을 살피며 남성 중심의 공적인 역사서술이 확립되는 과정에서 여성 예술인에 대한 기억이 구성되는 방식과 여성 관객 및 여성 표상을 함께 논의한다.[224]

이 글에서 해방 이후 안종화의 연극 작업을 중점적으로 논의하는 이유는 이 시기 그의 극작 및 연출 작업의 중심이 역사적 사건의 무대화에 치중되어 있으며, 이 같은 작업은 당대 극심한 좌우 대립 속에서 작가의 입지를 비롯해 그가 모색한 지향점과도 직결되기 때문이다. 이 시기 안종화는 좌익과 우익의 영화인들이 섞여 있었던 조선영화동맹 중앙집행위원장을 맡았으며, 박루월이 주간을 맡은 『영화시대』 복간호에 시나리오 <백두산>(1946~1947)을 게재하였다. 이에 더해 해방 직후 영화 촬영이 용이하지 않은 상황에서 청춘극장 연출부에 소속되어 주로 역사극 연출 작업에 집중하였다.[225] 연출 작업 과정에서 주로 청춘극장을 대표하는 대중극 작가였던 김춘광의 희곡을 무대화했고, 이에 따른 평단의 혹평이 이어졌으나 흥행 면에서 크게 성공했다. 대표적으로 <단종애사>(1946), <대원군>(1946), <안중근사기-후편>(1946), <의사 안중근>(1946) 등 역사를 소재로 한 대중극에 천착했던 김춘광과의 협업을 이어갔다. 이외에도 박종화 작

<금삼의 피>(1946), <연산군>(1946), 이운방 작 <백의민족>(1946), <젊은 지사>(1946), <충무공 이순신>(1946), <시집가는 날>(1947) 등의 역사 소재 연극을 연출했다. 그리고 이 같은 연극 연출 작업은 1950년대 <천추의 한>(1956), <사도세자>(1956) 등의 역사 소재 영화 연출의 기반이 된다는 점에서 작가의 연극, 영화 세계 전반을 볼 수 있는 중요한 토대가 된다.

이후 김춘광이 <사명당>(1948), <안중근 사기>(1948)[226] 등 자신의 희곡을 직접 연출하게 되고, 안종화 역시 영화계에 복귀해 경찰 홍보영화 <수우>(1948)를 비롯해 육군이 기획과 제작을 맡은 공비토벌 영화 <나라를 위하여>(1949)의 연출을 맡았다.[227] 이 중 안종화의 본격적인 영화계 복귀작인 <수우>의 경우 해방 이후 새로운 통치 주체로 등장한 '군정 경찰 홍보영화'로 제1관구 경찰청 후원을 받은 작품이었다. <수우>는 경찰청 보안과장 이하영의 원작을 토대로 단정 수립을 전후하여 '민주경찰'의 역할론을 강조한 영화로, 밀수꾼 남편을 우발적으로 살해한 여성을 '온정'으로 인도하는 경찰의 이야기를 다루고 있다.[228] 살펴본 것처럼 안종화는 단독정부 수립을 전후해 영화계로 돌아왔고 다시 메가폰을 잡았으나, 이후에도 역사극 제작을 이어갔다. 해방기 빈번하게 무대로 소환된 김좌진에 대한 재구성 역시 역사극 창작에 대한 작가적 관심의 결과물이다. 아래는 해방 후 안종화의 창작 작업을 연출 및 창작과 관련하여 정리한 표이다.[229]

[표 3] 해방기 안종화의 극작, 연출 이력

작품명(연도, 장르)	작가/연출	공연·개봉 사항	비고
<단종애사>(1946, 연극)	김춘광 작/ 안종화 연출	동양극장	
<대원군>(1946, 연극)	김춘광 작/ 안종화 연출	국도극장	
<미륵왕자>(1946, 연극)	김춘광 작/ 안종화 연출	국도극장	
<안중근 사기-후편)(1946, 연극)	김춘광 작/ 안종화 연출	수도극장	
<의사 안중근>(1946, 연극)	김춘광 작/ 안종화 연출	동양극장	
<안중근 사기>(1946, 연극)	김춘광 작/ 안종화 연출	수도극장	
<금삼의 피>(1946, 연극)	박종화 작/ 안종화 연출	중앙극장	
<연산군>(1946, 연극)	박종화 작/ 안종화 연출	국제극장	
<백두산>(1946, 영화)	안종화 작	-	『영화시대』 수록
<백의민족>(1946, 연극)	이운방 작/ 안종화 연출	동양극장	
<젊은 지사>(1946, 연극)	이운방 작/ 안종화 연출	제일극장	
<충무공 이순신>(1946, 연극)	이운방 작/ 안종화 연출	동양극장	
<시집가는 날>(1947, 연극)	오영진 작/ 안종화 연출	단성사	
<수우>(1948, 영화)	안종화 작/연출	시공관	수도청경우회 제작, 미군정 결정에 따른 무료 상영
<김좌진 장군>(1948, 영화)[230]	안종화 작		잡지 『민정』 수록
<김상옥 혈사>(1948, 영화)	안종화 작/연출		1948년 촬영 개시, 완성 여부 미확인[231]
<여사장>(1948, 연극)	김영수 작/ 안종화 연출	중앙극장	
<나라를 위하여>(1949, 영화)	안종화 작/연출 ·서정규 연출	수도극장, 서울 극장, 시공관	육군본부 제작

주목할 점은 해방기 안종화의 극작, 연출작의 대다수가 민족주의를 강조한 역사극 창작으로 편중되어 있다는 점이다. 실례로 굳이 '역사'라는 카테고리에 한정되지 않을지라도 시나리오 <백두산>은 백두산을 수호하는 청년 남성을 극화하며 신화적인 상상력을 발휘하여 영토, 지역으로 치환되는 '국토'를 수호하는 인물들의 이야기이다. 미군정청 홍보를 위해 제작된 <수우> 역시 해방기 혼란상을 수습하는 치안의 주체로서 경찰의 역할을 다룬다는 점에서 당시 작가의 입지와 관련되어 있는 작품이다. 위 목록에서 이질적으로 보이는 <여사장>의 경우 "허영에 뛴 여사장과 남사원을 싸고도는 명랑편"으로 홍보되었다.[232] 작품의 경우 해방기 아메리카니즘이 수입되며 젠더 구도가 뒤바뀐 상황을 다루고 있으나 역시 극 중 여성 상위 시대를 강조하던 '여'사장이 신입사원 남성의 정열에 이끌려 자신의 신념과 지위를 저버린다는 점에서 당대 안종화가 '수호'하고자 했던 민족혼, 정기 등과 결부될 수 있다.

이 같은 점을 감안하여, 이 글은 해방기 안종화의 연극 연출 작업과 창작 작업을 구분하여 논의하며 당대 안종화의 입지와 예술 창작 방향을 관련지어 논의하고자 한다. 그리고 이상의 작업이 안종화 개인뿐만 아니라 해방기 월북하지 않고 잔류했던 연극·영화인에게 갖는 의미에 대해 논의하고자 한다.

2) 사극 연출과 민족성 혹은 대중성이라는 문제

이 장에서는 안종화의 사극 연출 작업을 검토하며 김춘광과의 작업부터 다른 대중 극작가와의 작업을 살핀다. 단정 수립 전 안종화의 연출 활동은 주로 연극 쪽에 한정되어 있었는데, 이는 애초 연극과 영화를 오가며 작업을 진행했던 이력 외에도 건설에 따른 문제가 시급하고 막대한 자본력과 과학적인 기재 설비가 요구되는 영화계 현실을 감안한 것으로 보인다.[233]

상단의 표([표 3])에서 확인할 수 있듯이 해방기 안종화의 연출 작업은 대중적인 역사극의 창작으로 정리할 수 있으며, 그가 이 시기 주로 작업을 했던 작가는 김춘광, 이운방, 박종화 등 세 사람이다. 이들은 꾸준하게 대중성을 지닌 역사물을 창작했던 작가라는 점에서 공통점을 가지며, 동시에 해방기 극장 안에서 역사적 사료에 천착하여 사실의 구현보다는 관객과의 접점을 마련하기 위해 역사적 상상력을 발휘했던 예술인들이기도 하다.

이 중 극단 청춘극장에서 안종화와 협업을 했던 김춘광의 경우, 역시 사료에 천착하기보다는 오락성을 강화하는 역사극을 발표했다. 현재 대본을 확인할 수 있는 <단종애사>, <미륵왕자>, <대원군> 등 망국 혹은 패배의 경험을 극화한 역사 소재 연극 외에, 작가는 자료 접근이 용이하고 사료의 신빙성이 높은 <안중근 사기> 등 독립운동사 관련 대본을 무대에 올릴 때도 인물의 비극적 운명이나 로맨스를 강조하는 방식을 택했다. 그 결과 청춘극장의 역사극은 연극이 큰 인기를 누리던 해방 직후 극장 안에서도 눈에 띄는 흥행력을 과시했다. 익숙한 역사적 사실을 소환해 정사 이면을 조명하는 야담(野談)적 상상력을 발휘한 지점이 해방기 관객에게 큰 호응을 얻었던 것이다.[234] 실례로 1946년 11월 <미륵왕자> 재공연 광고는 해당 공연을 "만도(滿都)의 인기(人氣)를 집중(集中)튼 거편(巨篇) 재등장(再登場)"이라 광고한다. 청춘극장과 김춘광의 이름은 일종의 브랜드였고, 안종화는 그 안에서 연출에 집중한다.

[사진 39] 해방기 청춘극장 주요 레퍼토리 (출처: 『동아일보』 1949.4.10.)

그리고 국가가 본격적으로 전시체제에 돌입한 후 동원 논리에 순응하는 기고를 발표했으나 잠정적으로 창작 활동을 중단했던 안종화의 경우, 정책 홍보 영화로 영화계에 돌아오기 전 연극계에서 일관되게 대중성을 강조한 역사극 제작에 주력한다. 염두에 둘 점은 김춘광과 함께한 대중극 작업은 당대 평단으로부터 외면당했다는 것이다.

비단 청춘극장에 국한된 것은 아니지만 당시 이태우는 "비속한 신파의 수단으로 관객 흡수에만 열중"하는 극계 상황을 비판하였다. 그는 "역사극 유행에 있어서는 이것이 문화적 유산의 정당한 계승을 위하려는 양심적 의도가 보이지 않고 상업주의적 영합에 끌이는 경향이 있음은 통탄하지 않을 수 없다"라며, 대표적인 예로 안영일 연출 <논개>, 김태진 연출 <이순신>, 안종화 연출 <미륵왕자>를 예로 들었다. 이에 더해 역시 안종화가 연출한 <안중근 사기>를 비롯해 <김상옥> 등을 한심하다고 문제 삼으며 "우리의 의열사(義烈士)를 모독하며 까지 하야 매물(賣物)로 한" 사례로 규정했다.[235] 훗날 이진순은 김춘광의 역사극을 "신파의 값싼 눈물을 강요하는" 연극이라 혹평하기도 했다.[236] 예외적으로 박송의 경우처럼 김춘광의 <안중근 사기>와 <단종애사>, 김태진의 <이순신>에 이르기까지 좌익과 우익, 선전극과 대중극을 가리지 않고 역사적 사건을 소환한 연극에 의미를 부여하고자 하는 경우도 있었다.[237] 그러나 김춘광과 안종화의 협업 결과는 전반적으로 긍정적인 평가를 받지 못했다. 두 사람의 작업은 해방기 '신파'를 반복하는 연극계의 퇴행적 행상의 전형처럼 간주되었다.

김춘광과 안종화의 협업은 해방 이후 항쟁사를 다룬 역사극이 흥행하던 시대적 특징과 연결되어 있다. 유민영에 따르면 김춘광은 대중연극에 대한 신념을 갖고 있었고, 연극의 성공은 대중의 동원에 좌우된다고 간주했으며, 희곡 주제나 배우들의 연기 수준보다는 무대장치라든가 화려한 의상에 신경을 쓰고 투자도 많이 하는 등 스펙터클을 중시하던 인물이었다.[238] <청춘의 십자로>를 통해 영화사에서 한 획을 그었고 영화계 내에서 입지 기반이 분명했던 안종화가 김춘광과의 작업을 지속했던 계기는 분명치 않다. 다만 '민족주의'와 '대중성'이라는 키워드와 관련해, 해방기 극장에서 두 화두가 공명할 수 있었던 만큼 두 사람의 극적 지향점이 궁극적으로 맞물릴 수 있었다는 점을 염두에 둘 필요가 있다.

이후 안종화는 <김좌진 장군>을 직접 집필하는 등 식민지시기 항일투쟁에 앞장섰던 인물을 극화하기도 했다. 물론 이 시기 김좌진을 극화한 것은 안종화뿐만이 아니었다. 이미 해방기 활발하게 활동했던 김영수가 대본을 쓰고 박춘명이 연출을 맡았던 <황야> (1947)가 무대에 올랐고, 같은 시기 김좌진을 소재로 한 영화 제작이 논의되었다. 염두에 둘 점은 김영수든 안종화든 모두 김좌진의 일대기 속에서 기생 신분의 여성과의 인연을 부각하여, 투쟁사 속 로맨스를 강조하는 방식으로 연극의 대중성을 확보하고자 했다는 점이다. 여기서 투쟁사를 극화하는 것은 혼란스러운 시국 속에서 '민족'이라는 키워드를 소환하여 정치적 공정성을 강조하는 기반이자 필요 시 야담적 상상력을 발휘하여 대중적 호응까지 얻을 수 있는 방편이었다. 안종화의 역사극 창작, 연출 작업 역시 그 연장선상에서 이해할 수 있다.

언급한 것처럼 안종화는 1947년 이후에는 김춘광과의 작업을 진행하지 않았고, 이 시기 박종화, 이운방의 작품을 연출한다. 김춘광의 경우 본인의 희곡을 스스로 연출하며 연출가로서도 입지를 구축했고, 청춘극장은 흥행 면에서 성공을 거둔 극장의 레퍼토리를 대대적으로 홍보했으나 1949년 김춘광이 급작스럽게 사망하면서 활동도 위축됐다. 안종화의 경우 대중적인 역사극 연출에 이어 다시 희곡과 시나리오 집필을 이어가며 해방기 극장 안에서 자신의 입지를 확보하고자 했다.

해방기 역사극 연출 작업은 안종화가 한국전쟁 이후 영화계로 옮겨가서 민족정신을 강조한 영화 연출을 이어가는 기반이 되기도 했다. 안종화는 한국전쟁 이후 영화 연출에 전념하며 <천추의 한> (1956),[239] <사도세자>(1956)[240] 등의 영화를 연출했다. <천추의 한>

은 대원군 시대를 비경으로 왜병과 의병의 접전 속에서 빚어낸 사랑 이야기였으며, <사도세자> 역시 부자 갈등과 영조의 회한을 강조하며 이전의 대중극의 관습을 이어 나간 경우였다. 두 작품의 각본가는 달랐지만 동일한 영화사가 제작을 맡았고, 해방기 안종화가 연출한 역사극의 기조를 이어가고 있는 영화였다. 이처럼 해방기 영화 제작이 여의치 않은 상황 속에서 당대 대중의 호응을 얻은 역사극 연출 작업은 전쟁 이후 작가의 영화 이력을 이어가는 기반이 될 수 있었다.

[사진 40] 영화 <사도세자>(1956) 포스터 (출처: 국립민속박물관)

3) 창작 이력과 애국 청년상이라는 화두

이 장에서는 시나리오 <백두산>과 앞서 언급한 희곡 <김좌진 장군>을 분석하며 당대 안종화가 구상한 민족국가의 형상에 대해 논한다. 『영화시대』에 실린 시나리오 <백두산>(1946~47, 총 5회 연재)은 단정 수립 전 민족의 '성산' 백두산을 신성화하고 자연과 민족정신을 병치하며 정체성을 지켜가는 인물의 이야기를 다룬다. 시나리오의 원작은 이기현이, 각본은 안종화가 담당한 것으로 표기되어 있다. 극은 청년 곰이(성일)가 동생 성진과 함께 개발을 위한 설계 과정에서 백두산 산신당을 허물려는 자들에게 대항하는 내용을 담고 있다. 극의 주요 갈등은 신당을 둘러싸고 이를 지키려는 곰이와 이를 허물고자 하는 악인들의 대립, 그리고 곰이와 성진이 음전을 둘러싸고 대립하는 삼각관계로 구성된다. 이에 더해 곰이를 사모하는 월선까지 끼어들며 관계는 더욱 복잡해진다. 곰이는 과거 백두산으로 도망쳐 온 노인 춘보와 그의 딸 음전을 구해준 적이 있으며 이후 음전을 사모해 왔으나, 그녀는 서울에서 신식 공부를 하고 9년 만에 돌아온 성신에게 끌리고 자신을 서울에 데려가 달라고 부탁한다. 그리고 신당을 허물려는 적들이 백두산 신을 노하게 만들면서 산에는 폭풍과 눈보라가 몰아친다.

[사진 41] 시나리오 <백두산>이 실린 『영화시대』 복간호 (출처: 『영화시대』 1946.4.5.)

염두에 둘 점은 백두산의 신성성과 곰이의 산을 지키기 위한 희생정신이 병치되고, 이를 민족정신으로 배치하는 방식이다. 갈등 구도가 명확한 것과는 별개로 안종화는 극 초반부터 마을 사람들의 일상과 함께 "숭엄하

고 만고에 변함이 없는" 백두산의 원경을 롱쇼트로 담아 대자연의
숭고함을 부각하는 데 초점을 맞춘다.

　● 高原의 村落-
　山허리에는 안개가 가로걸려잇고 暴雨가 날린다.

　이것을 山靈의 怒여움이라 한다.

　● 土屋. 山神堂 압-
　집을 꼬아서 古木에 붓드러데엇다. 暴風이 지나지간다.

　● 堂門 고리. 비바람이 거둬간다.
　古木에 달린 술. 요란히 날리던 것시 머문다.

　● 백두산의 원경-
　씨슨듯시 개여진 장엄하고도 秀麗한 山岳의 連峯.
　씽씽해진 수묵과 맑게 개인 하늘. 흰구름이 흐터저 잇다.[241]

　작품 결말부에 이르먼 마을 사람들은 신신제를 치리 분노힌 백두
산의 영험한 신을 달래고자 하고, 성진을 사모하는 것처럼 보였던
음전은 결국 그를 따라가지 않고 곰이가 있는 백두산으로 돌아온
다. 일전의 논문에서 지적한 것처럼 마을을 지키는 청년 곰이는 백
두산의 영성과 합치되는 존재로 구현된다.[242] 극의 갈등선은 명확하
며, 역사극에서도 반복되었던 선악 이분법에 입각한 도덕주의와 극

적 정의에 대한 희구는 <백두산>에서도 반복된다.

특히 곰이가 돌아온 음전과 썰매를 타고 백두산을 향해 소리 지를 때 그의 정신은 다시금 백두산의 정기와 합치된다. 그렇게 해방 후 안종화는 민족의 상징이자 성산(聖山)으로서 백두산을 소환한다. 주목할 점은 역사적 사실을 주로 소환했던 그가 백두산이라는 신성한 산을 소환해 민족과 청년에 대해 이야기하고 있다는 점이다. 극 중 성진, 그리고 신당을 해체하고 개발에 나서려는 '회사'로 상징되는 근대와 도시의 반대편에 곰이로 대표되는 탈근대와 자연이 배치되고, 그 사이에 있던 음전이 후자를 택하면서 이야기는 마무리된다. 극 중 개발을 진행하려는 회사의 정체는 불분명하지만, 이들이 상징하는 근대적인 개발 담론은 곰이의 심지와 백두산의 신성적인 힘에 대항하려다 무기력하게 패배한다. <백두산> 마지막 회에 산신제 장면이 비중 있게 삽입되며 눈밭의 곰이와 교차되는 것 역시 이 같은 의도의 연장선에서 이해할 수 있다.

<백두산>은 해방기 안종화가 관심을 갖고 작업을 이어갔던 과거의 실존 인물을 배경으로 한 역사극과는 거리가 있다. 그러나 안종화가 집필하고 연출을 맡기도 했던 역사극이 사실적 고증보다는 주로 야사에 입각한 대중적 역사물이라는 점에서, 자연의 신성성을 강조하며 다분히 신화적인 상상력으로 이야기를 이끌어간 <백두산>과 겹치는 부분이 있다. 그 외 <백두산>에는 신파성이 제거되어 있으나 당대 극장에서 유행했던 역사극의 대중적 코드, 곧 남녀 간 로맨스를 갈등의 주요 요인으로 삼는다는 점에서 흡사하다. 더불어 안종화가 연출자로 참여했던 조선시대 배경의 역사

극과 마찬가지로 전근대적 공간을 배경으로 소환해 훼손되지 않은 민족정신을 강조한다는 점에서 해방기 연극 작업과의 연속성을 찾을 수 있다.

애초 안종화는 잡지 『영화시대』에 <백두산>을 연재한 후 바로 시나리오 <백야 김좌진 장군 일대기>를 연재할 예정이었다. 해당 잡지에도 관련 내용이 소개되어 있으며, 역시 김좌진을 다룬 김영수의 <황야>와 큰 줄기가 동일함을 언급하고 있다.[243] 이후 잡지 『민정』에 게재한 <김좌진 장군>의 경우 게재호 목차에는 모두 '장막희곡'으로 분류되어 있으며, 본문에는 '시나리오'로 표기되어 있다. 다만 자막 삽입 및 장면 전환 등이 영화화를 염두에 둔 시나리오에 적합하기에 목차의 표기가 오기인 것으로 보인다.[244] 현재 『민정』 1~2호에 실린 연재분 내용만 확인할 수 있는 상태에서, 전체 내용을 가늠하기는 어렵다.[245] 그러나 <김좌진 장군> 역시 안종화의 해방기 역사극 작업과 연속성을 파악할 수 있는 부분이 있다. 극 중 김좌진은 등장 시점부터 투철한 민족의식과 저항정신을 가지고 등장하며, 제국주의에 저항할 방법을 찾는다. 그의 투쟁에는 개인적인 갈등이 결여되어 있으며, 또한 그 여정에는 김좌진을 흠모하며 그를 돕고자 하는 기생 일지가 등장한다. 그녀는 김좌진과의 우연한 만남 이후 그의 탈출을 돕고, 연모하는 마음을 내비치기도 한다.

민족을 대변하는 남성 영웅과 그를 흠모하는 여성을 배치하며 제국주의에 대한 적개심을 고취하는 것은 비단 안종화뿐 아니라 박로아의 <녹두장군>(1946), <사명당>(1948) 등 이념 성향을 가리지 않고 대중적인 역사극을 집필했던 작가들의 연극에서도 반복되는 것이다. 안종화 역시 김춘광 희곡의 연출을 중단하고 스스로 구상한 역사극을 창작할 때 이 같은 익숙한 설정을 되풀이한다. 한 가지 흥미로운 점은 김좌진의 변치 않은 저항정신과 함께 이 극에서도 국토를 수호하고 일제에 저항할 주체, 새로운 세상의 주체로 '청년'을 호명하고 있다는 점이다. 작가는 김좌진의 입을 빌려 '강토'를 지키는 주체로 청년들의 힘을 강조한다. 이처럼 해방 이후 청년을 호명하는 방식은 전혀 다른 배경을 극화하고 있는 것처럼 보이는 <백두산>과 <김좌진 장군>의 공통점이기도 하다.

『내가 죽드레두-너는 언제까지든지 백두산의- 곰이가 되어 응-
그래서 이- 산직이 곰이 되어라. 그리고…』
곰이는 당황해서 드려다본다.
『음- 음전이를 네게 부탁한다.』[246]
● 山神祭-
미칠 듯이 춤추는 樵夫들. 어즈러이 두들기는 북과 징-.
● 눈벌판-
썰매를 달리는 곰의 얼굴-左右를 흘러가는 눈벌판 바람이 일며 눈이 들어오는 汽車車輪의 轟音- 떠나가는 기차.[247]
● 달리는 눈벌판-
「으-아-」하고 외치는 곰의 音聲. 다만 유쾌한 듯이 벌떡일어서며 채찍을 한 번 딱-하고 갈긴다. 곰이는 멀-리 아득히 바라 보이는 白頭山을 向하야 힘껏 소리를 쳐본다.[248]

盧 滿洲벌판에서 우리들이 움직일수 있을만큼 누가 軍資를 대인단 말요. 가서 于先 우리들의 連絡을 가질 수 있는 場所마다 조그마한 事業하나라도 最小限度 一年間은 지탕할 수 있는 準備가 必要하단 말요. 國內외 달소 現地를 고루고루 랍어본 연후에 完全한 設計의 構想이 설 때까지

南 우리들의 武裝計劃은 完全準備後의 出發을 늦습니다. 우선 그곳에 가서 힘이 될수 있는 同志 靑年들을 모아드리기까지 먼저 일할 同志들의 分擔 행동 問題가 크지요. 우린 먼저가렵니다.

盧 하기는 그렇소- 허나 機械도 기름이 마를 사이가 없도록 하고 運轉하잔 말이지 될수 있으면- 盧伯麟도 임이 뭇칠 땅은 작정하였쇠다- 南형.²⁴⁹

白冶 나라를 빼았기고 통분한 압빡 밑에서 社會가 부패해가고 있는 이 강토를 엇떠케 더 참어가면서 보구있단말슴입니까. 이 病根이 더 깊어지기 前 우리들은 하로밧비 집도를 圖謀해야하겠음니다. 이 집도는 앞으로 자라가는 靑年들의 손에 쥐여저야함니다. 안그렇소 盧先生-祖國을 생각하는 靑年들의 힘이란 목숨을 두려워하지 않습니다. 우리들은 그 힘을 모아서 길너주고, 또 의지하지 않으면 안될 것임니다. 하니까 그 方法을 實踐해야죠. 實踐하기 위해서 맨주먹만으로라도 떠나야죠. 이것은 늘 盧先生이 외치시는 말슴을 내가 다시 한번 뒤푸리한데 지나지안슴니다만, 우리들은 盧先生의 그 천하를 누를 듯한 그 담력과 그 智略을 빌이려 합니다.

盧 천만의 말슴. 나같은 뚱딴지 무어세 소용되겠오, 허허허허. 어쨌든 白冶의 뒤를 따라 배우려 하오, 그뿐.²⁵⁰

살펴본 것처럼 안종화는 침략자(신당을 허물려는 이들, 일본 제국주의자)에 대항해 민족의 영토, 정신을 지키는 대안으로 "고향-조국을 생각하는 청년들의 힘"을 내세운다. 구체적인 방향성은 결여되어 있을지라도, 역사적·신화적 상상력에 기댈 때 관객과 독자를 대상으로 한 호소력은 배가된다. 곧 당대 안종화의 역사극 집필은 대중적 호소력을 확보하는 동시에 과도기 중 새로운 건국의 주체를 호명하는 방식이 될 수 있었다.

다만 백야 김좌진의 극화는 1954년 정치판에 끼어든 김두한이 정치적 입지를 구축하는 과정에서 스스로를 선전하는 근거가 될 수 있다는 점에서 논란이 되기도 했다.[251] 특히 1954년 공연된 <김좌진 장군>은 극단 아랑이 제작하고, 이운방이 편극을 맡았으며 안종화가 연출을 담당한 작품이었다. 이렇게 안종화는 극작과 연출을 함께하며 반복적으로 김좌진을 무대에 소환했다. 여기서 김두한에 대한 논란은 차치하고, 청산리대첩을 승리로 이끌었으며 공산주의자에게 암살당한 것으로 알려진 김좌진의 극화는 식민지 시기부터 카프 연극·영화인들과 거리를 두었고, 남한에 잔류하여 민족을 표방하며 활동을 이어간 안종화 스스로의 선택과 연결되는 것일 수 있다는 점을 염두에 둘 필요가 있다.[252]

[사진 42] 연극 <김좌진 장군>(1954) 포스터
(출처: 『경향신문』 1954.4.26.)

4) 해방 이후 남한 극계에서 민족을 상상한다는 것

해방기 소설가 김광주는 『조선일보』 기고를 통해 안중근, 윤봉길 등 항일 혁명운동의 주역을 극화하는 것이 "좌니 우니 하는 편협된 견해를 떠나서 한 조선 사람의 대의를 위하야 목숨을 바친 그 정신만을 추모한다는 의미에서도 흥미 본위의 상업주의적 관극안을 떠나"서 평가해야 할 것이라고 설명한다. 그리고 안종화에 대해서 "소위 비진보적 운운하는 사람들이 있으나 예술가를 어느 한 굴레속에 집어넣어 놓고 이 굴레를 쓰러트리지 않는다고 비진보적이니 퇴보적이니 하는 것은 가장 삼가야 할 일"이라고 변호한다.[253] 여기서 김광주의 논의가 예술인으로서 안종화 개인에게 국한되어 있는 것은 아니지만, 이 같은 입장은 해방 이후 역사극 창작, 연출과 관련한 안종화의 경로를 가장 정확하게 대변하는 것일 수 있다.

살펴본 것처럼 안종화는 해방 이후, 특히 단정 이전 활발하게 연극 연출 작업을 진행했으며 메가폰을 잡을 기회가 이어졌을 때도 연극계에서 활발한 활동을 이어갔다. 또한 직접 희곡과 시나리오를 집필하며 본인의 연출 이력과 연계될 수 있는 '민족주의적' 극 창작 직입을 이어갔다. 그는 해방기 연극 영화인으로서 가장 왕성하게 활동했던 인물이었으며, 평단의 엇갈린 반응과 달리 관객에게 사랑받았다. 이 점은 <청춘의 십자로>의 감독이자 『신극사이야기』의 저자로서 주로 논의되어 온 안종화의 해방기 활동에 대해 다시금 주목해야 하는 이유이기도 하다.

염두에 둘 점은 안종화가 시종일관 추구했던 대중성을 '민족성'

혹은 '애국'으로 치환하는 방식이다. 해방기 민주청년동맹이 김좌진을 소환하면서 애국과 민족이라는 이미지를 덮어씌웠던 것처럼, 안종화 역시 외세에 대항해 저항하고 분투하는 인물을 형상화하고 무대화함으로써 당대 각자 정의하는 바가 달랐던 '민족'이라는 표상을 끌어들일 수 있었다. 안종화가 표방한 민족주의를 비롯해 해방 이후 이념 성향과 무관하게 예술인들이 선점하고자 했던 민족이라는 화두와 관련해, 그의 창작 이력을 살펴보아야 할 이유 역시 여기서 찾을 수 있을 것이다.

카메라로 본 한국영화사 ⑧

아이모Eyemo

벨 앤 하우웰(B&H)은 1923년 16㎜ 카메라 필모(Filmo) 출시 2년 후 필모의 큰 형이라 불리운 35㎜ 아이모(Eyemo)를 생산한다. 1925년 모델 71-A는 손으로 감는 태엽방식인 스피링 모터로 작동하며, 작고 가벼운 디자인으로 핸드헬드 촬영과 트라이포드를 설치할 시간이 없는 긴급한 상황에서 촬영하기 적합해 뉴스, 스포츠, 다큐멘터리 등 다양한 분야에서 많이 사용되었다. 아이모는 1970년까지 회전식 렌즈 교환, 매거진 추가 장착, 프레임 레이트 등 다양한 모델로 제작되었다.[254] 이 카메라는 조선 발성영화인 <홍길동전 후편>(이명우, 1936)에서 유장산이 이명우의 아이디어로 홍길동이 멍석을 타고 소나무 위로 날아가는 합성장면을 촬영하는 데 사용되었다.[255] 또한, 고려영화사 이창용은 1939년 12월 31일 발생한 금강산 산불을 비행기를 타고 아이모로 촬영했다.[256] 아이모는 일제강점기부터 해방 후 미군정과 한국전쟁에서 <리버티 뉴스> 등 종군기자들의 촬영과 위험한 차 추격장면 등 영화 현장에서도 사용한 강하고 튼튼한 휴대용 카메라이다.

[사진 43] 주한 미공보원(USIS)에서 뉴스 촬영을 하는 배성학 촬영감독
(출처: 영화진흥위원회)

[사진 44] <칠일간의 애정>(장황연, 1959) 아이모 71-Q로 촬영하는 배성학 촬영감독
(출처: 영화진흥위원회)

7. 안종화 감독의 경찰영화 <수우>에 관한 재고찰[257]

1) 들어가며

근대적 산물인 영화는 19세기 말 발명되어 전 세계로 급속히 전파되었고 20세기 들어서는 극동에 위치한 한반도에도 유입되었다. 하지만 이후 국권의 침탈 과정 및 식민지 시기를 거치면서 한국의 영화 역사는 특수성을 띠게 되었다. 이는 여타 예술 문화 분야의 양상과도 크게 다르지 않으나, 영화의 경우 제작-배급-상영을 위해서는 인적·물적 인프라와 시스템이 요구되므로 그것이 정착되는 데 보다 많은 시간이 걸렸던 것도 사실이다. 여기에 일제의 강점과 수탈이 가중되면서 제도적, 산업적 기반이 제대로 마련될 수 없었다.

이러한 여건 하의 초기 한국영화사는 특히 제작 부문에서 일정 기간 진척을 이루지 못하였다. 그럼에도 영화 제작을 향한 한국인의 열의와 노력은 계속되었으며, 이로 인해 1919년부터 3년여의 연쇄극 시기가 이어졌고 1923년부터는 본격적인 영화의 제작 시대가 펼쳐지게 되었다.

그 과정에서 영화계를 개척한 선구적 인물들이 존재하였음은 물론이다. 최초의 연쇄극 <의리적 구토>(1919)의 제작자 박승필과 연출가 김도산, 관제 극영화인 <월하의 맹서>(1923)의 감독 윤백남, 고전을 소재로 하여 상업성을 가미한 <장화홍련전>(1924)의 감독 김영환과 촬영기사 이필우 등을 비롯하여 각각의 작품에서 주 조연 및 단역으로 출연한 배우들이 그들이다.

이들 영화인 가운데는 안종화(安鍾和)도 포함되어 있었다. 연극계에 입문하여 신파극과 신극 등의 작품에서 배우로 활약하던 그는, 여러 단체들을 이끌며 활동의 영역을 무대에서 스크린으로 넓혀 갔다. 그러면서 영화계와 연극계를 넘나들고 본업인 연기뿐 아니라 각본, 연출, 교육, 비평 등을 아우르며 다양한 역할을 담당하였다. 그렇지만 일제강점 말기에는 조선총독부의 어용 단체인 조선영화인협회 회장을 맡고 이른바 '국책 영화론'을 옹호하였던 바, 한국영화사에서 그는 대표적인 친일 인사 중 한 명으로 낙인찍혀 있기도 하다.[258] 문제는 안종화에 대한 학계의 관심과 평가가 다소 과하다 할 정도로 이러한 면에 집중되어 왔다는 데 있다. 이에, 해방기의 활동에 관해서도 영화인 조직이나 단체에서 그가 어떠한 이념적 입장을 취하면서 자신의 입지를 구축하였는지 정도를 표기 또는 언급하는 경우가 적지 않았다. 그 결과 한국영화사에서 안종화는 종종 일제 말기에는 '친일' 영화인, 해방기에는 '우익' 영화인으로 단순히 분류되곤 한다.

이와 같은 프레임 자체를 완전히 걷어내기란 쉬운 일이 아니겠지만, 중요한 사실은 영화사적 차원에서 특정 인물을 탐구하는 데 필요한 핵심적 요소는 무엇보다 그가 남긴 작품에 있다는 점이다. 여기서, 1930년대 중후반을 통과하며 거의 중단되다시피 한 안종화의 영화 창작 활동이 해방을 계기로 재개되었음이 주목된다. 1946년부터 <백두산>의 시나리오를 집필하고 1947년 들어 김좌진 장군을 다룬 영화의 제작에 적극적으로 참여한 바 있으며, 이후에는 김상옥 의사를 다룬 영화의 감독을 맡기도 하고 <수우(愁雨)>(1948)의 각본 연출, <나라를 위하여>(1949)의 연출을 담당하였던 것이다.[259]

이 가운데 <수우>의 경우 기획 및 제작, 상영 및 개봉 과정에서 커다란 화제를 낳았고, 영화를 둘러싼 다양한 내용이 당대의 신문 잡지 등을 비교적 화려하게 장식하게 되었다. 그 이유는 <수우>가 해방기의 시대적 특수성을 강하게 드러낸 이른바 '경찰영화'의 첫 개봉작이었기 때문이다. 그리하여 이 작품은 해방기 경찰영화라는 장르적 범주 내에서 하나의 사례로 다루어지는 경우가 많았다.[260]

하지만 영화인 안종화에게 <수우>가 지니는 의의는 상당해 보인다. 그가 시나리오 작가와 영화감독 역할을 수행한 이 작품을 기점으로 영화 인생의 제2막이 펼쳐졌다고도 할 수 있기에 그러하다. 더욱이, <꽃장사>(1930), <노래하는 시절>(1930), <청춘의 십자로>(1934), <은하에 흐르는 정열>(1935), <역습>(1936), <인생항로>(1937) 등 광복 이전의 필모그래피와는 달리,[261] 해방기 그의 작품들은 시대적 변화를 보다 광범위한 틀에서 직접적으로 반영하였다. 아울러 그 중심에는 <수우>가 자리하고 있었다.

따라서 본고에서는 그동안 해방기 경찰영화로서의 위치를 점해 온 <수우>를 분석의 대상으로 삼아 '안종화 감독론'의 관점에서 이 작품에 관한 새로운 고찰을 시도하려 한다. 이를 위해, 당대 1차 자료 및 관련 선행연구 등의 내용을 토대로 해방기 안종화의 영화계 활동과 작품 경향 속에 경찰영화로서 <수우>가 어떠한 과정을 거쳐 어떻게 만들어졌으며 사회 문화적 반응은 어떠하였는지 등을 살펴볼 것이다. 그리고 이를 통해 보다 넓은 시야를 가지고 안종화 감독의 <수우>가 지니는 의의를 재탐색하고자 한다.

2) 광복 이후 안종화의 영화계 활동과 작품 경향

전술한 바대로, 해방기에 안종화는 영화 창작을 통해 당대의 정치 사회적 요구와 시대적 명제를 작품 속에 적극적으로 반영하였다. 그러나 이보다 먼저 영화인 조직과 직능 단체 등에 관여함으로써 영화계 활동을 재개하였다.

광복 이후 4개월여가 지난 1945년 12월 16일 조선영화동맹(영화동맹)이 결성되었는데, 같은 해 9월 24일 발족된 조선영화건설본부(영건)와 11월 5일 발족된 조선프롤레타리아영화동맹(프로영맹)의 발전적 해체를 거치며[262] "조선영화인 전체를 아우르는" 거국적 조직으로 탄생한 영화동맹의 초대 위원장을 맡은 이가 바로 안종화였다.[263] 영화동맹은 1946년 2월 24일 출범한 조선문화단체총연맹(문총)의 산하에 편입된다. 하지만 문총은 조선공산당 및 민주주의민족전선 등을 중심으로 한 남한 내 공산주의 세력의 영향 하에 놓여 있었으며, 이에 우익 계열에 속하거나 정치적 색채가 비교적 엷은 여타 영화인들과 더불어 안종화 역시 운영 체제가 개편되는 제1회 정기 영화인 대회 개최일인 같은 해 8월 20일 이전에 조직을 탈퇴하였다.

이를 대체하여 그는 조선영화감독구락부에서 영화계 활동을 지속하였다. 영화감독구락부는 "영화감독들의 친목과 새로운 민족 문화의 구상", 그리고 "조선영화의 발달 향상"이라는 목표 하에 1946년 2월 16일 준비 회합을 갖고 3월 1일 창립 행사를 치렀다.[264] 참여 대상은 영화감독 전체였고 별도의 자격 기준이 제시되지는 않았다. 그리하여 안석영(안석주), 이병일, 이구영이 간사를 맡기는 하였으나 영화감독 모두가 동인으로 활동할 수 있었다. 이러한 여건 속에 3명의 간사 및 이규환, 윤봉춘, 방한준, 박기채, 전창근, 안철영, 최인규, 김영화, 서광제, 윤용규, 신경균 등과 함께 안종화도 모임의 일원이 되었다.

이처럼 광복 이후 안종화가 다시금 영화계에서 왕성한 활동력을 보이게 된 이유는 많은 사람들이 그를 무성영화 제작 초기부터 자리를 지켜온 원로 영화인으로 인정하였기 때문이다. 특히 대표적인 영화 직능 단체인 영화감독구락부의 구성원으로서 그의 이름이 선두에 올랐던 바, 이를 통해 해방기에도 여전히 감독이라는 직군이 영화인 안종화의 정체성 및 위상을 가장 비중 높게 드러내고 있었다고 할 만하다. 그럼에도, 한동안은 그의 영화 연출 활동이 재개되지 못하였다. 자신의 말대로 "본시 영화란 막대한 자본력과 과학적인 기재 설비가" 뒷받침되어야 하나,[265] 해방 공간에서 이와 같은 조건이 충족된 상태가 아니었던 것이다.

대신에, 안종화는 각본 작업에 돌입한다. 그는 시나리오 <백두산>을 1931년 4월 1일 창간되었다가 1930년대 후반 명맥이 끊어진 뒤 1946년 4월 5일 속간된 영화 연극 종합 잡지 『영화시대』 속간 1권 1호(1946년 4월)부터 2권 2호(1947년 2월, 3월)에 걸쳐 약 1년 동안 총 5회 연재하였는데, 작품명이 매호 표지를 장식할 만큼 글에 대한 잡지사 측의 기대치가 꽤 높았던 것으로 보인다. 원작자는 '이기현(李起炫)'으로 표기되어 있었다. 주인공은 백두산 자락에서 벌목 일꾼으로 성실히 지내는 한 청년으로, 주요 사건은 그가 길을 내기 위해 마을 사당을 철거하려는 벌목 회사의 횡포에 저항하는 한편 동생과의 삼각관계 끝에 혼인을 꿈꾸며 지내오던 여인과 결국에는 둘이 남아 집으로 향한다는 이야기로 설정되었다.[266] 이를 바탕으로 백두산이라는 대자연 속에서 세상의 이치와 순리를 따르는 젊은이의 바른 삶이 통속성을 띤 채 그려졌다.

이에 겸하여, 안종화는 연극계 활동을 통해 광복 직후부터 배우극장의 <다정불심>, 토월회의 <사십년>과 <아느냐! 우리들의 피를>, 청춘극장의 <안중근 사기>, 백화의 <백의민족> 등을 연출하였다.[267] 광복 직전인 1944년에도 그는 동양극장에서 공연된 극단 성군의 <운작>과 <청춘역>, 제일극장에서 공연된 예원좌의 <낙엽송>과 <종달새> 등을 연출한 이력이 있었다. 그런데, 해방기의 연출작은 역사적 소재를 차용하는 것을 넘어 민족의 자주성과 독립의 당위성을 강조한다는 점에서 시대적 특징을 보였다.

안종화의 이러한 행보는 영화 창작 활동으로도 이어졌다. 첫 번째 시도는 청산리대첩(1920)을 지휘한 김좌진 장군을 다룬 영화 제작에 참여하는 일이었다. 1947년 1월 6일 그 "일대기를 영화화하여 삼천만 동포의 가슴마다 독립정신의 재선양과 민족의식의 재인식을 제공하려는 취지" 하에 '김좌진 장군 영화 제작 위원회'가 발족되었는데, 안종화도 13인의 위원 명단에 이름을 올렸다.[268] 더욱

이 서광제, 안석주, 전창근, 최영수와 함께 시나리오 주제 위원까지 겸하였다. "제공측 구국회를 받들어" "영화인 유지들이 선두로 총궐기"한 결과 조직된[269] 김좌진 장군 영화 제작 위원회 활동은 순조롭게 진행되는 듯하였다. 같은 해 1월 16일 제2회 영화 제작 위원회 모임에서의 시나리오 낭독을 거쳐,[270] 2월 8일 제3회 영화 제작 위원회에서는 "과반 탈고된 최영수, 안종화 양씨의 각본" 재검토가 예정되어 있었다.[271] 게다가, 1947년 2, 3월 합본으로 발간된 『영화시대』 2권 2호 속 시나리오 <백두산>의 완고가 실린 면에서는 다음 호부터 안종화의 원작 각색 연출작인 <백야 김좌진 장군 일대기>가 속간 1주년 기념으로 연재될 예정임이 홍보되기도 하였다.[272]

하지만 이후 관련 소식이 전해지지 않는 바, 김좌진 장군을 다룬 영화의 제작은 결국 실현되지 못하였던 것 같다. 1946년 5월 14일 이구영 감독의 <의사 안중근>(1946)이 해방 후 첫 번째 극영화로 개봉된 이래 1947년 들어서는 이준 열사와 윤봉길 의사, 주기철 목사를 다룬 작품들도 기획 제작되었는데, 김좌진 장군 관련 영화의 제작이 무산되었음은 각각 이준, 윤봉길, 주기철을 다룬 김영순 감독의 <불멸의 밀사>(1947), 윤봉춘 감독의 <윤봉길 의사>(1947), 최인규 감독의 <죄 없는 죄인>(1948)이 완성 및 개봉되었다는 사실과는 확연히 대비를 이룬다.[273]

그렇다 하더라도, <안중근 사기>나 <아느냐! 우리들의 피를> 등을 통해 안중근 의사, 윤봉길 의사 등의 항일 독립운동가를 조명한 연극 작품을 연출한 그의 이력을 고려하면 김좌진 장군을 다룬 영화 제작에 참여한 일은 안종화의 영화 인생에서 중대한 의미를 지닌다고 할 만하다.[274] 더욱 주목되는 것은, 이러한 경험을 거쳐 그가 무려 10여년의 공백을 깨고 <수우>의 감독이 되었다는 점이다. 1947년 후반에 만들어져 1948년 5월 공개된 이 작품은 '경찰영화'의 첫 번째 개봉작으로서 제작 과정에서부터 평단과 대중의 관심을 받았다. 게다가 같은 해 8월 들어서는 미군정청에서 <수우>를 비롯한 경찰영화의 유료 상영을 불허하는 조치가 취해짐으로써 오히려 사회적 이슈가 되기도 하였다.[275] 그러면서 안종화의 영화 연출은 후속 활동으로도 이어진다.

1948년 가을, 의열단원으로서 1923년 1월 12일 종로경찰서에 폭탄을 투척한 김상옥 의사를 다룬 <김상옥 혈사>의 제작 소식이 전해졌다.[276] 제작사는 또 다른 경찰영화 <밤의 태양>(1948)을 만든 바 있던 대조영화사였고, 감독은 안종화였다. 하지만 당초 10월에 예정되어 있던 크랭크인과 수원으로의 로케이션 촬영 일정이 11월로 연기된 뒤[277] 다시 12월로 미루어졌다. 그리고 전택이, 복혜숙, 장진, 송재노, 이금룡, 박제행, 구종석, 황남, 홍개명, 정득순, 이한종 등 "주요한 출연 배우"까지 정해졌으나,[278] 영화 제작을 둘러싼 이후의 소식은 찾아보기 어렵다.

그렇다고 안종화의 영화 제작 활동이 멈추어진 것은 아니다. 이듬해 <나라를 위하여>(1949)의 감독을 맡아 광복 이후 자신의 두 번째 연출작을 내놓았기 때문이다. "우리나라 처음의 군사극 영화"로 기획되어 "촬영에 착수 이래 약 6개월 만에 드디어 완성을 보게" 된 이 작품은,[279] 1949년 10월 5일 수도극장, 서울극장, 시공관에서 개봉되었다. 동년 10월 2일 자 『조선일보』 광고란에 실린 영화 포스터에는, 이 작품의 기획과 제작이 육군본부 작전교육국에서 이루어지고 그 제공처가 육군본부 보도과라는 사실이 명시되어 있었다. 그러면서 영화에는 '초대작', '대규모의 전투영화' 등의 수식어가 붙여졌다.[280] 군 당국의 적극적 협조로 "온갖 기재와 인원의 동원 및 충분한 시간" 확보가 가능하였던 것인데, 여기에 현역 육군 소령 공국진이 주인공을 맡고 신인배우 이희숙과 김지희가 여군으로 나왔으며 10,000여 명에 달하는 대규모의 인원이 화면을 채웠다.[281]

한국영화진흥조합이 발행한 『한국영화총서』(1972)에는 <나라를 위하여>의 작품 개요가 다음과 같이 정리되어 있다.

> 지리산 공비토벌대 대장 공국진은 혁혁한 전공을 세우며 간호장교인 동생 희숙의 동료 혜련과 사랑을 나눈다. 그러던 중 공비 두목의 하나인 이원초를 생포하여 그의 부상을 돌봐 주며 그로 하여금 개심케 한다는 내용의 반공 계몽영화.[282]

위와 같은 서사 구조와 더불어 이 작품은 로케이션 효과를 통한 스펙터클의 창출, 촬영 및 음악 기술의 활용, 그리고 "기록영화적 수법에서 극영화적 성격을 병행"하는 연출법이 구사되었다는 점에서 호의적인 평가를 얻었다.[283]

무엇보다 <나라를 위하여>는 남북한 단독 정부 수립 이후 분단의 고착화와 여수·순천 10·19사건(1948) 및 제주 4·3사건(1949) 등을 배경으로 유행하게 된 홍개명 감독의 <전우>(1949), 한형모 감독의 <성벽을 뚫고>(1949), 윤봉춘 감독의 <무너진 삼팔선>(1949) 등 이른바 '반공영화'의 한 부류였다는 점에서 시대적 특수성을 매우 강하게 띠었다. 이러한 현상은 1948년 8월 15일 대한민국 정부 수립이 다가오던 시기에 여러 편의 '경찰영화'들이 연이어 만들어진 양상이 재연된 것으로도 볼 수 있다.

요컨대, 해방기 안종화의 영화계 활동은 작품 창작을 통해 본격화되었다. 그는 김좌진, 김상옥 등 항일 영웅을 다룬 영화의 제작 시도를 거쳐 경찰영화 <수우>와 반공영화 <나라를 위하여>를 연출하였고 이들 작품이 완성 개봉됨으로써 자신의 명성을 회복할 수 있었다. 또한 이러한 과정을 통해 유력한 영화계 인사로서의 안정적 지위를 되찾게 되었다. 1949년 한 해 동안에만 문교부 예술위원회 영화 부문 위원,[284] 서울시 문화위원회 영화부 위원,[285] 공보처 산하 대한영화사 촬영부장[286] 등의 명단에 올랐는데, 그러면서 안종화는 해방 정국이라는 역사적 소용돌이 속에서 우익 영화인의 정체성을 보다 확고히 부여받게 된다. 아울러 그 선행 선상에는 <수우>가 자리하고 있었다.

3) 해방기 경찰영화의 기획 배경 및 <수우>의 제작 과정

'경찰영화(警察映畵, police movie)'란 일반적으로 일선의 경찰(들)을 주요 등장인물로 설정하여 그(녀)들의 활약상과 애환 등을 영웅적이거나 진솔하게 때로는 코믹하게 그린 영화를 지칭한다. 경찰영화는 전기물, 멜로물, 액션물 등 기존의 장르와 접합을 이루기도 하는데, 해방 이후 제작 개봉된 몇 편의 극영화 작품은 분명 경찰영화로서 범주화가 가능하다. 더구나 '경찰영화'라는 명칭과 범주는 당대 정책 분야 및 언론계 등에서 통용되고 있었다.

한편으로, 해당 영화는 일선 경찰을 주요 주동 인물로, 밀수꾼을 비롯한 모리배 집단을 반동 인물로 설정하여 대결 구도를 조성하고 종국에는 선인과 악인이 응당한 대우를 받는다는 권선징악(勸善懲惡)적 내용으로 이야기를 전개하였다. 전 작품이 경찰 관청의 후원을 받아 35㎜ 필름으로 촬영되었다는 점에서도 일련의 공통점을 보였다. 동시에, 70년대 '특별수사본부 시리즈', 90년대 '투캅스 시리즈' 등 후대의 한국 경찰영화들과도 구별되는 영화적 특성을 지니기도 한다.

그렇다면, 해방기에 이러한 부류의 영화들이 등장하게 된 시대적 배경은 무엇일까? 일단 경찰영화의 기획과 제작이 이루어진 시기 38선 이남에서의 '경찰'의 조직 구성과 인력 구조의 성격에 관해 살펴보아야 할 것이다. 해당 작품은 경찰을 주요 등장인물로 삼아 사회 정의 실현을 강조하였을 뿐 아니라, 영화의 내용과 주제에 맞게 여러 경찰 조직으로부터 각종 지원을 받았기 때문이다.

해방 직후 '남조선'에서는 건국준비위원회(건준) 산하 치안대를 비롯하여 보안대, 학도대, 경비대 등 자치적 민간 치안 조직들이 결성되었으나,[287] 1945년 9월 8일 미군 진주 이후 군정 당국은 이들을 인정하지 않았다. 그 대신, 해방 전 일본 경찰에 소속되어 있던 사람들을 대거 유임시켰다.[288] 10월 21일에는 군정청 산하에 중앙 경찰 조직인 경무국이, 지방에는 각 도지사 밑에 경찰부가 설치됨으로써 '국립 경찰'이 출범하였다.[289]

군정 경찰은 1946년을 통과하며 그 체제를 정비해 나갔다. 1946년 1월 16일 기존의 경무국이 경무부로 승격되었다. 4월 11일에는 지방 경찰 조직이 개편되어, 도 단위 8곳의 지방 경찰부가 관구경찰청으로 개칭되었다. 9월 17일에는 기존의 제1관구경찰청(구 경기도경찰부)에서 서울 지역이 분리, 수도관구경찰청으로 독립됨으로써 지방 경찰 조직이 9개로 늘어났다.[290]

하지만 경무국의 경찰 계급 체계가 일제 말기의 그것을 그대로 인계한 측면이 컸기에, 일본 경찰 출신자의 대부분이 기존의 직급을 적어도 유지한 상태로 미군정의 경찰 조직에 편입되었다. 또한 북한 지역에서 월남한 적지 않은 수의 일본 경찰 출신자들이 조직체의 일부를 이루었다. 이들 중 상당수는 한민당 등 우익 보수 정치 세력을 배후에 두고 있었다. 특히 경찰 간부에는 한민당 출신들이 많이 포진된 상태였다.

1945년 12월 16일부터 25일까지 열린 모스크바 3상회의 이후의 신탁통치 문제를 둘러싼 좌우 대결 구도를 지나 1946년 5월 6일 1차 미소공동위원회의 휴회 및 5월 25일 정판사 위조지폐 사건의 발생, 같은 해 10월 1일 대구에서의 10월 사건 발발을 거치면서, 군정 경찰은 사회주의 세력에 대한 강력한 진압책을 구사하며 자신의 입지를 굳건히 하고 존재성을 과시하였다. 이후에는 그 양상이 더욱 굳어져 갔다. 1947년 3·1절과 8·15를 전후하여 대대적인 좌익 인물 검거 작업이 펼쳐졌고,[291] 10월 21일 2차 미소공동위원회의 결렬과 11월 14일 남북한 총선거에 대한 UN 결의가 이어지는 사이 좌익에 대한 탄압의 강도는 더욱 높아졌다. 1948년 들어

서는 2·7사건, 4·3사건 등에 다수의 경찰 병력이 동원되었다.[292]

따라서 경찰에 대한 민중의 인식에 부정적인 측면이 상당 부분 자리하고 있었다. 사회주의(者)에 대한 반감이 그리 크지 않은 상태였고 경찰의 무차별적인 좌익 세력 탄압 과정에서 무고한 이들이 피해를 입었기 때문이다. 더욱이 일제강점기 경찰의 반민족적 친일 행위를 경험한 사람들은 해방 후 그 인력과 조직이 온존되고 있다는 사실에 반감을 드러내기도 하였다.

이에 대응하여, 경찰은 조직 내 공보 관련 부서를 설치하게 되었다. 계획이 마련된 시기는 경무부령 제1호 '공보실업무설치령'이 발표된 1946년 5월이었다. 그 내용은 "경무부장 밑에 직속기관으로 공보실을 두고 각 관구청마다 공보실을 설치"하는 한편, 공보관의 주요 직무를 "경찰 소식을 민중에게 이해하기 쉽도록 발표하고 일반 대중에 대한 교화와 그 실천 방법을 수립하며 경찰에 관한 모든 공보를 주안, 선전 발표하고 심사 취체 관리"하는 데 놓는다는 것이었다.[293] "경찰공보실은 1947년 2월 말경까지 전국에 모두 설치"되었다.[294] 아울러 "본부에 총경 1명 경감 3명 통역 등 20명을 두고 관구에는 감찰관 또는 경감을 실장으로 배치"하여 본격적으로 운영되기 시작한 것은 1947년 3월 15일 경이었다.[295] 초대 경무부 공보실장은 김대봉이었다.

경찰 공보실 발족의 '산파역'을 담당한, 초대 수도관구 공보실장 김약이는 "취임하자마자 처음으로 경찰신문의 발간에 착수"하였는데, 이로써 "1947년 3월 『수도경찰신문』 창간호가 선을 보"이게 되었다.[296] 아울러 "경찰 공보 활동 중 중요한 업무였"던 중앙방송국의 「경찰의 시간」을 통해, 라디오 매체를 이용한 대민 청각 홍보 또한 적극적으로 이루어졌다.[297] 대중 매체를 이용하여 자신의 조직과 정책에 관한 대민 공보 활동을 강화하리라는 경찰의 의지가 반영된 결과였다.[298]

여기서의 대중 매체 속에는 당대 유일한 영상 미디어로 자리하던 영화가 포함되었던 바, 공보의 효과를 위해 영화 제작이 시도되기도 하였다. 더욱이 당시에는 영화를 이용한 정치 선전과 정책 홍보를 적극적으로 펼쳐 온 군정청 공보부 영화과를 비롯하여,[299] 의회 기구인 민주의원 공보부와[300] 소방 기관에서까지[301] 제작 활동이 이루어지고 있었다.

한편, 해방 후 경찰은 영화(관)에 대한 현장 검열을 실시하는 대표적 국가 기관이기도 하였다. 미성년자를 대상으로 극장 출입을 금지하는 일도, 음란한 영화의 상영을 단속하는 일도 모두 경찰의 업무에 속한 것이었다. 이로 인해 광복을 계기로 자유로운 예술, 문화 활동을 영위하고자 한 영화계와의 사이에 갈등이 빚어지는 경우도 있었다.

영화에 대한 경찰의 취급 방식 및 대응 태도가 강경함과 통제 일변도를 보였던 것은, 물론 아니다. 1947년 7월 경무부가 "경찰공보실을 설치하게 된 것을 계기로" 하여 "학생과 근로자들에 대한 위안방송, 강연등을" 주관하였을 뿐 아니라 29일, 30일 양일에는 "국도극장에서 최근 입수된 영화와 음악계의 권위를 동원하야 무료 「시민의 밤」을" 개최하기도 하였다.[302] 이를 통해, 당시 경찰이 '민주 경찰'로서의 이미지 제고를 위해 '경민융화(警民融和)'를 내세우며 영화(관)를 활용하였다는 사실이 확인된다.

그러나 영화에 대한 취체와 통제를 주된 업무로 하고 있던 경찰이 직접 작품 제작을 행한다는 것이 결코 쉬운 일은 아니었을 터이다. 이때 가장 실현 가능한 방법은 무엇이었을까? 일반적인 경우라면 일선 영화사가 제작을 담당하고 관련된 경찰 조직이 후원하는 모양새를 취하는 일일 것이다. 더구나 경찰영화 제작에 관내 경찰 조직의 지원이 뒤따르게 됨은 충분히 있을 법한 경우라 할 만하다.

해방기 한국 경찰영화가 지역 경찰청의 후원으로 만들어진 가장 커다란 이유는 바로 이 지점에서 발견된다. 제작을 담당한 영화사가 대체로 신생 회사였다는 사실 역시 간과하기 쉽지 않다.[303] 새 시대에 대한 희망과 현실 세계의 혼란상 그리고 청산되지 못한 식민지 잔재가 뒤섞여 있던 상황 하, 해방기 신생 영화 회사와 '국립 경찰'로 거듭난 경찰 조직 간의 이해관계가 경찰영화 제작을 통해 접합을 이룬 것으로 볼 수 있기 때문이다.

이와 같은 배경 하에, 1947년을 통과하며 일련의 경찰영화들의 제작이 착수 및 진행되었으며 완성 및 공개는 대개 1948년에 이루어졌다. 그러나 시야를 확대해 보건대, <수우>의 최초 제작 시점이 빠르게는 1946년 말로 알려져 있었고[304] <여명>의 본격적인 개봉 시점이 1949년 3월 무렵이었다는 점에서 그 시간적 스펙트럼은 1940년대 후반기에 넓게 걸쳐 있었다고도 하겠다.

포문을 연 것은 다름 아닌 <수우>였는데, 이 작품은 1,000만 원 상당의 제작비가 투입되어 1947년 12월 무렵에 완성된 '대기획' 영화였다. 당시 영화 잡지에 실린 제작 참여자들을 참고하건대, 동

년 10월 시점에서 촬영이 한창 진행되고 있었다.[305] 건설영화사
의 본거지가 인천이었던 바, 제작이 착수된 곳 또한 인천 지역이었
다.[306] 안종화가 각본과 연출을 맡았으며, 이금룡, 전택이, 김소영,
서월영, 김일해, 김선영, 복혜숙 등 내로라하는 유명 배우와 인기
연예인 신카나리아가 출연하였다. 촬영은 한창섭과 홍일명이 담당
하였고, 원작자로는 인천을 포함한 경기도 지역을 관할하던 제1관
구 경찰청 보안과장 이하영의 이름이 올라갔다.[307] 밀수 조직의 우
두머리와 그를 사이에 둔 아내와 정부(情婦), 부부 간의 오발 사건을
담당한 수사관이 주요 등장인물로 설정되었다. 제1관구 경찰청 후
원으로 만들어진 만큼, 대민 계몽 및 경찰 홍보라는 제작 의도가 깔
려 있었다.

[사진 45] <수우> 촬영 현장 사진 속 안종화(오른쪽)[308] (출처: 영화진흥위원회)

건설영화사는 해방 다음 해인 1946년 3·1절을 맞이하여 인천 송
학동에 세워진 회사였다. "3·1 기념 화보 전람회를 개최하는 한편,
인천에서 흥행된 3·1 기념행사의 「뉴-쓰」를 촬영"함으로써 활동
을 개시하였다. <수우>를 제작하기 전에는 '기념 영화'로 <무영의

악마>, <조국을 위하야> 등 위생 선전 문화영화를 내놓은 바 있었다.[309] 건설영화사의 대표 최철은 일제 말기 중국 상하이(上海)에 머물러 있다가 해방 직후인 1945년 11월 인천으로 돌아와 신문사를 경영하였다.[310] 언론인으로서의 그의 직함이 경찰영화 기획 및 제작 성사에 일정 부분 영향을 미쳤다고도 짐작 가능하다. 결국 "1년여간 미미하게 동영화사를 끌고 나오다가 이번에 대작에 착수하게 된 것"은 <수우>를 통해서였다.[311]

<최후의 밤>이라는 제명으로 기획된 <밤의 태양>은 "현 과도기 경찰의 헌신적 노력과 희생정신과 경민일치의 결과를 테마로" 하고 제작 예산도 많게는 1,900만 원에 달하는 거금이 투입된 영화였다. 수도경찰청 경우회 문화부의 후원을 받아 대조영화사에서 제작하고 연출은 일제 말기 왕성한 활동을 보였던 박기채가, 촬영은 베테랑 영화인이었던 이명우가 담당하였다.[312] 기획 확정 및 제작 개시 시점은 1947년 11월이었다.[313] 이 작품은 카바레를 주요 배경 중 하나로 둔 채 형사들과 대규모 밀수단의 대결 구도를 서사의 기본 축으로 설정하였다. 최은희, 한은진, 김승호 등이 출연하였고, <최후의 비상선>으로 한 차례 개명된 다음 최종적으로는 <밤의 태양>이라는 타이틀로 개봉되었다.

대조영화사는 1948년부터 영화 제작 활동을 개시하였는데, 그 첫 작품이 <밤의 태양>이었다. 이 해 여름 음악영화 <봉선화>의 기획을,[314] 가을에는 전기영화 <김상옥 혈사>의 제작을 시도하였으나,[315] 두 작품 모두 완성 단계에 이르지는 못하였다. 제작자 김관수는 연극인 출신으로 1930년대 극단 황금좌와 동양극장 등에서 흥

행 사업을 맡았던 경력이 있었고, 해방 후에는 고려교향협회 사무국장으로 취임하기도 하였다.[316] 그는 북한에서 월남한 뒤 가평 경찰서장과 제1관구청 부청장을 거쳐 1947년 8월 수도청 부청장 자리에 오른 김태일에게 경찰 측에서의 제작 후원을 제안하였는데,[317] <밤의 태양> 크랭크인 시점이 11월경이었으므로 김관수의 제안은 김태일의 발령이 있은 지 얼마 후에 행해진 것으로 추정된다.

<여명>(1948)의 경우, 건설영화사에서 <수우>에 이은 '제2회 특작'으로 기획 제작되었으며 경상남도 지역을 관할하던 제7관구 경찰청의 후원을 받았다. 원작자 타이틀은 제7관구 경찰청장 박명제의 이름으로 채워졌고 극작은 최영수에 의해 이루어졌으며 감독은 "오래동안 일본 동보(東寶)에서 활약하던" 안진상이, 촬영은 역시 일본 유학파 출신인 한형모가 담당하였다. 주요 역할을 맡은 배우로는 권영팔, 이금룡, 복혜숙 등이 발탁되었다. 1947년 연말에 "촬영대본이 최근 완성되야 「로케」반은 이미 부산으로 출발"한 상태였다.[318] 주된 이야기는 어촌에 사는 두 순경 중 한 명이 밀수 모리배에게 포섭당하지만, 그의 뉘우침이 이어지고 결국에는 경찰들이 밀수단을 일망타진한다는 내용으로 구성되었다.

이처럼, 해방기 대표적인 경찰영화 세 편은 영화 제작사에서 기획된 뒤 특정 경찰청의 후원이 더해져 만들어졌다는 공통점을 지닌다. 해방기 경찰영화 등장의 배후에 일제강점기부터 유력한 권력기구로 군림하던 경찰 조직뿐 아니라 해방을 계기로 다시금 활력을 뿜어내기 시작한 영화 제작 업계가 자리하였음을 반증하는 단면으로 볼 수 있다.

4) 서사 구성 방식과 표현 기법의 특징

해방기 경찰영화의 서사 구조와 표현 양식 상의 특징은 무엇이었을까? 안종화가 각본과 연출을 담당한 <수우>를 살펴보자. 이 작품은 1947년 7, 8, 9월 합본으로 발행된 『영화시대』 해방 2주년 기념 특집호부터 4회 연속으로 시나리오가 연재되었으나, 마지막 부분은 게재되어 있지 않은 상태이다. 그 대신, 1948년 3월 상순에 발행된 『영화순보』 2권 1호에 작품의 개요가 소개되었는데, 영화의 줄거리를 포괄하는 글의 전문을 발췌하면 다음과 같다.

> 홍정식(洪廷植)이라는 청년은 청운의 웅지(雄志)를 품고 경찰계를 지망하야 국립경찰학교를 수석으로 졸업한 후 경찰관으로서 제1보를 출발하였다. 그는 어느 날 순찰하든 중 민완(敏腕)한 활동으로 인하야 강도단 5명을 체포하였다. 그는 범죄조사에 과학적이며 윤리적이었다. 그 후 경위로 승진하야 XX서의 조사주임에 취임하자 그의 활동범위의 확대는 그에게 충분하였다.
> 어느 날 자택으로 시내 김한주(金漢柱) 가(家)에 살인사건이 발생된 보고가 왔다. 홍 경위는 즉시 현장으로 달려가 검증 지문채취 등 각종 사상(事象)을 종합하야 과학적 판단을 나려보았으나 범인의 추정은 실로 곤란하였다. 노련한 조사진의 불면불휴(不眠不休)의 고심도 아무 소득 없이 1주일이 경과하였다. 다만 추정할 수 있는 혐의자로선 피해자의 처 정희(貞喜)였다. 그것은 피해자의 애인 향화(香花)의 자살과 유서로 보아 짐작할 수 있었다. 어느 날 정희는 홍 주임 실에 나타나게 되었다. 전일(前日)의 형사에게 취조받을 때와 달라 온정 있는 홍 주임의 그 한마디 한마디가 자기의 양심을 쏘는 듯하였다. 정희는 한숨 끝에

눈물을 흘리며 마치 유아가 모친을 반기듯 한 태도로서 전후 사실을 일체 자백하였다. 남편 김한주는 생래(生來)의 방탕성을 발휘하야 화류계 여자를 상대로 방탕한 생활을 계속하였다. 정희는 자살도 결심해 보았으나 어린 자식들 때문에 주저하고 지내왔던 것이다. 그러든 중 남편은 주장(酒場)에 있는 향화에 열중하야 지나든 중 하로 밤은 술이 대취(大醉)하야 향화를 동반하야 귀가했다. 정희는 남편과 향화에게서 가진 모욕을 당하자 격분을 참지 못하여 자살할 결심으로 탁상 설합에 있는 권총을 끄내들자 남편은 놀래며 그 권총을 빼앗을랴고 승강이를 하다가 우연히 발사되어 남편의 몸에 명중되고 말었다. 남편은 죽엄이 박두(迫頭)함에 비로서 모든 것을 안해에게 참회하였다. 그리고 자식의 장래를 위아야 안해의 죄인될 것을 두려워하고 괴한의 침입이라고 알리며 뒤를 무사케 하라고 안해와 향화에게 절절히 부탁한 후 이내 절명되었다.

정희는 남편의 부탁을 받드러 자식의 장래를 생각하고 이 범죄를 심중에 품고 불안한 나날을 보내온 것이다. 정희는 과연 죄인일가? 이 범죄에 적용되는 법의 사회적 효용은? 그리고 또 부모를 일시에 일은 아해(兒孩)들의 장래는? 홍 주임은 탄식하였다. 법은 눈물이 있을 것이다. 그리고 온정도 있을 것이다. 홍 주임은 정희 없는 동안 가련한 아해들에 뒷배까지도 보아줄 결심을 하고 눈물겨운 사정의 조사와 관대한 처분이 타당하다고 사료한다는 의견서까지 작성 첨부하였다.

정희는 홍 주임에 감사의 뜻을 표하고 송국(送局)되었다.

(띄어쓰기 및 한자 표기 교정-인용자)[319]

경찰관 홍정식(이금룡 분)이 문제를 해결하는 인물로 등장하고 사건의 중심에 놓인 여성 인물인 정희(김소영 분)가 방탕한 사내 김한주(전택이 분)의 아내로 설정되어 있다. 그러면서 영화는 경찰과 범인 간의 물리적 대결 구도보다는 인정(人情)을 기반으로 하는 멜로드라마적 요소를 통해 극적 긴장을 조성한다. 특히 김한주를 사이에 두고 그의 아내와 내연녀 향화(신카나리아 분)가 벌이는 갈등의 양상과 사망 사건 이후 정희와 홍정식 간 소통의 과정이 이야기 전개의 한 줄기를 형성한다는 점에서 특징을 보인다.

[사진 46] <수우>의 스틸 사진 속 전택이, 김소영, 신카나리아 (왼쪽부터)[320]
(자료 제공: 한국영상자료원)

이와 관련하여, 내연녀 역할을 맡았던 신카나리아의 30여 년이 지난 기억 속 <수우>는 "전택이, 김소영 그리고 나 세 사람이 벌이는 삼각관계를 그린 내용"을 담은 작품이었다. 영화에 대한 회고와 함께 『동아일보』 1981년 8월 4일 자 7면에 실린 영화의 스틸 사진에는 이들 세 명 사이의 긴장감이 극에 달해 보이는 장면이 담겨져 있었다. [사진 46]을 들여다보자. 왼쪽으로 김소영이 화난 얼굴을 하며 맞은편 신카나리아를 노려본다. 그녀의 오른손에는 권총이 있는데, 이를 전택이가 제지한다. 신카나리아는 오른손으로 자신의 뺨을 만지면서 놀란 표정을 짓고 있다.[321]

[사진 47] <수우>의 광고 포스터[322] (출처: 『세계일보』 1947.10.8.)

이는 영화 포스터에도 반영되었다. 『세계일보』 1947년 10월 8일자 1면에 실린 [사진 47]을 살펴보자. 우선 광고 지면을 채운 가장 커다란 그림 이미지는 당대 최고 유명 여배우 중 한 명인 김소영의 얼굴이다. 화면 오른편에 그려져 있는데, 좀 더 오른쪽 하단에 전택이의 상반신이, 왼쪽으로 화면 중앙의 영화 제목을 지나 상단 부분에 이금룡의 상반신이 그려져 있다. 출연자 명단에도 배우명이 남녀로 구분되어 있다는 점이 눈에 띈다. 왼쪽에는 순서대로 이금룡, 김일해, 전택이, 이화삼, 송재노, 권영팔, 서월영의 이름이, 오른쪽에는 김소영, 신카나리아, 김선영, 정득순, 김양춘, 박옥초, 복혜숙의 이름이 기재되어 있다. 광고 문구대로 "문제의 스타-시스템"이라 할 만하다.

동시에 영화는 "제작비 일천만원!! 조선영화 사상 최대 거편(巨篇)"이라는 수식어를 통해 그 제작 규모와 스펙터클을 과시하고 "건설영화사 초특작"이라는 문구 밑에 "후원 제1관구경찰청"을 명기함으로써, 경찰영화라는 장르적 성향을 강조한다. 다소 신파적인 서사 패턴을 취하면서도 경찰의 존재성을 통해 계몽성을 덧붙이고 볼거리를 제공하여 흥행의 경쟁력을 높이기 위한 홍보 전략의 일환으로 볼 수 있다.

이에 따라, 안종화는 <수우>를 통해 멜로드라마 중심의 극적 구조와 갱스터 영화를 연상케 하는 화면 분위기, 그리고 경찰영화 나름의 계몽적 메시지가 어우러지는 특유의 연출 스타일을 구사한 것으로 보인다.

박기채 감독의 <밤의 태양>은 어떠한가? 영화의 줄거리는 다음과 같이 정리된다. 인천 암흑가에 카바레를 본거지로 불법을 일삼는 청사단이라는 밀수 조직이 있다. 두목은 청사(靑蛇, 장진 분)이며, 그에게는 6년간 만나지 못한 어머니와 여동생 복실(최은희 분)이 있다. 어느 날 복실은 교통사고를 당하나, 순경 김대식(김동원 분)이 그녀를 도와준다. 그리고 이를 계기로 둘은 연인 관계를 맺는다. 한편, 열혈 단원이던 국현(전택이 분)의 배신으로 위기에 처한 청사단은 더욱 과감하게 범행을 일삼는다. 이에 경찰도 수사의 강도를 더욱 높여가고, 그 과정에서 김대식 또한 청사단 검거에 투입된다. 결국 경찰에 의해 청사단의 본거지가 성공적으로 소탕된다. 그러나, 청사와 복실의 관계가 드러남으로써 영화는 안타까움을 자아내며 마무리된다.[323]

이 작품 역시 복실 가족의 비극적 사연이 하나의 사건을 이루며 서사 구조 내 멜로드라마적 요소가 강조되면서 보다 많은 관객을 소구할 수 있었다. 이와 관련하여, 개봉 시점에 나온 포스터에서는 제복을 착용한 남성 경관의 사진이 우측 하단을, 세련된 차림의 젊은 여성의 사진이 좌측 상단을 장식하였다. "올스타 캬스트"를 자랑하는 출연자 란이 장진, 김동원, 전택이, 김승호 등 남성 인물의 이름과 더불어 전옥, 한은진, 최은희, 복혜숙 등 유명 여자 배우들의 이름으로 채워져 있었다는 점도 동일한 맥락에서 주목된다.[324]

하지만 그녀들의 역할이 전통적인 여성상에 머물지 않고 여자 갱(한은진 분)이나 카바레의 여인(전옥 등)까지도 아우르고 있었다는 점 또한 간과해서는 안 될 것이다. 이는, 활극 성향을 강조하고 "천문학적 돈, 여자 갱, 수위 높은 러브신" 등을 가미함으로써 대중성을 확보하려 한 영화의 기본적인 흥행 전략과 직결되기 때문이다.[325] 이러한 경향은 영화 완성 당시 포스터를 장식한 "조선 최초의 일대 스펙타클 영화"라는 문구를 통해서도 재차 확인된다.[326]

<여명>의 경우로 넘어가 보자. 한 어촌 경찰 지서에 두 명의 순경이 근무한다. 윤태선 주임(권영팔 분)과 이 순경(이금룡 분)이 그들이다. 전자는 임무에 충실한 인물이나, 후자는 그렇지 못하다. 어느 날 이 순경이 라이터를 뇌물로 받고 밀수꾼 이한종의 범죄 행위를 모른 척 해준다. 윤 주임은 소학교 교사로 모친(복혜숙 분)과 함께 사는 명숙(정득순 분)과 가깝게 지내지만, 명숙의 친구인 인선(이민자 분) 역시 그를 마음에 둔다. 인선은 모리배의 세계로 빠져든 충국(황남 분)의 누이이나, 충국은 그녀를 노리는 또 다른 모리배(진훈 분)에게 인선을 넘기려 한다. 결국 인선은 충국의 범죄를 막다가 목숨을 잃는다. 한편, 이 순경은 과오를 반성한 뒤 지서의 주임과 경찰 상관(서월영 분)에게 자신의 비리를 고백한다. 이후 경찰은 밀수단에 대한 검거 작전에 돌입한다. 그 과정에서 이 순경이 총에 맞아 유명을 달리

하나, 결국 경찰에 의해 범인들을 체포되고 밀수품도 환수된다.[327]

이렇게 <여명>은 이야기의 무게 중심이 이 순경이라는 경찰 개인의 내적 유혹, 갈등, 회개, 극기와 경찰 조직의 밀수배 일당 소탕으로 점철되어 있으면서도 여타 인물과 배경과 사건들이 다채롭게 조합되어 있다는 특징을 보였다. 한국영상자료원 홈페이지 한국영화데이터베이스에 보존되어 있는 <여명>의 스틸 사진 94장을 통해 이는 더욱 구체적으로 실증된다. 사진의 숫자나 이미지 등을 종합하면, 서사의 초점이 이 순경보다는 윤 주임 쪽에 맞추어진 상태에서 사건의 줄기가 두 여성을 비롯한 그의 주변 인물들까지로 고루 뻗어 있었을 것으로 추측된다. 주요 공간적 배경 역시 파출소에 국한되거나 부두, 바 혹은 카바레 등과 같이 특수한 장소뿐 아니라 민가, 마을, 해안, 병원, 학교 등 다양한 생활 장소로 설정되어 있었다.[328]

관련 이미지와 문헌 자료 등을 통해 확인되듯 경찰관 개인의 인간적 내면이 담백하게 그려졌다는 사실 이외에도 일상의 장소가 주요 공간으로 배치되고 그 속에 다양한 부류의 사람들이 등장한다는 점에서, 또한 '잔잔하고 과장 없는' 이야기 전개와 '리얼'하고 '허구' 없는 장면 표현이 작품의 주조를 이루었음을 언급하는 당시의 평을 살피건대, '스펙터클', '최대 거편' 등의 수식어로 남성성을 강조하던 이전 경찰영화들과의 차별점이 눈에 띄기도 한다. 그러나 동시에, 이순경이 기선 운전사를 바다에 빠뜨린 후 그것을 본인이 운전하는 등 "일견 모리배와의 활극을 전개시키려는" 부분을 통해 볼거리가 제공되고 경찰이 범죄 조직의 악당들을 물리침으로써 서사가 종결되는 한편,[329] 멜로드라마적 요소로 인해 극적 긴장감이 가중된다는 점에서는 여타 경찰영화들과의 동질성을 여전히 이루고 있었던 것으로 보인다.

이상의 내용을 종합하면, 해방기 경찰영화의 공통적 특징은 다음과 같이 정리된다. 이들 작품은 정의 사회를 구현하려는 민주적인 경찰 조직이 밀수를 비롯한 범죄 행위로 일확천금을 노리는 모리배 집단을 소탕한다는 이야기 구조에 역동적이고 스펙터클한 활극 이미지를 덧붙임으로써 기본 양식을 구축한다. 혹은 일선 경찰관 또는 사회적 악인과 인연이 있는 여성 인물을 중심으로 하는 다양한 형태의 가정 비극을 삽입하여 멜로드라마적 요소를 강화한다. 여기에 제복, 무기, 공관 등의 미장센 요소를 통해 경찰영화라는 성격을 드러내면서도, 밀수, 불륜, 뇌물 수수 등 금기된 행위나 카바레와 같은 퇴폐적 장소를 노출시킴으로써 관객의 호기심을 자극한다.

기획 배경과 제작 과정은 물론이고, 이처럼 유사한 영화적 패턴까지 <수우>, <밤의 태양>, <여명> 등의 작품에 공유되었다는 점에서 동시기 경찰영화는 일종의 장르화 경향을 보였다고 할 만하다. 그리고 이는 영화의 흥행 단계 및 비평 영역으로까지 확대되어 이어진다.

아울러, 여전히 몇 편 되지는 않았으나 일제 말기와는 구별되는 열기와 성과를 보이던 해방기 (극)영화 제작의 다소 복잡다단해진 흐름 속에서[330] 이들 영화가 특정한 작품군을 형성하였다는 점도 주목된다. 통속적 애정물, 가정극, 활극을 비롯하여 음악영화, 컬러

영화, 문예영화 등 보다 다양한 갈래 안에, 후대 '광복영화'로 일컬어지게 되는 일련의 전기(傳記)영화[331]나 새 사회 건설을 다룬 여러 편의 영화[332] 등과 더불어 안종화 감독의 <수우>를 비롯한 경찰영화가 자리해 있었던 것이다.

5) 상영 양상과 평단의 반응

대한민국 정부가 수립된 1948년 일련의 경찰영화들이 연이어 완성 또는 개봉되었는데, 주목되는 점은 이들 작품(군)이 동시기 한국 극영화의 중심에 위치하고 있었다는 사실이다. 일례로 새해 첫날 신문 지상에 실린 안석영의 글에서 영화계 "고심참담의 2년간의 노력"의 결과로 기대되는 작품 다섯 편 가운데 세 편이 <수우>, <여명>, <최후의 밤>(<밤의 태양>) 등 경찰영화였다.[333] 이후에도 이들 세 영화가 동시기 여러 평론가들에 의해 유사 작품(군)으로 거론되는 경우가 종종 포착되는 바,[334] <수우>를 시작으로 <밤의 태양>, <여명>으로 이어진 경찰영화가 극영화의 특정한 부류로 인식되고 있었음이 확인된다.

경찰영화 중에 가장 먼저 공개된 작품은 <수우>였는데, 1948년 5월 5일과 6일 시공관에서의 특별 유료 시사회를 거쳐 5월 18일부터 22일까지 같은 장소에서 상영된 후[335] 다시 6월 9일부터 5일 동안 성남극장에서 상영되었다.[336] 특히 5월 18일부터는 특별한 흥행 전략이 취해지기도 하였다. 영화 상영에 맞추어 전영수 원작,

김영수 각색, 홍개명 연출의 연극 <난영> 1막이 동시 상연되었던 것이다. 이 공연은 전택이, 송재노, 노경희, 정득순, 황남 등 <수우> 출연 배우들에 의해 실연되었는데, 극장을 찾은 이들에게 색다른 볼거리를 제공하였다.

<밤의 태양>의 경우, 7월 1일부터 7일까지 국도, 중앙, 성남, 동도 극장 등 서울 시내 영화관에서 일제히 공개되었다. 중앙극장과 동도극장의 경우 영화 상영에 더하여 쇼 공연을 제공함으로써 관객 몰이에 나서기도 하였다. 이 가운데 중앙극장에서는 러닝 타임 1시간 30분의 영화 상영 프로그램을 하루 5회에 걸쳐 배치하고 그 중간 중간에 30분간 '여름의 환상곡'이라는 제목의 쇼를 선보였다. <밤의 태양> 출연진이기도 한 전옥을 비롯하여 남인수, 장세정, 고복수, 황금심 등 인기 가수들과 백조가극단 소속 무용단의 특별 무대가 준비되어 있었다.[337] 또한 동도극장에서는 하루 4회 배치된 영화 상영 시간 10분 전마다 동도예술좌의 풍자극 <시인과 숙녀> 1막 2장이 상연되었다.[338]

흥행 성과는 괜찮은 편이었다. 입장 관객이 6만 명에 육박하였고 이에 따른 수입액도 1,000만 원을 넘었던 것이다. 그러나 이러한 수치가 수익을 거두는 데까지 이어지지는 못하였다. 이 영화에 투입된 제작비 자체가 총 수입보다도 큰 액수였기 때문이다.[339] 아울러 뜻하지 않게, 영화에 대한 반향은 대중적 관심을 얻는 것을 넘어 사회적 물의를 빚는 정도로 커지게 되었다. 이슈 거리는 크게 두 가지였다.

첫 번째는 입장권 매매 방식 중 조직적인 우대권 암매에 관한 것이었다. 영화의 개봉일을 목전에 두고 "초대권이라는 명칭으로 한 장에 2백원씩을 받고자 각 요정, 음식점, 기타에 일선 경찰관을 동원하야 매각시키"는 사건이 파장을 일으켜, 6월 30일 수도 경찰청장 장택상이 각 경찰서 서장들을 소집하여 과장 회의를 열고 담화를 발표하는 등 수습에 나서기도 하였다.[340] 일부 경찰관의 사욕에서 비롯된 해프닝이었을 수도 있으나, "영화의 순 이익금은 일선 경관의 생활에 도움을 주리라"는 명목 하에 제작 과정을 거치며 "박봉인 경관들의 봉급에서 제한 기금"을 유용한 정황이 공공연히 드러났던 바,[341] 경찰 조직의 집단적 강압성이 여론의 도마에 오를 여지도 다분하였다.

두 번째는 영화의 내용 중 경찰의 친구로 등장하는 신문 기자의 캐릭터 설정 및 묘사와 관련이 있었다. 작품이 그를 "취급하기를 마치 흑짝꾼같이 하여 일반 언론인들의 의분을 사고 있다"는 이유로, 수도관구 경찰청 출입기자단 일동이 7월 5일 "신문 기자 등장 장면의 삭제"와 "제작 책임자의 정식 진사"를 요구하며 수도청 공보부장, 경우회 대표, 제작자 김관수, 감독 박기채 등 주요 관계자들에게 항의서를 제출하였던 것이다.[342]

이에 군정청 공보부장 김광섭이 유감을 표명하며 "수도청과 연락도 하고 제작자의 견해도 타진하려"는 모습을 보였으나,[343] 사태 봉합이 이루어지지 못한 채 정책 당국의 강력한 제재를 받게 되었다. 7월 30일, 딘(William F. Dean) 군정장관이 이들 사건을 문제 삼아 <밤의 태양>뿐 아니라 <수우>, <여명> 등의 경찰영화에 대한 유료 상영을 일체 정지 및 금지시켰기 때문이다. 무료 공개에 대해서는 허용 방침을 피력하였지만, 세간에서는 "상당한 제작비를 드려 만든 영화인만큼 그 손해는 누가 볼 것인지"에 대한 우려의 목소리가 흘러나오고 있었다.[344]

거금이 투입되어 만들어진 <밤의 태양>의 제작비 일부가 일선 경찰관의 주머니로부터 충당되고 서울 시내 극장 흥행 결과 적지 않은 액수의 적자가 발생한 상태에서 유료 상영 금지라는 처분을 받았던 바, 이는 경찰영화 제작 자체를 위축시키는 결정적인 계기로 작용하였을 가능성이 높다. 특히나 공개 이전 시점에 놓여 있던 <여명>의 경우, 그 손실이 가장 클 수밖에 없는 형국이 펼쳐졌다.

<여명>의 공식적인 상영은 1949년 봄에 이루어졌다. 1949년 3월 16일 경부터 22일까지 수도극장에서의 영화 개봉이 있게 된 것이다. 포스터 상단에 "문제의 영화는 드디어 공개되다"라는 문구가 적혀 있는 것으로 보아, <밤의 태양>으로 인한 미군정의 유료 상영 금지 조치가 해제 또는 무효화된 상태에서[345] 경찰영화에 '문제의 영화'라는 수식어가 붙게 되었음이 추정 가능하다. 또한 개봉 시점에 이르러 관객 확보를 위한 흥행 전략의 측면에서 그것이 오히려 영화 홍보를 위한 수식어로 변용되었다는 점도 눈에 띈다. 아울러, 영화 상영에 맞추어 "깨끗한 리즘과 노래"를 "서울의 자랑꺼리"로 자부하는 신신경음악단의 "봄마지 민요 주간" 기념 연주가 동시에 행해졌다.[346] 관객 동원을 위한 프로그램 구성에 있어서도 <수우>와 <밤의 태양>의 전철을 밟았던 것이다.

경찰영화에 대한 평가에 있어서는 긍정적인 면과 부정적인 면이 공존하였다. 이철혁은 1948년 영화계를 회고하는 글을 통해 "정치

적 사회적 혼란", "설비의 불충실, 자재의 입수난", "외국영화의 무절제한 범람" 등에 따른 "불우한 조건 가운데" 많은 수의 작품이 제작 완성되었다면서도, 일부를 제외한 "대개가 비위한 영합적 태도와 안이한 기만적 태도로" 만들어진 졸작이었다고 지적하며 영화인의 "개성과 창의와 열의"에 대한 존중을 촉구하였다. 그런데 여기서 그가 예로 든 작품들은, 가장 먼저 언급되어 대표성을 드러낸 35㎜ 발성의 경우 "경찰관계 영화로 <여명>, <수우>, <밤의 태양> 이외에 <독립전야>(고려영화사), <해연>(예술영화사)"이었다. 총 다섯 편의 극영화 작품 중에 세 편이 경찰영화였던 것이다.[347] 이러한 사례를 통해 1948년 당시 일련의 경찰영화가 조선영화 제작 경향을 주도하던 가운데,[348] 자연스레 동시기 한국영화에 대한 부정적 시선 중 커다란 갈래가 경찰영화와도 연관성을 지니게 되었다는 사실이 확인된다.

물론, 반론이 개진되기도 하였다. 김정혁의 경우 정부 수립을 계기로 한 자유로운 민족 영화의 재건은 순수한 '시인의 반성'을 넘어 "정치에 결부"된 현실적 대응을 통해 이루어질 수 있음을 역설하였다. 그에 의하면 동시기 영화계의 환경 속에서 '반민족적'인 작품은 바로 "<낮도깨비>같은 16미리 무성판 영화"였고, 이러한 작품의 제작은 한국영화의 기술적 퇴보를 반영하는 일시적 유행 상태에서 멈추어질 필요가 있었다. 반대로 그는 영화산업 여건이 부실한 상황 하에서 35㎜ 발성 장편영화로 기획되어 일종의 장르화 경향을 보인 <수우>, <여명>, <밤의 태양> 등 일련의 경찰영화에는 특별한 의의를 부여하였으며, 영화 제작에 관한 경찰의 개입을 옹호하

는 데서 그치지 않고 경찰 조직을 해당 작품들의 기획 및 제작의 주체로 인정하기까지 하였다.[349]

경찰영화를 둘러싼 이철혁과 김정혁의 견해는 당대 한국영화가 갖추어야 할 기본 요건을 각각 개성과 창의와 열정으로 볼 것인가, 설비와 기술과 자본으로 볼 것인가에 따른 이견이었다. 주목되는 부분은, 둘 다 동시기 한국영화가 양 측면에서 모두 고전을 면치 못하였다는 점에서는 견해를 같이하면서도, 경찰영화의 경우 대체로 전자에 대해서는 단점과 빈약함을, 후자에 대해서는 상대적으로 장점과 양호함을 지닌 작품(군)으로 인식하고 있었다는 사실이다. 대한민국 정부 수립을 전후한 시기 극영화의 한 부류로서 경찰영화의 보편적 성격과 특징적 양상을 동시에 드러내는 지점이라 하겠다.

6) 나오며

해방기 경찰영화는 일제강점기에 비해 다양하고 자율적인 제작 경향 및 환경 하에 민간영화사가 대표적 공권 기관인 경찰 조직의 후원을 얻어 경찰의 공적인 활약상과 경찰관 개인의 생활상을 카메라에 담으면서 만들어졌다.

그러나 기왕에 '경찰영화'라는 타이틀을 내건 이상 그 속에 독립 국가에서의 경찰의 참모습이나 공권력의 의미, 혹은 사회적 당면 과제나 현실 문제 등에 대한 진지한 고민과 성찰의 흔적이 녹아들었다면 좋으련만, 아쉽게도 그렇지는 못하였던 것으로 보인다. 경찰이나 경찰관에 대한 맹목적 지지와 표층적인 묘사에서 탈피하지 못하고 범죄나 범인에 대한 현상 또는 인상만을 취하였다는 점도 아쉬운 부분이다. 경찰영화들의 서사 구조와 표현 양식이 대체로 엇비슷한 이유로 지적할 만하다.

이에 관해서는 작품 외적으로도 시야를 확대해 볼 필요가 있다. 일련의 경찰영화는 선행은 경찰에 의해, 악행은 밀수범에 의해 행해지는 것으로 제시하며 선과 악의 이분법적 대결 구도를 내세운다.[350] 하지만 경찰에 대한 대중의 인식은, 영화 속에서 '선'의 수호자로 등장하는 것과는 상반되게 현실적으로는 오히려 좋지 못하였다.[351]

근본적인 원인은 경찰 내부에 잠재해 있었다. 해방 후 대대적인 쇄신이 요구되던 경찰의 조직과 인력이 일제강점기의 그것과 별반 다르지 않게 연속성을 띠었기 때문이다. <수우>의 원작자로 이름을 올린 이하영과 <여명>의 원작자로 이름을 올린 박명제의 경우가 그러하듯, 다수의 경찰은 식민지 시기 일본 경찰 출신이었다. 해방 초기 이들은 경찰 권력의 취약한 정당성과 경찰에 대한 민중의 비판적 시선을 가리기 위해 부단히 움직였고, 이는 경찰 공보실 발족 등을 통해 체계를 갖추어 갔다.[352]

해방기 경찰영화는 바로 이러한 배경 하에 만들어졌다. 그 저변에는 작품 제작을 통해 해방 공간에서 문화적 헤게모니를 쟁취하려는 (우익)영화인들의 욕구가 깔려 있기도 하였다. 그리고 여기에는 <수우>의 감독 안종화도 포함되어 있었다.

한편, 해방기 영화 제작 업계의 가장 커다란 난점은 영화인의 창작 의욕과 열의를 뒷받침할 만한 제반 여건이 마련되어 있지 않다는 것이었다. 그래서 우후죽순 설립된 영화사들 가운데 1~2편을 내놓고 제작 활동을 이어가지 못하는 경우가 다반사였고, 제작 진행 과정에서 완성 단계에 이르지 못한 채 흐지부지 중단되는 작품의 수도 적지 않았다.[353]

이에 비해 경찰영화의 경우 대부분 계획대로 완성되었다. <밤의 태양>의 제작자 김관수가 그 비결에 대해 "현실과 타협하는 노력" 및 "객관적 조건을 극복하는 용감"으로 단언하며 이를 "신뢰하고 자부"한다고 공언할 만큼,[354] 미국 할리우드 영화가 "조선의 극장가를 점령"하고 "1년에 4~5편의 영화를 제작할 수밖에 없는 조선영화의 열악한 제작여건"에 놓여 있던 당시로서[355] 이는 분명 대단한 일이었다. 한국영화의 존립 자체가 위협받던 해방기, 경찰영화의 일차적인 영화사적 의의는 바로 이러한 지점에서 발견된다.

해방기 경찰영화는, 전술한 바대로 당대 한국영화의 제작 경향을 종합적으로 수용함으로써 장르화 경향을 주도하였다는 점에서도 주목된다. 해방 공간에서 극영화 제작이 본격화되기 시작한 것은 1946년부터였는데, 이 해 완성 및 개봉된 작품은 이구영 감독의 <의사 안중근>, 이규환 감독의 <똘똘이의 모험>, 최인규 감독의 <자유만세> 등 모두 3편이었다. 이들 영화는 민족 독립의 실현 또는 사회 정의의 구현이라는 시대적 과제를 활극, 멜로, 스펙터클, 권선징악 등의 키워드를 통해 제시하였다. 그리고 이러한 특징은 경찰영화를 비롯한 당대 극영화로도 전이되었다.

그렇기에, 경찰영화가 공유하던 서사 구조와 표현 양식의 여러 양상들은 동시대의 주요 극영화 작품(군)에서도 발견된다. 영상 자료가 현존해 있는 작품만을 가지고 예를 들더라도, 세 작품 모두에서 첫 장면 등을 통해 강조된 활극성과 다이내믹한 전개 방식 등은 <자유만세>와 닮아 있다. <수우>의 경우, 죽어가는 악인이 잘못을 뉘우치고 가족에게 유언을 남기는 장면은 최인규 감독의 <독립전야>(1948)와도 공유된 바 있으며 사고로 인해 남편이 죽고 아내가 피의자 신세가 된다는 내용은 윤대룡 감독의 <검사와 여선생>(1949)에서도 반복된다.

이를 토대로 <수우>는 나름의 영화적 특성을 살린 작품이라는 점에서 당대의 비평적 찬사를 받기도 하였다. 1948년 9월에 발간된 『영화시대』 속간 3권 2호 지면을 통해 이태우는 이 작품을 "법에도 눈물 있다는 것을 테-마로"한 '멜로드라마'로 소개하였는데, 김한주의 죽음 이후 내연녀 향화가 크게 흥분하여 자살에 이르는 과정에 과잉이 들어가 있기는 하지만 전체적으로 "현실을 그대로 취급"하였기에 "대중적 흥미와 공감을 갖게 하는" 힘을 지니게 되었다고 설명하였다. 아울러, 이 작품이 "현재의 악조건" 속에서도 촬영과 녹음이 잘 이루어지고 특히 안종화 감독의 "노련한 수법"과 "직인(職人)적 기교"가 "발휘"되어 "해방 후 수많은 영화" 속에서도 <자유만세>와 더불어 "조선영화 수준의 정당성을 인정"받을 만한 작품이 될 수 있었음을 강조하였다.[356]

이후의 양상을 훑어보자. 대한민국 정부 수립 이후 경찰영화의 제작 경향은 한 밀수배가 친구의 노력으로 당국에 자수한다는 이야기를 담은 이만흥 감독의 <끊어진 항로>(1949) 등으로 계승되는 듯도 하였으나, 결국 그 자리는 홍개명 감독의 <전우>(1949), 한형모 감독의 <성벽을 뚫고>(1949), 윤봉춘 감독의 <무너진 삼팔선>(1949), 그리고 안종화 감독의 <나라를 위하여>(1949) 등 이른바 '반공영화'에 내어 주게 된다. 냉전의 심화와 남북 분단의 고착화, 이에 따른 이데올로기 대결이라는 환경 속에서 경찰이 군인으로, 밀수범이 공산주의자로 대체되어 갔던 것이다.

해방기 경찰영화는 이미 당대에 통용되던 호칭과 위상을 상실한 채 후대에 이르러서는 "밀수단을 소재로 한 활극 혹은 계몽물"이나 "밀수 근절을 위한 정책영화" 등으로 그 개념이 전도되기도 하며[357] 한국영화사 내에서 간간히 존재성을 이어왔다. 그러나 살펴본 바와 같이, 당시 경찰영화는 대한민국 정부 수립을 전후한 시기 비중 있는 극영화 장르 중 하나로 시대적인 특수성을 반영하고 있었다.

<수우>의 감독 안종화의 영화 인생에 있어서는 어떠하였을까? <나라를 위하여> 개봉 이후 안종화는 1950년 4월 서울특별시 문화위원회 영화부 문화위원으로 선출되고 5월에는 공보처 공보국 영화과장 자리에 올랐다. 6.25전쟁이 끝난 뒤에는 1954년 대한민국예술원 회원, 1956년 한국영화인단체연합회 부회장, 1957년 전국문화단체총연합회 최고위원 등의 직책을 맡아 활동하며 1957년 제6회 서울시 문화상, 1963년 대한민국 국민장 예술 부문 등에서 수상자로 선정되기도 하였다.

동시에 그는 영화 창작에 대한 끈을 놓지 않았다. 1954년 12월 『영화세계』 창간호에 시나리오 <운명>을 게재하고 1955년에는

<황진이>의 감독으로 낙점된 바 있었으며, 결국 <천추의 한>(1956) 으로 제작 현장에 복귀한 뒤 <사도세자>(1956), 컬러영화 <춘향전> (1958) 등을 통해 연출작을 늘려갔다. 이들 영화는 모두 일제강점 이전 시기의 비화나 고전 문학을 영화화하였다는 측면에서 공통점을 지녔으며, 이는 전후 한국영화의 재건 과정에 있었던 당대의 주요한 제작 경향이기도 하였다.

영화인 안종화를 둘러싼 평가에서 친일 행적 등의 과오를 무시하기는 힘들겠지만, 자신에게 주어진 시대적 공기를 재료 삼아 영화 만드는 일을 위해 부단히 노력한 감독으로서의 그의 발자취 자체를 부정할 수는 없을 것이다. 이는 특히 광복 이후 그의 영화 연출과정에 일정 부분 반영되어 있다. 해방기 안종화의 첫 번째 연출작이자 경찰영화로서도 첫 개봉작인 <수우>에 대한 재고찰이 필요한 이유는 바로 이러한 지점에 존재한다.

미첼Mitchell

일본의 주요 스튜디오가 참여한 징병제 실시 기념영화인 조선영화제작주식
회사 창립작품 <젊은 모습>(1943)은 미첼 카메라를 사용했다. 그러나 같은 시기
이명우 촬영감독은 <조선해협>(1943)을 일본의 제작지원 차별로 미첼 카메
라로 촬영해보고 싶었지만 거절당했다.[358] 일제강점기에 '미쯔에르'라고 불리운
미첼카메라는 중고 카메라로만 촬영하던 조선영화 촬영감독들에게는 사용해
보고 싶은 선망의 대상이었다. 최인규는 사단법인 조선영화사에서 <태양의 아
이들>(1944), <사랑과 맹세>(1945)를 연출했는데 두 작품 모두 도호(東寶)에서 미
첼카메라를 대여했다.[359] 1932년 출시한 미첼 NC(Newsreel Camera)는 벨 앤 하
우웰 카메라의 무브먼트를 개선한 것으로 카메라와 6피트만 떨어져 있어도 소
리가 나지 않았다고 기억하는 유장산 촬영감독의 구술처럼 방음장치인 블림프
(blimp)가 없어도 카메라의 소음은 적었다.[360] 일제강점기와 미군정기, 그리고 한
국전쟁을 겪으면서 영화제작을 위한 장비 등의 기반이 대부분 파괴된 상황에서
미첼 카메라로 촬영할 수 있는 기회는 주한 미공보원(USIS-Korea)을 통해서 가능
해진다. 주한 미공보원에 재직했던 김기영 감독의 데뷔작 <죽엄의 상자>(김기영,
1955)는 한국전쟁 후 미첼 카메라로 처음으로 동시녹음을 시도한 극영화 작품이
다. 또한, 한국의 공보실(OPI)은 일본에서 제작한 미첼의 복제품 세이키(Seki), 공
보처는 국제연합 한국재건단(UNKRA)기금으로 구입한 미첼 BNC(Blimped NC),
한국영화문화협회는 아시아재단의 지원으로 미첼 NC를 보유하고 있었다.[361] 민
간의 제작자로는 이승만 정부의 지원을 받아 안양촬영소를 건립하고 미첼 카메
라로 흑백 시네마스코프 <생명>(이강천, 1958)을 제작한 수도영화사의 홍찬이다.

[사진 48] 한국영화문화협회의 지원을 받은 <돈>(김소동, 1958)의 배우와 스태프, 카메라 오른편 심재흥 촬영감독 (출처: 영화진흥위원회)

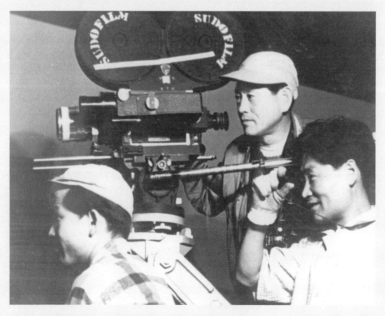

[사진 49] <생명>(이강천, 1958)의 촬영 현장, 촬영감독 김학성 (출처: 영화진흥위원회)

8. 한국전쟁 이후 안종화의 영화계 활동

유창연

1) 들어가며

이 글은 한국전쟁 이후 시기를 중심으로 영화인 안종화(安鍾和, 1902~1966)의 활동을 구체적으로 살펴본다. 1924년 영화 <해의 비곡>(왕필렬 감독)의 주연배우로 영화계에 입문한 이래 <꽃장사>와 <노래하는 시절>(1930)로 영화 연출 활동을 시작한 안종화는 일제강점기와 해방기, 한국전쟁과 그 이후 시기를 거치면서 오랜 기간 영화계뿐만 아니라 문화 예술계의 다양한 분야에서 활동해온 인물이다.

해방 이후 시기 그의 활동은 크게 세 부류로 구분된다. 가장 먼저, 영화 및 문화예술 관련 정부 기구와 각종 직능단체 활동이다. 또한, 영화 연출에 복귀하여 역사적 소재와 고전 설화를 바탕으로 한 사극 및 시대물을 만들어냈다. 아울러, 각종 매체 기고와 단행본 등을 통한 저술 활동을 통해 영화사가로 이름을 남겼다. 이러한 그의 활동 궤적은, 그가 영화계를 비롯한 문화 예술계의 원로로 자리매김했음을 보여준다.

하지만 안종화의 해방기와 한국전쟁 이후 시기 활동에 대한 조명은 그리 활발하게 이루어지지 못했다. 김수남[362]과 김종원[363], 강옥희[364]는 안종화의 생애와 영화계 활동을 개괄하고 있으나 해방 이후 시기에 대한 언급은 그리 큰 비중을 차지하고 있지 못하다.

한국영화사 연구에서 이 시기 안종화의 활동은 특정한 장르적 경향 혹은 개별 작품에 맞추어져왔다. 해방기 '경찰영화'를 중심으로 <수우>(1948)를 언급한 함충범[365]과 전지니[366], 비슷한 시기 제작된 남북한의 <춘향전> 영화를 논한 한상언[367]의 연구가 그러하다. 여기에는 영상 자료와 시나리오를 비롯한 이 시기 안종화의 활동과 관련한 자료들이 남아있지 않다는 점에 기인한다.[368] 때문에 이에 대한 구체적인 사항이 정확하게 정리되어 있지 않은 채 특정 시기를 중심으로 안종화의 영화 활동이 논의되어왔던 것이 사실이다.

이 글에서는 한국전쟁이 발발한 1950년부터 안종화가 타계한 1966년까지 영화계 활동을 살펴볼 것이다. 구체적으로는 영화 및 문화 예술계 관련 직능단체 활동, 영화 작품 및 연출 활동, 각종 신문 및 잡지, 단행본 등의 저술 활동을 관련 신문 및 잡지 기사 자료를 비롯하여 영화 광고와 전단 자료, 시나리오, 단행본 등 당대 발간된 다양한 문헌 자료들을 토대로 실증적으로 검토하는 한편, 이를 통해 이 시기 안종화의 활동 양상을 재구성해 보고자 한다.

2) 영화 및 문화예술 단체 관련 활동

한국전쟁 이후 안종화의 영화계 활동은 영화계 및 문화 예술계 관련 정부 기구와 각종 직능단체 경력으로 집약된다. 안종화는 해방 직후인 1945년 설립된 조선영화동맹의 중앙집행위원장 직을 시작으로 1948년 대한영화협의회 부이사장, 1949년 5월 22일 국무총리령으로 공보처 산하로 귀속된 대한영화사 이사 겸 촬영소장을 역임했다.[369]

1950년대에 들어서도 영화 및 문화 예술 관련 정부 기구와 각종 직능단체의 임원으로 활동이 계속되었다. 안종화는 1950년 4월 28일 서울특별시문화위원회 영화부 문화위원으로 선출되었다.[370] 서울특별시문화위원회는 1948년 12월 특별시헌장에 의해 조직된 각종 위원회들 중 하나이던 시예술위원회로 출발하였다가[371] 이듬해인 1949년 4월 1일 서울특별시문화위원회로 바뀌었다. "서울시의 문화향상과 건전한 문화발전을 기도하려는 의도에서 발족"된 문화위원회는 같은 해 4월 21일부터 초대 위원회를 개최하고 학술, 문학, 연극, 영화, 동양미술, 서양미술, 국악, 양악, 무용, 미술 등 각 10개 분과위원장과 책임고문을 선거를 통해 선출했다.[372] 그리고 4월 25일 개최된 제1회 총회를 통해 "건전한 민족문화의 앙양과 발전"을 내걸고 문화상 시행 세규 제정, 문화장려금 제도, 시공관운영위원회, 독립기념탑 선설, 해군 기지의 건설, 여수 순천의 무장폭도의 완전진압, 산업계의 약진 등의 사업을 결정했다.[373] 서울특별시문화위원회 결성 당시 안종화는 안석주, 이규환, 양세웅, 전창근 등과 함께 영화부 위원으로 선정되었으며 이듬해 위원직에 재선출되었다.[374]

1950년 5월 안종화는 공보처 공보국 영화과장에 임명되었다.[375] 공보처(公報處)는 1948년 7월 17일 제정된 법률 제1호인 정부조직법 제30조 및 제32조에 의거해 정부수립 이후인 같은 해 11월 4일

대통령령 제15호로 설치, 발족된 국무총리 산하 행정기관으로 "법령의 공포, 언론, 정보, 선전, 영화, 통계, 인쇄, 출판저작권 및 방송에 관한 사무를 관장"[376]하면서 "언론출판, 연극, 영화 등 대중문화와 문예계를 감독하고 통제"[377]하는 정부 기구였다. 출범 당시 1실 4국 24과로 조직된 공보처는 1950년 3월 공보국, 통계국, 방송국 3개국(局) 15개과로 개편되었다가, 전쟁 발발 이후 북한의 사상전, 선전전, 심리전 대응의 중요성이 대두되면서 1952년 4월 12일 대통령령 제692호에 의거해 선전국이 신설되어 총 4개국(局) 16개과로 확대 개편되었다.[378]

전쟁이 발발하자 공보처 공보국 영화과의 기능과 역할은 문화영화 및 뉴스영화 제작에 집중되었다. 공보처 공보국 영화과 산하 대한영화사는 전쟁 발발 직전인 1950년 초 기록영화 <명령만 내리면>을 시작으로[379] '관광문화영화'로 기획된 <아름다웠던 서울>(이구영 감독), 국방부 정훈국 후원으로 범아영화사(汎兒映畵社)와 공동제작한 <북위38도>(안진상 감독)[380] 등을 제작했다. 하지만 전쟁으로 인해 영화제작 활동이 중단되었고 1952년 1월 경남도청 지하실에 현상소를 마련하여 전시 뉴스영화 <전란특별뉴스>를 제작하면서 임시수도 부산에서 활동을 재개했다.[381] 이듬해인 1953년 공보처는 <전란특별뉴스>를 <대한뉴스>로 개칭하고 월 1회 제작하여 전국 각지의 극장에 배급 및 상영했다.[382]

전쟁 전 공보처 영화과장이던 안종화는 1950년 10월 재경(在京) 문화인이 종군문인들과 합류하여 결성된 문총구국대(文總救國隊)의 일원으로 참여했다. 문총구국대는 전쟁 발발 다음 날이던 6월 26

일 구상, 박연희, 김송, 조영암, 임긍재 등의 문학인들로 결성 및 조직된 비상국민선전대(非常國民宣傳隊)가 같은 해 9월 대전에서 확대 편성된 단체였다. 문총구국대는 이후 대구에서 육군, 해군, 공군, 종군작가단으로 나뉘어 본격적인 활동을 전개해 나갔다. 안종화는 소설가 박종화, 이선근, 김광섭, 이헌구, 오종식, 유치진, 소동선, 이홍렬, 도상봉 등의 문인 및 문화 예술인들과 함께 문총구국대 심의실 위원으로 전시 문화 활동에 참여했다.[383]

전쟁 중 안종화는 문총구국대 활동 외에 사단법인 대한영화배급협회 이사장으로 활동한다. 1952년 7월 27일 발회한 대한영화배급협회(大韓映畫配給協會)는 "국제문화교류와 전시 하 영화배급 사무의 원활을 기하고 아울러 문화향상을 도모하기 위하여" 국내외 영화배급업자들이 결성한 친목단체이자 "정부협력기관"임을 내걸고 조직되었다.[384] 이 단체에서는 1953년 4월 10일 순간(旬刊)『영화시보』를 창간하는 등, 주로 외화 수입 및 배급사들이 주축이 되어 점차 규모와 영향력을 확대해갔다.[385] 또한 안종화는 문교부차관을 위원장으로 하는 국립극장위원회(國立劇場委員會) 위원으로 위촉되었다. 1953년 11월 대구에서 개최된 국립극장위원회 회의에서는 대구 문화극장을 국립극장으로 개관 및 운영할 것과 국립극장 극장장에 서항석을 임명할 것을 결의했다.[386] 이로써 1952년 1월 문교부 건의안에 의하여 공포된 국립극장 문제가 타결되었다.[387]

전쟁 이후에도 안종화의 영화 부문에서의 중심적인 역할은 계속 이어졌다. 안종화는 1956년 2월 27일 결성된 한국영화인단체연합회(韓國映畫人團體聯合會)의 부회장에 선출된다. 한국영화인단체연합회는 영화인 "전체의 총 역량을 집결함으로써 조국문화진흥의 일익을 담당하자는 의도 하"에 한국영화제작자협회, 대한영화감독협회, 한국영화기술자협회, 대한영화배우협회, 시나리오 및 평론가협회 등, 다섯 개 단체를 기반으로, "기관지 발행, 영화연구화 및 강좌, 영화상 설정, 영화문화의 국제교류 등의 사업"등을 활발히 전개할 것을 내걸었다.[388] 동방문화회관에서 개최된 창립총회에서 회장 윤봉춘, 부회장 안종화, 오영진, 이사 정병모, 김일해, 양주남, 이봉래, 임운학, 감사 김성춘, 이규환, 이한종 등이 임원진으로 선출되었다.[389] 또한 안종화는 같은 해 10월 11일과 12일 개최된 대한영화협회 임시총회 및 제1회 간사회에서 규약 수정과 임원 개선을 거쳐 최고심의위원에 선출되었다. 당시 최고위원으로는 김관수, 전창근, 정화세, 유두연, 복혜숙이었으며 최고심의위원으로는 안종화를 비롯해 전택이, 한형모, 간사에는 황영빈, 허백년 외 14인이 선출되었다.[390]

안종화의 영화계에서의 위상으로 인해 활동 영역은 보다 넓어졌다. 1956년 6월에는 유네스코(UNESCO) 한국위원회의 신임위원으로 선정되었다. 유네스코 한국위원회는 구위원의 임기가 같은 해 1월 말 만료됨에 따라 관련 각 기관단체 및 신입대표 및 개인으로 신입위원 60명을 선정하였고 만 2년의 임기를 갖게 했다. 초대 예술원 회원이던 안종화는 학술원, 예술원, 전국문화단체총연합회(全國文化團體總聯合會, 약칭 문총)의 대표 45명 중 한명으로 임영신, 서원출, 유진오, 윤일선, 고희동, 김영의, 최규남, 이규백, 김두헌, 김기석, 장문기, 김광섭, 모윤숙, 이하윤 등과 함께 한국위원회 위원으로 선정

되었다.[391]

안종화는 1957년 4월부터 전국문화단체총연합회 최고위원으로 활동한다. 4월 13일 서울 정동 공보관에서 15개의 문총 산하 단체 및 17개 각 지방지부 선출 대의원들이 참석한 가운데 개최된 제10회 정기총회에서 안종화는 이헌구, 김광섭, 모윤숙, 이하윤, 도상봉, 서항석 등과 함께 최고위원으로 선출되었다. 이하윤이 임시의장 및 사회를 맡았고 모윤숙이 제의한 "영국의 대북한금수해제에 대하여 영미 그리고 유엔 총회에 반대를 호소하자는 문제"를 안건으로 채택한 이 회의에서 최고심의위원으로 이무영, 김세형, 윤봉춘 그 외에 39명의 중앙위원과 10명의 심의원이 개선(改選) 되었다.[392]

같은해 8월에는 서울시문화위원회 영화분과위원장으로 선출되기도 했다. 서울시문화위원회는 8월 17일 서울시청 회의실에서 개최한 당해년도 총회에서 안종화는 부위원장 김기진(문학문과위원), 김동일(자연과학분위), 각 분과위원장으로 선출된 박종홍(인문과학), 김호직(자연과학), 이하윤(문학과), 노수현(미술과), 김생려(음악과), 현철(연극과), 김윤기(건축과), 이순석(공과), 한진희(체육과)와 함께 위원회 일원으로 활동했다.[393] 또한 정부수립 10주년을 기념하여 구성된 '정부수립10주년기념행사준비위원회'의 행사준비위원회 실행위원으로 위촉되었다. 안종화 이외에 실행위원으로 선정된 인물들은 이상범, 백순성, 송지영, 김팔봉, 김용환, 주요섭, 김광섭, 김민자, 서항석, 유치진, 김인득, 도상봉, 윤봉춘, 김영일, 모윤숙, 이무영, 윤효중, 이흥렬, 박진, 이천승, 김세형, 정홍교, 김복섬, 이헌구, 김인승, 설창수, 계정식, 유제한, 김연수, 임응식, 이하윤, 김종완, 현제명, 윤석중 등이었다. 문총은 이 행사를 통해 "UN 각국을 포함한 건국박람회 개최, 국제 무대예술인 초청", "동남아반공문화인대회와 각분야에 걸친 민족예술축전개최 및 반공문화연감 발간 등" 각종 행사를 추진했다.[394]

이 무렵 안종화는 영화 부문의 각종 심사위원으로도 활동하기도 했다. 같은해 8월 16일 문교부는 우수 국산영화 특혜제도 심사요령을 제정하고 심사위원을 선정했다. 문교부는 "1. 국산영화 제작가로서 외화 수입의 특혜를 받고자 하는 자는 9월 15일까지 '한국영화제작가협회'에 신청할 것. 1. 문교부 심사위원회는 제1차로 서류 심사하여 10본을 인정하고 제2차로 실사 심사 후 5본을 선정. 1. 선정에 있어 문화영화는 제외한다"는 심사요령을 발표했고, 유치진, 황영빈, 오종식, 조풍연, 이헌구, 성인기, 오영진, 안종화, 이상선 등 9명을 심사위원으로 구성했다.[395] 그리고 같은 해 10월 14일 심사위원회는 작품 내용(제작의도, 주제, 줄거리), 연출, 연기, 촬영 및 기타 기술, 음악·미술 등을 우수영화 심사 내용과 세칙으로 정하고 1956년 한 해 동안 제작된 국산영화 29본을 심사한 결과 <포화속의 십자가>(1956, 이용민 감독), <백치 아다다>(1956, 이강천 감독), <자유부인>(1956, 한형모 감독), <단종애사>(1956, 전창근 감독), <배뱅이굿>(1957, 양주남 감독) 5편을 우수영화로 선정했다.[396]

또한 같은 해 9월에는 수도영화사(首都映畫社)에서 주최한 신인 남녀 배우 모집 전형 시험의 심사위원으로 참여하기도 했다. 수도영화사는 신인 남녀 배우 응시자 240명 중 84명을 제1차 서류심사로 선발한 뒤 제2차 전형으로 학과 면접 구술 시험을 실시했는데, 안양촬영소에서 개최된 신인 남녀 배우 모집에서 안종화는 유치진, 이병일 등과 함께 심사를 담당하기도 했다.[397]

[사진 50] 한국영화40년기념 대전시회 팸플릿 표지[398]
(출처: 『근대서지』 2020년 21호)

영화계의 대표적인 원로로 인정받던 안종화는 1961년 개최된 '한국영화40주년기념 대전시회'의 준비위원에 위촉되었다. 1961년 3월 3일부터 25일까지 서울 경복궁미술관에서 열린 '한국영화 40년기념 대전시회'는 국제친선문화협회가 주관하고 한국영화인단체연합회가 협동, 외교부, 문교부, 교통부, 국무원사무처, 경향신문사, 조선일보사, 한국일보사, 전국문화단체총연합회, 영화윤리전국위원회 등의 후원으로 개최되었다.

전시는 '초창기관(草創期館)', '수난기관(受難期館)', '개화기관(開花期館)', '외국관(外國館)·특설관(特設館)', '감상관(感賞館)' 등 총 다섯 개의 전시관으로 구성되었다. 전시회의 '초창기관'에서는 심훈(沈熏, 1901~1936), 나운규(羅雲奎, 1902~1937)의 친필 시나리오와 프로그램, 윤백남, 나운규, 이금룡, 이월화, 김정숙 등 배우들의 모습이 담긴 스틸이 전시되었고, '수난기관'에서는 발성영화 <오몽녀>(1937, 나운규 감독), <미몽>(1936, 양주남 감독), <나그네>(1937, 이규환 감독), <수업료>(1940, 최인규·방한준 감독), <거경전>(1940, 방한준 감독) 등의 작품 관련 자료와 『영화조선』, 『영화보』 등의 잡지, 일제 말기 강제동원령 출동 카드 등의 자료들이 소개되었다. '개화기관'에서는 해방 직후 <자유만세>(1946, 최인규 감독)와 '씨네스코' <춘향전>(1961, 홍성기 감독)에 이르기까지 작품 관련 자료와 수상 상패, 약 1천여 장의 스틸 자료들이 전시 소개되어 한국영화 40년 역사를 한눈에 볼 수 있게 구성되었다.[399] 그 밖에 "이번 이 기록에 있어서 우리 영화인이 관여치 않은 일제 시 수개 기관에서 제작했다고 하는 기록영화 등등은 후일의 사가들의 재량으로 맡기기로 하고 제외했음"이 전시회 팸플릿의 '준비위원의 변'이라는 제목의 소개글을 통해 밝히기도 했다.[400] 안종화는 윤봉춘, 김상진, 방의석, 최완규, 김정환과 함께 이 전시회의 준비위원으로 위촉되는 한편 전시를 위한 소장품과 자료를 직접 제공하기도 하는 등, 전반적인 행사의 기획을 주도하기도 했다.[401]

3) 영화 부문 유공자로 수상 및 포상

한국영화사와 인생을 함께한 안종화는 영화 부문 유공자로 정부와 각종 단체를 통해 그 공로를 인정받았다. 가장 먼저 언급해야 할 것은 예술원 회원에 선출된 것이다.

1952년 8월 7일 제정된 법률 제248호 문화보호법(文化保護法)에 의거해 1954년 7월 문을 연 대한민국예술원은 문학, 미술, 음악, 연극·영화·무용 총 4개 분과를 갖추었다. 초대 회원은 1954년 3월 25일 서울 청계국민학교 강당을 비롯한 전국 총 14개 투표소에서 실시된 학술원 및 예술원 회원 선거를 통해 뽑혔는데, 안종화는 유권자 411명 중 348명이 투표한 제4류 연예 분과선거에서 102표를 얻어 유치진(188표), 이해랑(113표), 오영진(111표), 이규환(105표)과 함께 연예분과 예술원 회원이 되었다.[402]

[사진 51] 안종화(1960년)[403]
(출처: 『씨나리오문예』 1960년 6집)

[사진 52] 1956년 제6회 서울시문화상을 수상하는
안종화 부부[404] (출처: 『씨나리오문예』 1960년 6집)

예술원 회원으로 선정된 안종화는 1957년 10월 3일 서울대학교 강당에서 개최된 제6회 서울시문화상 시상식에서 '영화상'을 수여

받게 된다. 서울시문화상은 인문과학상을 비롯하여 자연과학상, 문학상, 미술상, 음악상, 연극상, 영화상, 건축상, 공예상, 체육상 등이 수여되는데, 같은 해 9월 24일 서울고등학교 강당에서 개최된 서울특별시문화위원회 임시총회에서 동 위원회 11개 분과의 추천과 상임위원회 및 총회의 승인을 거쳐 수상자로 선출된[405] 안종화는 지난 33년간의 영화계 업적을 인정받아 서울시문화상 영화상을 수상한 것이다.[406]

5·16 군사 쿠데타 이후 한국영화인단체협회는 해산되어 1962년 1월 한국영화인협회(韓國映畵人協會)로 재편 및 재결성되었다. 같은 해 1월 3일 한국영화인협회는 창립총회를 열고 한국영화 40주년을 기념하여 영화회관 건립을 주요 추진사업으로 내걸었다.[407] 안종화는 이듬해인 1963년 4월 27일 예총 회의실에서 개최된 『한국영화측면비사』 출판기념회와 감사장 수여식에서 그간의 공로를 인정받아 감사장을 수여받았다. 이날 행사에는 윤봉춘 예총 이사장을 비롯하여 원로 영화인 복혜숙, 이병일, 이규환, 이일선, 이구영, 임운학 등 약 20여 명이 참석한 가운데 개최되었다. 이날 행사에서는 김도산(金陶山, 1891~1921)의 <의리적 구토(義理的仇討)>(1919)의 개봉일을 '영화의 날'로 제정하기로 결정하고 이를 기념하기로 결의했다.[408]

1963년 8월 15일에는 대한민국 국민장 예술 부문 수상자로 안종화가 선정되었다. "8·15 해방 전후부터 정부 수립 후 현재까지 우리나라의 교육, 예술 등 17개 부문에 걸쳐 많은 공적을 남긴 263명에게 문화 및 산업훈장을 수여하기로 결정"하고 같은 해 8월 10

일 "최고회의상임위원회는 내각에서 제출한 8.15 포상안을 승인하여 광복절기념식에서 수여"하였던 것이다.[409] 안종화는 "방화 초창기부터의 공로자"라는 점을 인정받아 훈장을 수여받았다.[410]

또한 1965년 7월 17일 서울대학교 강당에서 개최된 제10회 대한민국학술원·예술원 시상식에서 안종화는 공로상을 수상했다. 이날 학술원상으로는 조순탁(저작상), 공로상으로는 김재원, 이민재, 이제구, 예술원상 작품상으로는 소설가이자 연세대 교수인 박영준, 공로상으로는 연예 분과 부분의 안종화를 비롯해 이화여대 미술대학장 김인승(미술), 서울대 음대 교수 김원복(음악)등이 함께 공로상을 수여받았다.[411]

같은 해 연말 안종화는 영화예술사에서 제정한 제2회 영화예술상에서 30년 유공자 특별상 수상자로 선정된다. 1966년 1월 7일 서울 YMCA 강당에서 개최된 이 시상식에서 안종화는 이필우, 임운학, 윤봉춘, 노강, 이창근, 손용진, 이규환, 김성춘, 김일해, 신경균, 양주남, 전창근, 복혜숙, 최금동과 함께 30년 이상 영화 업적을 기리는 의미에서 영화 유공자로 수상했다.[412]

이처럼 이 시기 안종화는 영화 및 문화 예술 관련 정부 기구와 관련 직능단체 활동을 이어 갔다. 안종화는 정부 수립과 한국전쟁, 전쟁 이후 시기 새롭게 조직된 영화 및 문화 예술 관련 정부 기구와 각종 직능단체에 주요 일원으로 참여하는 한편, 이들 단체를 이끌면서 영화인들의 단합을 도모하고 영화계를 대표하는 역할을 담당하면서 문화 예술계 원로 인사로서의 입지를 다져나갔다.

4) 영화 연출 및 작품 활동

전쟁 이후 안종화가 작품 활동을 재개한 것은 1954년 12월 잡지 『영화세계』 창간호에 발표한 시나리오 <운명>이었다. 윤백남(尹白南, 1888~1954)의 원작을 안종화가 시나리오로 각색한 이 작품은 '윤백남 처녀작', '삼십년전예술협회소연작품(三十年前藝術協會所演作品)'으로 소개되었다.[413] 실제로 이 시나리오는 영화화되지는 않았지만, 이 무렵 안종화는 작품 활동의 재개를 모색했던 것으로 짐작된다.

이듬해인 1955년 2월에는 영화 <황진이>의 감독으로 내정되기도 했다. 이청기(李淸基)가 시나리오를 담당하고 기신문화사(紀新文化社)에서 준비되었다가 같은 해 3월 말부터 칠성문화사와의 공동 제작으로 촬영에 착수한 이 영화는,[414] 미국 할리우드에서 5년간 연기학을 전공하고 MGM사의 제작 영화 <부랑코 아팟치>에 출연한 바 있었던 신인배우 강숙희(姜淑姬, 1932~?)를 주연으로 내세워 화제를 모으기도 했다.[415] 하지만 이 영화는 끝내 완성되지 못했던 것으로 보인다.

안종화의 본격적인 영화 연출 복귀작은 <천추의 한>(1956)이었다. 1956년 5월 28일 서울 국도극장에서 개봉한 이 영화는 이정선(李貞善, 1921~?)이 시나리오, 변순제(邊順濟, 1920~?)가 제작을 담당했고 배우 김영식과 김신재, 서월영, 엄앵란 등이 출연했다. 안종화는 "30여 년간 오랜 감독 생활에서 얻은 체험과 현대적 기술과의 조화를 추구"한 연출의도를 통해 오랜만에 메가폰을 잡은 소회를 밝히기도 했다.[416]

'구한말 비화'를 표방한 이 영화는 대한제국 말기 융희(隆熙) 2년 (1908년)을 배경으로 격동의 시기 투쟁 속에서 싹튼 신분을 초월한 젊은 남녀의 비극적인 사랑을 다룬다. 서양에서 유학하고 돌아온 정동대감(서월영 분)의 자제 용범(김영식 분)은 의병의 습격으로부터 몸을 피한 친일파인 어 대감의 외동딸 숙향(김신재 분)과 재회하여 서로 사랑하는 사이로 발전한다. 그러면서 용범은 국권 침탈에 놓인 나라의 운명을 염려하는 몇몇 청년 지사들과 함께 거사를 계획한다. 하지만 이들 사이를 질투한 청지기 학진(김웅 분)은 어느날 밤 숙향에게 누명을 씌우고, 이로 인해 숙향은 유서를 남기고 자결한다. 이에 분개한 용범은 왜병들에 맞서는 거사에 참여하게 되고 결투 끝에 자신을 흠모하던 여종 구슬(엄앵란 분)의 품에서 죽음을 맞이하는 것으로 영화는 마무리된다.[417]

개봉 당시 영화평론가 유두연은 이 영화의 "그랜드호텔 식의 구성"과 "극 전개가 고정된 공간을 벗어나지 못하고 좁은 테두리에서만 뱅뱅 돌고 있는데 드라마로서의 결함이 있다"는 점과 "극 내용의 기복이 불해명"한 점을 들면서 "문명개화시대의 숨가쁜 물결을 고착된 카메라로서는 엿볼 수 없었고 이 시대적 조류를 화면화하지 않는 한 이 작품의 주인공들의 시대적 희생적 비극성은 표현할 수도 없는 것"이라고 평했다. 또한 "씬의 연결마다 연극의 막과도 같은 도입 종결을 맺는 연출은 유동성을 전연 상실하고 새 인물의 등장마다 약속한 듯이 인물들이 배치된 구도도 부자연하다"며 몇몇 장면의 연출과 개연성을 지적하기도 했다.[418] 그럼에도 불구하고 <천추의 한>은 역사적 소재를 다룬 동시기 사극 및 시대물의 장르적 경향을 기반으로 극적 요소들을 가미하여 대중성을 확보한 지점을 드러낸다.

[사진 53] 영화 <사도세자> 개봉 당시 신문 광고[419] (출처: 『평화신문』 1956.11.14)

같은 해 12월 1일 서울 국도극장에서 개봉한 <사도세자>(1956)는 서라벌영화공사의 제3회 작품으로 이운방(李雲芳, 1906~1957)이 시나리오를 맡고, 배우 황해남, 변일영, 윤인자, 이민자, 서월영 등이 출연했다. '이왕궁비사(李王宮祕史)', '뒤주대왕'이라는 부제와 함께 이 영화는 조선조 "21대 영조 38년의 일, 창경궁 안을 무대로 영조의 다음 대를 계승할 세자궁을 에워싸고 벌어지는 왕위 승쟁을 묘사한 영화였다."[420], "이 영화의 이야기는 정조로부터 150년간 발설하면 극형을 당한 무서운 비화이다!!"[421]라는 개봉 당시 신문 광고 문구는 이 영화가 그동안 전면에 다루어지지 못했던 역사적 소재를 다루었다는 점을 강조하며 동시기 여타 사극 및 시대극 영화들과 차별화된 지점을 내세웠다. 또한 위의 개봉 당시 신문광고에 제시된 스틸컷들에서도 볼 수 있듯이, 궁중을 배경으로 한 와이드 앵글과 깊은 심도의 화면 구도, 극적 인물과 내용 구성을 토대로 사극 및 역사물 특유의 규모와 시각적 볼거리가 부각되었음을 알 수 있다.

영화는 영조 38년(1762년) 노론 일가의 당쟁과 음모, 권력 다툼 속에서 임오화변(壬午禍變)으로 희생된 사도세자와 그의 일가의 비극적 운명을 그린다. 그러면서 경종에 이어 왕위에 오른 부왕(父王) 영조가 탕평책을 통해 당쟁을 타파하고 노론과 소론을 중심으로 벌어지는 붕당 싸움, 이를 계기로 영조와 사도세자 사이를 이간질하는 세력을 묘사하고 있다. 후사가 끊길 뻔한 영조는 즉위 11년 만에 후궁 영빈 이씨를 통해 원자(元子)를 얻게 되고 그를 총애하여 대리청정을 하게 하자 노론과 소론의 붕당 다툼과 모함이 더해진다. 결국 노론 대신들의 모함으로 부왕 영조의 분노를 산 세자는 세자빈과 왕손의 간청에도 불구하고 뒤주에 갇히는 형벌로 죽음을 맞이한다.[422]

영화평론가 허백년(許柏年, 1922~1978)은 개봉 당시 잡지 『영화세계』 1957년 2월호의 「신영화평」에서 "여태까지의 시대극 영화가 언제나 역사를 배경으로 한 비련극인데 반하여 역사를 정면으로 내세운 데에 안종화 씨의 야심적인 자세와 역량감이 있는 것"이라고 평하면서[423] 이 영화가 "노장다운 자세와 역량감과 격조와 안정된 통일을 보여주었다"고 언급했다. 그러면서 "여태까지의 시류에 승한 시대극이 모두가 역사라는 것을 배경으로 한 비련극인데 반하여 역사를 정면으로 내세워 사회적인 시야의 넓이를 갖는 비극적 인간상을 부각"했다는 점에서 "시대극의 신생면을 개척"했다며 이 영화에 대한 긍정적인 평가를 내렸다.[424] 한편으로 이 영화는 "인상적이어야 할 비극의 한 토막이면서도 호소하는 바가 거의 없는 것은 처리되어야 할 소재를 그저 나열함에 그쳤다"는 점, "역사의 인물도 현실의 인물이었으며 역사적 사실은 반드시 처리(해석)되어야 할 것"이라는 점이 상기되어야 한다는 점이 지적되기도 했으나,[425] 동시기 사극 및 시대물 영화들과는 달리 역사적 일화를 정면으로 다루었다는 점에서 이목을 끌었다.

1958년 10월 11일 서울 중앙극장에서 개봉한 <춘향전>은 국내최초로 16㎜ 컬러영화라는 기술적 시도를 내세우며 커다란 화제를 모았다. 이만수(李萬壽)가 제작, 정초전(丁楚田)이 각본을 담당했고, 신인배우 최현과 고유미가 각각 이몽룡과 성춘향 역을, 중견배우 김승호, 허장강, 전옥이 각각 변학도, 방자, 월매 역을 맡았다.

[사진 54] 서울물상연구소(좌), <춘향전> 개봉 당시 잡지 광고(우)[426] (출처: 『국제영화』 1958년 9월호)

『춘향전』의 작품화는 영화를 비롯한 동시기 문화 예술계 전반에서 활발하게 이루어졌다. 대표적으로 1955년 이규환 감독의 영화

<춘향전>이 약 18만명의 관객을 동원하여 대대적인 흥행을 거둔 것을 시작으로, 이듬해인 1956년 5월에는 대한국악원 주최로 시립극장에서 창극 <춘향전>이 공연되었고,[427] 1957년 2월에는 삼성영화사 제작으로 동명의 여성국극단 창극(唱劇)을 영화화한 김향 감독의 <대춘향전>이 개봉했다. 그 사이 <춘향전>은 한국영화제작주식회사(韓國映畫製作株式會社)와 홍콩 화달전영공사(華達電影公司) 공동제작으로 한형모가 연출과 촬영을 맡은[428] "한중합작 총천연색영화"로,[429] 이듬해인 1958년 초에는 한국연예주식회사 대표였던 제작자 임화수가 배우 이려화(李麗華)를 주연으로 내세운 '총천연색' 합작영화,[430] 제작자 이철혁과 영화감독 이병일[431] 등에 의해 여러 차례 기획되어 커다란 관심을 모으기도 했으나 모두 무산되거나 실현되지는 못했다.

안종화의 <춘향전>은 국내에서 최초로 시도된 '천연색' 영화였다는 점에서 의미를 갖는 것이었다. 이전까지 한국에서 컬러영화의 시도는 해방 이후 다큐멘터리 <무궁화동산>(1948, 안철영 감독), 16㎜ 극영화 <여성일기>(1949, 홍성기 감독), 1950년대 후반에는 <선화공주>(1957, 최성관 감독), 한·홍 합작영화 <이국정원>(1957, 전창근·도광계·와카스기 미쓰오 감독) 등의 작품이 화제를 모으기도 했으나, 이전의 국산 '천연색' 영화들이 "모두 한 차례는 원화 현상으로 또 한 차례는 녹음 현상 및 프린팅 작업으로 도합 두 차례를 외국에 왕래하여서 완성된 작품들"이었다면 <춘향전>은 "총천연색 영화의 전 제작 공정을 국내에서 완전히 해결하는 데 성공"한 첫 시도였다는 점에서 크게 주목되었다.[432]

이처럼 <춘향전>의 '천연색' 시도는 이러한 그간의 한계를 극복하고 이루어졌다는 점에서 화제를 모았다. 이 영화의 천연색 필름 현상을 제작 담당한 서울물상연구소(서울칼라라보)는 1958년 4월 서울 하왕십리에 설립되었는데, "천연색 장척(長尺) 영화필름의 현상 처리에 대한 연구에 종사하여 무려 6천여 회의 걸친 실험을 거듭한 끝에 자가처방(自家處方)에 의한 자유 자재로운 현상 처리법을 완전히 해득하고 제작에 소요되는 일련의 공정을 처리할 수 있는 시설을 완비"[433]하여 "한국에서는 처음으로 천연색영화 제작의 전 공정을 국내에서 완전히 해결함으로서 종전에는 칼라 현상을 외국에 의존하던 것"을 "앞으로는 우리 손만으로 이룩하게 되었"음을 내세웠다. 서울물상연구소는 "대지 200평에 90평에 달하는 스튜디오와 별관"과 '천연색' 영화 제작과 현상의 전 공정과정을 처리하는 "1회 1000척의 필름이 현상되는 천연색용 자동현상기", "필터와 놋지가 100분지 1초 사이에 바뀌어지는 장치"[434] 등을 보유하고 있었다. 이와 관련하여 서울물상연구소의 대표 이만수는 "우리의 것은 우리가 만들어야겠다"는 결심으로 약 6년간의 연구를 통해 마침내 색채영화를 완성했으며 "색채영화의 기술적 과정만이 아니라 그 색채영화가 우리 현실에서만 만들어지는 부수조건(필름의 자동현상기 제작, 필름확대기계, 녹음 등)까지 해결되어 일관된 제작이 시도"되었음을 밝히기도 했다. 실제로 이 영화는 "흑백영화 촬영 시 보다 3배 이상의 조명이 필요되는 세트 촬영"[435]이 이루어지는 등, '천연색' 영화에 걸맞는 다양한 기술적 시도들이 행해지기도 했다.

　또한 <춘향전>에 대한 차별화된 해석이 가미된 부분도 엿보였다. 예컨대 영화 도입부에서 춘향과 몽룡의 첫 만남을 남원으로 행차하던 변학도 일행에게 수난을 당하는 아낙을 구해주는 모습을 보며 첫 만남이 시작되는 장면이나 그네를 타던 춘향이 광한루에서 날아온 이몽룡의 싯구가 적힌 종이에 대구(對句)를 쓰는 장면, 후반부 옥중에 있는 춘향이 이몽룡과 이별했던 광한루와 오작교를 헤매는 환상 장면은 극중 춘향의 내면과 능동성이 표출된 대목이다. 또한 영화 후반부 변학도의 잔칫날 관헌 앞에 모인 월매와 민중들의 모습이 부각된 장면은 작품이 갖는 민중성을 부각시키고 있다.[436]

1960년 2월 18일 서울 명보극장에서 개봉한 <견우직녀>(1960)는 추식(秋湜, 1920~1987)이 시나리오를 맡고 배우 이예성(李藝星, 1920~?)과 김삼화(金三和, 1935~)가 각각 견우, 직녀와 마을아기 1인 2역을 맡은 작품이었다. 개봉 당시 이 영화는 "민족고유의 신화 견우직녀의 전설 현대적 감각으로 수(遂) 영화화!"라는 광고 문구를 통해 고전 설화를 현대적인 영화 감각으로 옮긴 작품이라는 점이 강조되었다.[437] "옛날옛날 한 옛날 그보다 더 옛날 사람이 별이 되고 별이 사람이 되는 아득한 옛날에 … 칠월에도 칠석날 만나자 또 이별하는 견우성 직녀성 별이 되던 이야기"라는 합창과 함께 "우리 겨레가 가진 신화나 전설은 한두 가지가 아니지만 그 중에서도 이 이야기만은 어느 전설보다도 아름답고 숙명적인 슬픔을 지닌 이야기다"라는 내레이션으로 시작되는 이 영화는 견우직녀 설화에 대한 현대적 (재)해석을 시도했다.

[사진 55] 영화 <애정삼백년> 개봉 당시 잡지 광고[438] (출처: 『국제영화』 1962년 5월호)

　　안종화의 실질적인 마지막 연출작이라 할 수 있는 영화는 <애정삼백년>(1963)이었다. 1963년 2월 14일 서울 국도극장에서 개봉된 이 영화는 배우 윤봉춘과 복혜숙이 총지휘를 맡고, 각본은 시나리오작가협회, 대표 연출은 윤봉춘과 한형모가 맡아 '한국영화 40주년 기념 작품'으로 기획되었다. 한국영화인협회가 영화회관의 건립을 위해 "한국영화감독, 배우, 음악 기술진 총동원"[439]으로 한국영화제작가협회, 전국극장연합회, 전국극장문화단체협의회의 후원을 받아[440] 제작된 이 영화는 촬영 개시 5개월 만인 1962년 4월 21일 크랭크업했다.[441] 안종화는 이 영화의 일부 연출을 공동으로 담당하여 '연출심의위원'으로 이름을 올렸다.

　　'상고편(上古篇)', '천당지옥편(天堂地獄篇)', '현대편(現代篇)'의 옴니버스 형식으로 구성된 이 영화는 조선시대와 현대, 300여년의 시공을 초월한 운명과 사랑을 그린다. 조선조를 배경으로 한 '상고편'은 궁궐 비원(祕苑)에서 승마 도중 쓰러진 공주(조미령 분)가 우연히 자신을 업은 별시위(別侍衛) 강문일(김진규 분)에게 난생 처음 사랑의 감정을 느끼고 이들이 신분의 차이와 궁궐의 법도를 거스르다 죽음을 맞이하는 이야기를 그린다. 이어지는 '천당지옥편'에서는 내세에 도달한 공주와 문일, 국왕이 염라대국의 법정에서 진실된 사랑을 염라대왕으로부터 인정받고 다시 인간세로 환생한다. 그리고 '현대편'에서는 300여년의 세월이 흐른 현세에서 방직회사의 운전수로 환생한 국왕과 가난한 살림의 아파트에 사는 그의 딸 숙희로 환생한 공주, 이들과 달리 국내 굴지의 방직회사 여사장(복혜숙 분)의 아들 강신으로 태어난 문일이 냉혹한 현실 세계를 마주하며 우여곡절 끝에 다시 사랑을 이루는 것으로 마무리된다.[442] 이처럼 영화는 '상고편'과 '현대편'을 흑백, '천당지옥편'을 컬러 화면으로 대조한 표현을 통해 과거와 현재, 내세와 현세의 신분적, 경제적 차이와 이를 초월하는 사랑의 영원성을 다루었다.

이처럼 이 시기 안종화의 연출작들은 공통적으로 동시기 한국영화의 장르적 경향 중 하나였던 사극 및 시대물이 주를 이루며 다음과 같은 특징으로 나타났다. 첫째, 이야기적으로는 조선조 혹은 시대적 격동기를 배경으로 했다. 둘째, 신분의 차이, 혹은 현세와 내세에 놓인 남녀 주인공 인물을 중심으로 이들이 겪는 권력과 운명, 세대 간의 갈등에 놓인 비극적인 사랑을 다루고 있다. 셋째, 이를 통해 대중적으로 널리 알려진 역사적인 일화 혹은 전통적인 이야기를 다룸으로써 역사적 비화와 고전 설화에 대한 현대적 (재)해석을 시도하는 한편, 규모와 다양한 볼거리, 기술적 시도를 내세웠다. 이러한 이 시기 안종화의 연출작들은 당대 한국영화의 대중적 조류와 궤를 같이하는 가운데 '노장'으로서 선보인 연출력을 통해 차별화되었다.

5) 각종 매체 기고 및 단행본 저술활동

한편, 안종화는 이 시기 다수의 기고문과 단행본 저술을 남기기도 했다. 이들은 모두 영화를 비롯한 문화 예술계 비사, 영화계 인물과 일화를 다룬 각종 회고담과 이면비화, 이에 기반한 역사서술이 대다수였다. 이 시기 안종화가 발표한 각종 저술들은 다음과 같이 정리된다.

[표 4] 1950~1964년 안종화의 각종 매체 기고문, 단행본 저술 일람

연도	제목	수록 지면 / 출판사	종류	비고
1950	「오호(嗚呼)! 석영(夕影)!」	『연합신문』 2월 26일	회고담	추도사
1953	「예원비문(藝苑祕聞)」	『평화신문』 1953년 12월 25일 ~1954년 3월 31일	회고담	총 84회 연재
1954	「한국영화발달소사: 초창기시대」	『연극영화』 창간호	영화사	
	「나와 '영화예술협회' 시대」	『신천지』 1954년 2월호	회고담	
	「춘향전의 작금」(조능식 편, 『영화 춘향전』)	동명사		단행본
	「곡(哭)백남선생」	『조선일보』 10월 4일	회고담	추도사
1955	『신극사이야기』	진문사	연극사	단행본
1956	「활동사진에서 와이드스크린까지」	『여원』 1956년 6월호	영화사	
1957	「영화연기론 서설 제1강」	『스크린』 1957년 6월호	영화론	본문유실

1958	「영화40년사 뒷마당 이야기」	『현대영화』 1958년 1월(신년창간)호	영하사	
	「워-나 부러더스 사십년사」	『스크린』 1958년 1월호	영화사	
1959	「신희삼속(新禧三束)」	『영화예술』 1959년 1월 창간호	창간사	
1962	「예단의 변종인 윤백남: 뼈에 삼치도록 불우했던 그의 인생과 예술」	『여원』 1962년 6월호	회고담	
	「춘사 나운규: 다난했던 생활과 반항정신의 영화사상」	『사상계』 1962년 6월호	회고담	
	『한국영화측면비사』	춘추사	영화사	단행본
	「한국영화 40년 약사」	월간 『영화』 59호, 60호 (1979년 5월호, 7월호)	영화사	미간원고
1964	「현대의 영화」(『한국예술총람: 개괄편』)	대한민국예술원 사무국	영화사	단행본

　　1954년 잡지 『신천지』 2월호에 게재한 「나와 '영화예술협회' 시대」는 1927년 영화예술협회(映畵藝術協會) 활동을 회고한 글이다. 이 글에서 안종화는 활동 당시였던 1927년 3월 15일 『조선일보』에 보도된 기사 「사계의 거성을 망라한 조선영화예술협회」와 함께 이경손, 김유영, 심훈 등의 활동상을 담고 있다. 안종화는 당시 영화예술협회와 카프 계열 인물들의 활동에 대해 "모두 작품마다 목적의식만을 찾은 열병환자 같은 악필들이었으나 이것도 사적 고찰로 봐서 초기생장 과정으로 한낱 과도기적 사조"였으며 "영화는, 언제까지나 영화로서의 영화이었지 어떻게 작품마다 계급적인 의식만을, 노동자 농민만을 위한 노(勞)·자(資) 투쟁의 영화를 만들 수는 없다"[443]며 다소 비판적으로 회고한다.

　　또 다른 영화계 회고담 글인 「곡(哭) 백남선생」과 「예단(藝壇)의 변종인(變種人) 윤백남: 뼈에 사무치도록 불우했던 그의 인생과 예술」, 「춘사 나운규: 다난했던 생활과 반항 정신의 영화사상」은 각각 영화인 윤백남과 나운규(羅雲奎, 1902~1937)의 생애와 추모를 담고 있다. 1954년 10월 4일 『조선일보』에 기고한 「곡(哭) 백남선생」은 같은해 9월 29일 타계한 윤백남을 추모한 글이다. 이 글에서 안종화는 "우리 국내 개화초(開化初)에 최고의 지식인"이자 "연극문화운동에 선봉이 되셨던 것만을 생각하더라도 이 땅 연극사에 찬란한 기록을 꾸며주신 공이 컸다 하겠으니 오늘날 우리 한국연극오십년사나 영화사십년사를 초(草)할 때 그윽이 기쁨을 갖습니다"[444]라는 말로 그에 대한 추도사를 남겼다. 1962년 잡지 『여원』 6월호에 쓴 「예단(藝壇)의 변종인(變種人) 윤백남: 뼈에 사무치도록 불우했던 그의 인생과 예술」[445]에서는 윤백남의 소년기와 연극 영화계 입문 과정을 비롯하여 예술계 다방면으로 활동했던 그의 생애 전반을 다루었다. "예술이란 참 묘한 것이다. 특히 예술이란 이러 이러한 것이라고 집어 말하기도 곤난하려니와 요사이에 와서는 … 예술 아닌게 무어 있으며 예술가 아닌 사람인들 얼마나 있겠는가"라는 문장으로 시작되는 이 글은 "백남도 이 묘한 예술이라는 것에 되찾지 못할 피해를 입은"[446]인물이며 그가 "영화 부문에 남긴 공적만 하더라도, 우리나라 최초의 영화감독으로서, 시나리오 작가로서, 또한 제작자로서 다대한 것"이었다는 점에서 "초창기 예단에 끼친 공로는 적지 않은 것"[447]이었다고 평가한다.

1962년 잡지 『사상계』 10월호에 쓴 「春史 羅雲奎: 多難했던 生活과 反抗精神의 映畵思想」[448]은 춘사 나운규의 생애와 영화 활동에 대한 회고담을 담고 있다. "나형(羅兄)! 당신 가신지 벌써 삼십여년, 당신은 설흔 여섯 젊은 나이로 세상을 버렸지만 이렇게 우리는 아직까지 고달픈 신세를 면치 못하고 있오그려"[449]라는 문장으로 시작하는 이 글에서 안종화는 영화계 입문 당시 나운규와의 첫 만남, 이경손과 영화 <심청전>(1925, 이경손 감독)과 <농중조>(1926, 이규설 감독) 출연, <아리랑>(1926), <풍운아>(1926), <들쥐>(1927), <금붕어>(1927, 이상 나운규 감독) 등의 작품 활동과 함께 시나리오 작가와 영화 연출자, 연기자로서의 그의 면모와 "영화사상"을 "선구자적 정신"[450]에 기반한 것이었다고 말한다.

1956년 잡지 『여원』 6월호에 실린 「활동사진에서 와이드스크린까지」와 1958년 잡지 『스크린』 1월호에 실린 「워-나 부러더스 사십년사」의 경우 세계영화사 및 할리우드 영화 역사에 대한 그의 관심이 드러나 있다. 「활동사진에서 와이드스크린까지」에서는 "영상의 고정, 나아가서는 움직이는 영상, 즉 운동의 재현의 관념에서 2천 5백년 후에 '시네마토그랍'이 완성될 때까지"[451]의 활동사진 전사(前史)에서부터 뤼미에르 형제, 조르주 멜리에스, D.W.그리피스 등의 초창기 영화, <재즈 싱어 Jazz Singer>(1927, 앨런 크로슬랜드 감독)로 비롯된 토키(Talkie) 영화, 시네마스코프(Cinemascope)와 시네라마(Cinerama), 토드 A.O.(Todd A.O.) 등으로 대표되는 와이드스크린의 영화 기술 발달사를 개괄하고 있다. 「워-나 부러더스 사십년사」는 1923년 워너 브러더스(Warner Bros.)사(社)의 설립 과정과 에른스트 루비치의 등장, 토키 영화의 성공과 기술적 전환, 갱스터물과 전기영화의 등장, 베티 데이비스, 험프리 보가트로 대표되는 스타 배우의 활약 등의 이야기를 다루었다.[452]

이 시기 안종화의 저작 가운데 특히 주목되는 것은 한국영화의 이면사를 다룬 글들이다. 이와 관련하여 가장 이른 시점에 쓰여진 글은 1954년 잡지 『연극영화』 창간호에 연재된 「한국영화발달소사: 초창시대편」이다. 활동사진 유입 초기에서 연쇄극 시기까지를 다루고 있는 이 글의 서두에서 안종화는 "한국영화가 갖은 고초와 형극의 길을 걸으면서 현재까지의 발달을 보게 한 이면에는 가지가지의 역사와 자취"에 대한 기록으로, 한국영화의 역사를 "형극 고투 삽십여년"이었다고 표현한다. 한국영화는 "성장해오는 힘과 결실"이 매우 빈약했음에도 불구하고 "선배 영화인의 고투사(苦鬪史)는 한국영화계에 초석으로서 길이 빛나는 존재"였다는 말과 함께 "한국영화의 걸어온 길"[453]을 살펴보고 있다.

1958년 잡지 『스크린』 1월호에 연재된 「한국영화40년사 뒷마당이야기 (1회)」 역시 한국영화 초창기의 이면사들을 다루고 있다. 1919년을 전후한 극단 신극좌(新劇座) 김도산의 연쇄극 제작과 변사 우정식, 신파극단이었던 혁신단(革新團)과 문예단(文藝團)의 일화를 다루고 있는 이 글의 머리말에서 안종화는 "회고하건데 삽십육년이란 까마득한 과거이면서도 또한 어제와 같은 느낌을 주는 한국영화의 걸어온 길이야말로 선진영화인들의 불굴의 노력과 정진해온 그 결정"이었다고 하면서 "그 '씨'를 뿌려온 자취"[454]를 높게 평가해야 함을 역설한다.

[사진 56] 『신극사이야기』(1955) 표지
(출처: 한상언영화연구소)

[사진 57] 『한국영화측면비사』(1962) 표지
(출처: 한상언영화연구소)

특히 단행본으로 출간된 『신극사이야기』(진문사, 1955)와 『한국영화측면비사』(춘추사, 1962), 「한국영화 40년 약사」(1962, 미간원고)는 '영화사가'로서 안종화의 면모를 보여주는 저작이라는 점에서 주목된다.

『신극사이야기』는 안종화 자신의 활동과 회고를 토대로 한 신극(新劇)의 초창기 주요 인물과 단체, 이들의 이면사를 다루었다. 1954년 12월 25일부터 이듬해인 1954년 3월 31일까지 『평화신문』에 총 84회로 연재한 「예원비문(藝苑祕聞)」을 토대로 '신연극태동의 시대', '연극청년들의 출발', '1913년 이래의 극단계보', '초기 직후의 극계 형성' 총 4개 장으로 구분된 이 책은 융희2년(1908년) 시기에서 1910년 국권 침탈 이후 등장한 임성구, 한창렬, 윤백남, 현철 등의 연극인들과 협률사, 원각사 등 초창기 극장의 탄생, 신극좌, 혁신단, 문수성, 예성좌, 문예단, 민중극단, 예림회 등으로 이어지는 신극단체의 계보 등을 통해 초창기 신극의 형성 과정을 다루고 있다.

『한국영화측면비사』는 활동사진 초창기부터 해방 직전 시기까지 한국영화의 이면 비사를 다루었다. 활동사진의 유입과 흥행업, 극장의 탄생, 변사의 등장, 연쇄극의 등장을 다루고 있는 '전사시대(前史時代)', 무성영화의 제작과 윤백남, 이월화, 나운규 등의 영화계 입문을 다룬 '과도기(過渡期)', <아리랑>과 나운규, 심훈, 이필우 등 영화인의 활약, 계림영화협회, 조선영화예술협회의 활동을 다룬 '본격기(本格期)', 이규환을 비롯한 1930년대 조선영화를 다룬 '난숙기(爛熟期)', 토키 영화의 전성기를 다룬 '약진기(躍進期)', 일제 말기 조선영화의 통제와 수난을 다룬 '수난기(受難期)'로 구성된 이 책은, 안종화 자신이 머리말에서 밝힌 대로 "초창기부터 숨겨져 온 여러 이면비화 등속 이야기를 쓴" 기록이자 "우리 영화가 걸어온 발자취를 더듬어 본"[455] '회고록'으로서의 사료적 가치를 지닌다.

『한국영화측면비사』의 출간은 출간 당시 한국영화인단체연합회가 추진한 한국영화 40주년 기념사업과 맞물려있었다. 1962년 1월 한국영화인단체연합회는 한국영화사편찬위원회를 구성하고 "영화 40년의 집대성"이자 "영화연감적 기록으로 만들어질" 것으로 출간 목표를 밝히고 "실질적인 자료나 기록들이 세월이 흐르면 흐를수록 없어지고 손상을 입"을 것을 우려하여 발간에 박차를 가하였다.[456] 안종화 외 8명이 편찬전문위원, 이필우 외 12명이 편찬위원으로 위촉된 편찬위원회는 1895년에서 1919년까지를 '전사시대', 1920년에서 1934년까지를 '제1기 초창사', 1935년에서 1944년까지를 '제2기', 1945년에서 1960년까지를 '제3기'로 시기를 구분하고 단행본 집필 준비에 착수했다.[457]

이 무렵 집필한 「한국영화 40년 약사」[458]는 한국영화 40주년 기념사업의 일환으로 한국영화인단체연합회가 추진한 단행본 『한국영화40년사』의 저본(底本)이었다. 이 글은 '⑴ 영화에의 서곡', '⑵ 초기 영화 제작', '⑶ 독립 푸로덕숀 난립의 발단', '⑷ 나운규의 활약', '⑸ 그 외의 작품들', '⑹ 내적 분열시대', '⑺ 발성영화의 출현', '⑻ 수난기', '⑼ 8·15 광복 이후', '⑽ 6·25 사변 이후', '⑾ 전성기', '⑿ 1960년 이후(5·16 이전까지)', '⒀ 5·16 혁명 이후의 현황' 등, 총 13개의 장으로 구분된 서술을 통해 활동사진 유입 초창기 시기에서 1961년 5·16 이후까지 한국영화의 전반적인 흐름을 개괄하고 있다. 그러면서 이 글의 말미에서 안종화는 "험로 속에서만 허덕임을 받아온 한국영화가 그래도 오늘날과 같이 희망이라도 보여줄 수 있었다는 것은 영화인 제씨들의 줄기찬 투쟁과 꺾이지 않은 의욕에서만 비롯된 결과였다"[459]고 말하며 오늘날까지의 한국영화의 역사적 의미를 부여하고 있다.

안종화가 발표한 마지막 글은 1964년 대한민국예술원에서 발간한 단행본 『한국예술총람: 개괄편』에 수록된 「현대의 영화」였다. 이 글에서 안종화는 오늘날 한국영화가 당면한 커다란 문제를 '전통의 부재'에 있다고 보았다. 여기서 말하는 '전통의 부재'란 "영화가 예술이라는 하나의 상식론(일반론)의 망각에서 온 전통의 무산(無産)"에서 비롯된 것이며 "상식론이 망각된 채 비롯된 한국영화에 전통이 있을 수 없는 것"[460]이라고 말한다. 그러면서 이 글은 한국영화가 "무전통의 전통 속에서 영원히 상식론을 망각해버린 채 상식론을 모르는 일부 관객의 사랑스러운 완구(玩具)로만 사용되고 있"는 현실을 지적하며 오늘날 한국영화가 당면하고 있는 문제들을 영화 기업과 시나리오 문학, 연출, 메커니즘으로 나누어 살펴본다. 안종화는 이 글에서 "무전통의 혼란 속에서 고민하고 있는 한국영화의 탈출구는 '영화는 예술'이라는 일반론인 상식론에 입각한 새로운 전통의 창조에 있다"고 역설하며 "보다 한국적인 주체성 있는 영화"[461]의 의미를 초창기 한국영화 <춘향전>과 사극, <비련의 곡>과 신파, <아리랑>의 저항성과 로컬리즘을 통해 되짚으며 "한국영화가 무전통 속에서였을망정 그대로의 어떤 조류를 형성"해왔음을 상기시키며 "'영화는 예술'이라는 가장 상식적인 일반론적 전통의 창조가 필요"[462]함을 역설하고 있다.

6) 나오며

이 글을 통해 한국전쟁 이후 시기 안종화의 영화계 활동을 살펴보았다. 이 시기 그의 활동은 크게 다음과 같이 정리된다.

첫째, 영화 및 문화예술 관련 정부 기구와 직능단체 활동이다. 이 시기 안종화는 공보처 공보국 영화과장을 시작으로 문총구국대, 사단법인 대한영화배급협회, 국립극장위원회, 대한민국예술원, 한국영화인단체연합회, 유네스코 한국위원회, 전국문화단체총연합회,

한국영화인협회 등에 주요 인사로 참여하는 한편, 서울시문화상과 대한민국 국민장 훈장, 대한민국예술원 공로상 등의 상훈을 수여받음으로써 영화계 및 문화 예술계 원로 인사로서 그간의 업적을 인정받았고 이를 통해 영화인들의 조직을 이끌고 이를 대표하는 활동을 이어갔다.

둘째, 영화 연출에 복귀하여 역사적 소재와 고전소설 및 설화에 토대한 시대물 및 사극을 선보였다. 구한말 시기를 배경으로 한 <천추의 한>, 조선 후기 영조와 사도세자의 권력 다툼과 희생을 다룬 <사도세자>, 고전소설과 설화를 토대로 한 <춘향전>과 <견우직녀>, 옴니버스 형식의 영화 <애정삼백년> 등은 당대 한국영화의 주된 제작 경향에 속해있으면서도 역사와 고전소설과 전통 설화의 현대적인 재해석을 가미했다.

셋째, 각종 저술 활동을 통해 영화사가로서의 이름을 남겼다. 이 시기 안종화는 신문 및 잡지에 기고한 영화 활동과 영화인 관련 회고담을 담은 기고문을 비롯하여 영화사에 대한 다양하고 일관된 관심을 드러내고 있는 단행본을 다수 남겼다. 특히 『신극사이야기』와 『한국영화측면비사』, 「한국영화 40년 약사」는 그가 영화사가로서 이름을 남기게 되는 중요한 기록으로 자리매김했다. 이를 통해 안종화는 초창기 한국영화 및 문화 예술계의 역사에 대한 증언과 회고를 남겼다. 이와 같은 이 시기 안종화의 영화계 활동은 그의 다양한 행보를 보여주는 한편, 시기적으로는 한국전쟁과 그 이후 수난기, 중흥기, 성장기를 거치고 있었던 한국영화의 변화 과정과도 궤를 같이하는 것이었다.

하지만 안종화의 영화계 활동은 1962년 그가 고혈압으로 쓰러진 이후 투병 생활을 이어가게 되면서 중단된다. 그의 투병 생활은 근 4년 동안 이어졌다. 언론을 통해 그의 근황이 전해지면서 많은 영화계 및 문화 예술인들의 안타까움을 더하기도 했다. 영화인들을 중심으로 그를 돕자는 각계 각처의 움직임도 있었다.

[사진 58] 서라벌예술대학 재직 당시 안종화 감독
(사진 중앙) (출처: 정석현 소장)

안종화는 1966년 8월 21일 새벽 서울 동대문구 답십리 자택에서 향년 65세를 일기로 타계했다. 8월 23일 오전 11시 예총회관 앞에서 영화인장으로 엄수된 영결식에서[463] 사회는 영화감독 이강천이 맡았고 배우 복혜숙이 고인의 약력 소개를, 연극협회 대표 서항석과 영화감독 이규환이 조사(弔詞)를 맡았다.[464]

영화계 인사들의 애도와 추모가 이어졌다. 1966년 잡지 『영화잡지』 통권 38호에 수록된 기사 「은막의 선구자 안종화 씨가 남기고 간 것」에서는 그의 타계와 영결식장의 모습을 전하며 다음과 같이 그를 애도했다.

··· 한국영화계의 대선배, 고난의 십자가를 지고 간 수난의 사도 안종화 씨. 그의 영광, 수난의 세월들은 다 가고 없는 지금에도 우리들 가슴속에 오래도록 남아있을 것이며 그가 남긴 교훈은 영화인들의 자세를 새롭게 하는데 크게 도움이 될 줄 믿는다. 또한 그 참담한 말로는 정부의 문화 시책에도 어느 정도 수정을 가하게 하는 전기를 마련해 주지 않으면 안될 것으로 그의 죽음 앞에서 다시 되뇌어 보는 것이다.[465]

지금껏 안종화의 영화계 활동과 그에 대한 평가는 주로 일제강점기 혹은 해방기의 특정 몇몇 작품을 위주로 논의되어왔다. 이 글은 한국전쟁이 발발한 1950년부터 그가 타계한 1966년 시기까지의 활동을 통해 그동안 구체적으로 주목되지 못했던 영화인 안종화의 면모를 조명해보았다. 향후 이와 관련해서는 관련 자료의 실증적 발굴을 포함한 보다 확장된 접근의 연구가 이루어질 필요가 있다.

코첼Korea Mitchell

코첼은 코리아 미첼(Korea Mitchell)의 약자로 미국의 미첼 카메라를 모델로 김명제, 이규동에 의해 국내에서 직접 제작한 카메라이다. 김명제 감독이 제작한 코첼은 미국 공군에서 사용한 항공 촬영용 미첼(Mitchell KF8)을 중고로 구입하여 개조한 카메라[466]로 영화촬영용 미첼과 달리 매거진이 카메라 바디 뒤편에 있어 초점을 확인하는 뷰파인더가 없다. 촬영에 사용한 렌즈는 정사진용 니콘(Nikon)과 캐논(Canon)의 마운트를 깎아 바디와 맞추어 사용했다.[467] 김명제 감독은 정사진으로 촬영을 시작하였지만 영화이론과 실력을 겸비해 <성불사>(윤봉춘, 1952) 촬영감독으로 데뷔하였다. <유전의 애수>(유현목, 1956), <잃어버린 청춘>(유현목, 1957) 등을 코첼로 촬영했으며 <백진주>(김명제, 1959)등을 연출했다. 이규동 감독은 약 이백만 환을 들여 공장에서 부품을 깎아 손수 두들겨 맞추어 코첼을 제작했다. 카메라 자체로 오버랩, 페이드 인, 페이드 아웃 등 화면전환과 동시녹음이 가능하고 <고독한 등불>(이규동, 개봉미정)에 사용되었다.[468]

[사진 59] <백진주>(김명제, 1959)
임원직 촬영감독과 김명제 감독
(출처: 영화진흥위원회)

9. 한 손에는 '메가폰(megaphone)', 한 손에는 '교편(敎鞭)'을
: 안종화의 영화교육 활동

남기웅

1) 영화교육자 안종화

1945년 8월 15일 광복 이후, 조선의 영화인들은 새로운 조국의 건설에 이바지할 조선영화의 건설을 중대한 목표로 설정하여 각자의 의견을 활발히 개진했다. 그리고 한국영화의 초창기 개척자로서 대우받던 영화감독 안종화(安鍾和)는 1946년 2월 18일 자 『조선일보』에 다음과 같은 의견을 남겼다.

> 〈덤벙댐은 위험〉 안종화 씨 담(談)
> 해방 이후의 영화계 동태는 거지반 반년을 잡어들것만 모든 상은 미미실합니다. 우선 건설에 따르는 모든 문제가 시급합니다. 본시 영화란 막대한 자본력과 과학적인 기재설비가 잇서야만 되는 연고로 이 설비 건설에 주력하지 안흐면 안 되게 되엇습니다. 우선 이러한 큰 공사를 착수하기 전에 우리들 영화작가는 다시 공부하고 연구하여야겟습니다. (중략) **다음 또 연구실과 양성을 겸한 영화과학연구소와 영화학교 쯤은 곳 세워젓스면 합니다. 비로소 여기에 유위한 영화과학자와 영화예술가들이 만히 나올 것이며 또한 조선영화건설에 이바지됨이 크리라고 봅니다.**[469]

기사에 실린 안종화의 발언에서 주목해야 할 부분은 그가 조선영화의 건설에 있어 중요한 과제로 '연구'와 '교육'을 강조하고 있다는 점이다. 특히 그가 종래에 사설단체에서 단발적으로 진행되던 것과 같은 형태가 아닌, '영화과학연구소', '영화학교'와 같이 공적 자원을 투입한 체계적이고 장기적인 교육기관의 설립을 제안했다는 점은 주목할 만하다. 해방 이후 자원의 부족으로 극영화를 단 한 편도 제작하지 못하는 영화계의 현실 속에서 많은 영화인들이 극영화 제작의 재개를 목표로 한 것에 비해, 안종화는 보다 장기적인 투자가 필요한 연구와 교육 분야의 중요성을 강조하고 있기 때문이다.

안종화는 한국영화의 초창기였던 1920년대부터 해방 이후 1960년대에 이르기까지 메가폰을 잡고 현장을 누비며 많은 작품을 연출한 한국영화계의 대표적인 감독으로 널리 알려져 있다. 하지만 그가 다른 한편으로 한국영화의 초창기부터 영화교육에 앞장선 교육자이기도 했다는 사실은 상대적으로 잘 알려지지 않았다. 안종화는 1920년대에 조선영화예술협회(朝鮮映畵藝術協會), 조선문예영화협회(朝鮮文藝映畵協會) 등의 단체에서 영화교육을 담당한 바 있으며, 해방 이후에는 서라벌예술학교와 이화여자대학교 등에서 교편을 잡아 영화를 가르쳐 직접 후진을 양성하기도 했다. 그러므로 '영화교육자'로서 안종화의 궤적을 살펴본다면 앞서 인용한 그의 발언에서 '교육'이 강조되는 맥락을 구체적으로 이해할 수 있을 것이다.

1950년대 서라벌예술학교를 위시하여 정부에서 인가한 교육기관이 등장하여 영화를 위한 정규교육과정을 개설하고 영화교육을 담당하기 전까지 한반도에서 영화교육은 체계적으로 이루어진 바

가 거의 없었다. 윤백남(尹白南), 이경손(李慶孫), 안종화 등 초기 영화
계의 개척자들이 1920년대부터 영화교육과 이론 연구를 시도했지
만 대부분 단발성으로 그쳤고, 진지한 영화예술가를 배출할 수 있
는 장기적 교육 시스템을 확립하는 데는 실패했기 때문이다. 따라
서 아주 오랫동안 신진 영화인의 양성은 영화 현장의 도제식 교육
에 의존하는 수밖에 없었다.

　해방 이후 1960년대까지 남한 내 원로 영화인으로는 안종화를
비롯하여 윤봉춘(尹逢春), 이규환(李圭煥), 전창근(全昌根), 이병일(李炳
逸) 등이 현역으로 활동하고 있었는데, 안종화는 이들 중에서 교육
자로서의 정체성을 가지고 있는 유일한 인물이었다. 그는 1920년
대부터 1960년대에 이르기까지 약 40여 년간 영화 연출 활동을 쉼
없이 이어가는 한편, 영화를 연구하고 후진을 양성하는 교육 활동
도 지속했다. 물론 그에 앞서 1950년대 서라벌예술학교의 초대 학
장으로서 후진 양성에 나섰던 윤백남이 있었지만, 윤백남의 경우
해방 이후 영화계보다는 연극계에서 주로 활동하며 서라벌예술학
교에서도 연극 교육에 매진하였다. 그러므로 안종화는 영화계를 떠
나지 않고 활동하며 영화교육에 지속적으로 힘을 쓴 유일한 원로
라고 할 수 있다. 이에 따라, 본 글에서는 해방 전후 영화사를 통틀
어 영화교육 활동을 이어 나갔던 안종화의 모습을 재조명함으로써
그동안 상대적으로 주목받지 못했던 '영화교육자'로서 안종화의 삶
과 궤적을 복원하고자 한다.

2) 식민지 시대: 영화교육의 토대 마련을 위한 활동

1919년 10월 27일 단성사에서 처음 상연한 연쇄극 <의리적 구토(義理的仇討)>(1919)가 흥행에 성공한 후, 조선의 여러 신파극단은 다양한 연쇄극을 내놓으며 연극계에 닥친 불황을 타개하고자 했다. 이러한 분위기 속에서 신파극단 혁신단(革新團)의 연쇄극 <장한몽(長恨夢)>(1920)을 통해 배우로 처음 신극계에 데뷔한 안종화는 이후 민중극단(民衆劇團), 예림회(藝林會) 등의 극단에서 활발히 활동했지만 연극 교육을 정식으로 받은 적은 없었다. 그러던 1923년, 안종화가 연극과 영화교육을 받고 영화계에 본격적으로 발을 들이는 계기가 생긴다.

경성에 잇는 예술학원에서는 작년 팔월부터 연극반을 두고 일 년 동안이나 열심으로 교수하여 오든 바, 이번에 그 기술을 공개하기 위하야 오는 이십이일부터 이십오일까지 나흘 동안 동구안 단성사에서 출연한다는대 …[470]

… 다음에는 안종화 군이니 그는 경성 태생으로 방년 이십사세라 하며 본래는 임성구 일행에 석기어서 단성사에서 여역(女役) 배우로 잇다가 그후 이삼 신파극단에 끼워가지고 지방순회 흥행으로 여러 가지 고초를 바덧스며 대정 십이년 경에 경성예술학원에 들어 공부를 하다가 부산에 조선키네마가 발긔될 때에 그곳에 나려갓다가 비로소 영화배우가 되엿는데 …[471]

경성예술학원(京城藝術學院)은 일본에서 연극을 유학하고 돌아온 현철(玄哲)에 의해 1922년 설립된 기관으로, 이경손(李慶孫)과 안종화는 1923년 당시 이곳의 연극반에서 수학하며 신극을 배웠고, 이후 무대예술연구회(舞臺藝術硏究會)의 동인이 되어 같은 해 9월 22일 단성사에서 상연한 제1회 무대예술연구회 공연에 참여했다. 경성예술학원은 1년 만인 1923년 문을 닫게 되었지만 현철은 1924년 이구영(李龜永)과 조선배우학교(朝鮮俳優學校)를 설립하여 무대극과(舞臺劇科), 영화극과(映畫劇科)를 두고 배우를 양성했다.[472] 안종화가 훗날 각종 영화 단체를 설립하고 산하에 연구부와 교육과정을 개설하는 등의 체계를 만들어갈 수 있었던 것은 경성예술학원에서의 경험과 1920년대 당시 식민지 조선에서 설립되어 자생적인 예술 교육 시스템을 모색하고 있었던 여러 연극 및 예술 단체의 영향이 컸다고 볼 수 있다.

<해의 비곡(海의 悲曲)>(1924)을 통해 영화계에 자리를 잡은 안종화는 영화배우로 활발하게 활동하는 한편, 1927년 3월 13일 이경손, 김을한(金乙漢), 이우(李愚), 서천수(西川秀) 등과 함께 조선영화예술협회를 창립한다. 이 협회의 인적 구성과 설립 취지에 대해서 당시의 기사는 다음과 같이 전한다.

조선이 가진 오직 유일한 영화감독인 이경손 씨와 안종화, 이우, 서천수 양의 사씨 외 몇몇 유지의 발긔로 조선영화예술협회라는 것을 지난 십삼일 오후에 시내 인사동(仁寺洞) 장춘관(長春館)에서 창립하엿다는데 (중략) 동협회의 가장 중요한 목적은 지금까지 조선에는 여러

가지 작품이 발표되엇스나 흥행적으로는 몰라도 예술적으로는 아직 볼만한 것이 업슴으로 그것을 유감으로 생각하야 그들 몃몃 동지들이 서로히 뜨거운 열성으로써 궐기한 것으로 점차 조선문단의 명작을 차례차례 영화로 제작하야 일본을 위시한 기타 외국으로 수출을 전문으로 하리라는 데 동협회에서는 목하 제일회 작품의 각본 급 배우 기타를 선정중이라는 바 엇잿든 동협회의 출현은 혼돈한 조선영화계에 적지 안흔 서광이 되겟다더라.[473]

1926년 나운규(羅雲奎)가 직접 주연·각본·연출을 맡은 영화 <아리랑>이 공전의 흥행을 기록하며 조선의 영화계는 크게 고무되었다. 하지만 '천재'로 불린 나운규를 제외한 여타의 영화인들은 높아진 대중의 눈높이를 맞추지 못하는 실정이었다. 조선영화예술협회는 바로 이러한 분위기에서 창립 소식을 알린 것이다. 당시 통속적인 신파극의 영향으로부터 벗어나지 못한 조선의 영화계에서는 이례적으로 '예술'을 내세운 영화 조직이 탄생했다는 점에서 조선영화예술협회는 문예계와 언론으로부터 비상한 관심을 받았다.

당시 <아리랑> 영화가 나오기 전까지는 모든 작품들이 그 내용이랄까 기교 수법이랄까 모든 작품이 저조했고 왜취적(倭臭的)인 영화수법이 보였기 때문에 비록 초기의 영화제작이라 하지만 이 땅 영화, 아니 우리 한국영화의 장래를 위하여 문학운동과 더불어 영화제작도 하나의 영화운동으로 키를 돌리랴 우리들의 열의는 대단했었다.[474]

훗날 안종화는 위와 같은 글을 통해 조선영화예술협회의 창립이 단순히 영화 제작을 위한 것이 아니라 당시 일본 신파의 영향에서 완전히 벗어나지 못한 조선 영화의 장래를 위해 장기적인 영화운동까지 염두에 둔 것이었음을 회고한 바 있다. 그리고 1962년에 발간한 『한국영화측면비사(韓國映畵側面秘史)』를 통해서 당시 협회의 창립 동기에 대해 보다 구체적인 언급을 하는데, '지식을 갖춘 신인'을 발굴하는 것이 창립의 가장 중요한 목표였음을 밝히고 있다.

> 이 조선영화예술협회의 창립 동기인즉 패기만만한 것이었다. 그때까지의 구태의연한 신파극에서 탈피하고, 지식을 갖춘 신인을 발굴해 내자는 것이 그 첫째요, 또한 수십 편의 영화를 제작한 이 나라에 촬영소 하나 없다는 것은 말이 아니니 영화 촬영소를 갖자는 것과, 변변한 각본가가 없다는 것은 너무도 한심한 일인즉 예술협회 안에 영화인 동호회를 두어 영화 각본에 대한 검토와 연구를 기하자는 것이었다. 이 중에서 촬영소 설치는 자금 관계로 실현을 못 보았으나, 다른 것은 그런 대로 추진이 되었다. [475]

이러한 목표에 발맞춰 조선영화예술협회에서는 곧이어 연구부를 설치하고 영화 경험이 없는 남녀 연구생들을 모집하였고, 직접 영화를 교육함으로써 향후 식민지 시기 왕성한 활동으로 조선의 영화운동을 좌우하는 많은 신진 영화인들을 배출하게 된다.

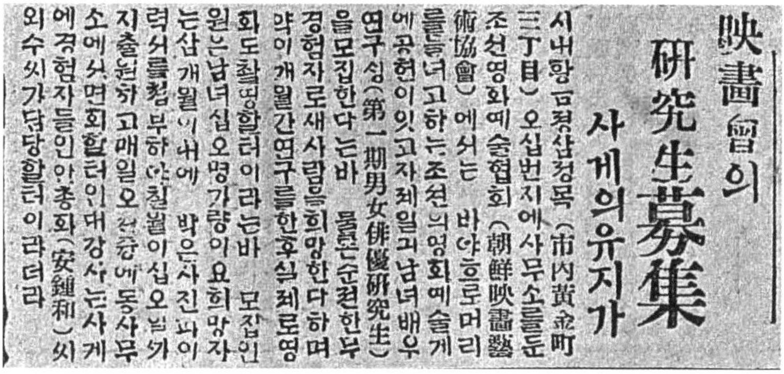

映畵會의 研究生募集

사계의유지가

시내황금정삼정목(市內黃金町三丁目)오십번지에사무소를둔조선영화예술협회(朝鮮映畵藝術協會)에서는 바야흐로머리를들녀고하는조선의영화예술계에공헌이잇고자제일긔남녀배우연구생(第一期男女俳優硏究生)을모집한다는바 물론순전한무경험자로새사람을희망한다하며약이개월간연구를한후실제로영화도촬영할터이라는바 모집인원은남녀십오명가량이요희망자는삼개월이내에 박은사진파이력서를첨부하야칠월이십오일까지출원하고매일오전중에동사무소에서면회할터인대강사는사계에경험자들인안종화(安鍾和)씨외수씨가담당할터이라더라

[사진 60] 조선영화예술협회 연구생 모집 기사 (출처: 『매일신보』, 1927.7.13.)

시내 황금정 삼정목 오십번지에 있는 조선영화예술협회에서는 순전히 영화에 대한 경험이 없는 연구생을 모집한다는데 희망자는 삼개월 이내에 박은 사진을 첨부한 이력서를 전기 사무소로 금월 이십오일까지 보내주면 된다고[476]

목포에 유지로서 조직된 오리엔틀프로덕순에서는 불원간 대규모로 사업에 착수하려고 준비에 분망중이라는 바, 먼저 남녀배우 양성이 필요하므로 경성에 있는 조선영화예술협회와 밀접한 관계를 맺고 호상원조하기로 작정이 되엇다는 바, 동회의 제1기 연구생 출신도 성적에 따라서 오리엔틀프로덕순의 전속 배우로 사용할 터이며 목포에서 연구를 마친 사람도 경성에서 사용하기로 내정이 되었다는데 목포에서 도림시 배우 양성을 할 터인 바 강사는 경성서 초빙하여 실지 교련을 시작한다는데 …[477]

1927년 7월 17일 자 『조선일보』와 『동아일보』에 실린 위의 기사를 통해 당시 조선영화예술협회에서 설립 4개월 후인 7월부터 연구생을 모집하여 영화교육에 착수했음을 확인할 수 있다. 특히 목포에 위치한 오리엔틀프로덕션에 배우 연구생을 전속 배우로 보급하는 등의 체계는 조선영화예술협회의 교육이 영화산업과의 제휴와 같은 거시적 목표를 염두에 둔 것임을 드러낸다. 그렇다면 안종화는 이 과정에서 어떠한 역할을 담당했을까? 조선영화예술협회의 교육이 어떻게 이뤄졌는지 그 내용을 구체적으로 확인할 수는 없지만 당시의 기사에서 안종화가 직접 실기 교육을 주도했음을 살펴볼 수 있다.

> 얼마 전에 설립된 조선영화예술협회에서는 만흔 회원들이 모혀서 영화예술에 대하야 연구하여 나려오던 바, 이번에 동회에서는 뎨일회 시작품을 촬영하고자 준비중이던 바, 이제는 준비 기타가 다 끗맛처서 촬영을 시작하리라는데 특히 동회의 연구생이 총출연 한다하며 (중략) 첫 번 촬영은 <제야(除夜)> 칠권과 <과부(寡婦)> 이권인데 촬영감독은 안종화씨라고[478]

위의 기사에서 언급된 제1회 시작품 <제야>와 <과부>는 당시 기록으로 비추어 보아 완성되지 못한 것으로 보이지만, 안종화는 이 작품의 촬영감독 역할을 맡아 하며 배우 연구생들의 연기를 직접 지도했다. 처음에 발기인 중 한 명으로 조선영화예술협회의 창립에 가담했던 안종화는 창립 수개월 만에 이 협회의 운영과 교육 전반을 혼자 책임져야 하는 처지에 놓이게 되었다. "이경손이 <숙영낭자전>의 연출을 부탁받고 도중에서 낙오하게 되고, 김을한이 바쁜 몸이어서 좀처럼 나타나지 않게 되매, 자연 모든 것은 안종화가 전담하는 수밖에"[479] 없었기 때문이었다. 이후 발기인이자 실질적인 투자자였던 이우의 자금까지 막히면서 조선영화예술협회의 운영과 영화제작은 난관에 부딪혔지만, 이러한 운영상의 어려움에도 불구하고 안종화는 1년간 조선영화예술협회에서 연구생들을 교육하여 당시로서는 영화에 관한 지식을 갖춘 젊은 인재가 드물었던 조선영화계에 여러 신인을 배출하여 내놓게 된다.

이 영예(映藝)는 당초의 계획대로 유능한 신인을 양성해 보자는 뜻에서 연구부를 신설하고 신인을 모집했는 바, 100여 명의 지원자가 쇄도함에 그중 20명을 선발해서 연구생으로 삼았다. 이들에게 1년간에 걸쳐 영화이론을 비롯하여 분장술과 연기 실습을 습득케 한 결과, 처음이자 동시에 마지막인 졸업생을 내게 되었는데, 이때 영화계에 나온 사람이 김유영(金幽影), 임화(林華), 추용호(秋容鎬), 서광제(徐光霽), 조경희(趙敬姬) 등 20명이었다.[480]

1년간의 훈련 끝에 조선영화예술협회에서 마침내 김유영, 임화, 추용호, 서광제 등의 젊은 영화인이 배출되었는데, 이는 그동안 신파극에서 넘어온 인물들 주도하에 현장에서 도제식으로 영화 기술을 계승하던 조선 영화계에, 이론적 지식과 비평 능력을 갖춘 새로운 세대가 등장했음을 알리는 사건이었다. 하지만 이는 곧 예상치 못한 결과를 낳게 된다. 이들을 가르친 안종화가 이들의 공개 비판에 의해 협회의 주도권과 영화 연출권마저 잃는, 이른바 '안종화 제명사건'이 일어난 것이다. 당시 안종화에게 반기를 든 신인들은 대체로 카프(KAPF, 조선프롤레탈리아예술가동맹) 출신의 문인이거나 카프의 영향력 하에 있는 인물들이었다. 이 사건으로 인해 협회에서는 안종화가 연출을 준비하고 있던 영화 <이리떼(狼群)>가 무산되었고, 카프 계열의 신인들 주도하에 김유영이 연출한 <유랑(流浪)>(1928)이 제작되기에 이른다. 이 사건은 조선영화예술협회의 영화교육이 이론과 제작 능력을 갖춘 신인을 길러내는 수준에는 근접했으나 안종화를 비롯한 기성 인물의 영화교육이 사회비판적인 예술에 관심을 보이고 있던 신인들을 만족시키기에는 부족했으며, 그의 장악력 또한 협회 전반에는 미치지 못했음을 드러내는 것이었다. 이에 대해 훗날 안종화는 "영화예술협회가 그 산하에 연구부를 두어 신인을 양성한 것은 사실이나, 그 운영면에 있어서는 실상 안종화 혼자서 꾸려 나가다시피 했기 때문"[481]이라고 항변하는 한편, 조선영화예술협회의 영화교육에 대해서는 "모든 면이 불충실하기 짝이 없는 것이었다. 따라서 그것을 진정한 영화 학원이라고 말할 수는 없을 것 같다"[482]고 자평했다.

'제명사건'으로 타격을 입은 안종화는 조선영화예술협회 활동을 접고 1928년 11월경 윤백남, 이기세(李基世), 김운정(金雲汀), 염상섭(廉想涉), 양백화(梁白華), 일본인 오오타(太田同), 송택훈(宋澤薰), 박상진(朴相眞) 등과 함께 조선문예영화협회를 발족시켰다. 안종화는 이 협회를 조선영화 사상 '최초의 영화학교'라고 평가했는데, 이는 협회 출범과 동시에 연구부가 설치되어 연구생 모집이 이뤄졌고 세부적인 교육과정을 갖추고 있었다는 점과 관련이 있다.

신인 양성과 영화 제작의 2대 목표를 내걸었으나, 막상 당해보니 영화 제작이 손쉬운 일이 아니었으므로, 우선 신인 양성에 주력키로 했다. 그래서 연구생을 대대적으로 모집했더니, 최고 학부에 적을 두고 있는 사람을 비롯해서 응모자가 100여 명이 넘었다.

　결국, 시험을 보여 26명에게만 입학을 허용하고 강의를 시작했는데, 강사로는 근대극에 윤백남, 중국문학에 양백화, 한국문학에 염상섭, 영화에 안종화였다.

　수업 과정은 학과와 실기를 고루 가르쳤는데, 전반기 3개월은 학과, 후반기 3개월은 실기를 주로 했다.

　또한 입학금으로 10원을 받았고, 수업료로 매달 5원씩을 징수했다.[483]

체계를 갖춘 영화교육 기관이 전무한 상황에서 조선문예영화협회의 연구생 모집은 입학 시험을 치러야 할 정도로 흥행했고, 이론과 실기 수업을 고루 제공하는 것은 물론 수업료를 징수하는 등의 체계를 갖추고 있었다. 당시 신문상에 보도된 내용을 확인했을 때, 협회에서 강의한 과목으로는 "이론급실제, 영화촬영술(映畵撮影術), 지나희곡(支那戲曲), 근대극강의(近代劇講義), 배우술각본작법(俳優術脚本作法), 영화강화(映畵講話), 카메라기능급일반개념경옥광학(機能及一般概念鏡玉光學), 사진수학(寫眞數學), 사진화학(寫眞化學), 제화론(製畵論), 제화실습(製畵實習) 등"[484]이 있었던 것으로 추정된다. 안종화는 조선문예영화협회에서 의욕적으로 활동을 이어갔지만 이 협회 역시 운영이 오래 지속되지는 못했다.

　그러나, 이 문영 또한 영예와 다름없이 1기생을 마지막으로 해산되고 말았으니, 예나 지금이나 영화학원의 운명이란 용이한 일이 아닌가 보다.[485]

조선문예영화협회 활동은 비록 짧은 기간 이뤄졌지만, 안종화는 협회에서의 활동을 계기로 문예영화 〈꽃장사〉(1930)를 연출하여 영화감독으로 데뷔할 수 있었고, 협회 1기 졸업생들을 이 영화에 대거 출연하도록 해 영화계로 유입시키는 성과를 냈다. 이에 따라 당시 언론에서는 안종화의 교육활동에 대해 다음과 같이 긍정적인 평가를 내리기도 했다.

… 동작품을 감독한 안종화씨는 조선에 처음으로 영화가 생겻슬 때에 <해의 비곡>을 위시하야 삼사 작품의 주연으로 금일에 이르기까지 혹은 동경(東京), 경도(京都)로 각 영화디를 편답하고 도라와 연구에 연구를 거듭하며 조선영화계를 위하야 만흔 노력을 해오든 바이며 출연자 일동은 거의 각 전문교 고등학부에 잇는 이들인 만큼 장차 진전을 보할 영화계를 위하야 만흔 공헌이 잇스리라더라[486]

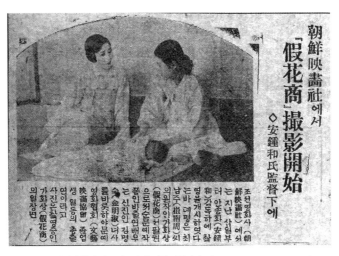

[사진 61] 문예영화협회 연구생들이 출연한 <꽃장사> (출처: 『중외일보』 1929.10.16.)

조선문예영화협회 활동에서 주목할 점은 이 협회에서 교육을 맡았던 이들 중 1938년에 별세한 양백화를 제외하면 윤백남, 염상섭, 안종화 3인이 모두 훗날 서라벌예술학교에서 교편을 잡았다는 점이다. 윤백남은 1953년 서라벌예술학교 개교 후 초대 학장을 지냈고, 이듬해 윤백남이 별세한 후 염상섭이 그 뒤를 이어 2대 학장을 맡았으며, 안종화 역시 같은 학교에서 강사로서 학생들에게 영화를 가르쳤다. 이들이 해방 이후 한국 예술교육의 산실이나 다름없었던 서라벌예술학교의 주축이 되었다는 점은, 식민지 시기 조선문예영화협회의 교육 활동이 비록 짧은 시기 이뤄진 것이었지만 그들에게 상당히 중요한 경험이었음 암시한다.

조선문예영화협회가 해산한 직후, 안종화는 1930년 10월 창립된 조선영화사에서 연구부 강의를 총괄했다. 안종화 외에 서은파(徐隱波), 김영팔(金永八), 조철영(趙哲英) 등이 강사로 투입된 조선영화사 연구부는 영화반, 극반으로 반을 나누어 배우술, 극문학, 실지훈련(實地訓練), 화장술실습 등을 가르친 것으로 확인된다.[487] 인적 구성이 조금 달라지기는 했지만 본질적으로 조선영화사에서 이뤄진 교육은 앞서 다른 협회들에서 안종화가 진행한 교육활동과 대동소이한 성격의 것이었다.

안종화

영화는 신문과 "라디오"로 더부러 가장 큰 문화적 역할을 하고 잇읍니다. 더구나 그것이 가지고 잇는 바 교육에 대한 기능은 참으로 큰 것입니다. 한 개의 실사 "필림"을 가지고 우리는 각 국민의 생활과 풍

속과 시사에 접할 수 잇으며 한 개의 과학영화로는 동식물의 신비로
운 생리를 배홀 수 잇습니다. 이러한 의미에서 영화가 가진 지도적 교
화성과 지성교육 또 학술영화가 가진 우월성에 대하야 말씀하고 영화
와 교육의 불가분의 관계에 대하야 말씀하려고 합니다.[488]

안종화는 식민지 시기 조선영화예술협회와 조선문예영화협회에
서 전개한 영화교육 이외에 대중을 대상으로 한 영화 관련 강연도
병행하였다. 특히 라디오방송 프로그램에 종종 출연하여 강연을 진
행했는데, 위에 소개된 강연 내용과 같이 영화가 지니고 있는 대중
교육적 기능을 강조하는 부분은 특기할 만하다. 영화인을 양성하기
위한 '영화교육'뿐만 아니라 대중 교화를 위한 '교육영화'의 중요성
에 대해 꾸준히 강조했던 안종화는, 해방 이후 전개된 한국전쟁의
국면에서 공보처의 영화과장을 맡아 뉴스 영화를 제작하고 배포하
는 대민(對民) 업무를 총괄하기도 했다.

3) 해방 이후: 교편을 잡은 영화감독

<청춘의 십자로(靑春의 十字路)>(1934), <인생항로(人生航路)>(1937)
등을 연출하여 조선 영화계를 대표하는 영화감독으로 인정받던 안
종화는 1939년 친일 어용단체인 조선영화인협회의 초대 회장을
맡으며 친일의 길에 들어섰다. 따라서 안종화는 자신의 친일 행적
으로 말미암아 해방 직후 운신의 폭이 다소 좁아질 수밖에 없었는
데, 영화계 친일 청산 논의가 제대로 이뤄지지 않은 상태에서 영화

인들이 좌우로 나뉘어 대립하고, 좌익 영화인들이 대거 월북을 선택함으로써 본격적으로 활동을 재개하게 된다. 이론과 비평 능력을 갖춘 좌익 영화인들이 빠져나간 남한 영화계에서 안종화를 비롯한 우익 계통의 원로 영화인들은 영화계를 재건하기 위한 구심점이자 후배를 양성하는 교육자로서의 위치를 확고히 다질 수 있었다. 한국전쟁이 발발하기 약 1년 전인 1949년, 안종화는 한국 문교부에서 선출한 예술위원회의 영화위원으로 이름을 올리게 된다.

각계 총망라 문화인 기대지대

앞서 발표된 바 문교부내 설치된 예술위원회의 위원은 아래와 같은 바 그 구성인원에서 보는 바와 같이 각계 명사의 총망라에서 그들의 앞으로의 활약에 문화예술 관계자는 기대하는 바 크다. (중략)

영화위원

안석주, 안종화, 이규환, 서월영, 전창근, 양세웅, 김성춘, 김영화, 안철영[489]

<수우(愁雨)>(1948), <나라를 위하여>(1949)처럼 한국 정부의 이데올로기적 방향과 궤를 함께 하는 영화의 연출이나, 문교부 예술위원회 영화위원, 한국전쟁 당시 공보처 영화과장 등의 이력은 그가 영화계의 원로로서 사회적으로 인정과 지지를 두텁게 받고 있었음을 잘 보여준다. 그리고 안종화는 1950년대가 되자 오랫동안 중단했던 교육 활동을 재개한다.

1953년 휴전의 분위기와 함께 사회가 차츰 안정을 되찾자 예술

계 또한 재건에 박차를 가하기 시작했다. 이때 한국 최초의 예술교육 기관을 표방하며 설립된 것이 바로 서라벌예술학교[490]였다. 서라벌예술학교의 개교 당시 교육방침에서는 '문화 예술의 창조', '민족문화의 민주적 건설', '예술문화의 민족적 완성'을 이념으로 내세웠는데, 이는 해방과 전쟁 사이 남한의 문화예술이 민족주의와 밀착할 수밖에 없었던 상황을 잘 드러낸다. 1953년 정부의 학교설립 인가를 받아 서울시 용산구 후암동에서 9월 1일 개교한 서라벌예술학교는 2년제 과정에, 문예창작과, 연극영화과, 음악과를 보유한 국내 유일의 예술 전문 교육기관으로 출범했다. 개교 당시 초대 학장으로는 윤백남이 취임했는데, 아마도 안종화가 서라벌예술학교에서 교편을 잡게 된 것은 식민지 시기 조선 영화계의 초창기부터 함께 활동했던 윤백남의 요청 혹은 도움이 있었기 때문이 아닐까 추측된다.[491] 안종화는 원로로서 존경받는 위치에 있었지만 그러한 예우와 별개로 수입이 일정치 않은 직업의 특성상 생활은 꽤 궁핍했던 것으로 보인다.[492] 그렇기 때문에 영화감독으로서 꾸준히 작품을 만드는 한편, 안정적으로 수입을 확보할 수 있는 교육활동을 병행할 필요가 있었던 것이다.

안종화가 강의를 한 서라벌예술학교의 연극영화과는 국내 고등교육기관에 설치된 최초의 영화 관련 학과라 할 수 있다. 1953년 개교 당시 연극영화과의 교과과정으로는 영어, 교육학, 불어, 심리학, 연출실습, 연극사조사, 연극미학, 촬영, 한국영화사, 희곡론, 실기연습, 연기실습, 연출론, 연극실습, 영화실습, 연출연구, 영화제작론, 연극론, 희곡연구, 시나리오연구 등의 과목이 설치되어 있었다.[493] 안종화가 근무하던 기간 연극영화과에는 김창섭(金昌燮). 이응우(李應雨) 등이 연극영화과 교수로 재직했는데, 이들 사이에서 안종화는 자신의 경력을 바탕으로 한국영화사, 영화실습 등의 과목을 강의했다.

안종화가 이 학과 교육과정의 개설과 운영에 어느 정도로 관여했는지는 확인할 수 없지만, 그를 비롯한 원로 영화인의 식민지 시기 교육 경험은 학제를 구성하는 데 적지 않은 영향을 미쳤을 것으로 보인다. 연극과 영화를 별도로 분리하지 않고 연극영화과로 통합하여 함께 교육한 점, 이론과 실기를 아우르는 학제, 특히 아래 인용한 기사의 실습작 <누구의 죄인가>와 같이 선생의 도움 없이 학생들이 직접 역할을 나누어 작품을 제작하는 실기 수업 등은 식민지 시기 안종화가 관여했던 여러 단체의 교육 방식과 상통하는 부분이 있기 때문이다.

> 서라벌예술대학 연극영화과 졸업반에서는 우리나라 대학사상 최초로 극영화 "누구의 죄인가"를 안종화, 김창섭 양씨 지도 아래 졸업반 실습 극영화로 제작케 되었다는 바 <씨나리오> 제작, 감독, 출연 및 편집, 녹음, 현상 등 선 과정을 학생들 자신이 담딩하고 있다 힌디.[494]

최초로 영화 이론과 실기를 전문적으로 교육 받은 서라벌예술학교 출신의 졸업생들은 영화계로 들어가 활약하기 시작했는데, <박서방>(1960), <마부>(1961) 등을 연출하여 1960년대에 활약한 영화감독 강대진(姜大振)이나 한국영화의 주요 작품들의 촬영을 담당한

촬영감독 전조명(田朝明) 등이 안종화가 근무하던 시절 서라벌예술
학교 연극영화과에서 배출한 대표적인 영화인들이었다. 이외에도
안종화는 1960년대 초반까지 영화 연출을 하며 현장에서도 많은
영화인들을 직접 양성했다.

**안종화 감독님 고모부시잖아요, 얘기를 좀 들었으면 좋겠는데. 기
억이 나시는지 모르겠어요, 선생님?**

에, 그때는 초등학교 6학년 때니까. 내가 인제 피난가 가지고 잠깐
얘길 듣고. 그러고 인제 서울 올라와 가지고, 학교 댕길 땐 교류가 없
었지…. 그리고 그 전에 얘기 들은 거는 황학봉 감독이라고 있었거든
요? 거기 계셨고. 이만희 감독도 또 거기 같이 있었고, 강대진 감독. 그
러고 유동훈 시나리오 작가가 아마 같이 거기 있었는데, 제자로. 그때
서라벌예대를 아마 나가셨는 거 같애.[495]

안종화의 처조카로, 훗날 영화 녹음기사가 되어 활약한 이재웅(李
在雄)은 안종화의 주변에 황학봉(廣學奉), 이만희(李廳熙), 강대진, 유동
훈(聊東薫) 등의 제자가 있었음을 전한 바 있다. 이 중에서 영화감독
강대진과 시나리오 작가 유동훈은 서라벌예술학교 출신으로, 강대
진은 <부전자전(父傳子傳)>(1959)을 통해 감독으로 데뷔한 후, 두 번
째 작품으로 <해떨어지기 전에>(1960)를 연출하여 흥행에 성공했
는데, 이는 안종화가 식민지 시기에 만든 영화 <역습(逆襲)>(1936)의
리메이크작이었다. 그리고 강대진은 이듬해에 <마부>를 연출하여
베를린영화제에서 은곰상을 수상하는 쾌거를 얻기도 했다.

안종화가 서라벌예술학교에 출강하던 시기에 연출한 <견우직

녀(牽牛織女)>(1960)를 통해 배출된 영화인들도 다수 있었다. 우선 이 영화의 연출부로 참여했던 김병기(金秉基)는 서라벌예술학교 연극영화과에서 안종화에게 수학한 것을 계기로 영화계에 들어와 1990년대까지 영화감독으로 활동했다. 또한 황학봉은 동국대학교 국어국문학과 졸업 후 안종화의 연출부로 일하다 <견우직녀>의 조감독을 맡게 되어 이후 문화영화 등을 연출한 바 있다. 그리고 영화감독 이만희는 황학봉의 소개로 안종화가 연출한 <천추의 한>(1956)의 연출부로 영화계에 들어오게 되는데, 훗날 <주마등(走馬燈)>(1961)으로 감독 데뷔를 한 후 1960년대 한국영화 르네상스를 이끈 대표적인 영화감독으로 자리 잡게 되었다.

이처럼 학교와 현장에서 다수의 영화인을 양성하고 배출하였다는 것은, 안종화가 끝까지 메가폰을 놓지 않고 현장을 지킨 현역 감독이었다는 점, 그리고 동시에 교편을 잡고 학교에서 이론과 실기를 교육하는 영화교육자이기도 했다는 점을 다시 한번 상기하도록 한다.

4) '영화는 예술'이라는 새로운 전통을 위하여

안종화의 영화교육 경력은 1927년 조선영화예술협회의 창립과 연구부 교육으로 시작되었다. 처음부터 '예술'이라는 말을 내세운 만큼 안종화는 식민지 시기, 그리고 해방 이후 말년까지도 다양한 지면을 통해 '영화는 예술'이라는 사실을 잊지 말라고 영화계에 주문해왔다. 안종화가 영화를 교육할 당시 구체적으로 학생들에게 어떠한 이야기를 들려주었는지 알 수 없지만, 말년에 남긴 논문을 통해 한국영화가 '영화는 예술'이라는 새로운 전통을 수립해야 하는 이유와 가능성을 논하고 있다는 점에서 그의 교육관을 엿볼 수 있다. 안종화는 이 논문에서 오랫동안 한국영화의 특성이자 병폐로 지적되어온 한국영화의 신파성이 어디서 비롯되었는지 역사적으로 살핀 후, 이탈리아 네오리얼리즘, 프랑스 전위영화 등 해외 예술영화의 흐름을 비교 검토하여 한국영화의 '로컬리즘'이 무엇인지 분석한다. 그리고 결론적으로 한국영화의 미학적 실패가 '영화는 예술'이라는 사실을 등한시한 결과물임을 지적한다.

> 그렇지만 영화는 짧은 역사를 가졌을 뿐이다. 더구나 한국영화의 역사는 훤히 드려다 보이는 짧은 역사다. 이제부터라도 전통을 만들어야 한다. 영화는 예술이라는 상식론을 전제로 한 새로운 전통의 창조가 필요한 것이다.[496]

이처럼 '영화가 예술'이라는 상식론으로 돌아가 한국영화의 새로운 전통을 수립해야 한다는 안종화의 생각은 그가 서라벌예술학교에서 수업을 하던 당시에 남긴 강의계획서에도 분명하게 담겨 있다. '한국영화의 전통을 위한 시론'이라는 표현이 담긴 이 강의계획서에는 그가 제출한 논문에서처럼 한국영화의 전통을 수립하기 위한 로컬리즘에 대한 고민과, 세계영화 조류와의 역사적 비교가 커리큘럼의 근간을 이루고 있다.[497] 이는 대학에서 이뤄진 안종화의 영화교육이 단순히 생계를 유지하기 위한 방편이 아니었으며, 영화를 예술로 승화시킬 수 있는 영화인들을 양성하기 위한 고민과 성찰에서 나온 것임을 보여준다.

안종화는 생전에 한국영화의 초기부터 활동한 개척자로 평가받았고, 총 12편의 영화 연출작을 남겼다. 하지만 당대에 흥행과 비평 면에서 높은 평가를 받은 걸작을 남기지는 못했다. 안종화가 중풍으로 쓰러지기 얼마 전에 발간한 저작 『한국영화측면비사』의 서문에는 바로 이러한 아쉬움이 묻어난다.

> 그러므로 하루속히 세상에 내어놓을 만한 작품 몇쯤은 더 손대 놓아야겠다는 것이 지금의 심정이요, 아직도 작품에 대한 야심이라고 할까, 노장의 한 사람으로서의 영화에 대한 정열만으로 살아 가고 있는 오늘의 나라 하겠다. 그런데 어찌어찌하다 보니 일선과는 거리가 먼 길로 들어 서서 서라벌 예대에 출강하는둥 그리고 사학이 나의 전공이 아님에도 영화 역사까지를 담당하게끔 되었으니, 이 또한 벗어날 수 없는 운명인가 보다.[498]

위의 글에서 드러나는 것처럼 안종화는 스스로 교육자나 저술가로서의 정체성보다는 영화감독으로서의 정체성을 더욱 확고하게 가지고 있었던 것으로 보인다. 그럼에도 불구하고 안종화는 말년까지 강단에서 후배를 양성하고, 『한국영화측면비사』와 같은 저작을 남기는 등 교육자로서의 행보를 결코 멈추지 않았다. 따라서 이러한 그의 행보를 바탕으로, '영화는 예술'이라는 새로운 전통을 한국 영화계에 뿌리내리고자 노력했던 교육자로서의 면모를 되살피는 작업은 분명 의미 있는 일이라 할 수 있을 것이다.

아리플렉스Arriflex

독일 아리사(Arnold and Richter)에서 1937년 출시한 아리플렉스 35(ARRIFLEX 35)는 2차 세계대전 종군기자들이 사용한 카메라이다. 촬영감독이 뷰파인더를 통해 초점을 맞추고 촬영하는 피사체와 시차(parallax)가 없는 최초의 거울 반사(mirror reflex)방식을 적용했다. 카메라 회전 셔터(shutter)에 거울이 달려 있어 필름이 다음 프레임으로 내려갈 때 셔터가 닫히면 이미지가 뷰파인더로 반사되는 방식으로 렌즈를 통해 실제로 촬영되는 피사체의 초점과 프레임을 확인 할 수 있다. 한 손으로 휴대가 가능한 경량의 카메라이지만 레지스터 핀(register pin)이 있는 미첼과 달리 단일 클로(claw) 방식으로 현장의 동기된 사운드를 녹음하기에는 많은 소음이 발생했다. 아리사는 2차 세계대전 중 공장의 폭격으로 생산이 중단된 카메라를 다시 개발하여 1946년 아리플렉스 35 Ⅱ를 출시한다.[499] 미국의 연출감독 알프레드 웨그(Alfred Aegg), 촬영감독 리차드 베글리(Richard Bargly), 녹음기사 테드 코난트(Theodore Conant)가 참여한 유엔 영화팀은 1952년 <고집>의 촬영을 위해 아리플렉스 35 Ⅱ 카메라에 방음장치(blimp)를 장착해 현장의 소리를 녹음했다. <고집>의 촬영조수로 참여한 임병호는 아리플렉스를 처음 만져보게된다.[500] 1953년 필름 게이트(gate)를 강철로 바꾸고 셔터 개각도 180도가 가능한 아리플렉스 35 ⅡA를 출시한다. 한국전쟁 후 공보처는 아리플렉스 35 ⅡA를 수입해 뉴스와 문화영화를 제작하고 야간과 주말에는 영화인들에게 대여를 했다. 이규환 감독의 <춘향전>(이규환, 1955)의 촬영감독 유장산은 아리플렉스 35 ⅡA 아리사 제작 1호 카메라를 사용했고 독일에서 다시 가져갔다고 기억하고 있다.[501] 신상옥 감독의 <꿈>(신상옥, 1955), 한형모 감독의 <자유부인>(한형모, 1956)은 공보처에서 아리플렉스 35 ⅡA를 대여해 촬영한 작품이다.[502] 1960년 아리플렉스 35 ⅡB, ⅡBV, ⅡHS 3가지 모델을 출시했고 1964년 출시한 아리플렉스 35 ⅡC는 독일 광부로 일한 신영필름 김태우 대표가 1968년 국내에 처음 도입했다.

[사진 62] 방음장치를 장착한 아리플렉스 카메라로 촬영하고 있는 임병호 촬영감독
(출처: 영화진흥위원회)

[사진 63] <춘향전>(이규환, 1955) 촬영 현장 (출처: 영화진흥위원회)

영화이론총서 41

안종화 「한국영화 40년 약사」

부록

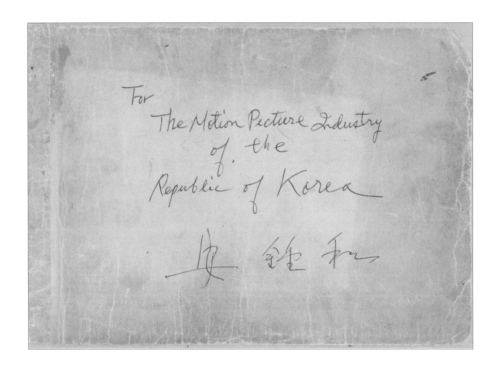

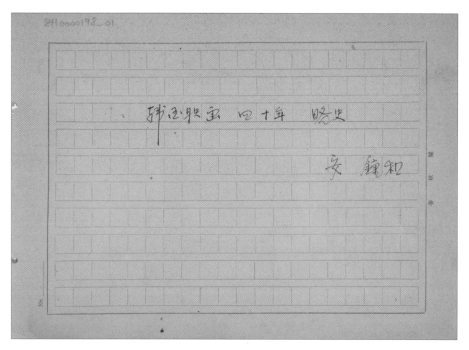

ZH0000198_01

韓國映畵 四十年 略史

　　　　　　　　　　安　鍾和

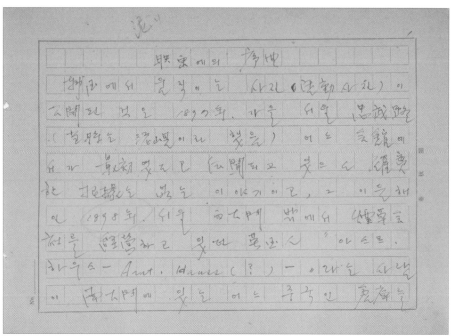

映畵에의 接近

映畵에서 일컫어는 사리 (謝利사리) 이
소開된 것은 1897年. 가을 어떤 本戰路
(들어는 鍾路이라 했음) 이오 中國에
서가 最初였고 (소開되고 헛으나 確要
한 記錄은 없는 이야기이고, 그 이듬해
의 1898年. 가을 어느떤 밤에서 싼里푸름
세를 經營하고 있던 英国人 '아스트.
하우스 - Aut. Haus (?) - 이라는 사람
이 中國에 있는 어느 中国人 茶樓를

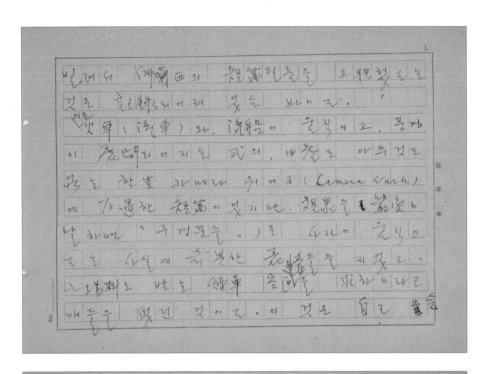

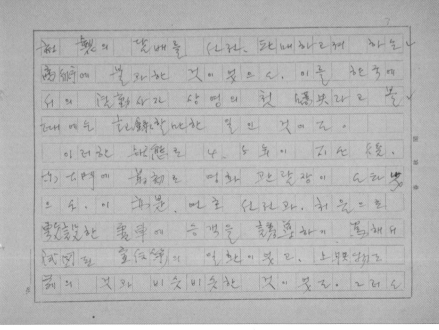

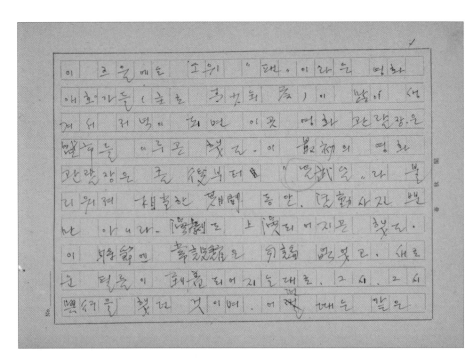

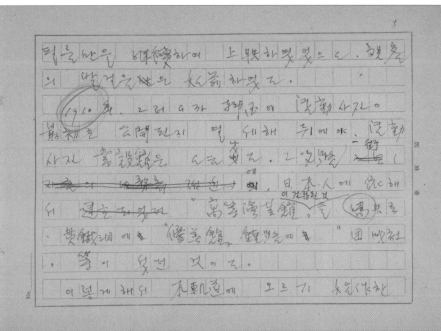

이 그을에는 소위 "팬"이라는 영화
애호가들(눈을 屈伸되 店)이 밤이 새
어서 저녁이 되면 이곳 영화 관람장은
滿員을 이루곤 했다. 이 最初의 영화
관람장은 開館벗터 "延技充"라 불
리워져 開館한 期間 동안, 活動사진 뿐
만 아니라 演劇도 上演되어지곤 했다.
이 劇場名엔 壽劇場은 後에 없어고. 새로
운 場所이 壽劇되어지는데로, 그 때, 그 때
別名을 했던 것이며. 어떤 때는 같은

劇場만을 改名變하여 上映하였었으며. 했을
때 場所으로 변해 改新하였었다.
1910年. 그러니가 韓日合邦이 活動사진이
最初로 公開되지 몇 해 뒤에야. 活動
사진 常設館을 서울었다. 그 無렵에 新
演劇 場하 개관 에 , 日本 人에 依해
서 建設하였던 "高等演技館"을 馬木으로
, 貫鐵町 에 "優美館" 優劇物에, "團成社
, 等이 있던 것이다.
이렇게 해서 本軌道에 오르기 始作하였

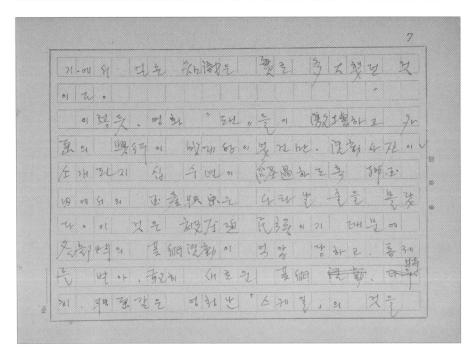

흥행은. 그것의 수익이 日本
株式會社 映畵에 映寫되는 나, 寺刹의 壹設
舘에서는 日本의 것이오. 北村(鐘路) 以北
에서는 映畵舘의 것이옴즈.

이 무렵부터는 解說者를 撤廢하기 爲
하였으므로, 西洋의 進步된 文物과. 禮
儀. 風俗. 衣裳. 建築樣式같은 것을 반려
것으로서, 쉬이 짐작되어졌고. 이것은

기에 위 되는 映畵를 通히 차즌 것
이다.

이렇듯. 영화 "면"을이 發達하고 가
의 映畵이 영향이 못 것는. 映畵寫眞이
소개되지 않 수 면이 經過하고 今 映畵
면에서의 活寫眞은 나라 을을 불넜
다. 이것은 映畵가 民衆이기 때문에
文化면의 品經說動이 얼말 강하고. 通제
든 받아, 今에 今의 品經 私新. 다음
히. 映畵같은 여러번. 스케일. 의 것을

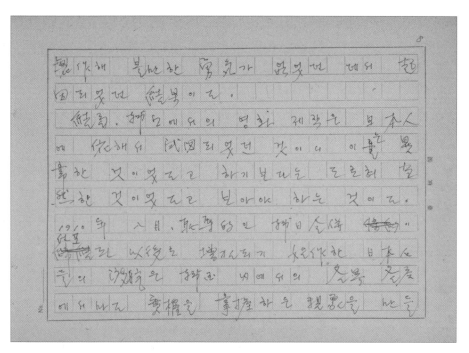

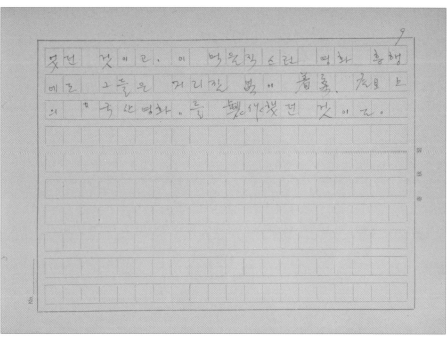

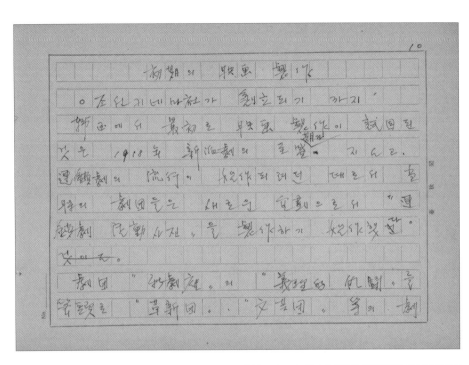

10

初期의 映画 製作

o 朝鮮키네마社가 創立되기 까지

朝鮮에서 最初로 映画 製作이 試図된

것은 1918年 新派劇의 巨擘 지 ㄴ ㄷ.

連鎖劇의 流行이 始作되려던 때로서 몇

몇의 劇団들은 새로의 宣傳으로서 "連

鎖劇 運動사진" 을 製作하기 始作하였

었다.

劇団 "新劇座" 의 "藝術的 活劇" 을

筆頭로 "革新団" "文共団" 等의 劇

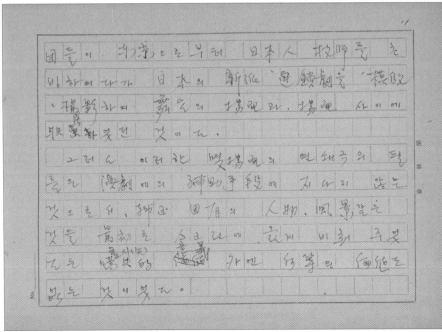

団들이 극장으로부터 日本人 技師들 을

삥하여다가 日本의 新派 連鎖劇을 "模倣

" "撮影" 하여 幕과 幕 사이에

映写하였던 것이다.

그런 이러한 몇場面의 연쇄극의 필

름은 演劇에의 補助手段에 지나지 않는

것으로서, 朝鮮固有의 人物, 風景같은

것을 最初로 슬크린에 담겨 비췬 其것

는 事実的意義 가 있 行等의 価値로

없는 것이 다.

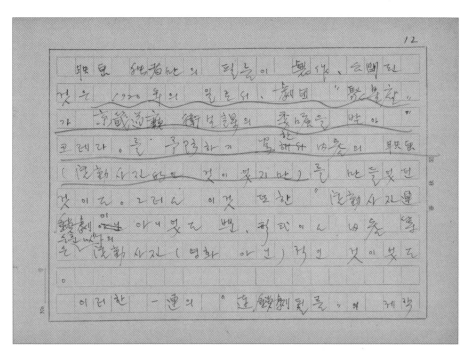

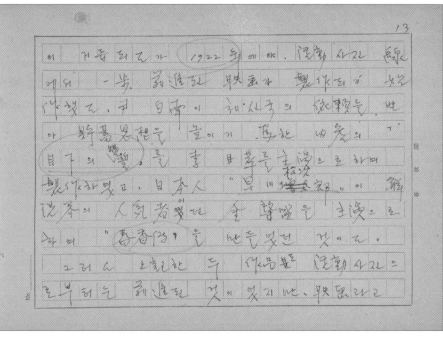

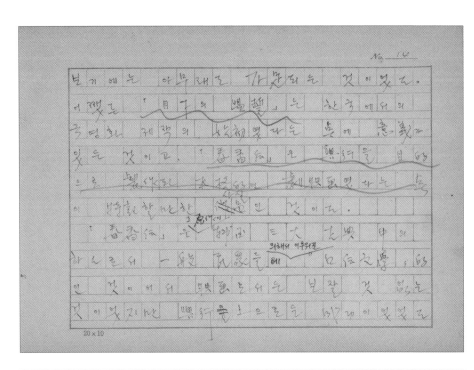

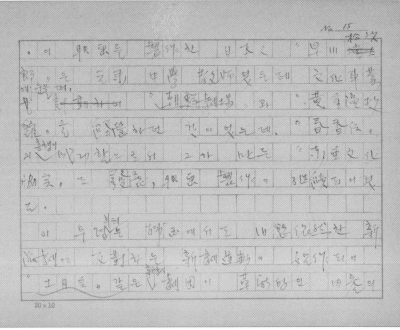

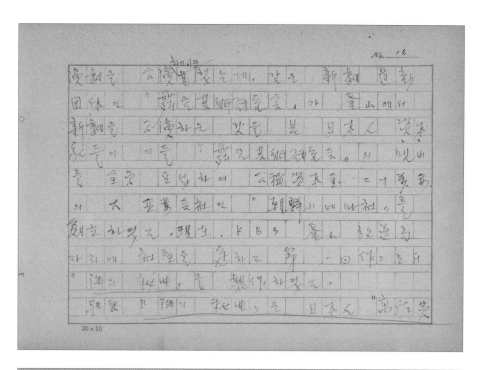

演劇을 公演할 때, 많은 新劇 團体인 "新○本○○會"가 釜山에서 新劇을 公演하는 것을 본 日本人 資本家들이 이들 "○○本○○會"의 빗을 全部 도마하여 公稱資本金 二十萬圓의 大企業會社인 "朝鮮키네마社"를 創立하였고. 現今 KBS 釜山 放送局 자리에 ○○을 建하고 ○ 一回作으로 "海의 秘曲"을 製作하였고.

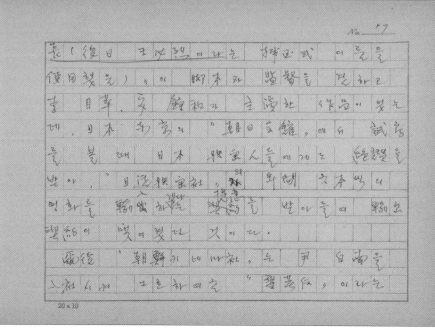

(後日 크로닐이라는 朝日式 이름을 使用했음), 이 脚本과 監督을 겸하고 日華, 黃 歷稅가 主演한 作品이 나오는데. 日本의 各地 "朝日會館,에서 試寫를 볼 때 日本 映畵人들에게 絶讚을 받아. "日活株式會社,의 映畵를 ○○하○○○을 받아들○○○○이 몇이 있던 것이다.

爾後 "朝鮮키네마社,는 다시 白南을 入社시켜 工로하여 "碧○紅,이라는

朝鮮 盟像에서 取材한 映畵를 만들게 되었다. 그러나 "雪景 "은 作品上으로나 興行上으로나 失敗를 보았다. "朝鮮키네마社 "는 이로부터 削減의 길을 걸었다. 當時의 實情으로 보아는 巨資金을 投入하여 한편의 映畵를 만들기도 어려운 일이었거니와, 웬만큼한 作品이 아니고서는 製作費 籌備의 빛도 回報하지 못했던 것이다. "朝鮮키네마社 "은 釜山 海의 秋也에서 와같이 日本에 輸出할

수 있을 籌備의 作品이 못되어, 製作費의 半額도 빼아내지 못했던 것이다.
그러나 이 會社로부터 朝鮮映畵의 柱石이 될 尹逢和, 李慶孫, 羅雲奎, 南弓雲, 崔日筆, 鄭基鐸, 李在現 等의 諸 人材가 輩出된 것은 特記할만한 한 新錄이었고 아니할 수 없는 것이다.

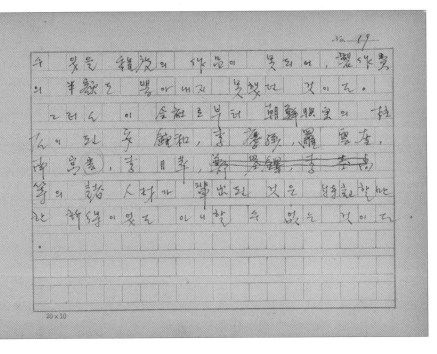

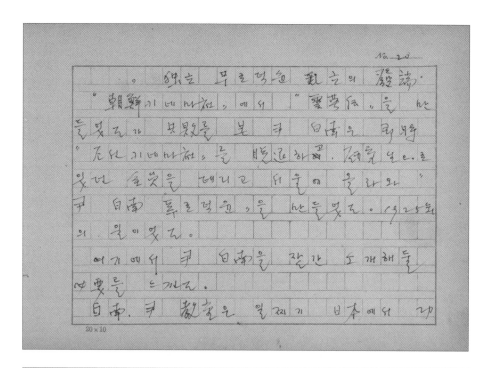

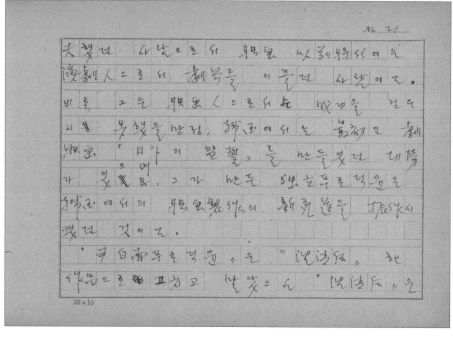

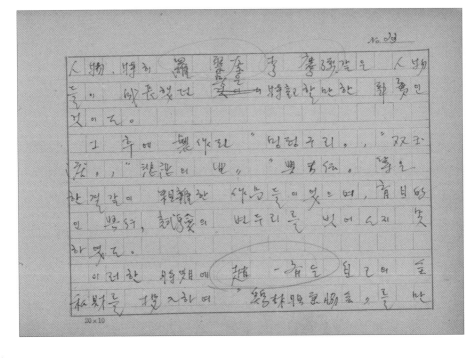

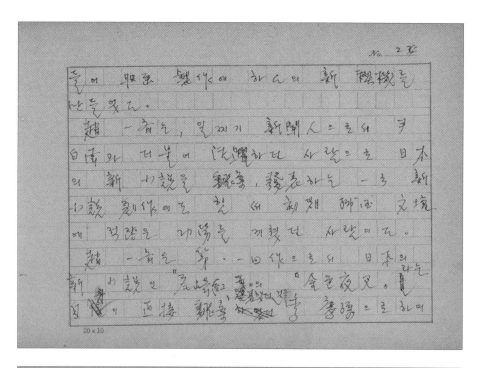

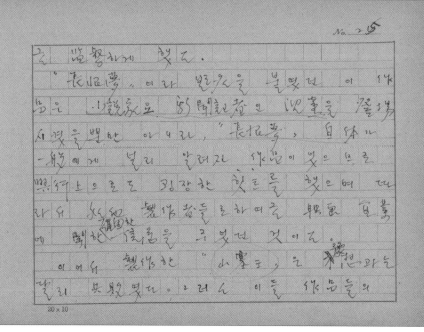

興行上의 成, 敗와 內容面의 好, 不好는
目的을 區別하리라도. "鄉村思想協會" 는 組織
機構로서 完全한 存在못된 것이니 "朝
鮮"기네바헌. 以後 浮動狀態를 벗치 못
하던 鄉村思想가 이에 이르러 기틀이 잡
혀갈기 始作하였고, 거의 全部라고 하는
이 아들 後의 主軸 鄉村人들 후
맞던 것이다. 特히 "鄉村思想協會",
以後 一般의 思潮에 對한 苦라 思潮
은 등 諸하여려위 서울 후남의 ○○한

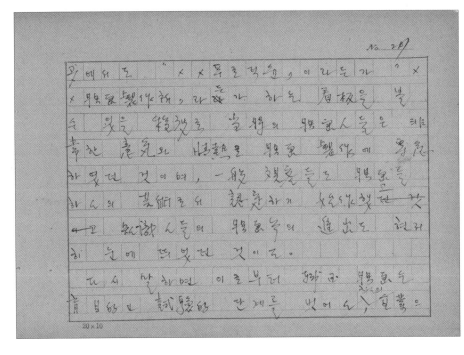

3, 에 우 도 "××루호박", 이라든가 "×
×思思製作所", 라 하가 하는 看板을 볼
수 있는 程度로 当時의 鄉思人들은 하는
후한 意気와 情熱로 鄉思 思想에 ○○
하였던 것이며, 一般 社會들도 鄉思를
하는의 思術로서 認定하기 始作했던 것
머고 있었人들의 鄉思가의 進出도 여러
히 눈에 띄웠던 것이고.

다시 말하며 이로부터 鄉思는 鄉思는
盲目的 試驗的 단계를 벗어나, 有意義

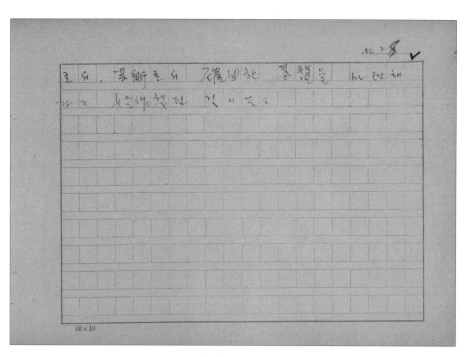

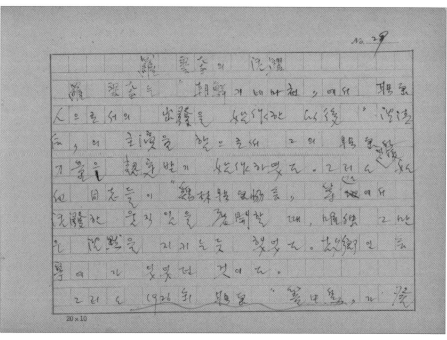

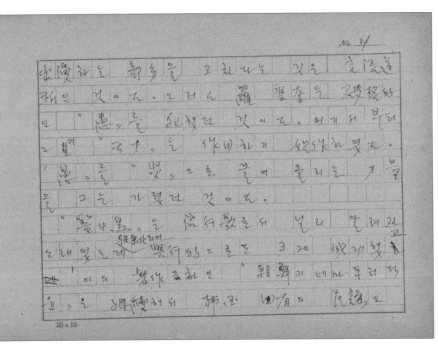

20×10

20×10

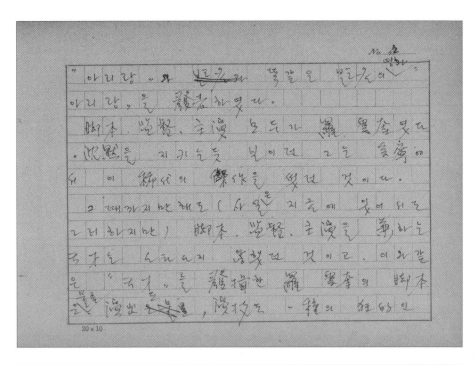

"아리랑"와 ~~갓구~~와 똑같은 반감으아

아리랑을 讚揚하엿다.

脚本. 監督. 主演 모두가 羅 雲奎 엿다

. 觀衆을 지기는듯 보이던 그는 을둘에

서 이 傑作의 傑作을 엿던 것이다.

그 때까지만 해도 (사실은 지금에 잇어되는

그러하지만) 脚本. 監督. 主演을 兼하는

主者는 나타나지 앗엇던 것이라. 이와같

은 "자기"를 讚揚한 羅 雲奎의 脚本

은 漫然 ~~쓴~~, 漫然한 ─ 種의 狂態인

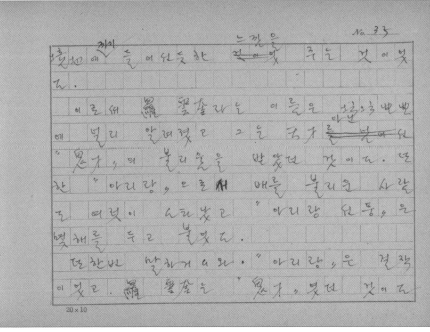

~~자의~~ 느낌을 ~~빗~~

혼미에 들어신듯한 ~~빗~~었 주는 것이엿

다.

이로써 羅 雲奎라는 이름은 全鮮에 ~~번번~~ 아닌

에 널리 알려젓고 그는 主者를 붙어신

"患者"의 불리움을 받엇던 것이다. 또

한 "아리랑"으로써 배를 불리운 사람

도 여럿이 나타낫고 "아리랑 소동"은

몇해를 두고 붓엇다.

또한번 말하거니와 "아리랑"은 걸작

이엿고 羅 雲奎는 "患者"엿던 것이다

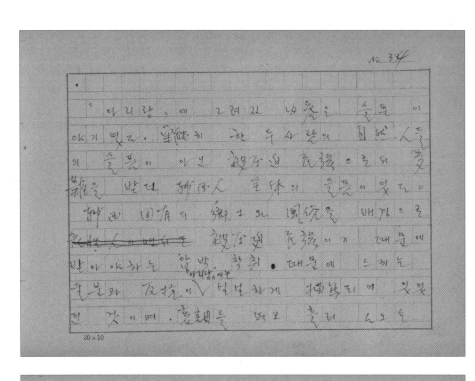

「아리랑」에 그려진 내용은 슬픔이
야기 얹다. 全體히 한 두 사람의 自然人들
의 슬픔이 아닌 朝鮮의 民族으로서 壓
迫을 받던 朝鮮人 主体의 슬픔이 옷다.
朝鮮의 固有의 鄕土와 風俗을 배경으로
朝鮮의 民族이 그 대로에
받아야하는 압박 착취. 대목에 드러는
구문과 反抗이 널리하게 播弄되어 옷
던 것이며. 意慾을 더고 흘러나오는

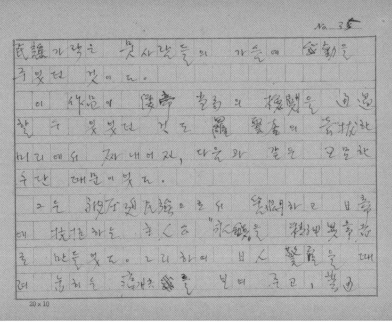

民謠가락은 뭇사람들의 가슴에 金動을
주엇던 것이다.
　이 作品이 倭帝 當局의 檢閱을 通過
할 수 있엇던 것도 贏醫會의 黃枝北
리라에서 저 내어진, 다음과 같은 모믈北
手段 대믄이 옷다.
　그는 朝鮮의 民族으로서 辱恨하리 日帝
데 抵抗하는 主人을 "永遠을 꿈꾸며 못죽
를 만둔옷다. 그리하여 日人 警察을 대
러 놓하는 �»誃을 뵈어주리, 豊閏

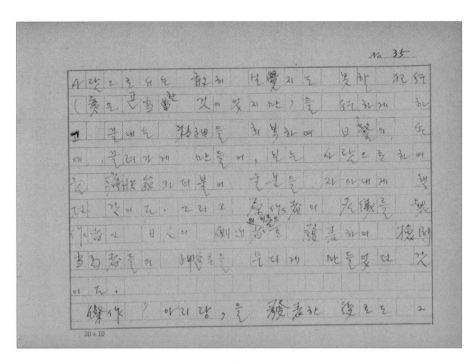

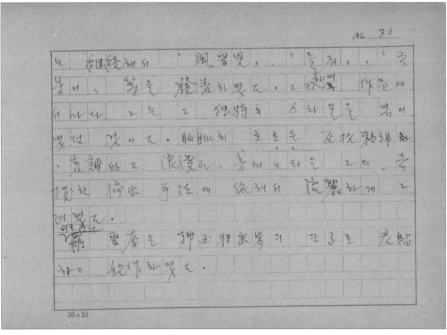

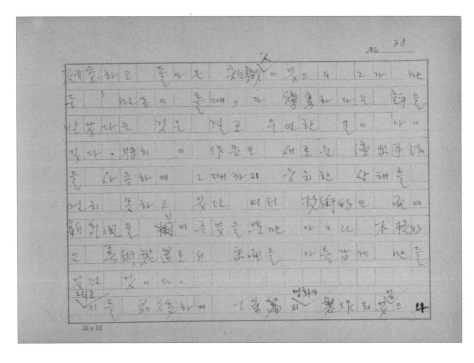

빛 가의 作品들

이 조음에 한때 製作을 모매하고 잇
던 「翻朴됫채橘을」 을 再촌하여 日本에
우 제윷하고 들아온 小說家이라 報로人
인 沈童을 初비하여 그로하여금 "배들
이 들때,를 반들게 햇다.

沈童은 卓越한 藝術的 識見을 지난
것이 잇을 뿐만 아니라 卓越한 "관念
에 並偉한 以의 勝果으로 같은 藝心
을 들고 日本에 (건너가) 藝出 하여 ... 을

제윷하고 들아온 藝術이 빛은 나 그가 반
던 「반들이 들때,가 驚勳하다는 辭을
받앗다는 것은 결코 우연한 일이 아니
엇다. 빙치 이 作品은 새로운 藝出手法
을 사윷하여 그때까지 윷치한 상래를
면치 못하고 잇던 더러 技術的인 것에
新긴風을 부어 주엇을 뿐만 아니라 本格的
인 藝術作品으로서 眞價을 아롤답게 반들
엇던 것이다.
그리고 이을 前後하여 1들篇의 製作되엿은 나

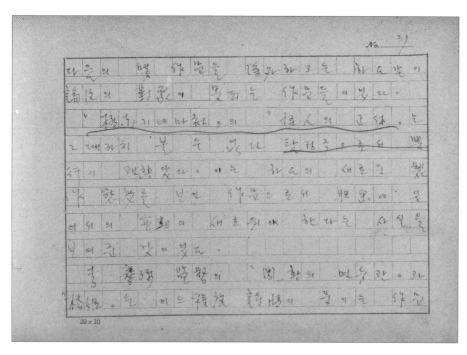

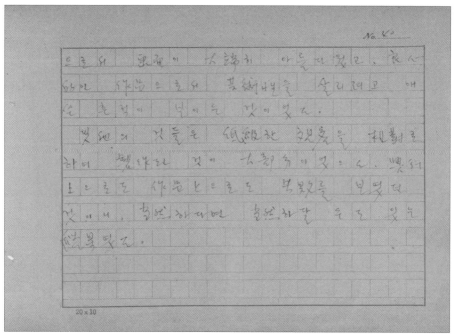

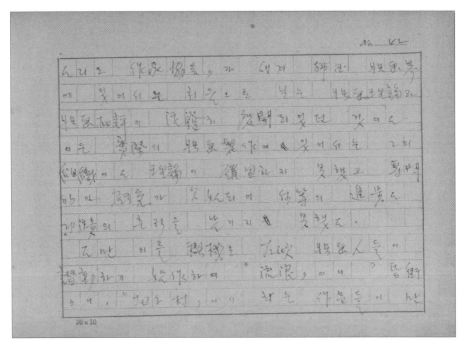

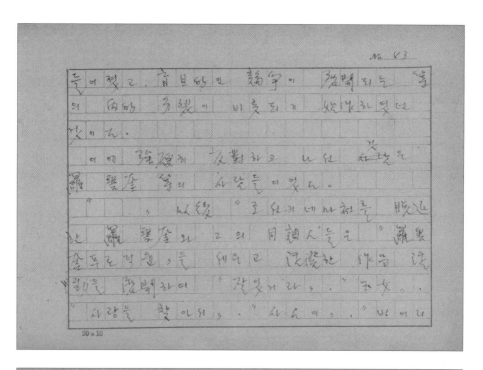

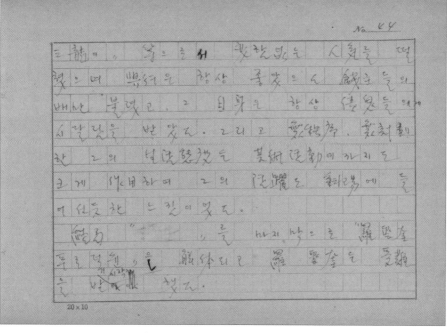

45

1930年에 이르러 "朝鮮歌謠藝術協會를"
以後 活動을 보이던 吳鍾私 活動은
오서 先輩 ... 日蓄와 뜻을 같이하여
"文藝歌謠協會,를 結成하였지만 뜻대로
成果를 거두진 못했고, 本格的인 映畵
...出身으로 ...律을 作하며 "꽃장사,
"노래하는 時節,을 만들었고. 金... ...
은 日本에서 歸國하여 ... 와 더불
어 "있자있는 ...배,를, 또한 日本에
서 ...을 ...하고 돌아온 金醴宗은

... 漢俊와 더불어 "물레방아,를, 그리고
... 春海는 "香風,을 製作하며 有
能한 新人들이 종종 배출되어 새로운
氣風을 造成해 가기 始作했다.

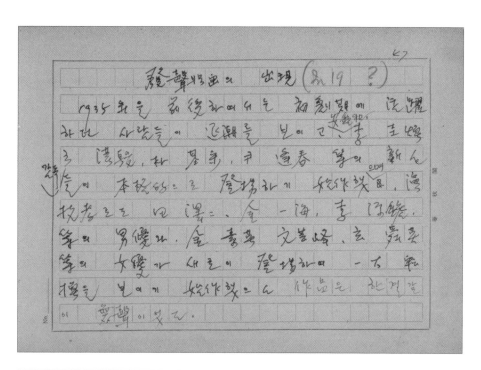

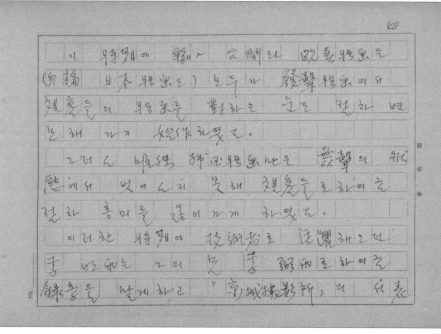

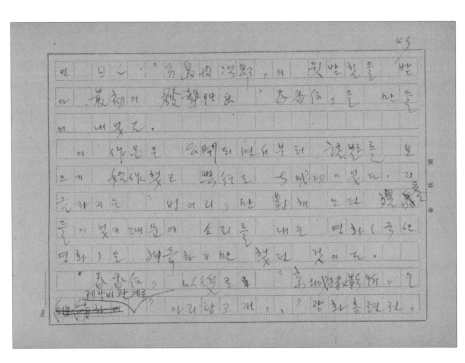

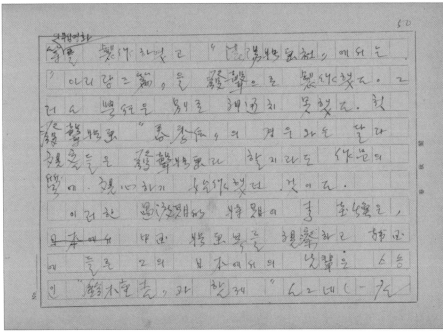

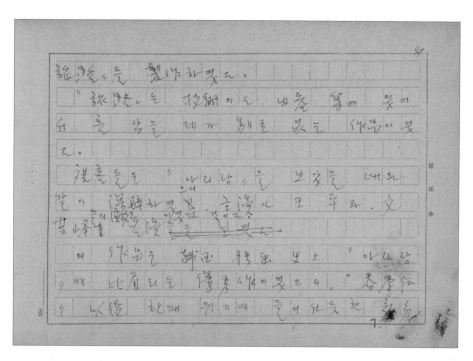

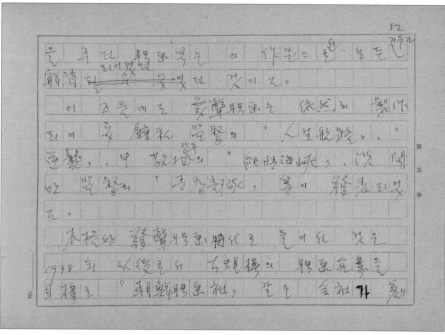

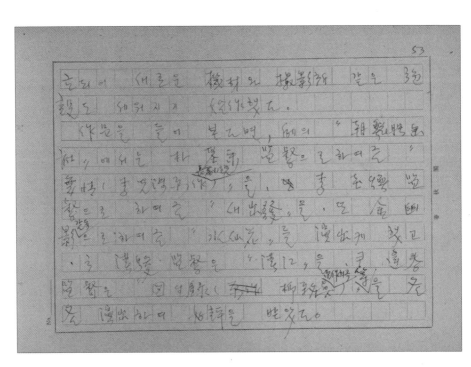

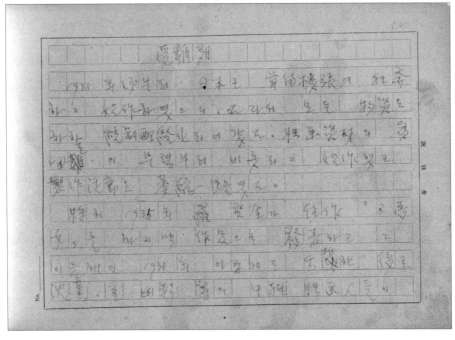

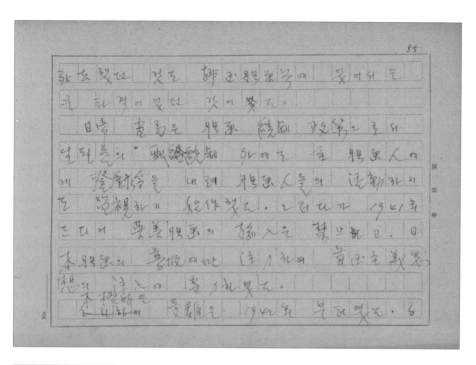

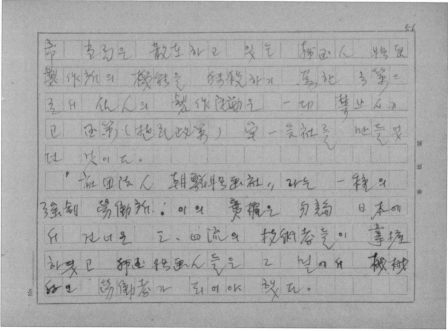

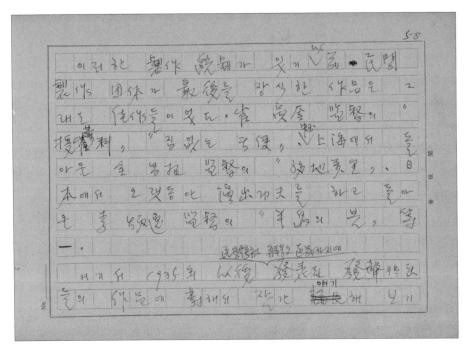

또 우리 映畵人들은 이들 映畵의 入社함을 拒絶하기도 하였으나, 그 代身해서 가야할 곳은 戰場뿐 였고. 强制 徵兵이 및 였다. 그래도 三, 四의 映畵 監督들은 을 하게 活하였고, 어떤 이는 하리라. 親日映畵를 製作하였다.

이러한 들 마다 나 중에서 "호츠열차A" 아는 "君과僕" 이나, "志願兵" 이나 하는 一種의 "出兵 宣傳映畵" 을 만들어 버렸다.

58

이러한 製作 統制가 있기 前에 民間 製作 団体가 最後로 광직한 作品들은 그래도 佳作들이 있다. 崔寅奎 監督의 "授業料," 김유영 監督 "上海에서 아운 全昌根 監督의 "後地萬里," 日本에서 그것들 化 演出까지 하고 들어온 李丙逸 監督의 "半島의 봄," 等 一.

送別하고 解放을 준비하기에 여기서 1935年 以後 發表된 發聲映畵들의 몇몇에 對해서 잠간 얘기해 보리

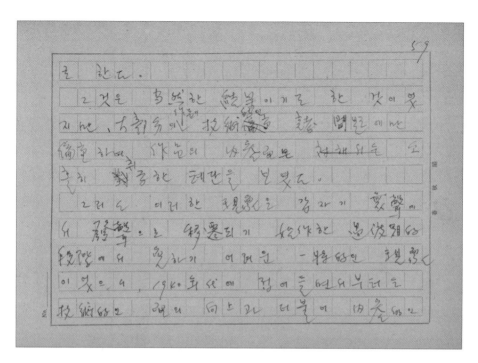

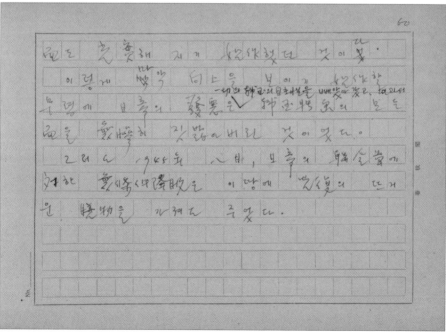

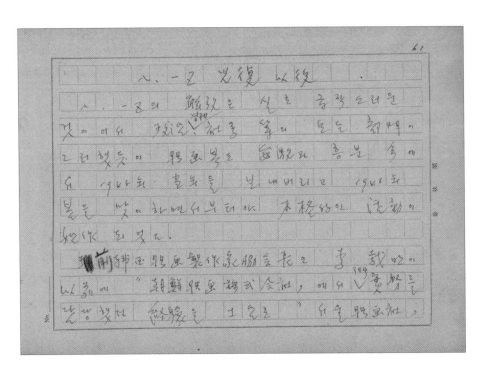

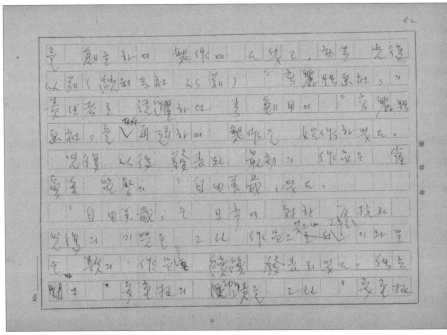

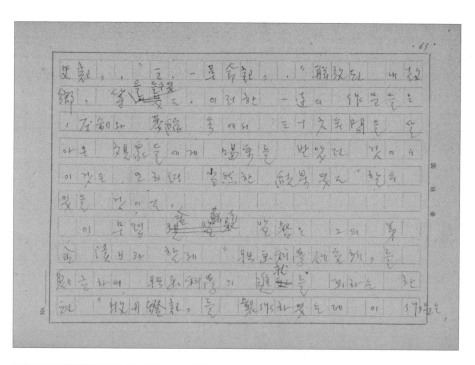

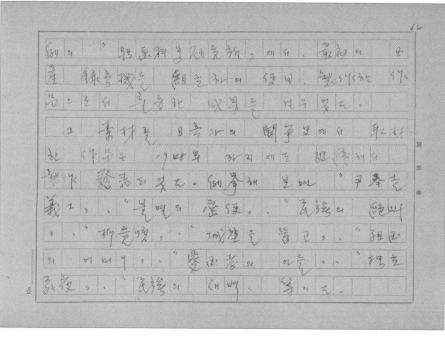

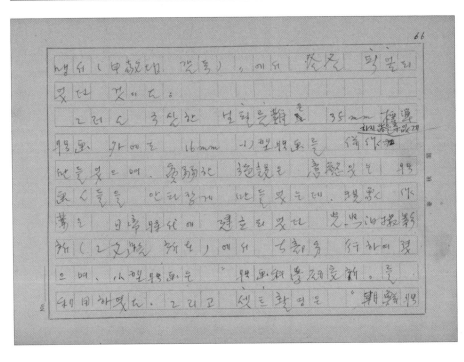

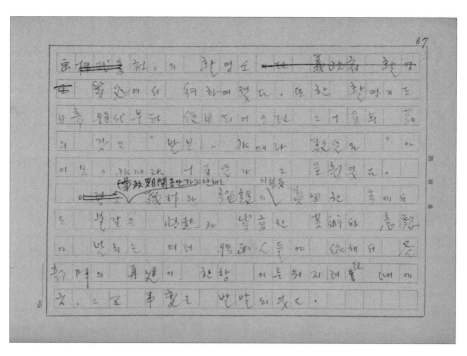

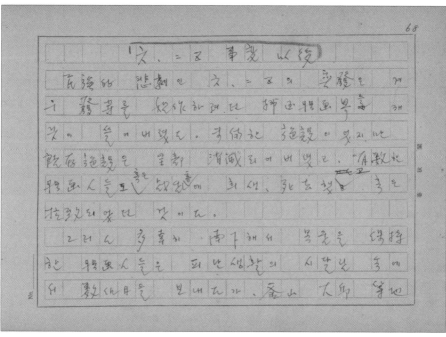

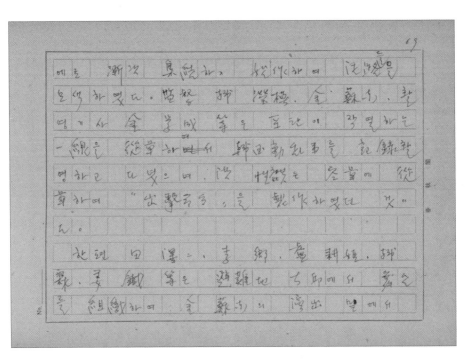

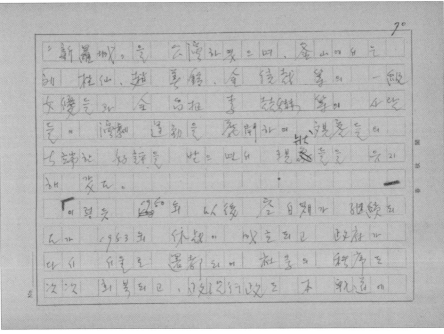

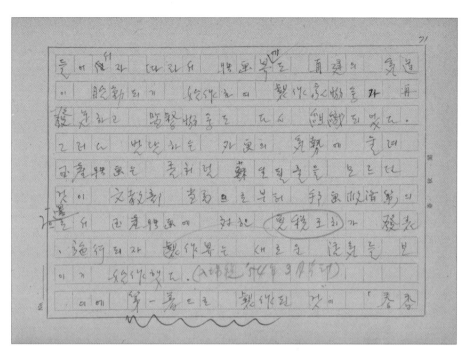

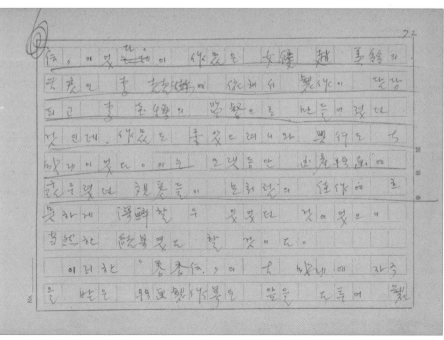

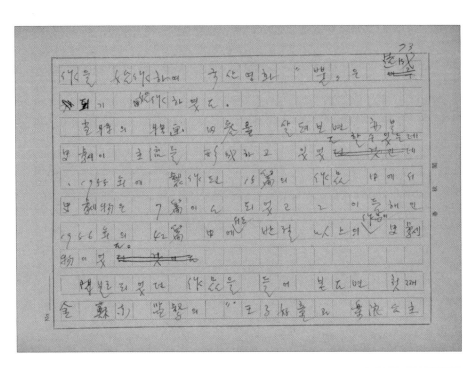

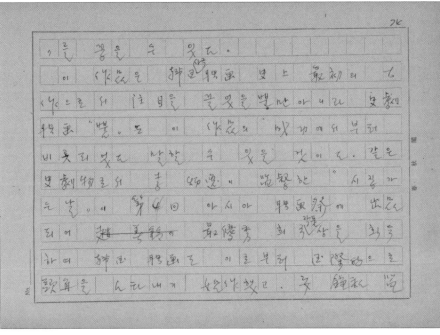

362

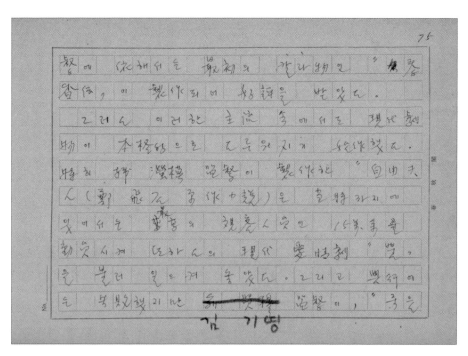

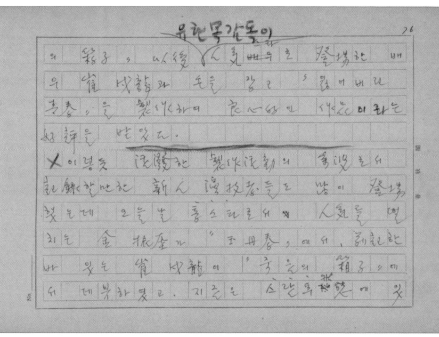

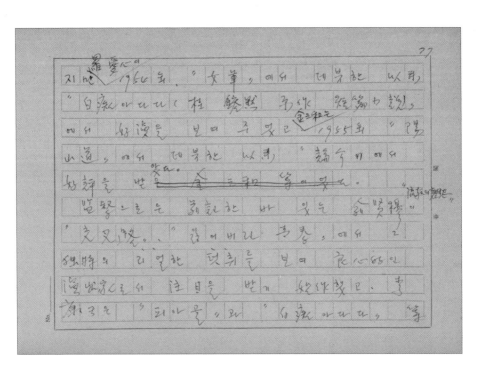

지난 羅愛仁의 1966年 "文革"에서 대부한 以来,
"白鹿아니다(桂 緩黙 子作 短篇小説)"
에서 好評을 보여 주고 金三和고 1955年 "陽
山道"에서 대부한 以来 緩今까에서
好評을 받았다. 金三和 等이었다. "偏狹한狹怪"
嘗擊으로는 有記한 바 있는 鉤賢禮이
"文又孾," 잃어버린 子音에서 그
殘時의 리얼한 筆致를 보여 良心的인
慢恢家으로서 注目을 받게 始作했다. 崔
藤子는 "리나물"이라 "白鹿아니다" 等

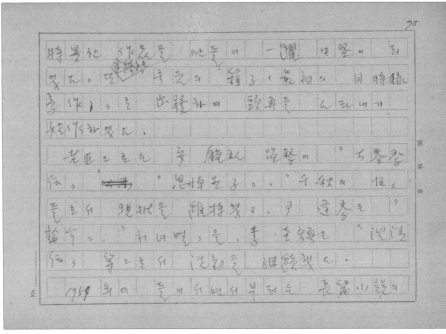

時異한 作風을 반들어 一躍 大望이 되
었다. 또 金濟孝 등의 籍子 "最初의 비時録
의 作)"로 出發하여 詩角을 나타내기
始作하였다.
老匠으로는 失 鋪私 路緩이 "古春香
伝," "思悼世子", "千秋의 恨"
들로서 現批을 維持했다. 尹達鎔은 "
緩片", "처녀별"을 崔 全輝는 "沈清
伝," 等으로서 活動을 雄績했다.
1959年에 들어서어서 부터는 長篇小説의

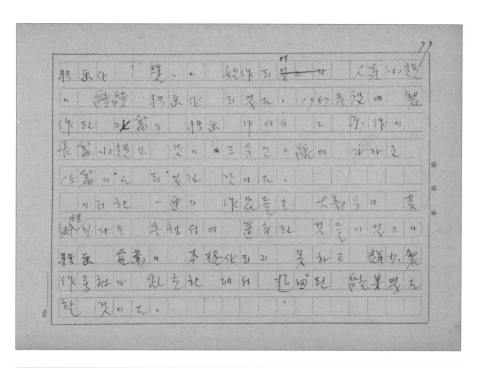

映画化 「벳」…이 映画化 되어—ㅓ ～ 나 〈속小說〉
이 繼續 映画化 된 것다. 1957年度에 製
作되 各篇의 映画 中에서 그 製作이
長篇小說인 것이 ＊三十二 三十篇에 가까운
〈篇이〉 되엇던 것이다.
　이러한 一連의 作品들은 小說들의 映
畵보다도 興行面에 偏重한 것들이엇으나
映畵 企業이 本格化되지 못하고 零少한 製
作社가 亂立한 데서 빚어진 結果라고도
할 것이다.

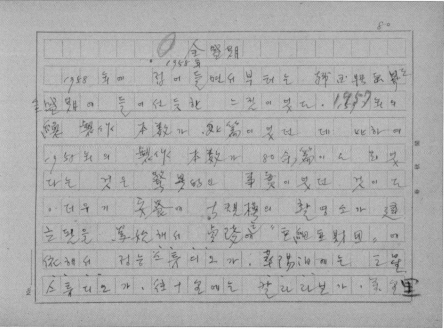

○ 全盛期
　1958年
1958年에 접어들면서 부터는 韓国映画界
全盛期에 들어선듯한 느낌이 봇다. 1957年의
總 製作 本數가 ４０篇이 봇던 데 比하여
1958年의 製作 本數가 80여篇이나 됫봇
다는 것은 驚異的인 事實이 봇던 것이다.
·더우기 各處에 映畫館의 撮影所가 建
늘뎃을 筆始해서 宴陵에 "東細로財団"에
依해서 것늘늘봇되고가, 草場州에는 그봇
봇봇되고가, 往十里에는 잔디라봇가, 東星里

81

여기에는 大學 영화소가 여럿 세워졌으며,
文藝映畵所를 建立한 首新映畵社의 映
畵 社長은 自身이 直接 ... 하고 있는
등 ... , 高士의 ... 한 ...을 시
찰, 最新 機材를 ... 들이는 等 ...
... 한 움직임을 보이기 ... 하여 映畵界
... 으로서의 基礎가 ... 되어갔다.

　이러한 作品들은 古豪들은 新人發掘
들에 依해서 만들어진 ... 出演한 俳優들
들도 古豪들이 新人들이 옷은 다 이러한

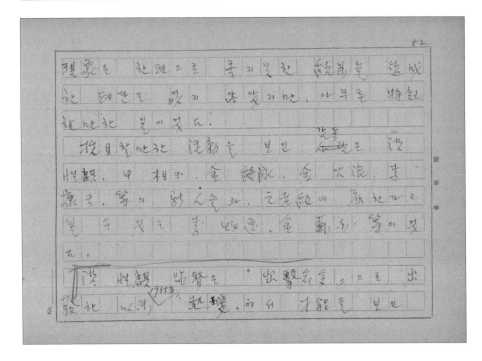

現象은 한편으로 좋지 못한 ... 造成
한 ...단도 없지 않았지만, 아무튼 特起
한 ... 일이었다.

　... 한 活動을 보인 ...람은 映
畵觀, 甲相王, 金鍍隊, 金次浪, 李
... 等의 新人들와, ... 에 屬한다고
볼 수 있는 李 ..., 金 ... 等이 있
다.

　... ...은 "出擊하는" ...로 出
發한 ... (1955년) ... ... 에서 才能을 보인

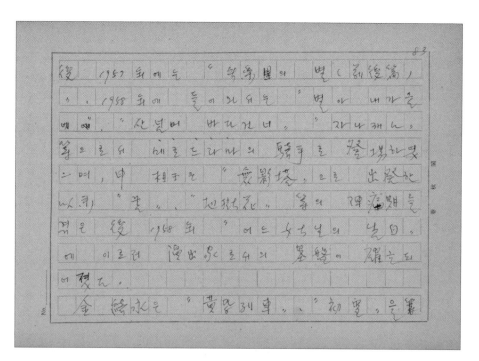

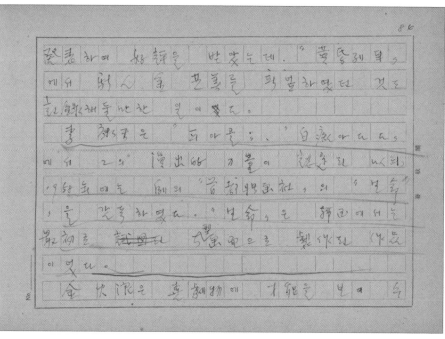

85

... 의 全體狀況을 반들 수는 ... 論文기 ...
...은 못하는 作業들이 못다.

그러 ... 書 ... 選은 '目別 ... (... 有編 原作 載也)。을 發表하여 文錄을 보못고 ...을 勉 ... 는 ' ... 。' ... 。 ... 。 ' ... 는 내 ... 。 는 ... 東 ... 은 作業을 發表하여 ...論을 받았다.

이 ... 에 ... 論及해두만한 作業 ... 터러 ... 있는 ... , 工程上의 ... 와 問題들은 特 ...상의 特流을 ... 고 ... 다가 곳 바로 ...

자취를 갑추는 상태못다.

1959年

1959年의 製作 本數는 ... 100本을 ... 넘는 수호 못다. 그러 ... 첫보다도 ... 을만 選호하여 記錄해 두만한 作業을 ... 우 ... 에 그치는 程度(...) 못다. ...

問題들도 新形한 바 못는 사람들 ... 에 ... 도 ... 심 ... 에 ... 나고 첫은 ... 水準 ...

... 의 新作을 하나씩 發表하고 ... 북하 ... 나 ... 다. 그러 ... 다 ... 의 멫멫 ... 들도

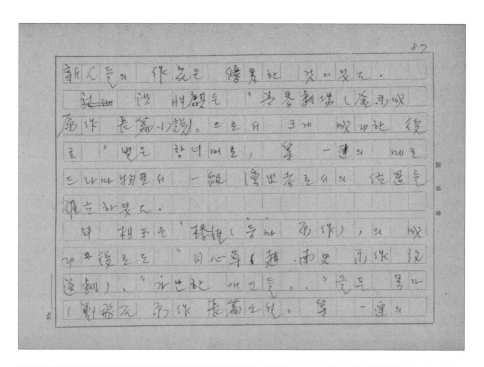

87

新人들의 作品도 燦爛한 것이옷다.
一般 讚 批評은 "꽃피는 劇場(金○○
原作 長篇小說)"으로 又 크게 喝采한 後
로 "별은 창너머로", 等 一連의 때로
드라마 物로서 一流 演出者로서의 作風을
確立하옷다.
日 朴○○ "榮枯(등나무 原作)"의 成
功은 後로도 "日心草(趙 南史 原作 放
送劇)", "가난한 애인들", " 等 또 불가
(鄭飛石 原作 長篇소설), 等 一連의

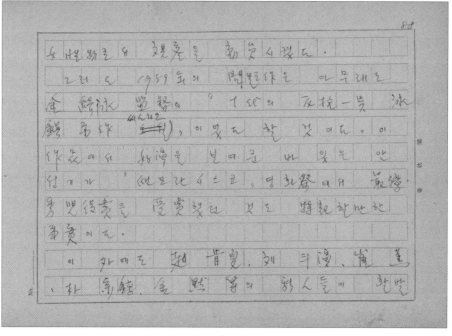

88

女性物로서 聲價를 動옷다.
그리고 1959年의 問題作은 아무래도
金○○ 監督의 "1○35의 反抗 一壽 泳
鐵○○作 ○○○(펜트), 이옷다 할 것이다. 이
作品에서 輪廓을 보여주는 바 있는 신
○가가 (씬로比6으로, 영화劇에서 最○
多映像費을 受費햇다 것도 特記할만한
事實이다.
이 外에도 趙○○, 崔 ○○, 尙○
朴○○, 金○○ 等의 新人들이 활발

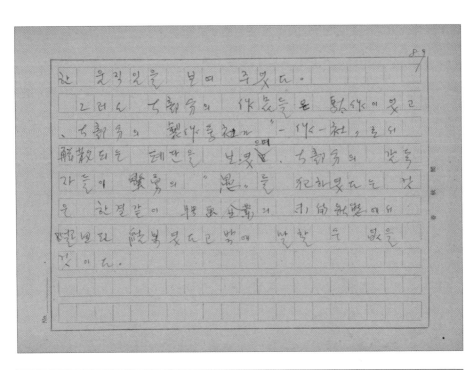

89

한 움직임을 보여 주었다.

그러나 大部分의 作品들은 駄作이 못고 大部分의 製作을 社가 "-作-社,로서 輞散되는 테 ... 大部分의 ...

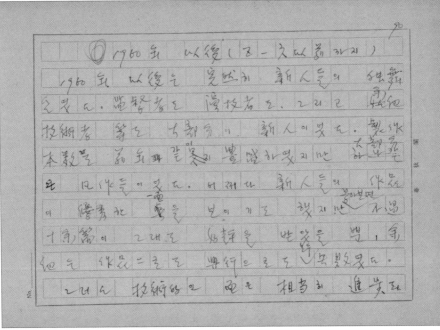

○ 1960年 以後 (... 以 ... 까지)

1960年 以後 ... 新人들의 舞 ... 當 ... 者 ... 技 ... 大部分의 新人이 ... 製作 本數 ... 新 ...

그러나 技術的으로는 相當히 進展

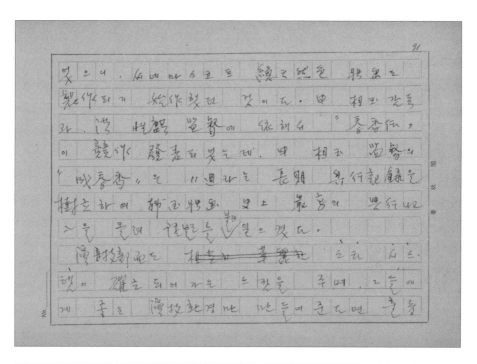

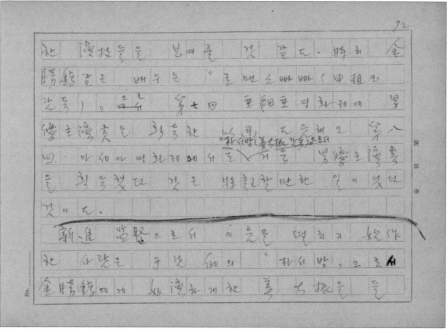

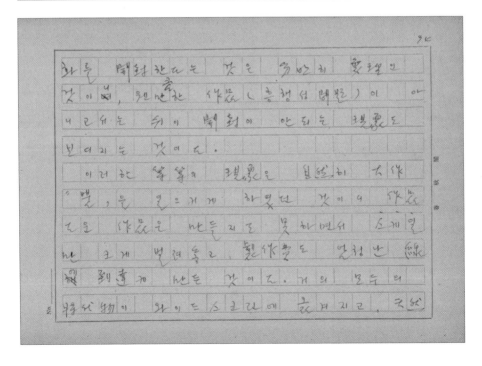

93

수 있다. 그는 또 "화신방"도으로도
"圖書"를 陽出하여 여러 명하게에서 거의
빛을 受出가 뺏던 것이다.

도으로도 생도는 넓쥐를 보여준 바
있는 吳 붓꼿가 있으며, 金得臣, 吳
煥撐, 权 永純, 李 奉吉, 崔 有滄, 鄭
呂祖, 等이 此宗부터 가을났는 陽出家로
登場하기 始作하였다.

그런 現化 X 곳의 圖書相化 開刻
雜版으로서는 年間 百余木이 出하는 딴

화를 開刻한다는 것을 능히히 要理는
것이며, 另만한 作嵐(능청난 開版)이 아
니라는 위이 開刻이 안되는 現象도
보여지는 것이다.

이러한 等等의 現象은 분명히 古作
"版"은 오늘기게 하였던 것이니 作嵐
도은 作嵐는 만들지도 못하면서 左계일
만 크게 벌려놓고 對作뿐도 앉청난 線
鏤 刻章가 만든 것이다. 거의 모두의
辟伐物이 와이는 스크라에 갖려지고. 조작

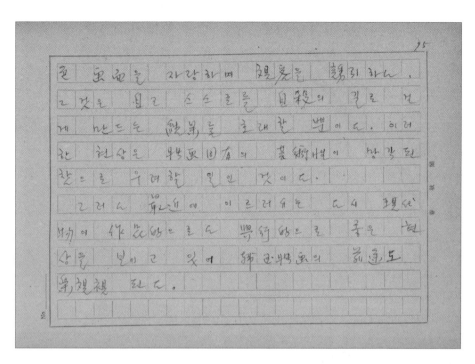

한 場面을 자랑하며 現存을 誇示하나.
그것은 모르 스스로를 日殺의 길로 걷
게 만드는 缺點을 초래한 셈이다. 이러
한 現象은 半眠目有의 藝術性이 망각된
탓으로 우려할 일인 것이다.
　그러나 最近에 이르러우는 다시 現代
的이 作品들으로나 興行的으로 좋은 傾
向을 보이고 있어 韓國映畵의 前途도
樂觀視 된다.

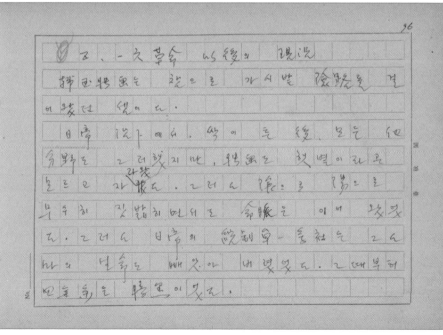

　3. 一次 풍속 に緩의 現況
韓國映畵는 한으로 가서밤 陰路를 걸
어 왔던 셈이다.
　日帝 治下에서. 싹이 튼 緩 모든 산
술品도 그러했지만, 映畵도 첫별이라고
들르 자했도. 그러나 後二로 陽으로
부주히 짓밟히면서도 命脈은 이어 왔었
도. 그러나 日帝의 缺制國一들社는 그도
바의 닐속도 빼앗아 버렸었도. 그때부허
民族心은 憤怒이 맞도.

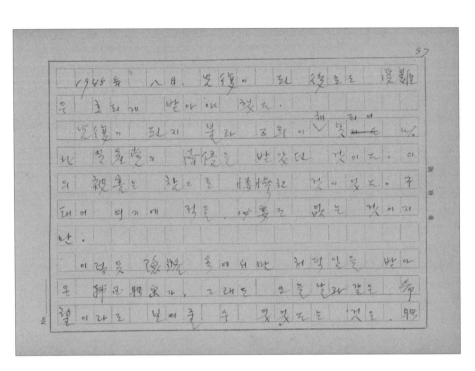

1948年 八月. 光復이 되 後로도 問題
은 흐리게 받아 왔 했다.
光復이 되지 불라 로 長이 病 됐으 並
比 學友堂의 屍體을 받았던 것이다. 이
의 殺害를 참으로 悽慘한 것이었다. 子
來에 의가에 정을 必要도 없는 것이지
만.

이렇듯 險路 속에서만 허덕일을 받아
온 韓國野球가, 그래도 오늘날과 같은 發
望이라고 보여줄 수 있었는 것은. 野

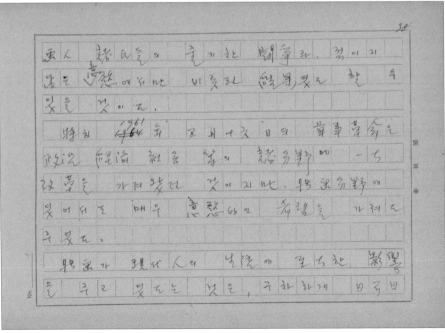

本人 諸氏들의 숨기찬 鬪爭과, 꼽이지
남은 熱意에서만 비롯히 緣由였도 할 수
있을 것이다.
特히 1961 년 五月十六日의 軍事革命은
政治 經濟 社會 等의 諸分野에 一 큰
改革을 가져왔던 것이지만, 野球分野에
있어서도 매우 意慾的인 希望을 가져도
주었다.

野球가 現代人의 生活에 끼치한 影響
을 우리 있도는 것은, 무하하게 日도 비

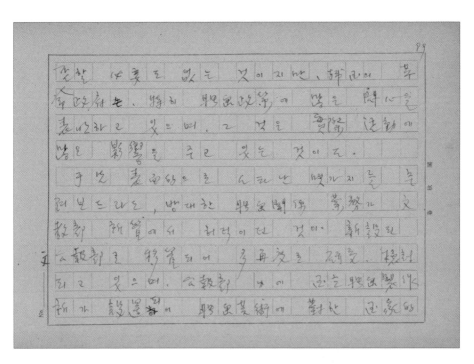

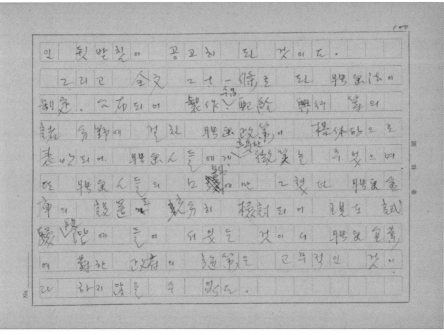

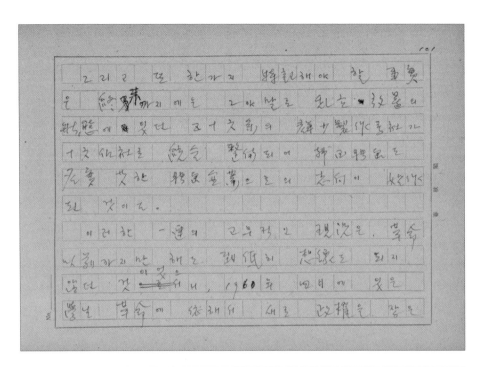

그리고 또 한가지 附言해야 할 重要
은 終幕끼리에는 그 아랫ペ로 見노·設物의
新態에 ※ 있다 五十文字의 群少製作을社가
十文化社로 統合 整備되어 韓國映画를
完成 맞한 映画企業으로의 志向이 結晶
된 것이다.

이러한 一連의 그무링고 現況을 革命
以後라 한 해를 到底히 無線으로 되지
않다 것으로 취하거서, 1960年 四月에 있은
을 들 革命에 依해서 새로 政権을 잡은

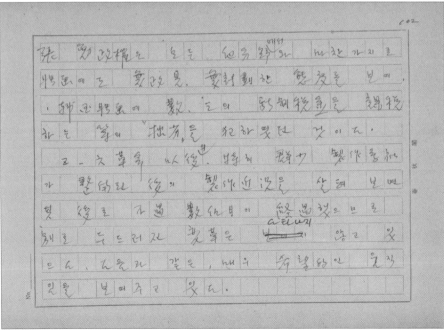

新※政権은 도는 他음화와 마찬가지로
映画에도 無政見, 無計劃한 態度를 보여,
·韓国映画에 數·도의 影物税율을 超超税
하는 等의 拢芳를 犯하였다 것이다.
五·六革命 以後 特히 群少 製作을社
가 整備된 後에 製作近況을 살펴 보면
빗 後로 不過 數個月이 經過하였으므로
別로 두드러진 것부을 □□□에 않고 있
으나, 다음과 같은, 새로 希望的인 웃직
임을 보여주고 있다.

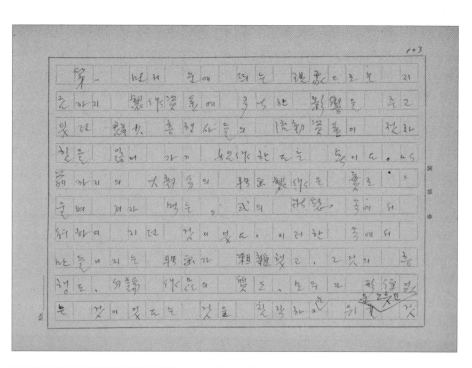

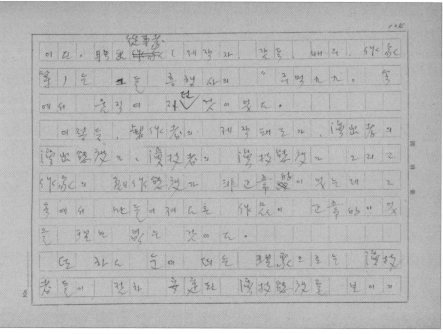

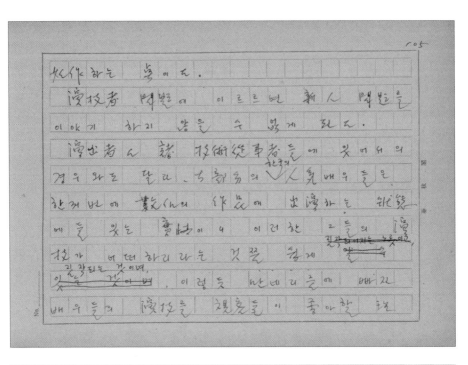

仈作하는 놀이다.

演技者 時代에 이르르면 新人問題을
이야기 하지 않을 수 없게 된다.

演出者는 諸 技術從事者들에 있어서의
경우와도 달리, 한때 多數의 人気배우들은
한거번에 數人의 作品에 出演하는 就録
에 들 있는 實情이니 이러한 그들의 演
技가 어떠하리라는 것쯤 쉽게
이를 것이며, 이렇듯 한때 다음에 배우고
배우들의 演技을 觀客들이 좋아할 수

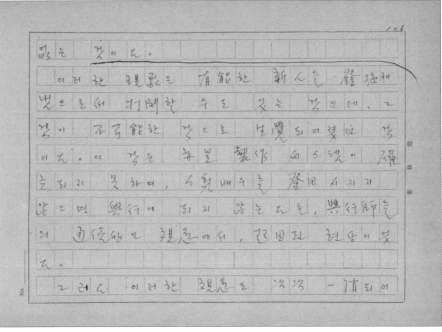

없는 것이다.

이러한 現象은 有能한 新人을 發掘해
냄으로써 打開할 수도 있는 것인데, 그
같이 不可能한 것으로 보혀되어젔던 것
이다. 이 같은 一部 製作 스템이 稼
들리지 못하여, 人気배우를 登用시키지
않으면 興行이 되지 않는다는, 興行師들
의 通俗的인 觀念에서, 起因된 현상이 못
다.

그러나 이러한 觀念도 漸漸 一掃되어

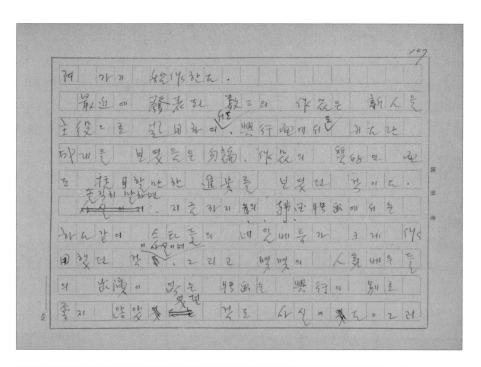

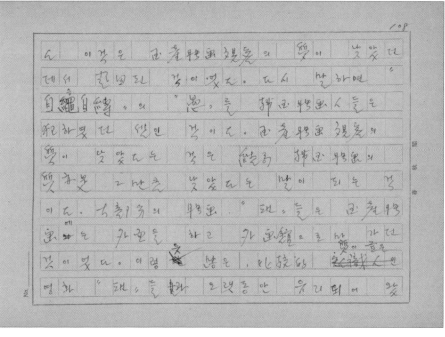

109

나는 것은 韓國映畵로서는 참으로 애석

한 일이었던 것이다.

　그러나 오늘날에 이르러서는 韓國映畵

도 相當히 好評을 받기 始作했다. 映畵

의 質도 相當히 向上된게 사실이다. 따

라서 外國에서 보던 많은 觀客들도 韓國

映畵에 關心을 보이기 始作하는 것이다

. 이는 이른바 作家와 演出家. 技術從事者

들의 꿈이 늘어졌다는 말이기도 하나

演技者들의 演技水準이 向上되었다는 것

이 단적으로 證明되는 말이다. 新人들은

勿論이지만. 지금까지 舞臺劇에 의해 못

더 完成 演技者들도 참차 映畵 銀幕에

나 벗어져 나오고 있는 것이다. 참으로

반가운 現象이라 하지 않을 수 없다.

　이 가에도 오-지 舞踊 나은後에 개선되

어지 좋은 많으로 많은. 또는 電이

希望함, 이라는 한마디로 가름되어지여

　韓國映畵의 開化는 지금부터, 라는 結

論도 맺어지게 된다.

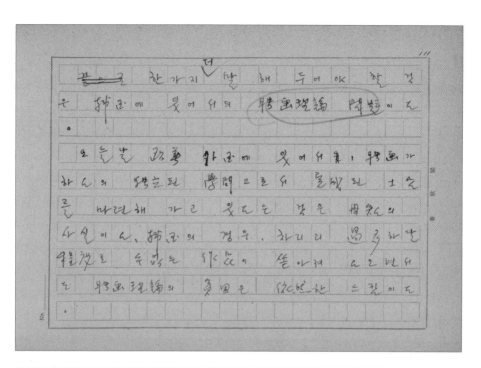

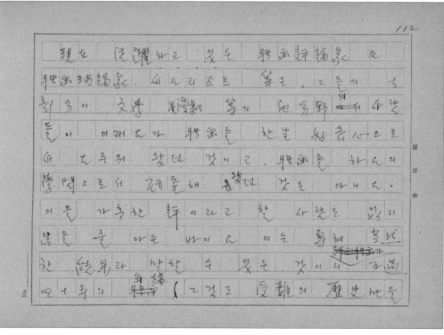

113

거듭해 온)을 가진 映畵·映畵를 하는 아
젼 수 없는 일이 붙타 것이다.
最近부터 몇몇 大學에 映畵科와 新設
되고 서울의 敎授陣에 映畵를 세웃하는
美術學院이 設立되고 있으니, 이는 現象
를 보이는 試驗的인 段階를 헤어나고
있지 못하는 實情이고. 先進 諸國에서
映畵를 專攻하고 돌아온 사람도 몇몇이
있으니 이들도 活動도 別로 두드러고
活動은 보이지 못하고 있다.

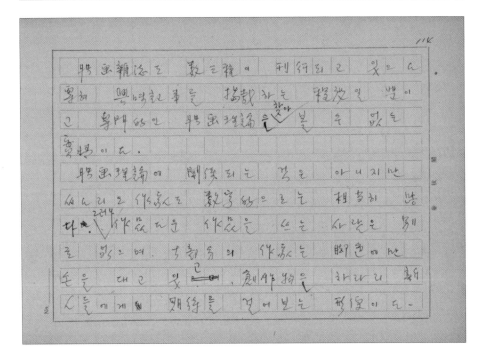

映畵雜誌도 數三種이 刊行되고 있으나
單히 映畵記事를 揭載하는 程度일 뿐이
고 專門的인 映畵理論을 찾아 볼 수 없는
實情이다.
映畵理論에 關係되는 것은 아니지만
서나라고 作家도 數字的으로는 相當히 많
다. 作品하는 作品을 쓰는 사람은 別
로 없으며, 大部分의 作品는 脚色에만
손을 대고 있으며, 創作物은 하나라도 흔히
신들에게 期待를 걸어보는 形便이다.

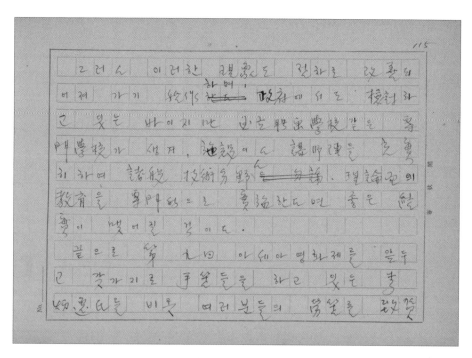

115

그러나 이러한 現象도 점차로 改善되어져 가기 始作하며, 政府에서도 檢討하고 있는 바이지만 앞으로 映画學校 같은 專門學校가 생겨, 철저히 講師陣을 充實히 하여 諸般 技術分野의 理論面의 敎育을 專門的으로 實施한다면 좋은 結實이 맺어질 것이다.

끝으로 第九回 아세아영화제를 앞두고 갖가지로 手苦들을 하고 있는 李炳逸氏를 비롯 여러분들의 勞苦를 致

116

하는 바이며, 특히 映画祭의 準備에 많은 도움을 주고 있는 政府 当局에 映画人의 한사람으로서 感謝하는 바이다.

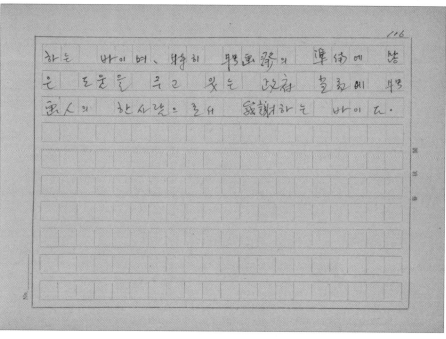

	年代別 作品表		
	初創期 (무성映畵 時代)		
年度	題名	監督	主演
1922年	月下의 盟誓	尹白南	李月華, 權日晴
	春香傳	早川松次郎	金肇盛, 金曙影
1923年	海의 秘曲	王必烈	文錘和, 李月華
	雪英傳	尹白南	文錘和 金雨燕
	薔花紅蓮傳	金永煥	朴蓮品, 崔竣梅
1924年	悲의 曲	早川松次郎	金肇盛,
	興夫傳	早川松次郎	文一

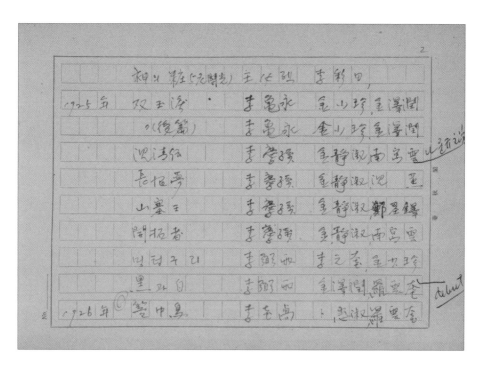

연도	작품			
	神의 靴 (元闘志) 主任림	李彩田		
1925年	双玉淚	李龜永	金小珍	金澤閏
	〃(後篇)	李龜永	金小珍	金澤閏
	沈淸傳	李慶孫	金靜淑 南宮雲 山을弄酒
	長恨夢	李慶孫	金靜淑 沈 煄	
	山寨王	李慶孫	金靜淑 鄭基鐸	
	開拓者	李慶孫	金靜淑 南宮雲	
	멍텅구리	李弼雨	李元奎 金小珍	
	黒과 白	李弼雨	金澤閏 羅雲奎 debut
1926年 ⓒ	籠中鳥	李圭卨	ㅏ忠淑 羅雲奎	

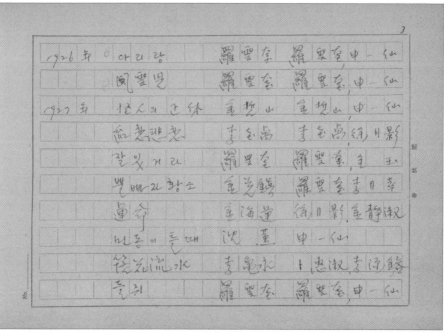

연도	작품			
1926年 °	아리랑	羅雲奎	羅雲奎 申一仙	
	風雲兒	羅雲奎	羅雲奎 申一仙	
1927年	怪人의 正体	金兎山	金兎山 申一仙	
	術 悲哀老	李圭卨	李圭卨 徐月影	
	잘잇거리	羅雲奎	羅雲奎 주 王	
	뿔빠진황소	金兎鐸	羅雲奎 李月華	
	運命	金海運	徐月影 金靜淑	
	머동이들때	沈熏	申一仙	
	落花流水	李龜永	ㅏ忠淑 李行鎔	
	들쥐	羅雲奎	羅雲奎 申一仙	

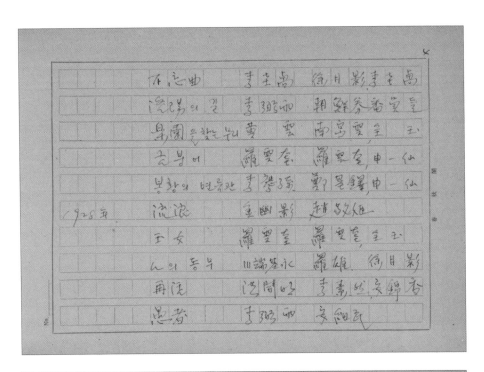

	不忘曲	李主演	徐月影 李主演
	洛陽의 길	李丁卿	朝鮮券番室을
	昇?를 찾는 무리	黃雲	南宮雲至 玉
	큰북에	羅雲奎	羅雲奎, 申一仙
	봉황의 면류관	李慶孫	鄭基鐸, 申一仙
1928年	流浪	金幽影	趙敬姬
	玉女	羅雲奎	羅雲奎, 主玉
	人의 동무	川端茉永	羅雄 徐月影
	再泣	沈熏	李素然, 文錦香
	思春	李丁卿	文細民

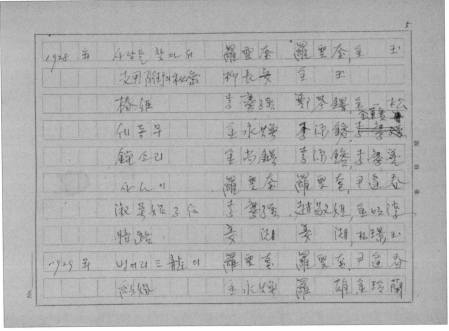

1928年	사랑을 찾아서	羅雲奎	羅雲奎, 主玉
	支那街의 秘密	柳長安	主玉
	橋姬	李慶孫	鄭基鐸, 金松
	네 동무	金永煥	李沉鐘 李景善
	鐘소리	金尙鎭	李沉鐘, 李景善
	사나이	羅雲奎	羅雲奎, 尹逢春
	濃墨紅淚	李慶孫	趙敬姬, 金明順
	暗路	姜湖	姜湖, 朴璟玉
1929年	벙어리 三龍이	羅雲奎	羅雲奎, 尹逢春
	晩春	金永煥	羅雄 金玲蘭

1929年	꽃오이의 노래	金永煥	羅雄	李靜淑
1930年	아리랑後篇	李龜永	羅雲奎	尹逢春
	꽃장사	安鍾和	崔南山	金口連
	梅心曲	王德星	李主尚	金贊信
	戲人都	羅雲奎	羅雲奎	全玉
	僧房悲曲	李龜永	尹逢春	李慶善
	正義는이긴다	尹白南		
	박文秀傳	李錦龍	李錦龍	咸春霞
	노래하는 時節	安鍾和	尹逢春 李慶善	
	도라온	尹逢春	羅雲奎 尹逢春	

1931年	火輪	金幽影	金靜淑 日河嗛	
	바다와싸우는사람들	(導)戲羅	雄 (役)日影	
	金剛恨	昌田章	遠山滿 羅雲奎	
	남편은警備로	昌田章	遠山滿	
	큰무덤	朴淐緖	尹逢春 沼小楊	
	수一과 順愛	李龜永	李慶善 金連實	
	흘러온 어데로	昌田章	遠山滿	
	방아타령	金尚鎭	金書雲 金鮮雲	
	昏衢	金幽影		
	地下村	金幽影	金靜淑	

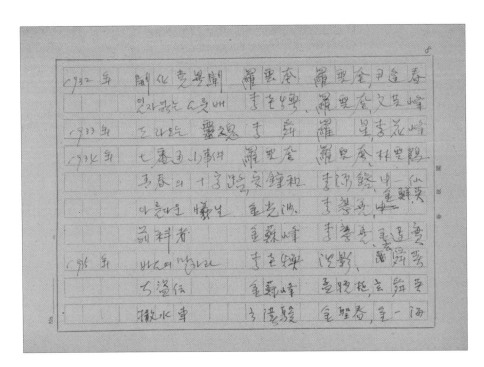

年	題		
1932年	劇化흔墓劇	羅雲奎	羅雲奎, 尹逢春
	인자못는 C웃배	李金龍	羅雲奎, 文逢峰
1933年	도라온	靈魂李舞	羅 星李花峰
1934年	七番通小事件	羅雲奎	羅雲奎, 林雲鶴
	青春의 十字路	文鐘和	李河鏡, 申一仙, 金韓英
	다를나은 犧牲	金光洲,	李春英, 申一
	新料者	金蘇峰	李春英, 李逢英
1935年	바다의 맑아노	李金龍	沈影, 王舞弓
	長恨夢	金蘇峰	金晩柜, 玄舞弓
	撒水車	李逢髮	金聖春, 金一海

年	題		
1935年	똑소리노女	李好羅	李鐘哲, 李素花
	黃花界	羅雲奎	羅雲奎, 玄芳蘭
	靈魂의마로는	文鐘和	李河鏡, 申一仙
	그런 너마을	羅雲奎	日澤二, 玄舞弓
	그런카	羅雲奎	羅雲奎, 玄芳蘭
	春風	朴基采	李春隆, 卜慧淑
	그後의 李道令	李金龍	李春遠, 純銀愛嘴
	무지개	李金龍	金素英, 揚銀鎭娟

10

受難期(發聲映畵時代)			
年次	題名	監督	主演
1935年	春香傳	李泌雨	文藝峰, 韓一松
	아리랑 3篇	羅雲奎	羅雲奎, 申一仙
	아리랑 고개	洪開明	文藝峰
(發聲)	紅城海峽	申敬均	金一海, 金曉玉
(發聲)	逆襲	文鍾和	李錦龍, 卜惠淑
(發聲)	人生航路	文鍾和	李淑鍾, 文藝峰
	迷夢	梁柱南	羅雲奎
	그 후의 이야기	羅雲奎	尹宣春, 金載信

11

1935年	노래 朝鮮	金尙鎭	고개嬉廉, 基礎家
1937年	薔花紅蓮傳	洪開明	文藝一, 文藝山峰
	6코례	李亨東, 金學東	王平, 文藝山峰
	沈清	安夕影	金高松, 金信載
1935年	愛恋頌	金幽影	文藝峰, 李日水
	五夢軍隊	洪開明	尹宣春, 玄舜英
	漢江	方漢駿	李錦龍, 玄舜英
	僕日死事	徐光霽	王平
	因生銀	尹宣春	李錦龍, 金信載
	漁火	安哲永	朴豐

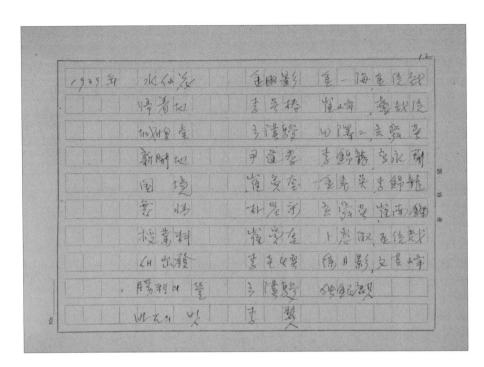

1935年	水仙花	金明影	主一海 金信哉
	情着地	李雲橋	崔承喜, 藝戟院
	地球星臺	玄鎮健	田澤二 玄鐵雲
	新聞地	尹迪者	李錦龍 宇永蘭
	國 境	崔雯奎	金壽榮 李錦龍
	象 牙	朴星彩	玄鐵雲 崔丙錦
	授業料	崔學奎	ト忠叔 主信哉
	새 出發	李甲龍	緣月影 文景峰
	勝利의 뜰	玄鎮健	崔銀喜
	낙의 벗	李翼	

12

1935年	百濟새에나는 촛불리	李翼	
	山村의 黎明	山出格	
	새벽에촛불 촛배촛로	李旺和	
1940年	弱地일클	金景把	
	잘新은 둘 使	崔雲奎	金信哉 主一海
	書의 倫理	主永華	金珍 嚴 嬌
	豊年歌	玄鎮健	金信哉 崔雲喜
	蒼容(武)	李甲龍	田澤二 尹迪香
	書의 노音	李景把	
1941年	半島의 봄	李炳逸	金壽喜 崔南峰

13

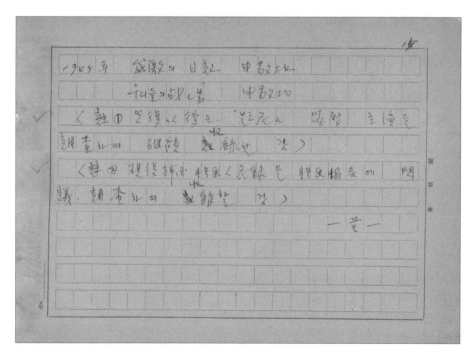

同盟演芸八、六

朝鮮映画人協會
　十六日結成さる

光二

半島映画製作の躍進向上と共に文
化的藝術的にこれが親睦協同機
関として永く藝術と...この映
画人協會が...本...り賛助の下
に十六日京城ホテルでその結成式
げたがその事業目的等は
△目的—日本映画の翼として朝鮮
映画藝術の向上発達を図り以
て朝鮮文化に寄興するを目的と
して併せて内鮮一体の実を挙げ
んことを期す
△事業—一、映画技術の研究
二、演出者、カメラマン、演技者の養

同盟演藝八一八

一、成指導、二、會員相互ノ親睦、
四、協會機關誌ノ設置等　　　　　共二

現在ハ會員ハ、要スとして三千名位
ノ外本府側ヨリ、四五名特別會員
として加入あり、ケ後相當會員數
增加ノ豫定で、結成式當日決定した。
役員ハ左ノ通リである。

　　六役員
理事——李劍用、條光霽安々
影、安鍾和、李明雨
盟事——西龜元貞、金聲均以
　　　　上本府撰關室側）
評議員——方漢駿外九名
書記——金正革

映畫人協會

　　機關誌　創刊

　　十月中旬發行

八月に結成された朝鮮映畫人協會では先づ
事業が末一着手として機關誌「朝鮮映畫」
を發行する予同誌は和文と諺文との二種
に分れ和文の方は評論用諺文の方は啓
蒙誌として廣く半島映畫ファンに撒布す
る予定で執筆者鮮内（流映畫評論家
業者總督府関係官等を網羅して居る。定
價一部三錢で十月十日頃近に創刊号を
出す筈。

同盟演藝九四.

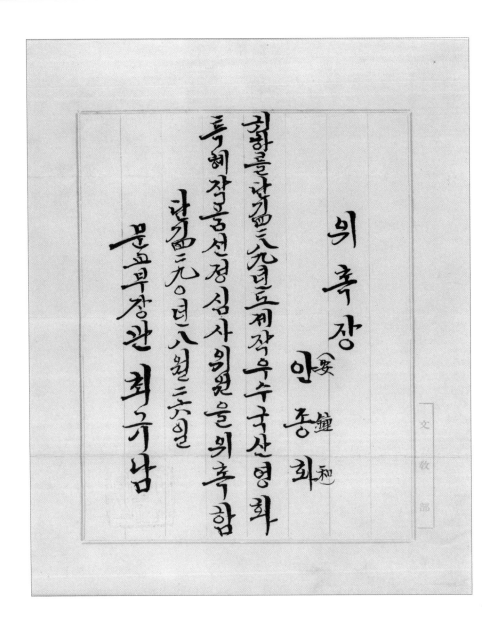

위 촉 장

안(安) 종(鍾) 화(和)

귀하를 단기四二九○년도 제작 우수 국산영화
특혜 작품 선정심사 위원을 위촉함

단기四二九○년 八월 二六일

문교부장관 최규남

문화제 □□ 호

단기四二九○년九월十一일

문교부 장관

귀하

국산영화 특혜작품 심사위원회 개최

표기의 건 귀하를 금번 우수 국산영화
특혜작품 심사위원으로 위촉하였사
오는 九월二十일부터 九월三十일까지
一일간 국산영화를 애호 육성하시는
념으로써 소관왕림하여 심사하여
주시기
바라며 심사에 대한 신전협의의 회
적기에 의하여 개최하겠사오니 꼭
참하여 주시기 경망하옵나이다.

기

一、 사전 협의회 일시 九월十七일하오四시
二、 동 장소 문교부 검열위원시
三、 협의 사항 심사에 대한 신항

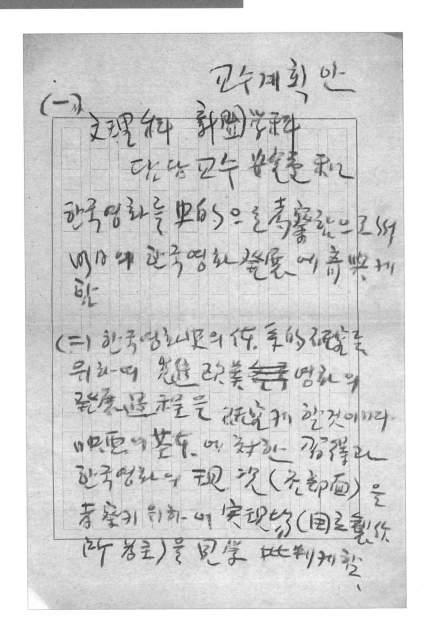

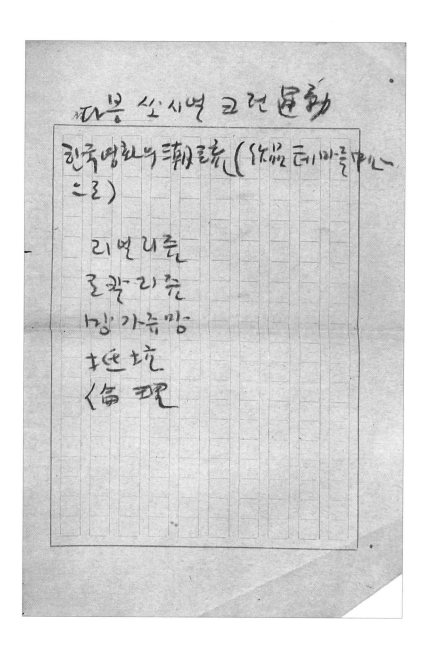

發展過程을 史的考察으로 써

~~研究하는 態度를 가진~~

국내 映畵의 体系的 研究를
圖謀하려는 것

한국 映畵의 潮流
(作品テーマ를 中心으로)

抵抗 및 倫理

「한국映畵의 伝統을 위한
試論」

「한국映畵의 反省」

「한국映畵의 오늘의 課題」

世界 映画에 紀元 藝術영화運動의
發祥.

한국영화의 <del>世界</del> 紀元, 主로 두레덕숲으
…로써.

藝術 영화運動 以後 無声映画後期

독립푸로덕션 없 그 以後· 무성영화후
기

토오키以後 二次大戰末期

토오키以後 一佛, 獨, 佛, 所, 現金까지
樂境의 世界映画

이태리어 내일리즘에 例하여

…諸語 동량스

전위영화· 운동에 例하여 미국

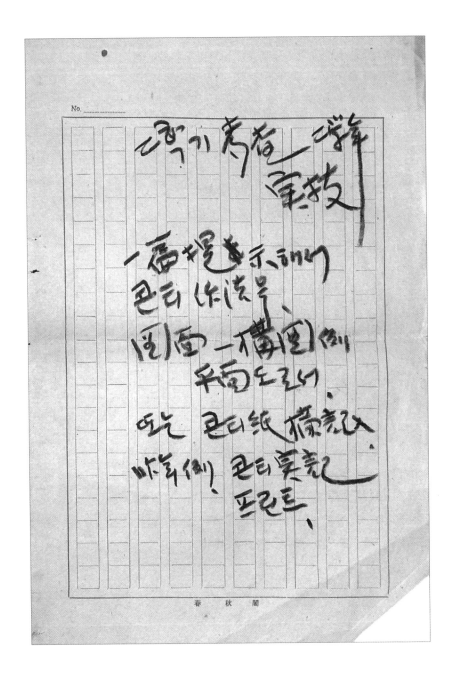

영화이론총서 41

안종화 「한국영화 40년 약사」

주석

제1부

1. 한국영화 40년 약사

1 원문에는 "의리적 구투(義理的 仇鬪)"로 표기.

2 원문에는 早川松次郎로 표기.

3 원문에는 <사랑의 맹서>로 표기.

4 원문에는 <죽음의 상자>로 표기.

5 원문에는 <新樂園의 별>로 표기.

6 원문에는 "만네리즘"으로 표기.

카메라로 본 한국영화사 ①

7 O. B. Depue, "My First Fifty Years in Motion Pictures," Journal of the Society of Motion Picture Engineers, vol. 49, no. 6, pp. 481~493, Dec. 1947.

8 1908년 여행기에는 부산항, 부산의 일본인 거주지 사진 2장이 수록되어 있다. 일본을 경유하지 않고 중국을 통해서 한국에 접근했다고 기록했으나 촬영감독의 기억과는 차이가 있다. 이진석 옮김, 『1901년 서울을 걷다』 푸른길, 2012, 13~17쪽.

9 이진석 옮김, 『1901년 서울을 걷다』 푸른길, 2012, 150쪽 '간신히 피한 파국' 사진 재인용. (Burton Holmes and His Travelogues, http://www.burtonholmes.org)

카메라로 본 한국영화사 ②

10 안종화, 『한국영화측면비사』 현대미학사, 1998, 39쪽.

11 H. Mario Raimondo-Souto. "Motion Picture Photography", McFarland., 2006, pp.61~63.

12 안종화, 앞의 책, 68쪽.

13 「초창기의 비화 5-영화편 2, 영화의 낭만시대」 『동아일보』 1939.3.28., 5면.

14 한국예술연구소 편, 「유장산·이경순 편」 『이영일의 한국영화사를 위한 증언록-유장산·이경순·이창근·이필우 편』 도서출판 소도, 2003, 228쪽.

15 한국예술연구소 편, 「이규환 편」 『이영일의 한국영화사를 위한 증언록-성동호·이규환·최금동 편』 도서출판 소도, 2003, 150쪽.

16 한국예술연구소 편, 「이필우 편」 『이영일의 한국영화사를 위한 증언록-유장산·이경순·이창근·이필우 편』 도서출판 소도, 2003, 270쪽.

_____
제2부

1. 안종화의 배우 시절: 여형배우에서 화형배우로

17 안종화는 조선중앙일보사에 있었던 심훈(沈熏)의 후의로 「무대이면사」(1933.8.13.~9.12.)를 총 23회 연재했다. 한국전쟁 직후인 1954년 1월부터는 평화신문사 홍찬 사장의 제의로 연극사화 「예원비문」(藝苑秘聞)을 85회 연재했다. 현재 이 시기 『평화신문』은 소장처가 알려져 있지 않아 확인 할 수 없다. 하지만 「예원비문」은 그 다음 해 발간된 『新劇史이야기』의 저본이었을 것으로 추정된다. 또한 1962년에는 초창기 한국영화사의 비화를 담은 『韓國映畵側面秘史』를 발간했다. 그 외에도 안종화는 과거 연극, 영화 관련 회고담을 다수 남겼다.

18 대한민국 예술원에서 발간한 『한국예술총집 연극·영화·무용편 III』(2000)에 수록된 안종화의 삶에 관한 김수남의 글, 「한국영화교육의 선구자」는 이영일의 「한국영화인열전」을 토대로 하고 있다.

19 이영일, 『한국영화인열전』, 영화진흥공사, 1982, 68쪽.

20 위의 책, 68쪽.

21 「공성학교」, 『共立新報』, 1908.5.27.

22 『大韓年鑑』, 大韓年鑑社, 4288, 692쪽.

23 안홍선, 「식민지시기 중등 실업교육 연구」, 서울대 박사논문, 2015, 32쪽.

24 위의 논문, 112쪽.

25 「簡易商業校新設」, 『每日申報』, 1913.5.6.

26 安鍾和, 『新劇史이야기』, 進文社, 4288, 23~24쪽.

27 안종화는 다른 글에서도 이상재에 관해 언급했다. "이 환등 대회에는 설명자(說明者)가 나와서, 영화에는 거의 백지(白紙)라고 할 수 있는 이들 관중에게 일일이 친절한 해설을 해주었는데, 그 해설자라는 이가 바로 당시 공성학교(共成學校)의 교장이었던 월남 이상재(月南 李商在) 선생이었다." 安鍾和, 『韓國映畵側面秘史』, 현대미학사, 1998, 21쪽.

28 安鍾和, 『韓國映畵側面秘史』197쪽.

29 安鍾和, 「嗚呼! 夕影!」, 『聯合新聞』, 1950.2.26.

30 安鍾和, 『新劇史이야기』, 39쪽.

31 광무대에 관해서는 『韓國映畵側面祕史』에 보다 자세히 설명하고 있다. 安鍾和, 『韓國映畵側面祕史』, 23~24쪽.

32 위의 책, 40쪽.

33 安鍾和, 「[舞臺裏面史] 朝鮮 演劇史 로맨쓰 (4)」, 『朝鮮中央日報』, 1933.8.16.

34 이영일, 앞의 책, 70쪽.

35 「林聖九一行의 連鎖劇」, 『每日申報』, 1920.3.24.

36 沈熏, 「朝鮮映畫人 언파레드」, 『東光』23호, 1931.7., 58쪽.

37 安夕影, 「[銀幕千一夜話 2] 女形俳優엿기에 때문에 수염이 적은 安鍾和氏」, 『朝鮮日報』, 1940.2.9.

38 安鍾和, 『新劇史이야기』, 8쪽.

39 위의 책, 5쪽.

40 安鍾和, 『韓國映畵側面秘史』, 현대미학사, 1998, 40쪽.

41 서로 다른 종류의 흥행물이 결합 된 형태의 흥행물을 연쇄물이라고 한다. 이중 신파극의 일부 장면을 활동사진으로 보여주는 것을 연쇄극이라 하는데 조선에 건너온 일본의 연쇄극단들에 의해 1915년 무렵부터 공연되기 시작했다. 경성의 활동사진관에는 활동사진의 일부 장면을 극장에 소속된 변사들에 의해 공연으로 보여주는 연쇄활동사진이 유행하고 있었다.

42 安鍾和, 『韓國映畵側面秘史』 37~41쪽.

43 「林聖九一行의 連鎖劇」, 『每日申報』, 1920.3.24.

44 「西洋式을 加味한 革新團 活動劇」, 『每日申報』, 1920.4.28.

45 <학생절의>에는 임용구(소실), 김기호(청지기), 한창렬(본처), 임성구(육군대위), 강성렬(아들) 등이 출연했으
    며 내용은 다음과 같다. "어느 부호의 소실이 청지기와 정을 통해 눈이 뒤집힌 나머지, 그 집 재산을 독차지할
    생각으로 계략을 꾸민다. 즉 그녀는 장정들을 돈으로 매수해서 본부의 아들을 감금케 하고 병들어 누워 있는
    남편인 주인을 독살코 병사한 것처럼 가장하자는 것이다. 그러나 사필귀정으로, 그 집에 드나들던 육군 대위
    에 의해 진상이 폭로되어, 위기에 빠진 아들과 재산이 구출된다." 安鍾和, 『韓國映畫側面秘史』 47쪽.

46 비슷한 시기 우미관에서는 문예단에서 제작한 연쇄극 <장한몽>이 상연되고 있었다.

47 1920년 4월 26일부터 단성사에서 상연되기 시작한 혁신단의 연쇄활동사진의 프로그램은 <학생절의>외
    에 인정대활극 <보은> 등이 있었다.

48 "朝鮮新派元祖 革新團 林容九一行은 三月二十五日에 當地에 到着하야 翌 二十六日브터 向一週間 豫定으
    로 興演홀 作定이라는데 第一日에는 冬○라는 藝題로 第二日에는 本紙에 임이 連載되여 滿天下 讀者로 하
    여금 歡迎의 聲이 不絶케하던 家庭大悲劇 小說 長恨夢을 連鎖劇으로써 興演하야 一般觀衆에게 無限한 感
    興을 줘어 歡呼의 聲이 藉々하다더라.(咸興)"(○은 불명) 「新派革新團興演」 『每日申報』 1923.4.1.

49 박용규, 「1920년대 초 <시사신문>이 창간과 특성」 『한국언론학보』 59권 5호, 2015, 190쪽.

50 백두산, 「3·1운동과 극장」 『드라마연구』 제66호, 한국드라마학회, 2022, 97쪽.

51 「民衆劇團의 出生」 『東亞日報』 1922.1.17. ; 「民衆劇團出生」 『每日申報』 1922.1.17.

52 「朝鮮映畫人略傳」 『映畫時代』 속간 1권 1호(1946. 3월), 65쪽.

53 「文藝歌劇興行」 『每日申報』 1922.3.25.

54 「朝鮮映畫人略傳」 『映畫時代』 속간 1권 1호(1946. 3월), 65쪽.

55 安鍾和, 『韓國映畫側面秘史』, 116쪽.

56 「咸興藝術界의 曙光」 『朝鮮日報』 1923.11.24.

57 「藝林會에 巡廻劇團」 『朝鮮日報』 1924.1.8.

58 「藝術研究會」 『朝鮮日報』 1924.5.24.

59 安鍾和, 『韓國映畫側面秘史』 60쪽.

60 이경손은 안종화를 영화회사에서 처음 본 것처럼 언급했으나 이미 안종화는 무대극연구회원으로 2회 공연
    에 참여했다. 李慶孫, 「無聲映畫時代의 自傳」 『新東亞』, 1964.12., 326쪽.

61 安鍾和, 『韓國映畫側面秘史』 61쪽.

62 위의 책, 61쪽.

63 岩本憲兒 編著, 『日本映畫の歷史 第1卷』 日本図書センター, 1998, 127쪽.

64 홍영철, 『부산근대영화사』 산지니, 2009, 35쪽.

65 『朝鮮銀行會社要錄』(1925년판)

66 安鍾和, 『韓國映畫側面秘史』 63쪽.

67 李慶孫, 앞의 글, 326쪽.

68 安鍾和, 『韓國映畫側面秘史』 68쪽.

69 위의 책, 68쪽.

70 「朝鮮映畫界의 過去와 現在(4)」 『東亞日報』 1925.11.21.

71 李慶孫, 앞의 글, 328~329쪽.

72 尹甲容, 「[映畫小評]『雲英傳』을 보고」 『東亞日報』 1925.1.26.

73 위의 글, 330쪽.

74 위의 글, 333쪽.

75 「大邱에서 舞臺協會 創立」 『朝鮮日報』 1925.8.5.

76 「勞農同友憤慨 安鍾和一行에 對해서」 『東亞日報』 1926.1.4.

77 예림회와 조선키네마주식회사에서 안종화와 함께 활동했던 김태진은 조선키네마주식회사 시절 화형 스타
    로 안종화, 이주경, 이월화, 이채전 등을 꼽았으며, 그 이후 조선영화를 대표하는 나운규, 주인규, 주삼손, 남
    궁운 등은 엑스트라급이었다고 회상했다. 金兌鎭, 「[映畫篇]草創期의 祕話 4. 羅君의 발뒷굼치」 『東亞日
    報』 1939.3.27.

카메라로 본 한국영화사 ③

78 안종화, 『한국영화측면비사』 현대미학사, 1998, 43쪽.

79 이필우, 「조선 촬영기사의 고심」 『대중영화』, 1930년 7월호, 17~20쪽.

80 한국예술연구소 편, 「이필우 편」 『이영일의 한국영화사를 위한 증언록-유장산·이경순·이창근·이필우 편』 도서출판 소도, 2003, 184~185쪽.

81 한국예술연구소 편, 앞의 책, 201~202쪽.

82 한국예술연구소 편, 앞의 책, 256~257쪽.

2. 카프영화 운동과 안종화

83 임화, 「조선영화발달소사」 『삼천리』 1941.6., 202~203쪽.

84 특정 시기의 지식에서 추출할 수 있는 담론의 질서 혹은 사상의 선험적 여건.

85 변재란, 「1930년대 전후 프롤레타리아 영화 연구」 중앙대 대학원, 석사학위 논문, 1989.

86 김명인, 『폭력과 모독을 넘어서』 소명출판, 2021.

87 안종화, 「한국영화 40년 약사」 1962, (유고, 「6. 내적 분열 시대」 중).

88 노만, 『한국영화사』 법문사, 2023, 128쪽, (원전 : 노만, 『한국영화사』 강의안 논집(등사본), 1964).

89 안종화, 「특집 신문화의 남상기(나와 영화예술협회시대)」 『신천지』 1954년 2월(통권 60호, 제9권 제2호), 노만, 위의 책, 129쪽 재인용, 예맹은 조선프롤레타리아예술가동맹 즉 카프의 약칭이다.

90 노만, 위의 책, 129쪽.

91 강호, 「라운규와 그의 예술」 『라운규와 그의 예술』 조선문학예술총동맹 출판사, 1962, 74~75쪽.

92 안종화, 『한국영화측면비사』 춘추각, 1962, 134~135쪽.

93 안종화, 위의 책, 136쪽.

94 유현목, 『한국영화발달사』 한진출판사, 1980, 104쪽.

95 강호, 같은 책, 134~135쪽.

96 "그동안 복잡한 문제로 촬영중이던 <이리떼>를 내어던지고 불시에 리종명 씨의 원작 <류랑>을 새로히 촬영중", (「그러나 <낭군> (이리떼)이 촬영에 들어간 것은 아니었다.」 『조선일보』 1928.1.22.).

97 강호, 위의 책, 137쪽.

98 이효인, 『한국영화역사강의 1』 이론과 실천, 1992, 97쪽.

99 노만, 『한국영화사』 강의안 논집(등사본), 1964, 83쪽.

100 이효인, 『한국 근대영화의 기원』 박이정 출판사, 2017, 57쪽.

101 윤봉춘, 「나운규 일대기」 『영화 연극』 1939.11., 15~16쪽.

102 서광제, 「고 나운규 씨의 생애와 예술」 『조광』 1937.10., 312~314쪽.

103 김유영, 「우리들의 코-쓰- 시대공론은 이렇게 행진하라」 『시대공론』 1931.9., 1쪽.

104 서광제, 「영화인 자서전」 『시대공론』 2호, 1932.1.

105 『중외일보』 1928.7.11.~27.

106 『중외일보』 1928.7.28.~8.4.

107 이효인, 「부기 : 한국 근대영화와 탈식민지」 『한국 근대영화의 기원』 같은 책, 271쪽.

카메라로 본 한국영화사 ④

108 안종화, 『한국영화측면비사』 현대미학사, 1998, 179쪽.

109 Lescarboura, Arthur C. "The Cinema Handbook", Scientific American Publishing Co., 1921, pp.44~59.

110　한국예술연구소 편, 「이창근 편」, 『이영일의 한국영화사를 위한 증언록-유장산·이경순·이창근·이필우 편』, 도서출판 소도, 2003, 127쪽.

111　1979년 한국영화 60주년 기념전시회를 계기로 이창근 감독이 영화진흥공사에 기증했다.

3. 안종화의 초기 연출작 <꽃장사>와 <노래하는 시절>

112　「朝鮮文藝映畵協會 硏究生募集」, 『東亞日報』, 1928.11.04.

113　安鍾和, 『韓國映畵側面秘史』, 현대미학사, 1998, 140~141쪽.

114　「朝鮮映畵社創立」, 『朝鮮日報』, 1929.4.27.

115　「朝鮮映畵社 새로 창립하고서 연구생을 모집해」, 『朝鮮日報』, 1930.10.18.

116　「광고」, 『조선문예』, 조선문예사, 1929.5.5.

117　「朝鮮에서처음생길 新興映畵藝術家同盟」, 『朝鮮日報』, 1929.12.12.

118　「安鍾和氏監督 <꽃장사> 完成 來月 中 團成社 封切」, 『朝鮮日報』, 1930.3.2.

119　「[新映畵] 朝鮮文藝映畵協會作 假花商」, 『東亞日報』, 1929.10.24.

120　「最近에 封切된 두 朝鮮映畵 <꽃장사>와 <悔心曲] 評(1)」, 『東亞日報』, 1930.3.23.

121　「꽃장사 『悔心曲』合評會 (上)」, 『朝鮮日報』, 1930.3.23.

122　「朝鮮映畵社 새로창립하고서 연구생을모집해」, 『朝鮮日報』, 1930.10.18.

123　「崔南周氏二回作 學生時代」, 『朝鮮日報』, 1930.3.24.

124　「키네마를 創設하고 <노래하는 時節>을 撮影 씨나리오 夕影監督安鍾和」, 『中外日報』, 1930.4.24.

125　安鍾和, 앞의 책, 132쪽.

126　위의 책, 197쪽.

127　「노래하는 시절 撮影開始」, 『朝鮮日報』, 1930.5.31.

128　「安夕影氏作 <노래하는 시절>」, 『중외일보』, 1930.6.12.

129　安鍾和, 앞의 책, 180쪽.

130　위의 책, 180쪽.

131　「<노래하는 시절> 撮影完了 團成社에서 開封」, 『中外日報』, 1930.7.2.

132　한상언, 「안석영의 영화소설 <노래하는 시절> 연구」, 『근대서지』 제16호, 2017, 326쪽.

133　「<노래하는시절>을 보고」, 『東亞日報』, 1930.9.12.

134　「노래하는 시절 上映延期」, 『朝鮮日報』, 1930.7.12.

135　「[광고] 씨나리오 노래하는시절 定価金 五十錢」, 『朝鮮日報』, 1930.9.3.

136　「엑스키네마 第二回 作品『出發』을 撮影」, 『中外日報』, 1930.8.15.

137　尹基鼎, 「朝鮮映畵는 進展하는가(2)」, 『中外日報』, 1930.09.21.; 尹基鼎, 「朝鮮映畵는 進展하는가(6)」, 『中外日報』, 1930.9.25.

138　咸春霞, 「朝鮮映畵의 進展을 위한 正評?」, 『中外日報』, 1930.9.30.~10.3.

139　「노래하는 시절 上映延期」, 『朝鮮日報』, 1930.7.12.

140　한국예술연구소, 『이영일의 한국영화사를 위한 증언록-윤봉춘편』, 소도, 2004, 144~145쪽.

141　『동아일보』에 실린 연재예고 기사제목을 보면 9월 7일부로 연재가 시작된다고 하지만, 실제 <싸구료 박사>의 1회 연재분의 날짜를 보면 1931년 9월 12일이다.

142　「連載豫告 씨나리오 金永八作 安鍾和脚色 [싸구료博士]九月七日附부터 揭載」, 『東亞日報』, 1931.9.5.

143　「×키네마 三回作 <싸구료>博士」, 『東亞日報』, 1931.6.26.

144　"이 프로키노에 籍을 두고 있던 朝鮮映畵人은 카메라 만으로 現在 新光映畵에 있는 李莞(井上莞), 現在 解放新聞에 있는 朴基淑(演出), 李載明(製作) 等이 있었다." 『在日朝鮮文化年鑑』, 朝鮮文藝社: 東京, 1949, 54쪽.

145 「女優언파레이드 映畵篇(5) 映畵十年의回顧」,『東亞日報』, 1931.8.2.

146 「키네마社 演藝部新設」,『東亞日報』, 1931.8.11.

147 「엑스키네마 演藝部試演會」,『朝鮮日報』, 1931.8.30.

카메라로 본 한국영화사 ⑤

148 한국예술연구소 편, 「이구영 편」, 『이영일의 한국영화사를 위한 증언록-김성춘·복혜숙·이구영 편』, 도서출판 소도, 2003, 226~228쪽, 236~237쪽.

149 Lescarboura, Arthur C. "The Cinema Handbook", Scientific American Publishing Co., 1921, pp.60~72.

4. 식민지 조선의 멜로드라마가 우리에게 말해주는 것: <청춘의 십자로>

150 <청춘의 십자로> 질산염 필름에 대한 복원은 2007년 11월~12월 일본 도쿄의 이마지카현상소에서 진행됐다.

151 현재 한국영상자료원의 한국고전영화 유튜브 채널에서 공개된 버전이다. 이를 24프레임 기준으로 환산하면 54.85분에 해당한다.

152 「조선영화제작연대보③」,『조선일보』, 1938.12.4.

153 2,455m는 약 8,054ft이다. 35㎜ 필름은 1ft 길이에 16frame이 들어가므로, 8,054ft 길이는 총 128,864frame(=8,054ft×16)으로 환산되고, 이를 무성영화의 일반적인 영사속도였을 것으로 간주되는 초당 16프레임 속도로 영사할 경우 총 상영시간은 134.23분(=128,864÷16÷60)이다. 이를 24프레임으로 환산하면 89.48분이다.

154 적모(赤帽)는 일제강점기 정거장에서 짐을 나르는 일을 하는 짐꾼을 말한다. 일본어 '아카보', 즉 짐꾼들이 붉은 모자를 쓰고 있는 데에서 유래했다.

155 영화 속에 등장하는 편지 인서트 쇼트에서는 '계순(桂順)'이라는 이름을 사용하고 있다.

156 원문에는 한자가 없는데, '들뜨다'를 의미하는 부동(浮動)으로 추정된다.

157 다음 기사는 <청춘의 십자로>를 공개하자 "한참 가뭄에 빗방울같이 조선영화에 주린 관중들은 대갈채를 하였다."고 썼다. 백야생(白夜生), 「조선영화15년/ 초창기에서 현재까지/ 주마등에 비친 기억(6)」,『조선일보』, 1936.2.28.

158 「조선극장 광고」,『조선중앙일보』, 1934.9.21. 현대어로 수정해서 옮겼다.

159 벤 싱어(Ben Singer)는 『멜로드라마와 모더니티 (Melodrama and Modernity: Early Sensational Cinema and Its Contexts)』에서, 멜로드라마 를 일종의 '개념군'으로 분석하며, 1) 강렬한 파토스, 2) 과잉된 감정, 3) 도덕적 양극화, 4) 비고전적 내러티브 역학, 5) 스펙터클한 선정주의라는 다섯 가지 핵심 요소로 제시하고 있다. 통상 할리우드 멜로드라마로 여겨지는 것(가족멜로드라마와 여성영화)에서는 1)과 2)가 두드러지고 4)와 5)는 보기 힘들며, 멜로드라마의 또 다른 중요한 형태(폭력-유혈적 혹은 선정적 멜로드라마)는 잠재적으로 다섯 가지 요소를 모두 포함하지만, 도덕적 양극화와 센세이션을 일으키는 효과들을 절대적으로 요구한다. 벤 싱어 지음, 이위정 옮김, 『멜로드라마와 모더니티』, 문학동네, 2009, 427쪽.

160 1934년에는 <청춘의 십자로>를 포함해 <칠번통소사건>(나운규), <전과자>(김소봉)까지 모두 3편의 극영화만 제작됐다.

161 이규환, 「영화시평: 금강키네마 작품 <청춘의 십자로>를 보고」,『조선일보』, 1934.9.28., 9.30., 10.3.

162 박승걸, 「영화시평: <청춘의 십자로>」,『조선일보』, 1934.12.1.~3.

163 「조선극장 광고」,『조선중앙일보』, 1934.9.21. 당시 광고의 촬영 크레디트에 이명우만 기록된 것으로 보아, 손용진은 보조 역할로 추정된다.

164 신경균, 「금년도 조선영화개평(槪評): <강건너 마을>, <춘향전>, <은하에 흐르는 정열>」,『조광』, 1935년 12월호(제1권 제2호), 186쪽.

165 부민관에서 '조선명화감상회'라는 행사명으로 무성영화와 발성영화 베스트 텐을 상영했다. 동시에 신문사 대강당에서 '영화전람회'를 개최해 조선영화 제작의 역사를 스틸, 포스터, 콘티뉴이티, 영화 장비는 물론 토키시스템까지 연대순으로 전시한 최초의 행사였다. 「대망의 금일 수(遂) 개막/ 제1회 영화제」,『조선일보』, 1938.11.26.; 조선영화 자료뿐만 아니라 세계영화발달사 정보까지 전시했다고 한다. 「명일부터 본사 주최 제1회 영화제/ 문헌, 자료, 기구 등 출품 점수 수천여점」,『조선일보』, 1938.11.26.

166 11월 11일부터 20일까지 일반 대중으로터 무성영화 세 편, 발성영화 세 편을 기입한 관제엽서를 받는 방식으로 진행됐다. 「팬에게 구하는 영화제」 『조선일보』 1938.11.11.; 신문은 집계 중에도 순위를 공개하며 뜨거운 열기를 전한다. 「투표 경과/ 자웅을 다투는 베스트 텐」 『조선일보』 1938.11.18.

167 「명화 베스트 텐 당선」 『조선일보』 1938.11.23.

168 「금강키네마 작품/ <청춘의 십자로> 완성」 『조선일보』 1934.8.29.

카메라로 본 한국영화사 ⑥

169 L. J. Roberts, "SMPTE Historical Paper: Cameras and Systems: A History of Contributions from the Bell &Howell Co. (Part I)," SMPTE Journal, vol. 91, no. 10, pp. 961~967, Oct. 1982.

170 심훈, 「조선영화인 언파레드」 『동광』 1931년 7월호, 56~66쪽.

171 한국영상자료원 한국영화연구소 엮음, 『일본어 잡지로 본 조선영화3』 한국영상자료원, 2012, 39쪽.

172 한국예술연구소 편, 「유장산·이경순 편」 『이영일의 한국영화사를 위한 증언록-유장산·이경순·이창근·이필우 편』 도서출판 소도, 2003, 80쪽.

5. 조선일보사 주최 '제1회 영화제'와 안종화의 영화사 서술

173 김소희, 「역-Dialogic: 역사란 죽은 나무를 되살리는 일—한국영화사가 이영일」 한국예술종합학교 영상원, 『트랜스: 영상문화저널』 1, 씨앗을 뿌리는 사람, 1999, 162쪽.

174 『신극사이야기』의 '자서'에 따르면, 그는 해방 전에 심훈의 청탁으로 조선중앙일보에 '극단이면사'를 집필해 발표한 적이 있고, 평화신문에 '예원비문'을 85회 연재했다. 안종화 『신극사이야기』 진문사, 1955, 5쪽.

175 「우리 영화사(映畫史)의 증인」 『경향신문』 1966.8.24.

176 「한국영화의 '증인'은 가다」 『동아일보』 1966.8.25.

177 자크 오몽, 미셸 마리, 이윤영 옮김, 『영화작품 분석의 전개(1934-2019)』 아카넷, 2020, 300쪽.

178 안종화, 「영화 사십년사 뒷마당 이야기(1회)」 『현대영화』 창간호, 1958.1., 85쪽.

179 위의 글, 같은 쪽.

180 안종화(영화대표인), 「감격의 성전(盛典) (답변)」 『조선일보』 1938.11.28.

181 박헌호, 「'문화정치'기 신문의 위상과 반(反) - 검열의 내적논리— 1920년대 민간지를 중심으로」 『대동문화연구』 50, 성균관대학교 대동문화연구원, 2005.

182 1930년대 미디어의 상업화에 대해서는 장신, 「1930년대 언론의 상업화와 조선·동아일보의 선택」 『역사비평』 70, 역사비평사, 2005 참조.

183 권두현, 「연극경연대회의 탄생과 제도화-동아일보사 주최 연극경연대회의 정치경제학」 『한국극예술연구』 31, 한국극예술학회, 2010, 30쪽. 이외에도 동아일보사 주최 연극제에 대해서는 다음과 같은 연구가 있다. 이민영, 「동아일보사 주최 연극경연대회와 신극의 향방」 『한국극예술연구』 42, 한국극예술학회, 2013; 양승국, 「동아일보사 주최 연극경연대회에 대하여」 『근대서지』 21, 근대서지학회, 2020 등.

184 「제1회 영화제, 전람회와 상영회 등 은막계 초유 성전」 『조선일보』 1938.11.9.

185 「본보 지령(紙齡) 6천호에 제하야」 『조선일보』 1938.1.25.

186 김승구, 「『조선일보』의 1930년대 영화 관련 활동」 『한국민족문화』 36, 한국민족문화연구소, 2010.

187 「통신·사진·영화 본사특파대 진용」 『조선일보』 1936.7.28.

188 위의 글.

189 「은막에 나타난 백두산 실감과 감격의 밤」 『조선일보』 1936.8.29.

190 「본사제작의 <조선민속>-2작품과 동시 봉절」 『조선일보』 1938.10.4.

191 안종화, 『한국영화측면비사』 춘추각, 1962, 258쪽.

192 「제1회 영화제, 전람회와 상영회 등 은막계 초유 성전」 『조선일보』 1938.11.9.; 「영화제 준비위원」 『조선일보』 1938.11.10. 각 영화인의 소속은 당시 기사를 따른다.

193 「영화제 금일 개막」, 『조선일보』, 1938.11.27.

194 「팬에게 구하는 영화제」, 『조선일보』, 1938.11.11. 이 글에서 인용문은 가독성을 높이기 위해 현대어 표기로 고쳐 적었다.

195 「제1회 영화제, 전람회와 상영회 등 은막계 초유 성전」, 『조선일보』, 1938.11.9; 「영화제 준비위원」, 『조선일보』, 1938.11.10.

196 <월하의 맹서>, <해의 비곡>, <비련의 곡(강명화 실화)>, <신의 장>, <동내호걸>, <흥부놀부전>, <나의 친구여>, <멍텅구리>, <암로>, <먼동이 틀 때>, <괴인의 정체>, <홍련비련>, <운명>, <꽃장사>, <회심곡>, <도적놈>, <딱한 사람들>, <회고> 등이 전람회에 전시할 만한 어떤 '흔적'도 없어 독자들의 참여가 요청된 영화들이다. 「영화 애호자에 고함」, 『조선일보』, 1938.11.18.

197 「폭주하는 영화투표, 금조(今朝)까지 삼천육박」, 『조선일보』, 1938.11.21.

198 「고인(故人), 스크린에 생동, 만당 관중 숙연 감상」, 『조선일보』, 1938.11.27.

199 「명일부터 본사 주최 제1회영화제, 문헌, 자료, 기구 등 출품점 수천여 점, 전람회 안내」, 『조선일보』, 1938.11.26.

200 「고인(故人), 스크린에 생동 만당 관중 숙연 감상」, 『조선일보』, 1938.11.27.

201 「본사 주최 제1회 영화제, 전람회기2일간 연기」, 『조선일보』, 1938.11.29.

202 「<막다른 골목> 배역」, 『조선일보』, 1938.11.26.

203 「영화제 이문기담(異聞綺譚)」, 『조선일보』, 1938.11.28.

204 「조선문화의 충복」, 『조선일보』, 1938.1.28.

205 「사설: 영화제 주최의 의의」, 『조선일보』, 1938.11.10. 밑줄 및 굵은 글씨 강조는 인용자.

206 백문임, 「조선영화라는 (불)안정한 위치: 『조선영화발달소사(1941)』의 생산」, 『동방학지』 168, 연세대학교 국학연구원, 2014, 297쪽.

207 「오늘의 혈한(血汗) 명일(明日)의 결실(結實), 개척자들의 형극로(荊棘路)」, 『조선일보』, 1938.1.3., 이 특집 기사는 각 분야의 선구자들, 즉 이기세(영화) 외에도 현철(신극), 조일재(신소설), 고희동(미술), 오세창(신문), 김동철(스포츠)과의 인터뷰를 바탕으로 작성된 것이다.

208 위의 글.

209 안종화(영화대표인), 「감격의 성전(盛典) (답변)」, 『조선일보』, 1938.11.28.

210 안종화, 「영화제 전기(前記) 20년 고투의 형극로: 조선영화발달의 소고(3)」, 『조선일보』, 1938.11.23.

211 안종화, 「영화제 전기(前記) 20년 고투의 형극로: 조선영화발달의 소고(6)」, 『조선일보』, 1938.11.27.

212 백야생, 「조선영화 15년」, 『조선일보』, 1936.2.29.

213 안종화, 「영화제 전기(前記) 20년 고투의 형극로: 조선영화 발달의 소고(7)」, 『조선일보』, 1938.11.30.

214 「영화제 제2일, 인기는 절정에」, 『조선일보』, 1938.11.28.

215 이청기, 「한국영화의 전사시대 및 발생기의 특성에 관한 연구(하)」, 『예술논문집』 6, 대한민국 예술원, 1967, 241쪽.

216 「영화법 실시의 외곽단체 조선영화인협회 창립」, 『조선일보』, 1939.8.18.

217 「朝鮮映畵人協會結成記念」, 『삼천리』, 1941.6.

218 안종화, 『한국영화측면비사』, 춘추각, 1962, 274쪽.

219 위의 책, 269쪽.

카메라로 본 한국영화사 ⑦

220 한국예술연구소 편, 「이창근 편」, 『이영일의 한국영화사를 위한 증언록-유장산·이경순·이창근·이필우 편』, 도서출판 소도, 2003, 99~157쪽.

221 「영화촬영기의 현재 불편을 일소」, 『매일신보』, 1932.7.14., 2면.

6. 해방기 안종화의 역사극과 '민족'이라는 화두

222 <청춘의 십자로>에 초점을 맞춘 논의로는 다음의 연구가 있다. 신원선, 「現存 最高 한국영화 <청춘의 십자로>의 의미」, 『민족문화논총』 39, 영남대학교 민족문화연구소, 2008; 신강호, 「영화 <청춘의 십자로>의 스타일 연구」, 『현대영화연구』 7, 한양대학교 현대영화연구소, 2009; 정민아, 「식민지 조선의 도시적 삶과 <청춘의 십자로>(1934)」, 『현대영화연구』 7, 한양대학교 현대영화연구소, 2009. 그 외 김승구는 '십자로'를 소재로 한 한중일 영화를 비교하며, 안종화의 <청춘의 십자로>를 동아시아적 관점에서 논하였다. 김승구, 「20세기 초반 동북아시아 '십자로 영화' 연구」, 『한국예술연구』 22, 한국예술종합학교 한국예술연구소, 2018.

223 김수남, 「한국영화계의 선비-안종화의 영화 인생 탐구」, 『영화평론』 10, 한국영화평론가협회, 1998, 82~96쪽.

224 문경연, 「한국 근대 대중연극계의 기억과 침묵 읽기 -남성 필자의 회고록과 자서전을 중심으로」, 『드라마연구』 26, 한국드라마학회, 2007, 99~130쪽.

225 「영화감독진 동정」, 『경향신문』, 1946.10.8.

226 1948년 공연의 경우 김춘광이 본인의 대본을 직접 연출했다.

227 <나라를 위하여>는 경찰홍보영화였던 <밤의 태양>의 제작과 기획을 맡았던 김관수가 역시 제작자로 이름을 올렸다.

228 전지니, 「권총과 제복의 남성 판타지, 해방기 "경찰영화" 연구: <수우>, <밤의 태양>, <여명>(1948)을 중심으로」, 『현대영화연구』 22, 한양대학교 현대영화연구소, 2015, 74~83쪽.

229 이 표는 이재명, 『해방기 남북한 극문학 선집』 5(평민사, 2019) 중 '해방기 희곡 시나리오 텍스트'에서 안종화 관련 항목을 발췌한 후 보완하여 정리한 것임을 밝혀둔다. 따라서 이후 추가 자료가 발견될 경우 수정될 여지가 있다.

230 '정치잡지'를 표방한 『민정』에는 시, 희곡 등의 문학 작품이 실렸고, 해당 잡지 목차에는 <김좌진 장군>을 희곡으로 소개한다.

231 안종화가 연출하고 홍일명이 촬영을 맡았으며 전택이, 복혜숙, 이금룡 등 당대의 스타들이 출연한 <김상옥 혈사> 촬영이 개시되었다는 기사를 확인할 수 있으나 제작 완료 여부는 확인할 수 없다. 현대 KMDB에 해당 영화는 등록되어 있지 않다. 「영화 <김상옥 혈사>」, 『경향신문』, 1948.10.10; 「<김상옥 혈사> 30일 촬영 개시」, 『경향신문』, 1948.12.12.

232 「<여사장> 광고」, 『경향신문』, 1958.5.13.

233 「새 조선의 문화는 어떻게 독자적 '얼'을 찾자-덤벙댐은 위험(안종화 씨 담)」, 『조선일보』, 1946.2.18.

234 전지니, 「해방기 역사 소재 대중극 연구-김춘광, 박로아의 희곡을 중심으로」, 『한국연극학』 70, 한국연극학회, 2011, 68~70쪽.

235 이태우, 「신파와 사극의 유행」, 『경향신문』, 1946.12.12.

236 이진순, 『한국연극사(1945-1970년)』, 예술원, 1977, 249쪽.

237 다만 여기서 박송이 언급한 작품은 김영수 작, 박춘명 연출로 국제극장에서 상연된 연극 <황야>(1947)이다. 박송은 이 글에서 김영수가 김좌진 장군의 생애 속 극적 장면을 도외시하고 기생 죽엽과 그의 딸 계월과의 인연을 지나치게 강조했음을 비판한다. 이 같은 지적은 역시 기생 일지와의 인연을 강조하는 안종화 작 <김좌진 장군>에도 되풀이된다(박송, 「민족연극수립에의 제의(提議)-주로 「김좌진 장군」 극화의 소감」, 『영화시대』 1947년 11월, 86~89쪽).

238 유민영, 『한국 인물연극사』, 태학사, 2006, 516~525쪽.

239 서라벌영화공사가 제작을 담당한 <천추의 한>의 각본은 <독립협회와 청년 이승만>(1959), <고종황제와 의사 안중근>(1959) 등을 집필한 이정선이 맡았다.

240 서라벌영화공사가 제작을 담당한 <사도세자>의 각본은 해방기 연극 작업을 함께 했던 이운방이 맡았다.

241 안종화, 「백두산」, 『영화시대』, 1946.4., 74쪽.

242 전지니, 「북한 문학에 나타난 백두산 재현 양상에 대한 시론 3대 세습체제와의 상관성을 중심으로」, 『문화와 융합』 44-3, 2022, 474~475쪽.

243 「속간 일주년 기념호 지상 신연재 예고, 원작·각색·연출 안종화 선생, 백야 김좌진 장군일대기」, 『영화시대』 1947.3., 121쪽.

244 잡지 『민정』 창간호(1948년 10월호)에 1회가, 2호(1948년 11월호)에 2회가 게재되었다.

245   해당 시나리오가 이재명 편, 『해방기 남북한 극문학 선집 5』, 평민사, 2019에 수록되어 있다. 그러나 원문 초반 2페이지가량이 해당 선집에 누락되어 있다. 누락된 부분에는 갑신유신(甲申維新), 갑오경장(甲午更張)부터 기미년독립선언, 독립군전쟁 등 주요 사건이 언급되고, 헤이그의 열사가 각 지역의 혁명군들에 대한 자막이 등장한다. 이어 이청천, 홍범도, 김좌진, 이시영, 김약산 등 독립운동가들의 이름이 자막으로 명시된 후, 자막과 배경으로 독립군들의 활약이 등장한 후 휘날리는 태극기를 삽입한 후 1911년으로 돌아가 본격적인 사건이 시작된다.

246   안종화, 「백두산」, 『영화시대』, 1947.1., 108쪽.

247   안종화, 「백두산」, 『영화시대』, 1947.3., 120~121쪽(작품은 원문 그대로를 발췌해 옮겼으며 가독성을 위해 마침표 등만 추가했다).

248   위의 연재분, 123쪽.

249   안종화, 「김좌진 장군」, 『민정』, 1948.11., 116~117쪽(작품은 원문 그대로를 발췌해 옮겼으며 가독성을 위해 마침표 등만 추가했다).

250   위의 연재분, 119쪽.

251   「이일 김두한 씨 송청」, 『경향신문』, 1954.6.3.

252   김인호의 경우 해방 이후 김두한이 전략적으로 김좌진의 민족 이미지에 편승했음을 언급한다. 그에 따르면 해방 이후 좌익 활동을 하던 김두한은 자신의 아버지가 공산주의자에게 암살됐음을 듣고 대한민주청년동맹에 가담해 전향하였으며, 김두한의 전향이 당시 우익에게 큰 힘이 되었다. 그리고 대한민주청년동맹은 김좌진의 항일이미지를 활용해 우익운동의 폭력성을 민족성으로 재구축하는 데 활용하고자 했다. 그에 따르면 김영수의 희곡 <황야> 역시 제2차 미소공위를 앞둔 우익진영의 분위기 만들기와 결부되어 있다. 이 논리를 따라간다면 안종화 역시 우익 진영에 편승해 영웅상을 주조했다는 비판을 피하기 어렵다. 해방 이후 김좌진의 이미지 구성 및 이와 관련된 텍스트에 대해서는 김인호, 「김좌진의 항일 인맥과 민족 이미지의 형성과 전개 – 반도의용정신대와 대한민청을 중심으로 –」, 『숭실사학』 34, 숭실사학회, 2015, 282~286쪽 참조.

253   김광주, 「아느냐! 우리들의 피를 보고」, 『조선일보』, 1946.4.10.

카메라로 본 한국영화사 ⑧

254   L. J. Roberts, "SMPTE Historical Paper: Cameras and Systems: A History of Contributions from the Bell & Howell Co. (Part II)," in SMPTE Journal, vol. 91, no. 11, pp.1079~1086, Nov. 1982.

255   한국예술연구소 편, 「유장산·이경순 편」, 『이영일의 한국영화사를 위한 증언록–유장산·이경순·이창근·이필우 편』, 도서출판 소도, 2003, 97쪽.

256   「타는 금강 은막에」, 『조선일보』 1940.1.14., 4면.

7. 안종화 감독의 경찰영화 <수우>에 관한 재고찰

257   이 글의 일부 내용은 졸고 「해방기 경찰영화의 등장배경과 장르화 경향 고찰: 시대적 특수성 및 역사적 의미와 더불어」(『기억과 전망』 33호, 민주화운동기념사업회, 2015)의 내용을 부분적으로 재구성 및 수정·보완하여 작성된 것임.

258   이에 따라, 안종화는 2009년 3권 분량으로 민족문제연구소에서 발간한 『친일인명사전』에도 총 4,776명의 대상자 속에 그 이름이 포함되어 있다. 『친일인명사전』에 수록된 문화/예술 분야 인사는 165명이며, 이 가운데 연극/영화인은 58명이다.

259   지금까지 안종화의 영화 경력 전체를 아우르는 연구로는 김수남의 논문 「한국영화계의 선비: 안종화의 영화인생 탐구」(『영화비평』 10호, 한국영화평론가협회, 1998)와 그의 단행본 『한국영화작가연구』(예니, 1995) 및 『한국영화감독론 1: 해방전 한국영화작가 12인』(지식산업사, 2002) 속 일부 정도를 꼽을 만하다. 그런데, 이들 논저 속 안종화의 영화계 활동과 작품 경향 관련 내용은 대동소이하며 그 시간적 범위의 비중이 일제강점기에 쏠려 있다는 점에서도 공통점을 보인다.

260   대표적인 관련 논문으로는 전지니의 「권총과 제복의 남성 판타지, 해방기 '경찰영화' 연구: <수우>, <밤의 태양>, <여명>(1948)을 중심으로」(『현대영화연구』 22호, 한양대학교 현대영화연구소, 2015)와 함충범의 「해방기 경찰영화의 등장배경과 장르화 경향 고찰: 시대적 특수성 및 역사적 의미와 더불어」(『기억과전망』 33호, 민주화운동기념사업회, 2015) 등이 있다.

261 『영화시대』속간 1권 1호에 실린 '조선 영화인 약전(略傳)'란에는 그 외에도 <고향>(교육영화사), <회고(懷古)>(전남농무과) 등 두 편이 해방 이전 안종화의 영화 연출작으로 소개되어 있다. 『영화시대』속간 1권1호, 1946.4., 65쪽. / 한편, 이들 작품 중에 <청춘의 십자로>는 2007년에 필름이 발굴되었으며, 그 영향으로 다음과 같은 관련 학술논문들이 발표된 바 있다. 신원선, 「현존 최고 한국영화 <청춘의 십자로>의 의미」, 『민족문화논총』 39집, 영남대학교 민족문화연구소, 2008; 신강호, 「영화 <청춘의 십자로>의 스타일 연구」, 『현대영화연구』 7호, 한양대학교 현대영화연구소, 2009; 정민아, 「식민지 조선의 도시적 삶과 <청춘의 십자로>(1934)」, 『현대영화연구』 7호, 한양대학교 현대영화연구소, 2009 등.

262 영건(위원장: 윤백남)은 해방 직전까지 통제 영화사에 소속되어 있던 영화인들이, 프로영맹(위원장: 추민)은 좌익 계열의 영화인들이 주축을 이루었으며, 그 상위 조직체로는 각각 조선문화건설중앙협의회(문건중협)와 조선프롤레타리아예술가동맹(프로예맹)이 있었다.

263 한상언, 『해방 공간의 영화·영화인』, 이론과실천, 2013, 75쪽.

264 「영화 감독들 구락부 탄생」, 『중앙신문』 1946.2.14., 2면 ; 「영화감독구락부 조직」, 『서울신문』 1946.3.9., 2면.

265 「[영화] 덤벙댐은 위험: 안종화 씨 담」, 『조선일보』 1946.2.18., 2면.

266 시나리오의 전체 내용을 요약해 보면 다음과 같다. 주인공의 이름은 '성일'이며 남들은 그를 '곰이'라 부른다. 곰이는 힘든 노동으로 돈을 벌어, 9년 전 상경한 뒤 서울에서 공부하는 동생 '성진'을 뒷바라지 해 왔다. 또한 곰이는 3년 전 우연히 자신의 집을 찾아온 도움을 청한 아버지뻘 되는 경상도 출신의 '춘보' 및 그의 딸 '음전'과 함께 살고 있다. 춘보는 곰이를 사위처럼 대하며, 곰이도 음전을 좋아하고 그녀와 혼인을 꿈꾸고 있다. 음전 또한 이러한 관계에 익숙한 듯 행동한다. 그런데, 곰이가 속한 벌목회사는 산에 도로를 내는 과정에서 길을 가로 막고 있는 신당(神堂)을 없애려 하고, 이에 곰이는 격렬히 저항한다. 그러다가 작업 책임자인 '지삼'과 곰이가 몸싸움을 벌인다. 이때 오랜만에 집에 돌아와 머물고 있던 '성진'도 형의 편에 선다. 한편, 처음 만난 날부터 음전의 마음은 성진에게 향하고 시간이 지나면서 성진 역시 음전에게 호감을 표한다. 그리고 곰이는 이러한 둘의 관계를 감지하게 된다. 그러던 어느 날, 극심한 눈보라 속에서 곰이와 함께 사투를 벌이던 춘보는 가까스로 집에 돌아온 뒤 곰이에게 자신의 딸 음전을 부탁한다는 말을 남기고 생사를 달리한다. 얼마 후 성진은 곰이의 말을 듣고 형에게 편지를 남긴 뒤 집을 떠나 다시 서울로 향한다. 하지만 텅 빈 집을 발견한 곰이가 화를 못 이긴 채 기차역으로 달려간다. 얼마 후 역에 도착한 곰이는 혼자 있는 음전과 마주친다. 그리고 그녀를 데리고 백두산 자락에 위치한 집으로 돌아간다.

267 『영화시대』속간 1권1호, 1946.4., 65쪽 참조.

268 여타 위원으로는 정치인 류진산을 비롯하여 방한준, 이창용, 김관수, 이원용, 안석주, 서광제, 전창근, 박기채, 안철영, 최영수, 이재명 등의 영화인들이 포함되어 있었다. <「백야·김좌진」 영화화 위원회 성립>, 『예술통신』 1947.1.14., 2면.

269 「고 김좌진 장군 영화 제작 계획」, 『대동신문』 1947.1.9., 2면.

270 낭독자는 최영수였다. 「<김좌진 장군> 시나리오 낭독회」, 『예술통신』 1947.1.23., 1면 참조.

271 「김좌진 장군 영화 위원회」, 『예술통신』 1947.2.3., 1면.

272 『영화시대』속간 2권2호, 1947.3., 121쪽 참조.

273 함충범, 「역사적 실존 인물을 다룬 해방기 한국영화 연구」, 『아세아연구』 58권2호, 고려대학교 아세아문제연구소, 2015, 22쪽.

274 이에, 『영화시대』속간 1947년 1월호에는 "해방 후 오로지 각 연극 단체에서 연출을 전문으로 맡"고 있던 안종화가 북만주 길림성 생활에서 청산리대첩에 이르는 김좌진 장군의 일대기를 다룬 영화를 연출하게 된 일을 오랜 침묵을 깬 "일생의 거사"로 표현하기도 하였다. 『영화시대』속간 2권1호, 1947.1., 69쪽.

275 「경찰영화 상영 금지」, 『경향신문』 1948.8.1., 2면 ; <경찰영화 상영 중지 손해액 부담이 주목처>, 『서울신문』 1948.8.1., 2면 참조.

276 「영화 <김상옥 혈사>」, 『경향신문』 1948.10.20., 3면 ; <영화 김상옥 혈사>, 『자유신문』 1948.10.21., 4면 참조.

277 「<김상옥 혈사> 제작」, 『경향신문』 1948.11.20., 3면 참조.

278 「<김상옥 혈사> 삼십일 촬영 개시」, 『경향신문』 1948.12.12., 3면.

279 「군사영화 <나라를 위하여> 머지않아 일반에게 공개」, 『조선일보』 1949.9.23., 2면.

280 「영화 <나라를 위하여> 광고」, 『조선일보』 1949.10.2., 2면.

281 남궁명, 「시사실: 나라를 위하여」, 『경향신문』 1949.9.29., 2면.

282 한국영화진흥조합, 『한국영화총서』, 경성흥산주식회사, 1972, 286쪽. 한국영상자료원 한국영화데이터베이스(https://www.kmdb.or.kr)에도 영화의 줄거리가 동일하게 기재되어 있다.

283 남궁명, 「시사실: 나라를 위하여」, 『경향신문』, 1949.9.29., 2면 참조.

284 「문교부 예술위원회 위원」, 『경향신문』, 1949.2.19., 3면 참조.

285 「서울시 문화위원 선정」, 『경향신문』, 1949.3.24., 3면 참조.

286 「대한영화사 신발족」, 『조선일보』, 1949.7.26., 2면 참조.

287 일례로 건준의 "건국치안대는 8월말에 이르러 145개의 건준 지부가 결성됨에 따라 25일까지 전국 140개소에 조직되었다." 강혜경, 『한국경찰의 형성과 성격(1945~1953년)』, 숙명여자대학교 박사논문, 2002, 21쪽.

288 9월 9일 서울에 입성한 미군은 포고 제1호를 통해 "기존 행정기구의 존속을 선포하"는 한편 9월 14일에는 군정법령 제28호를 통해 "일인 경찰관을 포함한 이전의 전 경찰관을 그대로 존속시켜 치안유지를 맡"기는 조치를 단행하였다. 이러한 영향으로 1945년 10월 시점에서 조선인 경찰의 85%는 일본 경찰 출신이었다. 김일자, 『한국경찰 성격 연구: 1945~1960』, 이화여자대학교 석사논문, 1991, 21~23쪽.

289 그러나 휘하 경찰부와 경찰서에 대한 시장이나 도지사의 권한은 매우 미미하였다. 경찰에 대한 지휘 및 감독권은 경무국장에게 집중되었던 바, 당시 경찰은 독립적이면서 중앙집권적인 권력 조직의 성격을 지니고 있었다. 위의 학위논문, 27쪽 참조.

290 다음날 "미군정법령 제106호에 의해서 서울특별시가 경기도에서 분리된 것에 따른 사전조치"였다. 최선우·박진, 「미군정기 수도경찰청장 장택상(張澤相) 연구」, 『경찰학논총』 5권1호, 원광대학교 경찰학연구소, 2010, 194쪽.

291 1947년 1월부터 10월말까지 서울 관내 경찰에 의해 치러진 치안 업무는 16,243건에 17,899명에 달하였다. 강혜경, 앞의 학위논문, 87쪽 참조.

292 해방 당시 26,677명의 경찰 중에 10,619명이던 조선인 경찰 수는 1945년 11월 15,000여 명, 1946년 1월 25,000여 명으로 증가한 뒤 남한 단독 선거 즈음에는 35,000여 명으로 늘어난 상태였다. 위의 학위논문, 91쪽 참조.

293 이성우에 따르면, 여기에는 일본 도시샤대학(同支社大学) 영문과 출신으로 모교인 함흥 영생고보에서 교편을 잡고 있다가 해방 후 월남하여 통역관으로 경찰에 발을 들인 김약이가 매우 커다란 역할을 하였다. "『미국경찰』(아메리칸 폴리스)이란 잡지를 애독하면서 민주경찰에는 공보업무가 무엇보다도 중요하다는 사실을 실감하고 있었"던 그는, 경무부 총무국에 근무하던 대학선배 김대봉을 찾아 공보실의 필요성을 강조하여 동의를 얻어내고 수도경찰청장 장택상의 딸들에게 영어를 가르치게 된 것을 기회로 그에게 공보실 설치에 대한 허락을 받아냈다. 결국 김대봉이 "조병옥 경무부장과 메그린으로부터 승낙을 받아" 공보실업무설치령 발표가 성사된 것이었다. 이성우, 「비화한 세대(129) 군정경찰[60] 통역관」, 『경향신문』 1977.5.18., 5면.

294 위의 기사.

295 「각 관구청에 경찰공보실」, 『경향신문』 1947.3.11., 2면.

296 "3.1운동의 33인중 생존해 있던 당대의 명필 오세창이 제자를 써주었"고 "타블로이드판에 주간으로 나온 이 신문은 경찰동정, 인사, 청장의 훈화등을 주로 실어 무려 1만 2천부나 찍"게 되었다. 이성우, 「비화한 세대(130) 군정경찰[61] 공보실 창설」, 『경향신문』 1977.5.19., 5면.

297 위의 기사.

298 이때 중점적으로 보급된 것이 다름 아닌 '민주 경찰'의 이미지였던 바, 1947년 6월에는 경찰 기관지 『민주경찰』이 발간되기도 하였다.

299 1946년 3월 29일 공보국에서 승격한 공보부(DPI) 영화과에서는 <조선시보> 등의 뉴스영화와 다양한 문화계몽영화를 제작하였는데, 이를 통해 "미군정의 정책·홍보기능을 충실하게 수행"하였다. 조혜정, 「미군정기 뉴스영화의 관점과 이념적 기반 연구」, 『한국민족운동사연구』 68집, 한국민족운동사학회, 2011, 334쪽.

300 다음과 같은 사례 등이 있다. "민주의원 공보부에서는 해방조선의 감격을 영화화하고자 국민문화영화사에 의뢰하야 『민족의 절규』라는 영화를 제작케하였던바 이지음 완성되었으므로 12일 오후 1시부터 민의공보부 사무소에서 시사회를 개최하기로 되었다." 「영화 <민족의 절규> 12일 시사회」, 『경향신문』 1947.2.29., 3면.

301 다음과 같은 사례 등이 있다. "서울시 소방국에서는 널이 방화사상을 보급하기도 되어 영화계와 기타 방면의 후원을 어더 대규모의 소방영화를 제작하기로 되었다." 「소방영화 제작 서울시 소방국에서 방화사상 고취코저」, 『동아일보』 1947.3.26., 2면.

302 「경민용화의 <시민의 밤>」, 『동아일보』 1947.7.26., 2면.

303 해방기에 활동 중이던 영화 제작사의 수는 연도별로 1945년 2곳, 1946년 9곳, 1947년 13곳, 1948년 18곳, 1949년 16곳, 1950년 4곳으로 집계된다. 김동호 외, 『한국영화 정책사』, 나남출판, 2005, 112, 143쪽 참조.

304 "건설영화사 영화 [수우]는 제작개봉한지 무려 일여년이 걸린 위대한 작품으로 이미 완성되따하는데 그 봉절도 명춘 정월중순 시공관(전 국제)으로 결정되었다한다."「영화 <수우> 완성」『조선일보』1947.12.26., 2면.

305 안종화,「영화 <수우>의 연출자로서」『영화시대』속간 2권5호, 1947.12., 40쪽 ; 남우·전택이,「영화감독 안종화·점묘: 영화 <수우>에 출연하면서」『영화시대』속간 2권5호, 1947.12., 43쪽 참조.

306 「[문화] 제작비 1천만원 영화 <수우> 제작」『조선일보』1947.10.9., 2면 참조.

307 「영화 <수우> 근일 공개 예정」『조선중앙일보』1947.12.23., 2면 참조.

308 출처는 한국영상자료원 홈페이지 한국영화데이터베이스.

309 두 영화의 연출은 유명 남자 배우로서 <수우>와 <여명>에도 주연을 맡은 이금룡이 담당하였다. <수우>의 출연 경위에 대한 이금룡의 잡지 투고문 중 이와 관련된 내용을 발췌하면 다음과 같다. "그런게 뜻밖에도 작년에 내가 인천에 가서 문화 영화 두편을 만드려 놓고 온 건설영화사가 제법 크게 자라서 이번에는 본격적으로 극영화 "수우」를 만들겠다고 나더러 꼭 나와 달라했다."남우·이금룡,「인천집 잔치: 영화 <수우>에 출연하면서」『영화시대』속간 2권5호, 1947.12., 46쪽.

310 귀국 후 활동은 그가 결성한 '인천전재민동맹'을 통해 이루어졌다. 그리고 "중앙에 전재동포원호회가 창설되자 동 동맹은 발전적으로 해산하고 동 원호회 인천지부로 적려시키는 한편 신문인으로서 대동신보, 문예신문을 거처 현재(1947년 12월-인용자)는 세계일보 인천지사장을 겸임하고 있"었다. 합동통신인용지국 박영,<건영의 비약을 보고>,『영화시대』속간 2권5호, 1947.12., 45쪽.

311 당시의 영화 잡지에는 <수우>가 제작이 진행되던 건설영화사의 자금 상황과 설비 여건이 다음과 같이 소개되고 있었다. "일천만원의 제작비면 그 자체조차 조선서는 처음 되는 숫자이려니와 현재 50여 명이 합숙할 수 있는 수사, 암실, 스터디오 등 1000여 평에 걸친 지대에 완비된 설비를 갖이고 있으며 인천 송도에 2000여 평의 스터디오를 설계 진행중이라고 한다." 위의 글, 같은 쪽.

312 각본 담당자는 일제 말기 각본, 평론, 행정 부문에서 두루 활동하다 사단법인 조선영화제작주식회사의 선전과장을 역임하기도 한 김정혁으로 알려졌으나, 이에 대해 전지니는 "시나리오를 쓴 이는 각본가이자 『경향신문』의 주필, 잡지 『민성』의 주간으로도 활동했던 월북 문인 최영수였다"고 설명한다. 전지니,「권총과 제복의 남성 판타지, 해방기 '경찰영화' 연구: <수우>, <밤의 태양>, <여명>(1948)을 중심으로」『현대영화연구』22호, 한양대학교 현대영화연구소, 2015, 71쪽.

313 「[영화] 최후의 밤 수도청서 제작」『대동신문』1947.11.13., 2면 참조.

314 "대조영화사에서는 음악영화「봉선화」를 제작코저 방금 그 씨나리오 집필을 모 극작가에게 의촉하고 있"었다.「신 기축에 기대」『경향신문』1948.8.29., 3면.

315 "민족 독립운동에 피를 뿌린「김상옥 혈사」를 안종화 연출, 홍일명 촬영으로 제작코자 만반의 준비를 끗내고 수원 지방에「로케」를 떠나기로 되엇는데 곳「크랑크」를 할 예정이었다.「영화 김상옥 혈사」『자유신문』1948.10.21, 4면. / 안종화와 홍일명은 건설영화사의 경찰영화 <수우>의 연출 및 촬영 담당자이기도 하였다.

316 「예원춘추」『경향신문』1946.10.20., 4면 참조.

317 「수도청 부청장 이익흥씨 영전」『경향신문』1947.8.9., 2면 참조.

318 「영화 "여명" 촬영 개시」『중앙신문』1947.12.27., 2면.

319 주인공 홍정식 역은 이금룡이, 악인으로 나오는 밀수범 김한주 역은 전택이가 맡았으며, 여주인공인 정희 역은 김소영이, 김한주의 애인 역은 신카나리아가 담당하였다. 이밖에 경찰 서장으로는 서월영, 기자로는 김일해, 홍정식의 아내로는 김선영, 동네 노인으로는 복혜숙이 출연하였다.「내외 신작 영화 소개」『영화순보』2권1호, 1948.3., 14쪽.

320 위의 기사. / 이 사진은 현재 한국영상자료원 홈페이지 한국영화데이터베이스 내에서 <수우> 관련 자료로 제시되어 있기도 하다.

321 신카나리아,「나의 교유록 원로 여류가 엮는 회고 (146) 6.25동란」『동아일보』1981.8.4., 7면.

322 『세계일보』1947.10.8., 1면 광고.

323 전지니, 앞의 논문, 83쪽 참조.

324 『경향신문』1948.7.1., 2면 광고 참조.

325 전지니, 앞의 논문, 85쪽.

326 『동아일보』1948.5.14., 2면 광고.

327 정용배,「[영화평] 여명을 보고」『자유신문』1949.3.25., 2면; 오영진,「[영화] 여명」『경향신문』1948.10.4., 3면 참조.

328 극장 개봉을 선전하는 포스터를 보더라도 주요 배우의 이름이 순서대로 권영팔, 이금룡, 서월영, 김태원, 주훈, 황남, 복혜숙, 강실금, 노재신, 이민자, 정득순으로 소개되는 바, 남녀 비율이 수적으로도 균등한 편이며 서사의 초점 역시 경찰 역을 맡은 권영팔과 이금룡뿐 아니라 주변 등장인물들에게도 두루 맞추어져 있었음이 확인된다. 『경향신문』 1949.3.16,20., 2면 광고 참조.

329 정용배, 「[영화평] 여명을 보고」, 『자유신문』 1949.3.25., 2면.

330 『한국영화총서』에 기록된 해방기 영화(극영화) 제작 편수는 연도 별로 1946년 4편(3편), 1947년 13편(11편), 1948년 22편(17편), 1949년 20편(16편), 1950년 2편(2편) 등이다. 한국영상자료원 홈페이지 한국영화데이터베이스에는 1946년 8편(3편), 1947년 14편(11편), 1948년 20편(16편), 1949년 22편(18편), 1950년 3편(3편)이다. 세부 작품 등에 대한 구체적인 정보에 대해서는 후속 작업이 이어져야 하겠으나, 이를 통해 수치 상으로나마 당시 전반적인 영화 제작의 흐름을 파악할 수 있다. 한편, 일제강점기 식민지 조선의 극영화 제작 편수는 연간 10편이 넘는 경우가 거의 없었으며 1940년대의 경우 1940년 2편, 1941년 8편, 1942년 2편, 1943년 3편, 1944년 3편, 1945년 1편이었던 바, 영화사적으로는 해방기에 영화 제작이 활기를 띠었다고도 할 만하다.

331 <의사 안중근>(이구영 감독, 1946), 이준의 삶을 그린 <불멸의 밀사>(서정규 감독, 1947), <윤봉길 의사>(윤봉춘 감독, 1947), 주기철 목사를 대상화한 <죄 없는 죄인>(최인규 감독, 1948), <유관순>(윤봉춘 감독, 1948), <안창남 비행사>(노필 감독, 1949) 등이 있다. 이에 관한 자세한 내용은 함충범, 앞의 논문을 참고 바람.

332 <해방된 내 고향>(전창근 감독, 1947), <새로운 맹서>(신경균 감독, 1947), <민족의 새벽>(이규환 감독, 1947), <천사의 마음>(김정환 감독, 1947), <사랑의 교실>(김성민 감독, 1948), <해연>(이규환 감독, 1948), <대지의 아들>(신경균 감독, 1949) 등이 있었다.

333 안석영은 이들 3작품 외에 "16미리로는 윤봉춘씨의 <유관순전> 등이 완성될 것이며 이병일씨도 신성영화회사와 제휴하여 <비창>을 착수하였다"고 소개한다. 안석영, 「신 조선 건설의 구상」, 『동아일보』 1948.1.1., 3면.

334 가령, <여명>의 시나리오를 쓴 최영수 역시 <수우>, <유관순전>, <비창>, <최후의 밤>, <여명>을 순서대로 "비료도 될 수 있고 초석도 될 수가 있"는 작품으로 언급한다. 최영수, 「다작무계의 1년(하)」, 『경향신문』 1948.1.11., 4면 참조.

335 『동아일보』 1948.5.15, 18., 2면 광고 참조.

336 『경향신문』 1948.6.9., 2면 광고 참조.

337 『경향신문』 1948.7.1,2., 2면 광고 참조.

338 『경향신문』 1948.7.3., 2면 광고 참조.

339 관련 기사의 전문은 다음과 같다. "발성만튼 경찰영화 <밤의 태양>은 지난 1일부터 7일까지 서울시내 4대극장에서 상영하엿는데 동 기간중 입장한 인원은 5만 9천여명 수입이 1천1백만원이엇다 한다. 그런데 동영화 제작비는 1천5백만원이 들엇다." 「<밤의 태양> 총수입 1천만원을 돌파」, 『동아일보』 1948.7.10., 2면.

340 「<밤의 태양> 초대권 늑매 구명 장청장 담화 서장회의 열고」, 『대동신문』 1948.7.1., 2면.

341 「[문화] 밤의 태양」, 『동아일보』 1948.6.30., 2면.

342 「<밤의 태양> 또 문제 기자모독장면 삭제하라 수도청 기자단에서 당국에 항의」, 『대동신문』 1948.7.5., 2면.

343 「[유감한 일이다] <밤의 태양>에 김공보국장 담」, 『대동신문』 1948.7.7., 2면.

344 「경찰 영화 상영 중지 손해액 부담이 주목지」, 『서울신문』 1948.8.1., 3면.

345 1948년 8월 15일 대한민국 정부 수립 이후 영화 정책 및 행정 사무가 기존의 미군정에서 한국 정부로 이양되면서 변화가 일었던 것으로 추측된다. 작품 평이 빠르게는 1948년 10월 초에 신문에 게재되었던 바,(오영진, 앞의 기사) 그 시점에 시사회가 열렸거나 무료 상영이 이루어졌거나 적어도 영화가 완성된 것으로 보인다.

346 『경향신문』 1949.3.16,20., 2면 광고.

347 이철혁, 「[문화] 영화계 회고 개성 창의 없는 침체기의 영화」, 『조선일보』 1948.12.23., 2면.

348 이태우의 경우, "<똘똘이의 모험>을 비롯하여 <밤의 태양>과 <여명> 등에 이르기까지" 해방기 극영화 대부분이 "전쟁 기간 중에 익숙해진 선전영화 방식의 「만네리즘」에서" 탈피하지 못하였음을 지적하였다. 즉, 영화의 예술성을 담보하는 문학 및 연극과의 '악수'를 시도하지 않은 채 구곡(舊穀)을 이어갔다는 것이다. 그러면서 희곡을 영화화한 <마음의 고향>(윤용규, 1949)을 통해 비로소 "영화예술에 청풍(淸風)을 가져왔다"고 평가하였다. 이태우, 「[영화시론] 조선영화와 문학 1」, 『경향신문』 1949.1.27., 3면.

349 김정혁, 「[1948년 문화계 회고] 「고립」과의 양기」, 『경향신문』 1948.12.26., 3면.

350 이와 관련하여, 해방기 경찰영화가 '선인/악인'이라는 이항 대립적인 스테레오 타입의 인물들을 통해 권선징 악으로 귀결되는 주제를 도출하고 있다는 점을 보다 유심히 살펴보고 세밀히 분석할 필요가 있다. 이는 여 타 작품에서도 발견되는 당대 극영화의 특징 가운데 하나였던 바, 반드시 척결해야 할 것을 '적'으로서 존재 하는 밖에만 두지 않고 내면의 인고와 단련을 통해 식민지 정책에 협력하도록 유도한 일제 말기 선전 극영 화들과도 구별되는 부분이었기 때문이다.

351 해방기 밀수가 심각한 사회 문제 중 하나였다는 사실은 당대 신문 기사 등을 통해 어렵잖게 확인된다. 이에, 미군정기 때부터 정책 당국은 "밀수에 대하야서는 경찰과 해안경비대가 방어에 힘쓰고 있"음을 강조해 왔으 나,(「중국에서 온 밀선은 왜 묵인 나? 어찌 처분했나?」, 「동아일보」 1946.9.5., 2면) 밀수 문제는 대한민국 정부 수 립 이후까지도 해결되지 못하였다. 가령, 정부 수립 직후에는 수도관구 경찰청에 의해 "관계자 백여 명"이 연 루된 "국제적 금 밀수 사건"을 탐사하여 장안을 떠들썩하게 만들기도 하였다.(「희유의 대 밀수사건 관계자 백 여 명을 탐사」, 「동아일보」 1948.9.2., 2면 ; 「국제적 금 밀수 사건?」, 「동아일보」 1948.9.9., 2면) 제1관구청 관할 지역 이던 인천과 제7관구청 관할 지역이던 부산의 경우, 1949년 시점에서 밀수물품은 연간 약 40억 원으로 추산 되고 있었던 데 반해 적발 비율은 5% 정도에 머물고 있었다.(「보세 참고를 통해 본 인천 부산의 무역 실태」, 「동 아일보」 1949.11.14., 2면) 그럼에도 불구하고, 당시 경찰의 밀수 단속은 커다란 효과를 거두지 못하였고, 오히려 군정 당시부터 "경찰관 또는 관계 당국자가 밀무역자와 결탁하여 사복을 채"우는 사례도 적지 않았다.(「서장 이 남북 밀수」 「동아일보」 1949.1.12., 2면)

352 다음은 수도관구청 경찰 공보실에서 신문을 발행하였을 때의 일화이다. "처음에는 무료로 배부했으나 두달 도 못돼 자금이 달리고 종이가 귀해져 그만 손을 들게 됐다. 장청장은 곧 과·서장회의를 소집, 전 경찰관에 게 신문대금 조로 1백원씩 거두라고 지시, 유가지로 바뀌면서 신문은 타블로이드 배판으로 지면을 늘렸고 1 주일에 4번씩 발간하게 됐다."(이성우, 「비화한 세대(130) 군정경찰[61] 공보실 창설」, 「경향신문」 1977.5.19., 5 면) 이를 통해 <밤의 태양> 제작 과정에서와 유사한 양태가 1946년 시점에서 장택상 당시 수도관구 경찰청 장의 지시에 의해 벌어지고 있었음을 확인할 수 있다.

353 해방기 제작 경향을 선도하던 '역사적 실존인물을 다룬 극영화'의 경우를 예로 들면, 총 10편이 기획 및 제작 되었으나 완성과 개봉에 이른 작품 수는 6편에 불과하였다. 함충범, 앞의 논문, 22쪽.

354 김관수, 「영화제작의 진지성: <최후의 밤>을 기획하면서」, 「영화시대」 속간 3권 1호, 1948.2., 47쪽.

355 조혜정, 「미군정기 극장산업 현황 연구」, 「영화연구」 14호, 한국영화학회, 1998, 499쪽.

356 이태우, 「신영화평: 건영(建映)의 작품 <수우(愁雨)>를 보고」, 「영화시대」 속간 3권2호, 1948.9., 58~59쪽.

357 한국영상자료원, 「한국영화의 풍경 1945~1959」, 「문학사상사」, 2003, 100쪽.

카메라로 본 한국영화사 ⑨

358 한국예술연구소 편, 「유장산·이경순 편」 「이영일의 한국영화사를 위한 증언록-유장산·이경순·이창근·이필 우 편」, 도서출판 소도, 2003, 291쪽.

359 김미현 외, 「한국영화 기술사 연구」 영화진흥위원회, 2002, 187쪽.

360 L. J. Roberts, "The Mitchell Camera: The machine and its makers," SMPTE Journal, vol.91, no. 2, pp. 148, Feb. 1982.

361 이상준, 「영화와 문화냉전」 소명출판, 2023, 212쪽.

8. 한국전쟁 이후 안종화의 영화계 활동

362 김수남, 「한국영화계의 선비: 안종화의 영화인생 탐구」 「영화평론」 10호, 한국영화평론가협회, 1998.

363 김종원, 「안종화(安鍾和)」 김종원 편, 「한국영화감독사전」 국학자료원, 2004.

364 강옥희, 「안종화 安鍾和 1902.1.21.~1966.8.2.」 강옥희 외, 「식민지 시대 대중예술인 사전」 소도, 2006.

365 함충범, 「해방기 경찰영화의 등장배경과 장르화 경향 고찰: 시대적 특수성과 역사적 의미와 더불어」 「기억 과 전망」 33호, 민주화운동기념사업회, 2015.

366 전지니, 「권총과 제복의 남성 판타지, 해방기 '경찰영화' 연구: <수우>, <밤의 태양>, <여명>(1948)을 중심으 로」 「현대영화연구」 22호, 한양대학교 현대영화연구소, 2015.

367 한상언, 「칼라영화의 제작과 남북한의 <춘향전>」 「구보학보」 22호, 구보학회, 2019.

368 현재 영상자료로 확인할 수 있는 안종화의 작품은 2008년 발굴 공개된 <청춘의 십자로>(1934) 단 한편에 불과하다.

369 「대한영화사 팔월일일탄생」『동아일보』1949.7.24., 2면. 대한영화사는 기존의 사단법인 조선영화사를 개칭
　　발족하여 소관 기관인 공보처가 이사진 구성과 전반적인 기구를 정비하여 1949년 8월 1일 업무를 개시했
　　다. 안종화는 유치진, 김광섭, 오영진, 박재욱, 성동호와 함께 대한영화사 이사에 임명되었다.

370 「시문화위원개선」『한성일보』1950.5.4., 2면. 이날 서울특별시문화위원회에 선출된 임원 명단은 다음과 같
　　다. 위원장 박종화, 부위원장 이병도, 현정주, 문학부분과위원회장 김보섭, 미술부 이종우, 국악부 성경림, 연
　　극부 유치진, 영화부 안종화, 건축공예부 강갈원, 체육부 김영술, 양악부, 학술부 양분위장은 당분보류. <서
　　울시문위 위원장에 박종화씨>,『부인신문』1950.5.2., 2면.

371 「시예술위원회」『경향신문』1948.12.9., 석간 3면.

372 「시문화위원회 내월부터 발족」『경향신문』1949.3.18., 석간 4면.

373 「문화상예술제등 문위회사업계화다채」『동아일보』1949.5.1., 2면.

374 「서울시 문화위원회, 위원을 선정」『경향신문』1949.3.24, 2면. △문학부 : 朴鍾和 廉尙燮 金晉燮 李軒求 金
　　永郞 金珖燮 異河潤 金東里 徐廷柱 △미술부 : (동양화) 盧壽鉉 李用雨 卜寬植 裵廉 (書道) 金台錫 孫在馨 金
　　忠顯 (서양화) 李鍾雨 張勃 沈亨求 金煥基 (조각) 金景承 △음악부 : (양악) 蔡東鮮 朴慶浩 朴泰俊 安炳昭 金
　　聖泰 鄭勳模 朴泰鉉 金生麗 (국악) 金容承 成慶麟 李惠求 李珠煥 △연극부 : 徐恒錫 柳致眞 李白水 卜惠淑 李
　　光來 金永壽 李海浪 △영화부 : 安碩柱 安鍾和 李主煥 梁世雄 全昌根 △무용부 : (보류) △학술부 : 李丙燾
　　孫晉泰 趙潤濟 梁柱東 李熙昇 朴鍾鴻 丁來吉 洪以燮 金斗憲 △건축공예부 : 金允基 崔景烈 李相梭 安承熙
　　姜昌園 △체육부 : 李成周 玄正柱 金永逃 등.

375 「공보과영화과장에 안종화씨」『한성일보』1950.5.17., 4면.

376 문화공보부 편,『문화공보 30년』문화공보부, 1979, 353쪽.

377 김영희,『한국전쟁기 미디어와 사회』커뮤니케이션북스, 2015, 64쪽.

378 김영희,『한국전쟁기 미디어와 사회』커뮤니케이션북스, 2015, 64~66쪽.

379 <명령만 내리면>은 국방부 정훈국의 기획 지도, 중앙선전대책위원회의 제작, 대한영화사의 제공으로 만들
　　어진 군사기록영화였다. 개봉 당시 이 영화는 "지령 하에 무자비한 투쟁만을 일삼는 북한 괴뢰군을 불과 50
　　미터에 지나지 않는 거리를 두고 아군의 실황을 결사적으로 촬영한 피의 군사기록영화"라는 문구로 소개되
　　었다.『자유민보』1950.3.7, 2면 광고.

380 「북위삼십팔도 촬영완료」『경향신문』1950.3.31, 2면. 이 영화는 1950년 3월 말 촬영을 마치고 4월 21일 시
　　사와 5월 1일 일반 공개가 예정되어 있었다. 안석영이 기획을 맡았고 이영순의 원작을 김영수가 각본, 박경
　　원이 촬영을 담당했다.

381 문화공보부 편,『문화공보 30년』문화공보부, 1979, 27쪽.

382 김영희,『한국전쟁과 미디어』커뮤니케이션북스, 2015, 59쪽.

383 「문총구국대 임원 개편」『서울신문』1950.10.16. 2면. 이때 개편되었던 종합문화인 및 문총구국대의 기관
　　조직원들은 다음과 같다. 심의실위원장 高羲東 △위원 朴鍾和 李瑄根 金珖燮 李軒求 吳宗植 柳致眞 蔡東鮮
　　安鍾和 李興烈 都相鳳 △대장 金珖燮 △부대장 金東里 金生麗 △기획위원장 徐廷柱 △위원 吳泳鎭 桂鎔黙
　　南寬 金昌集 丁大成 具常 李仁星 金松 李無影 金光洲 李眞淳 △총무국장 趙演鉉 △차장 朴木月 외 12명 △
　　선전국장 金秉騏 △차장 崔秉億 외 18명 △동원국장 趙芝薰 郭鍾元 외 10명 등.

384 「대한영화배급협회 7일발회식거행」『경향신문』1952.7.30. 2면

385 정종화,『한국영화 성장기의 토대에 대한 연구: 동란기 한국영화 제작을 중심으로』중앙대학교 석사학위논
　　문, 2002, 61~63쪽.

386 「대구국립극장장에 서항석씨임명」『동아일보』1952.11.19., 2면.

387 「대구문화극장 국립극장으로 결정」『경향신문』1952.11.19., 2면.

388 「영화인의 총연합회 회장에 윤봉춘씨」『경향신문』1956.3.3., 4면.

389 「한국영화인단체연합회결성」『조선일보』1956.3.4., 4면.

390 「대한영화협회 규약임원개선」『경향신문』1956.10.20., 4면.

391 「유네스코한위 신임위원선정」『경향신문』1956.6.9., 4면.

392 「문총십회정총성황」『조선일보』1957.4.16., 석간 4면.

393 「부위장 분위장 선출 서울시문화위정총」『동아일보』1957.8.19., 3면.

394 「정부수립 10주년 기념 문총서 행사준위구성」『경향신문』1957.8.16., 석간 4면.

395 「심사위원 결정 국산영화특혜제도」『경향신문』1957.8.17., 석간 2면.

396 「과도기적인 미비」『조선일보』1957.10.17., 석간 2면.

397 「수도영화사서 배우 모집 이차 전형」『평화신문』1957.9.23., 2면.

398 「[영인] 한국영화40주년기념 대전시회 팜플렛(1961)」『근대서지』21호, 근대서지학회, 2020, 1041쪽.

399 「한국영화 40년 전시회에 나타난 역사」『경향신문』1961.3.4., 4면.

400 「[영인] 한국영화40주년기념 대전시회 팜플렛(1961)」『근대서지』21호, 근대서지학회, 2020, 1043~1044쪽.

401 '한국영화40주년기념 대전시회'에 참여한 영화인들은 다음과 같다. 기획위원: 박노홍, 김영만, 조인기, 김대연, 이일선. 협찬위원: 이재명, 이구영, 김소동, 복혜숙, 전옥, 신일선, 조월매, 이원초, 손전, 박누월, 이봉선, 이남용, 김광열, 박명선, 이병일, 김성춘 등.

402 「총수75명 학·예술원회원당선자」『동아일보』1954.4.8., 2면.

403 최인수, 「한국영화인전 2: 안종화」『씨나리오문예』6집, 씨나리오문예사, 1960, 88쪽.

404 위의 기사, 93쪽.

405 「89년도문화상후보 문화위총회에서선출」『경향신문』1957.9.24., 조간 2면.

406 「10명에 문화상 어제 서울시서 수여」『동아일보』1957.10.4., 3면.

407 「첫사업은 영화회관건립」『조선일보』1962.1.6., 석간 4면.

408 「10월 20일을 영화의날로」『경향신문』1963.5.6., 8면, 연쇄극 <의리적 구토>는 1919년 10월 27일 서울 단성사에서 개봉되었다.

409 「광복절에 263명포상」『경향신문』1963.8.12., 5면.

410 「빛나는 공적으로 훈장받는 영광의 얼굴들」『경향신문』1963.8.13., 5면.

411 「학 예술원상 시상」『동아일보』1965.7.17., 7면.

412 「제2회 영화예술상 30년 유공자로 시상」『동아일보』1965.12.29., 7면.

413 안종화, 「[시나리오] 운명 (제회)」『영화세계』1954년 12월호(창간호), 영화세계사, 1954., 91쪽.

414 「<황진이> 영화화」『조선일보』1955.2.18., 2면.

415 「황진이의 영화화」『경향신문』1955.2.20., 4면.

416 <천추의 한> 영화 전단 해설 참조 (대한민국역사박물관 소장)

417 <천추의 한> 영화 전단 줄거리 참조 (대한민국역사박물관 소장)

418 유두연, 「한국영화의 위기 (4): 상반기 영화 작품의 단평」『경향신문』1956.7.23., 4면.

419 『평화신문』1956.11.14., 2면 광고.

420 「사도세자 안종화씨 감독작품」『조선일보』1956.12.5., 4면.

421 『경향신문』1956.11.20., 4면 광고.

422 <사도세자> 영화 전단 줄거리 참조 (대한민국역사박물관 소장)

423 허백년, 「신영화평: 사도세자」『영화세계』1957년 2월호, 영화세계사, 1957, 91쪽.

424 허백년, 「지나친 흥행성 편향 금년도 국산영화의 총결산 (중)」『조선일보』1956.12.20., 4면.

425 「영화주평」『한국일보』1956.12.9., 2면.

426 『국제영화』1958년 9월호, 국제영화뉴스사, 1958, 74~75쪽.

427 「창극 <춘향전> 공연」『조선일보』1956.5.11., 석간 4면.

428 「영화 <춘향전> 제작」『조선일보』1957.5.1., 석간 4면.

429 「첫합작에 기대 한형모」『경향신문』1957.4.25., 3면.

430 「총천연색 <춘향전> 제작에 제하여」『경향신문』1958.2.22., 조간 1면 광고.

431 「씨나리오 총천연색 춘향전 (신작전재)」『영화세계』1958년 2월호, 영화세계사, 1958, 부록 1쪽. 이 영화는 1958년 초 <춘향전>(1955, 이규환 감독)의 제작자 이철혁이 기획 및 제작을 맡고, 이원경의 각색과 오영진의

윤색을 거친 시나리오로 이병일이 연출자로 내정되었다. 이 영화의 시나리오는 잡지 『영화세계』 1958년 2월 호 부록에 전재되어있는데, "영화산업의 가능성을 제시한 흑백 <춘향전>의 '푸로두셔' 이철혁 씨에 의하여 전연 구도가 다른 설화로 사적 고증을 들어가며 제작될" "천연색작품"이자 "해외시장에 내놓기 위하여 만들어진다"고 소개하고 있다.

432 「국산영화획기적발전 총천연색 처음으로 성공」 『동아일보』 1958.10.9., 6면.

433 H기자, 「서울물상연구소를 찾아서」 『국제영화』 1958년 10월호, 국제영화뉴스사, 1958, 41쪽.

434 「서울물상연구소」 『국제영화』 1958년 9월호, 국제영화뉴스사, 1958, 75쪽.

435 「천연색영화란 무엇?」 『동아일보』 1958.9.29., 4면.

436 <춘향전> 영화 전단 줄거리 참조 (대한민국역사박물관 소장).

437 『조선일보』 1960.1.25, 조간 3면 광고.

438 『국제영화』 1962년 5월호, 국제영화뉴스사, 1962, 42~43쪽 광고.

439 『조선일보』 1963.2.17., 5면 광고.

440 『동아일보』 1962.2.8., 석간 3면 광고.

441 「<애정삼백년> 촬영 5개월 만에 완료」 『경향신문』 1962.4.2., 조간 4면.

442 「영화인 총동원의 <애정삼백년>」 『국제영화』 1962년 5월호, 국제영화뉴스사, 162~164쪽.

443 안종화, 「나와 '영화예술협회' 시대」 『신천지』 1954년 2월호 (통권 9권2호), 서울신문사, 1954, 187~188쪽.

444 「곡백남선생」 『조선일보』 1954.10.4., 4면.

445 안종화, 「예단의 변종인 윤백남: 뼈에 사무치도록 불우했던 그의 인생과 예술」 『여원』 1962년 6월호, 여원사, 124~128쪽.

446 위의 기사, 124쪽.

447 위의 기사, 128쪽.

448 안종화, 「春史 羅雲奎: 多難했던 生活과 反抗精神의 映畫思想」 『사상계』 1962년 10월호(통권 10권 6호), 사상계사, 1962, 266~272쪽.

449 위의 기사, 266쪽.

450 위의 기사, 272쪽.

451 안종화, 「활동사진에서 와이드스크린까지」 『여원』 1956년 6월호, 여원사, 1956, 202쪽.

452 안종화, 「워-나 부라더스 사십년사」 『스크린』 1958년 1월호, 신영문화사, 1956, 202쪽.

453 안종화, 「한국영화발달소사: 초창시대편」 『연극영화』 1954년 창간호, 3면.

454 안종화, 「영화사십년사 뒷마당이야기 (1회)」 『현대영화』 1958년 1월 창간호, 홍문사, 1957, 85쪽.

455 안종화, 「한국영화측면비사」 현대비평사, 1998, 3쪽.

456 「첫 사업은 영화회관건립」 『조선일보』 1962.1.6., 석간 4면.

457 「한국영화사를 편찬 영화인단체연합회서」 『경향신문』 1961.3.7., 4면.

458 이 글은 집필 당시 발표되지 않았다가 안종화의 타계 이후인 1979년 영화진흥공사에서 발간된 잡지 『영화』 5월호와 7월호, 총 2회에 나누어 전문이 소개되었다.

459 안종화, 「한국영화 40년 약사 2회: 고 안종화 감독의 유고에서」 『영화』 1977년 7월호, 영화진흥공사, 1977, 97쪽.

460 안종화, 「현대의 영화」 대한민국예술원 편, 『한국예술총람: 개괄편』 대한민국예술원, 1964, 449쪽.

461 위의 책, 453쪽.

462 위의 책, 456쪽.

463 「안종화씨 별세」 『경향신문』 1966.8.24., 3면 참조.

464 「은막의 선구자 안종화씨가 남기고 간 것」 『영화잡지』 통권 38호, 한일출판사, 1966, 115쪽.

465 위의 기사.

466 김미현 외, 『한국영화 기술사 연구』, 영화진흥위원회, 2002, 153쪽.

467 권용숙, 『한국영화사 구술채록연구 시리즈 <생애사> 강범구』, 한국영상자료원, 2011, 67~73쪽.

468 「국산 카메라 코첼로 촬영」, 『조선일보』, 1963.3.31., 6면.

9. 한 손에는 '메가폰(megaphone)', 한 손에는 '교편(教鞭)'을: 안종화의 영화교육 활동

469 「조선의 문화는 어떠케—독자적의 '얼』을 찻자」, 『조선일보』, 1946.2.18., 2면. 강조는 인용자 표시.

470 「예술학원실연」, 『동아일보』, 1923.9.20., 3면.

471 「영화배우계현재 중(中)」, 『동아일보』, 1925.12.2., 5면.

472 노만, 『한국영화사』, 법문사, 2023, 56~57쪽.

473 「사계(斯界)의 거성(巨星)을 망라한 조선영화예술협회」, 『조선일보』, 1927.3.15., 2면.

474 안종화, 「나와 '영화예술협회' 시대」, 『신천지』, 1954년 2월호, 185쪽.

475 안종화, 『한국영화측면비사』, 춘추각, 1962, 132쪽.

476 「영화예술협회 연구생을 모집」, 『조선일보』, 1927.7.17., 2면.

477 「오리엔틀프로덕순 京城(경성)과聯絡事業(연락사업)-남여배우양성」, 『동아일보』, 1927.7.17., 3면.

478 「조선영화예술협회 <除夜(제야)> 촬영준비」, 『조선일보』, 1927.9.25., 3면.

479 안종화, 앞의 책, 133쪽.

480 위의 책, 133쪽.

481 위의 책, 140쪽.

482 위의 책, 140쪽.

483 위의 책, 140~141쪽.

484 「조선문예영화협회 연구생모집」, 『동아일보』, 1928.11.4., 3면.

485 안종화, 앞의 책, 140~141쪽.

486 「안종화 씨 감독 '꽃장사』 완성 내월중(來月中) 단성사 봉절」, 『조선일보』, 1930.3.2., 5면.

487 「조선영화사 새로 창립하고서 연구생을 모집해」, 『조선일보』, 1930.10.18., 5면.

488 「영화와 교육」, 『동아일보』, 1939.2.2., 5면.

489 「문교부예술위원회위원」, 『경향신문』, 1949.2.19., 3면.

490 1953년 개교 당시의 명칭은 '서라벌예술학교'이며, 1957년 '서라벌예술초급대학'으로 승격 인가받았고, 1964년에 4년제 서라벌예술대학으로 대학 설립을 정식 인가받았다. 하지만 1957년 초급대학 인가를 받은 후로는 많은 이들에 의해 편의상 '서라벌예술대학'이라고 불리고 있었다. 서라벌예술초급대학이 서라벌예술대학으로 승격되는 1964년 이전인 1962년경 안종화가 중풍으로 쓰러져 강단에 설 수 없게 되었음에도 많은 이들이 그를 '서라벌예술대학'에 근무한 것으로 기록한 것은 이러한 이유 때문이라 할 수 있다. 이후 서라벌예술대학은 경영난으로 인해 1972년 중앙대학교를 운영하던 중앙문화학원에 인수되었고, 1973년 중앙대학교 예술대학으로 개편되었다가 1978년 1월 완전히 폐지되었다. 중앙대학교 60년사 편집위원회 엮음, 『중앙대학교육십년사: 1918-1978』 중앙대학교, 1978 참조.

491 안종화의 이력을 정리한 일부 기록에서 안종화가 서라벌예술대학의 '학장'을 지낸 것으로 기재된 것이 발견되지만 이는 잘못된 것이다. 2년제 서라벌예술학교부터 4년제 서라벌예술대학에 이르기까지 이 학교의 학장은 학교 운영 전체를 총괄하는 '총장' 개념에 가까운 것으로, 안종화는 학장을 맡은 바가 없다. 그동안 인용되어온 안종화의 '학장' 이력은 그가 연극영화과의 '학과장'을 지냈음을 전하는 과정에서 발생한 오류인 것으로 보인다.

492 「한국영화의 『증인』은 가다」, 『동아일보』, 1966.8.25., 5면.

493 중앙대학교 60년사 편집위원회 엮음, 『중앙대학교육십년사: 1918-1978』 중앙대학교, 1978, 532쪽.

494 「서라벌예대실습영화제작」 『경향신문』 1960.11.26., 4면.

495 한국영화연구소 엮음, 「이재웅_녹음」 『한국영화를 말한다: 한국영화의 르네상스.3』 한국영상자료원, 2007, 336쪽.

496 안종화, 「현대의 영화」 『한국예술총람: 개관 편』 대한민국예술원, 450쪽.

497 안종화, 「서라벌예술대학 강의계획서」 연대미상.

498 안종화, 『한국영화측면비사』 춘추각, 1962, 3쪽.

카메라로 본 한국영화사 ⑪

499 Fauer, J, "ARRI Centennial: 100 years of motion picture technology", 『Film and Digital Times』, Sep. 2017.

500 이형표 구술, 이순진 채록, 『2005년도 한국근현대예술사 구술채록연구 시리즈 69 : 이형표』 한국문화예술위원회, 2006, 96~101쪽.

501 한국예술연구소 편, 「유장산·이경순 편」 『이영일의 한국영화사를 위한 증언록-유장산·이경순·이창근·이필우 편』 도서출판 소도, 2003, 63쪽.

502 김미현 외, 『한국영화 기술사 연구』 영화진흥위원회, 2002, 113쪽, 139쪽.

참고문헌

1. 1차 자료

1) 시나리오

<견우직녀> 시나리오 (검열대본) (한국영상자료원 소장)

<애정삼백년> 시나리오 (오리지널 대본) (영화진흥위원회 소장)

<애정삼백년> 시나리오 (심의대본, 녹음대본) (한국영상자료원 소장)

2) 신문(기사)

「공성학교」『共立新報』1908.5.27.

「簡易商業校新設」『每日申報』1913.5.6.

「西洋式을 加味한 革新團 活動劇」『每日申報』1920.4.28.

「林聖九一行의 連鎖劇」『每日申報』1920.3.24.

「民衆劇團의 出生」『東亞日報』1922.1.17.

「民衆劇團出生」『每日申報』1922.1.17.

「文藝歌劇興行」『每日申報』1922.3.25.

「新派革新團興演」『每日申報』1923.4.1.

「예술학원실연」『동아일보』1923.9.20.

「藝林會에 巡廻劇團」『朝鮮日報』1924.1.8.

「藝術研究會」『朝鮮日報』1924.5.24.

尹甲容, 「[映畵小評]『雲英傳』을 보고」『東亞日報』1925.1.26.

「大邱에서 舞臺協會 創立」『朝鮮日報』1925.8.5.

「朝鮮映畵界의 過去와 現在(4)」『東亞日報』1925.11.21.

「영화배우계현재 중(中)」『동아일보』1925.12.2.

「勞農同友憤慨 安鍾和一行에 對해서」『東亞日報』1926.1.4.

「사계(斯界)의 거성(巨星)을 망라한 조선영화예술협회」『조선일보』1927.3.15.

「영화예술협회 연구생을 모집」『조선일보』1927.7.17.

「오리엔틀프로덕순京城(경성)과聯絡事業(연락사업)-남여배우양성」『동아일보』1927.7.17.

「조선영화예술협회「除夜(제야)」촬영준비」『조선일보』1927.9.25.

「그러나 <낭군>(이리떼)이 촬영에 들어간 것은 아니었다.」『조선일보』1928.1.22.

「우리 민중은 어떠한 영화를 요구하는가?-를 논하여 '만년설'군에게」『중외일보』1928.7.11.~27.

「조선영화가 가진 반동적 소시민성의 말살-심훈 등의 도량에 항하여」『중외일보』1928.7.28.~8.4.

「朝鮮文藝映畵協會 研究生募集」『東亞日報』1928.11.4.

「朝鮮映畵社創立」『朝鮮日報』1929.4.27.

「[新映畵] 朝鮮文藝映畵協會作 假花商」『東亞日報』1929.10.24.

「朝鮮에서처음생긴 新興映畵藝術家同盟」『朝鮮日報』1929.12.12.

「安鍾和氏監督 <꽃장사> 完成 來月 中 團成社 封切」『朝鮮日報』1930.3.2.

「꽃장사 <悔心曲>合評會 (上)」『朝鮮日報』1930.3.23.

「最近에 封切된 두 朝鮮映畵 <꽃장사>와 <悔心曲> 評(1)」『東亞日報』1930.3.23.

「崔南周氏二回作 學生時代」『朝鮮日報』1930.3.24.

「키네마를 創設하고 <노래하는 時節>을 撮影 씨나리오 夕影監督安鍾和」『中外日報』
1930.4.24.

「노래하는 시절 撮影開始」『朝鮮日報』1930.5.31.

「安夕影氏作 <노래하는 시절>」『중외일보』1930.6.12.

「<노래하는 시절> 撮影完了 團成社에서 開封」『中外日報』1930.7.2.

「노래하는 시절 上映延期」『朝鮮日報』1930.7.12.

「엑스키네마 第二回 作品『出發』을 撮影」『中外日報』1930.8.15.

「[광고] 씨나리오 노래하는시절 定価金 五十錢」『朝鮮日報』1930.9.3.

「<노래하는시절>을 보고」『東亞日報』1930.9.12.

尹基鼎,「朝鮮映畵는 進展하는가(2)」『中外日報』1930.9.21.

_____ ,「朝鮮映畵는 進展하는가(6)」『中外日報』1930.9.25.

咸春霞,「朝鮮映畵의 進展을 위한 正評?」『中外日報』1930.9.30.~10.3.

「朝鮮映畵社 새로 창립하고서 연구생을 모집해」『朝鮮日報』1930.10.18.

×키네마 三回作 <싸구료>博士」『東亞日報』1931.6.26.

「女優언파레이드 映畵篇(5) 映畵十年의回顧」『東亞日報』1931.8.2.

「키네마社 演藝部新設」『東亞日報』1931.8.11.

「엑스키네마 演藝部試演會」『朝鮮日報』1931.8.30.

「連載豫告 씨나리오 金永八作 安鍾和脚色 [싸구료博士]九月七日附부터 揭載」『東亞日報』
1931.9.5.

「영화촬영기의 현재 불편을 일소」『매일신보』1932.7.14.

安鍾和,「[舞臺裏面史] 朝鮮 演劇史 로맨쓰 (4)」『朝鮮中央日報』1933.8.16.

「금강키네마 작품/ <청춘의 십자로> 완성」『조선일보』1934.8.29.

「조신큭칭 핑고」『조신뭉잉일뵤』1934.9.21.

이규환,「영화시평: 금강키네마 작품 <청춘의 십자로>를 보고」『조선일보』1934.9.28., 9.30.,
10.3.

박승걸,「영화시평: <청춘의 십자로>」『조선일보』1934.12.1.~3.

백야생(白夜生),「조선영화15년/ 초창기에서 현재까지/ 주마등에 비친 기억(6)」『조선일보』
1936.2.28.

「통신·사진·영화 본사특파대 진용」『조선일보』1936.7.28.

「은막에 나타난 백두산 실감과 감격의 밤」『조선일보』1936.8.29.

「본사 지령(紙齡) 6천호에 제하야」『조선일보』1938.1.25.

「조선문화의 충복」『조선일보』1938.1.28.

「제1회 영화제, 전람회와 상영회 등 은막계 초유 성전」『조선일보』1938.11.9.

「영화제 준비위원」『조선일보』 1938.11.10.

「팬에게 구하는 영화제」『조선일보』 1938.11.11.

「투표 경과/ 자웅을 다투는 베스트 텐」『조선일보』 1938.11.18.

「폭주하는 영화투표, 금조(今朝)까지 삼천육박」『조선일보』 1938.11.21.

「명화 베스트 텐 당선」『조선일보』 1938.11.23.

「영화제 전기(前記) 20년 고투의 형극로: 조선영화 발달의 소고(3)」『조선일보』 1938.11.23.

「대망의 금일! 수(遂) 개막/ 제1회 영화제」『조선일보』 1938.11.26.

「명일부터 본사 주최 제1회 영화제/ 문헌, 자료, 기구 등 출품 점수 수천여점」『조선일보』 1938.11.26.

「영화제 전기(前記) 20년 고투의 형극로: 조선영화 발달의 소고(6)」『조선일보』 1938.11.27.

「고인(故人), 스크린에 생동 만당 관중 숙연 감상」『조선일보』 1938.11.27.

「영화제 제2일, 인기는 절정에」『조선일보』 1938.11.28.

「영화제 이문기담(異聞綺譚)」『조선일보』 1938.11.28.

안종화, 「감격의 성전(盛典) (답변)」『조선일보』 1938.11.28.

「조선영화제작연대보③」『조선일보』 1938.12.4.

「영화와 교육」『동아일보』 1939.2.2.

金兒鎭, 「[映畵篇]草創期의 祕話 4. 羅君의 발뒷굼치」『東亞日報』 1939.3.27.

「초창기의 비화 5-영화편 2, 영화의 낭만시대」『동아일보』 1939.3.28.

「영화법 실시의 외곽단체 조선영화인협회 창립」『조선일보』 1939.8.18.

「타는 금강 은막에」『조선일보』 1940.1.14.

安夕影, 「[銀幕千一夜話 2] 女形俳優엿기에 때문에 수염이 적은 安鍾和氏」『朝鮮日報』 1940.2.9.

「영화 <감독들> 구락부 탄생」『중앙신문』 1946.2.14.

「조선의 문화는 어떠케—독자적의「얼」을 찻자」『조선일보』 1946.2.18.

「영화 <덤벙댐은 위험: 안종화 씨 담>」『조선일보』 1946.2.18.

김광주, 「아느냐! 우리들의 피를 보고」『조선일보』 1946.4.10.

「영화감독진 동정」『경향신문』 1946.10.8.

이태우, 「신파와 사극의 유행」『경향신문』 1946.12.12.

「고 김좌진 장군 영화 제작 계획」『대동신문』 1947.1.9.

「<백야·김좌진> 영화화 위원회 성립」『예술통신』 1947.1.14.

「김좌진 장군 씨나리오 낭독회」『예술통신』 1947.1.23.

「김좌진 장군 영화 위원회」『예술통신』 1947.2.3.

「영화 <민족의 절규> 12일 시사회」『경향신문』 1947.2.29.

「각 관구청에 경찰공보실」『경향신문』 1947.3.11.

「소방영화 제작 서울시 소방국에서 방화사상 고취코저」『동아일보』 1947.3.26.

「경민용화의 <시민의 밤>」『동아일보』 1947.7.26.

「[문화] 제작비 1천만원 영화 <수우> 제작」『조선일보』 1947.10.9.

「[영화] 최후의 밤 수도청서 제작」『대동신문』 1947.11.13.

「영화 <수우> 근일 공개 예정」『조선중앙일보』 1947.12.23.

「영화 <수우> 완성」『조선일보』 1947.12.26.

「<밤의 태양> 초대권 늑매 구명 장청장 담화 서장회의 열고」『대동신문』 1948.7.1.

「<밤의 태양> 또 문제 기자모독장면 삭제하라 수도청 기자단에서 당국에 항의」『대동신문』 1948.7.5.

「<유감한 일이다> <밤의 태양>에 김공보국장 담」『대동신문』 1948.7.7.

「영화 <밤의 태양> 총수입 1천만원을 돌파」『동아일보』 1948.7.10.

「경찰영화 상영 금지」『경향신문』 1948.8.1.

「경찰영화 상영 중지 손해액 부담이 주목처」『서울신문』 1948.8.1.

「영화 <김상옥 혈사>」『경향신문』 1948.10.10.

「영화 <김상옥 혈사>」『경향신문』 1948.10.20.

「영화 <김상옥 혈사>」『자유신문』 1948.10.21.

「<김상옥 혈사> 제작」『경향신문』 1948.11.20.

「시예술위원회」『경향신문』 1948.12.9.

「<김상옥 혈사> 30일 촬영 개시」『경향신문』 1948.12.12.

이철혁, 「[문예] 영화계 회고 개성 창의 없는 침체기의 영화」『조선일보』 1948.12.23.

김정혁, 「[1948년 문화계 회고] <고립>과의 양기」『경향신문』 1948.12.26.

이태우, 「[영화시론] 조선영화와 문학 1」『경향신문』 1949.1.27.

「문교부예술위원회위원」『경향신문』 1949.2.19.

「시문화위원회 내월부터 발족」『경향신문』 1949.3.18.

「서울시 문화위원 선정」『경향신문』 1949.3.24.

「문화상예술제등 문위회사업계화다채」『동아일보』 1949.5.1.

「대한영화사 신발족」『조선일보』 1949.7.26.

「군사영화 <나라를 위하여> 머지않아 일반에게 공개」『조선일보』 1949.9.23.

남궁명, 「시사실: 나라를 위하여」『경향신문』 1949.9.29.

「영화 <나라를 위하여>」광고, 『조선일보』 1949.10.2.

安鍾和, 「嗚呼! 夕影!」『聯合新聞』 1950.2.26.

「북위삼십팔팔도 촬영완료」『경향신문』 1950.3.31.

「서울시문위 위원장에 박종화씨」『부인신문』 1950.5.2.

「공보과영화과장에 안종화씨」『한성일보』 1950.5.17.

「문총구국대, 임원 개편」『서울신문』 1950.10.16.

「대한영화배급협회 7일 발회식 거행」『경향신문』 1952.7.30.

「대구국립극장장에 서항석씨 임명」『동아일보』 1952.11.19.

「대구문화극장 국립극장으로 결정」『경향신문』 1952.11.19.

「총수75명 학·예술원회원당선자」『동아일보』 1954.4.8.

「이일 김두한 씨 송청」『경향신문』1954.6.3.

「<황진이> 영화화」『조선일보』1955.2.18.

「<황진이>의 영화화」『경향신문』1955.2.20.

「영화인의 총연합회 회장에 윤봉춘씨」『경향신문』1956.3.3.

「한국영화인단체연합회결성」『조선일보』1956.3.4.

「창극 <춘향전> 공연」『조선일보』1956.5.11.

「유네스코한위 신임위원 선정」『경향신문』1956.6.9.

「대한영화협회 규약임원개선」『경향신문』1956.10.20.

「사도세자 안종화씨 감독작품」『조선일보』1956.12.5.

「영화주평」『한국일보』1956.12.9.

「첫합작에 기대 한형모」『경향신문』1957.4.25.

「영화 <춘향전> 제작」『조선일보』1957.5.1.

「정부수립 10주년 기념 문총서 행사준위구성」『경향신문』1957.8.16.

「부위장 분위장 선출 서울시문화위정총」『동아일보』1957.8.19.

「89년도문화상후보 문화위총회에서선출」『경향신문』1957.9.24.

「10명에 문화상 어제 서울시서 수여」『동아일보』1957.10.4.

「총천연색 <춘향전> 제작에 제하여」『경향신문』1958.2.22.

「<여사장> 광고」『경향신문』1958.5.13.

「국산영화획기적발전 총천연색 처음으로 성공」『동아일보』1958.10.9.

「서라벌예대실습영화제작」『경향신문』1960.11.26.

「한국영화 40년 전시회에 나타난 역사」『경향신문』1961.3.4.

「한국영화사를 편찬 영화인단체연합회서」『경향신문』1961.3.7.

「첫 사업은 영화회관건립」『조선일보』1962.1.6.

「애정삼백년 촬영 5개월 만에 완료」『경향신문』1962.4.2.

「10월 20일을 영화의 날로」『경향신문』1963.5.6.

「빛나는 공적으로 훈장받는 영광의 얼굴들」『경향신문』1963.8.13.

「광복절에 263명 포상」『경향신문』1963.8.12.

「우리 영화사(映畵史)의 증인」『경향신문』1966.8.24.

「안종화씨 별세」『경향신문』1966.8.24.

「한국영화의 '증인'은 가다」『동아일보』1966.8.25.

이성우, 「비화한 세대(129) 군정경찰[60] 통역관」『경향신문』1977.5.18.

_____ , 「비화한 세대(130) 군정경찰[61] 공보실 창설」『경향신문』1977.5.19.

3) 잡지

『조선문예』조선문예사, 1929.5.5.

이필우, 「조선 촬영기사의 고심」『대중영화』1930년 7월호.

심훈, 「조선영화인 언파레드」 『동광』 1931년 7월호.

沈熏, 「朝鮮映畵人 언파레드」 『東光』 23호, 1931.7.

김유영, 「우리들의 코-쓰- 시대공론은 이렇게 행진하라」 『시대공론』 1931.9.

서광제, 「영화인 자서전」 『시대공론』 2호, 1932.1.

신경균, 「금년도 조선영화개평: <강건너 마을>, <춘향전>, <은하에 흐르는 정열>」 『조광』 1935년 12월호(제1권 제2호).

서광제, 「고 나운규 씨의 생애와 예술」 『조광』 1937.10.

윤봉춘, 「나운규 일대기」 『영화 연극』 1939.11.

임화, 「조선영화발달소사」 『삼천리』 1941.6.

「朝鮮映畵人協會結成記念」 『삼천리』 1941.6.

「朝鮮映畵人略傳」 『映畵時代』 속간 1권 1호, 1946.3.

『영화시대』 속간 1권 1호, 1946.4.

안종화, 「백두산」 『영화시대』 1946.4.

『영화시대』 속간 2권 1호, 1947.1.

『영화시대』 속간 2권 2호, 1947.3.

「속간 일주년 기념호 지상 신연재 예고, 원작·각색·연출 안종화 선생, 백야 김좌진 장군일대기」 『영화시대』 1947.3.

남우·이금룡, 「인천집 잔치: 영화 <수우>에 출연하면서」 『영화시대』 속간 2권 5호, 1947.12.

남우·전택이, 「영화감독 안종화·점묘: 영화 <수우>에 출연하면서」 『영화시대』 속간 2권 5호, 1947.12.

안종화, 「영화 <수우>의 연출자로서」 『영화시대』 속간 2권 5호, 1947.12.

합동통신인용지국 박영, 「건영의 비약을 보고」 『영화시대』 속간 2권 5호, 1947.12.

김관수, 「영화제작의 진지성: <최후의 밤>을 기획하면서」 『영화시대』 속간 3권 1호, 1948.2.

「내외 신작 영화 소개」 『영화순보』 2권 1호, 1948.3.

이태우, 「신영화평: 건영(建映)의 작품 <수우(愁雨)>를 보고」 『영화시대』 속간 3권 2호, 1948.9.

안종화, 「김좌진 장군」 『민정』 1948.11.

_____, 「한국영화발달소사: 초창시대편」 『연극영화』 1954년 창간호.

_____, 「나와 「영화예술협회」 시대」 『신천지』 1954년 2월호.

_____, 「운명 (제1회)」 『영화세계』 1954년 12월호.

_____, 「활동사진에서 와이드스크린까지」 『여원』 1956년 6월호.

허백년, 「신영화평: 사도세자」 『영화세계』 1957년 2월호.

안종화, 「영화 사십년사 뒷마당 이야기(1회)」 『현대영화』 창간호, 1958.1.

「씨나리오 총천연색 춘향전 (신작전재)」 『영화세계』 1958년 2월호.

『국제영화』 1958년 9월호.

「서울물상연구소」 『국제영화』 1958년 9월호.

H기자, 「서울물상연구소를 찾아서」 『국제영화』 1958년 10월호.

「영화인 총동원의 <애정삼백년>」 『국제영화』 1962년 5월호.

안종화, 「예단의 변종인 윤백남」, 『여원』, 1962년 6월호.

李慶孫, 「無聲映畵時代의 自傳」, 『新東亞』, 1964.12.

「은막의 선구자 안종화씨가 남기고 간 것」, 『영화잡지』 통권 38호, 한일출판사, 1966.

Fauer, J, "ARRI Centennial: 100 years of motion picture technology", 『Film and Digital Times』, Sep. 2017.

2. 단행본

1) 국내

강옥희 외, 『식민지 시대 대중예술인 사전』, 소도, 2006.

강호, 『라운규와 그의 예술』, 조선문학예술총동맹 출판사, 1962.

권용숙, 『한국영화사 구술채록연구 시리즈 <생애사> 강범구』, 한국영상자료원, 2011.

김동호 외, 『한국영화 정책사』, 나남출판, 2005.

김명인, 『폭력과 모독을 넘어서』, 소명출판, 2021.

김미현 외, 『한국영화 기술사 연구』, 영화진흥위원회, 2002.

김미현 책임편집, 『한국영화사: 개화기에서 개화기까지』, 커뮤니케이션북스, 2006.

김소연 외, 『매혹과 혼돈의 시대: 1950년대 한국영화』, 소도, 2003.

김수남, 『한국영화교육의 선구자』, 대한민국예술원, 2000.

_____, 『한국영화감독론 1: 해방전 한국영화작가 12인』, 지식산업사, 2002.

_____, 『한국영화작가연구』, 예니, 1995.

김영희, 『한국전쟁기 미디어와 사회』, 커뮤니케이션북스, 2010.

_____, 『한국전쟁과 미디어』, 커뮤니케이션북스, 2015.

김종원, 『한국영화감독사전』, 국학자료원, 2004.

노만, 『한국영화사』, 법문사, 2023.

문화공보부 편, 『문화공보 30년』, 문화공보부, 1979.

민족문제연구소 편집부, 『친일인명사전』, 민족문제연구소, 2009.

벤 싱어 지음, 이위정 옮김, 『멜로드라마와 모더니티』, 문학동네, 2009.

안종화, 『신극사 이야기』, 진문사, 1955.

_____, 『한국영화측면비사』, 춘추각, 1962.

_____, 『한국영화측면비사』, 현대미학사, 1998.

오영숙, 『1950년대 한국영화와 문화담론』, 소명출판, 2007.

유민영, 『한국 인물연극사』, 태학사, 2006.

유현목, 『한국영화발달사』, 한진출판사, 1980.

이상준, 『영화와 문화냉전』, 소명출판, 2023.

이영일, 『한국영화인열전』, 영화진흥공사, 1982.

_____, 『한국영화전사(개정판)』, 소도, 2004.

이진석 옮김, 『1901년 서울을 걷다』, 푸른길, 2012.

이진순, 『한국연극사(1945년-1970년)』, 예술원, 1977.

이재명, 『해방기 남북한 극문학 선집』5, 평민사, 2019.

이효인, 『한국 근대영화의 기원』, 박이정 출판사, 2017.

_____ , 『한국영화역사강의 1』, 이론과 실천, 1992.

이형표 구술, 이순진 채록, 『2005년도 한국근현대예술사 구술채록연구 시리즈 69 : 이형표』, 한국문화예술위원회, 2006.

자크 오몽, 미셸 마리, 이윤영 옮김, 『영화작품 분석의 전개(1934-2019)』, 아카넷, 2020.

전범성 편, 『한국영화총서』, 한국영화진흥조합, 1972.

정태수, 『한국영화역사』, 박이정, 2024.

조능식 편, 『(영화) 춘향전』, 동명사, 1954.

조용만, 『울 밑에 핀 봉선화야: 30년대 문화계 산책』, 범양사출판부, 1985.

중앙대학교 60년사 편집위원회 엮음, 『중앙대학교육십년사: 1918-1978』, 중앙대학교, 1978.

한국영화연구소 엮음, 『한국영화를 말한다: 한국영화의 르네상스.3』, 한국영상자료원, 2007.

한국영상자료원 편, 『신문기사로 본 한국영화 1945-1957』, 공간과사람들, 2004.

_____ , 『신문기사로 본 한국영화 1958-1961』, 공간과사람들, 2004.

_____ , 『신문기사로 본 한국영화 1962-1964』, 공간과사람들, 2004.

_____ , 『한국영화계의 풍경 1945-1959』, 문학사상사, 2004.

한국영상자료원 한국영화연구소 엮음, 『일본어 잡지로 본 조선영화3』, 한국영상자료원, 2012.

한국영화진흥조합 편, 『한국영화총서』, 경성흥산, 1972.

한국예술연구소 편, 『이영일의 한국영화사를 위한 증언록-유장산·이경순·이창근·이필우 편』, 도서출판 소도, 2003.

_____ , 『이영일의 한국영화사를 위한 증언록-김성춘·복혜숙·이구영 편』, 도서출판 소도, 2003.

_____ , 『이영일의 한국영화사를 위한 증언록-성동호·이규환·최금동 편』, 도서출판 소도, 2003.

한국예술연구소, 『이영일의 한국영화사를 위한 증언록-윤봉춘편』, 소도, 2004.

한상언, 『해방 공간의 영화·영화인』, 이론과실천, 2013.

_____ , 『조선영화의 탄생』, 박이정, 2018.

홍영철, 『부산근대영화사』, 산지니, 2009.

「[영인] 한국영화40년기념 대전시회 팜플렛(1961)」, 『근대서지』 21호, 근대서지학회, 2020.

2) 국외

박삼문 편, 『在日朝鮮文化年鑑』, 朝鮮文藝社:東京, 1949.

Lescarboura, Arthur C., "The Cinema Handbook", Scientific American Publishing Co., 1921.

岩本憲兒 編著, 『日本映畫の歷史 第1巻』, 日本図書センター, 1998.

H. Mario Raimondo-Souto, "Motion Picture Photography", McFarland., 2006.

3. 논문

1) 국내

강혜경, 「한국경찰의 형성과 성격(1945~1953년)」, 숙명여자대학교 박사논문, 2002.

권두현, 「연극경연대회의 탄생과 제도화-동아일보사 주최 연극경연대회의 정치경제학」, 『한국극예술연구』 31, 한국극예술학회, 2010.

김소희, 「역-Dialogic: 역사란 죽은 나무를 되살리는 일—한국영화사가 이영일」, 한국예술종합학교 영상원, 『트랜스: 영상문화저널』 1, 씨앗을 뿌리는 사람, 1999.

김수남, 「한국영화계의 선비-안종화의 영화 인생 탐구」, 『영화평론』 10, 한국영화평론가협회, 1998.

김승구, 「『조선일보』의 1930년대 영화 관련 활동」, 『한국민족문화』 36, 한국민족문화연구소, 2010.

김인호, 「김좌진의 항일 인맥과 민족 이미지의 형성과 전개 - 반도의용정신대와 대한민청을 중심으로 -」, 『숭실사학』 34, 숭실사학회, 2015.

김일자, 「한국경찰 성격 연구: 1945~1960」, 이화여자대학교 석사논문, 1991.

문경연, 「한국 근대 대중연극계의 기억과 침묵 읽기 -남성 필자의 회고록과 자서전을 중심으로」, 『드라마연구』 26, 한국드라마학회, 2007.

박송, 「민족연극수립에의 제의(提議)-주로 「김좌진 장군」 극화의 소감」, 『영화시대』 1947년 11월.

박용규, 「1920년대 초 <시사신문>이 창간과 특성」, 『한국언론학보』 59권 5호, 2015.

박헌호, 「'문화정치'기 신문의 위상과 반(反) - 검열의 내적논리— 1920년대 민간지를 중심으로」, 『대동문화연구』 50, 성균관대학교 대동문화연구원, 2005.

백두산, 「3.1운동과 극장」, 『드라마연구』 제66호, 한국드라마학회, 2022.

백문임, 「조선영화라는 (불)안정한 위치: 『조선영화발달소사(1941)』의 생산」, 『동방학지』 168, 연세대학교 국학연구원, 2014.

변재란, 「1930년대 전후 프롤레타리아 영화 연구」, 중앙대 대학원, 석사학위 논문, 1989.

신강호, 「영화 <청춘의 십자로>의 스타일 연구」, 『현대영화연구』 7호, 한양대학교 현대영화연구소, 2009.

신원선, 「현존 최고 한국영화 <청춘의 십자로>의 의미」, 『민족문화논총』 39집, 영남대학교 민족문화연구소, 2008.

안홍선, 「식민지시기 중등 실업교육 연구」, 서울대 박사논문, 2015.

양승국, 「동아일보사 주최 연극경연대회에 대하여」, 『근대서지』 21, 근대서지학회, 2020.

이민영, 「동아일보사 주최 연극경연대회와 신극의 향방」, 『한국극예술연구』 42, 한국극예술학회, 2013.

이준엽, 「한국영화40년기념 대전시회 팜플렛 해제」, 『근대서지』 21호, 근대서지학회, 2020.

이청기, 「한국영화의 전사시대 및 발생기의 특성에 관한 연구(하)」, 『예술논문집』 6, 대한민국 예술원, 1967.

장신, 「1930년대 언론의 상업화와 조선·동아일보의 선택」, 『역사비평』 70, 역사비평사, 2005.

전지니, 「해방기 역사 소재 대중극 연구-김춘광, 박로아의 희곡을 중심으로」, 『한국연극학』 70, 한국연극학회, 2011.

_____, 「권총과 제복의 남성 판타지, 해방기 "경찰영화" 연구: <수우>, <밤의 태양>, <여명>(1948)을 중심으로」, 『현대영화연구』 22, 한양대학교 현대영화연구소, 2015.

_____, 「북한 문학에 나타난 백두산 재현 양상에 대한 시론 3대 세습체제와의 상관성을 중심으로」, 『문화와 융합』 44-3, 2022.

정민아, 「식민지 조선의 도시적 삶과 <청춘의 십자로>(1934)」 『현대영화연구』 7호, 한양대학교 현대영화연구소, 2009.

정종화, 「한국영화 성장기의 토대에 대한 연구」 중앙대학교 석사학위논문, 2002.

조혜정, 「미군정기 극장산업 현황 연구」 『영화연구』 14호, 한국영화학회, 1998.

_____ , 「미군정기 뉴스영화의 관점과 이념적 기반 연구」 『한국민족운동사연구』 68집, 한국민족운동사학회, 2011.

최선우·박진, 「미군정기 수도경찰청장 장택상(張澤相) 연구」 『경찰학논총』 5권1호, 원광대학교 경찰학연구소, 2010.

한상언, 「안석영의 영화소설 <노래하는 시절> 연구」 『근대서지』 제16호, 2017.

_____ , 「칼라영화의 제작과 남북한의 <춘향전>」 『구보학보』 22호, 구보학회, 2019.

함충범, 「역사적 실존 인물을 다룬 해방기 한국영화 연구」 『아세아연구』 58권 2호, 고려대학교 아세아문제연구소, 2015.

_____ , 「해방기 경찰영화의 등장배경과 장르화 경향 고찰: 시대적 특수성 및 역사적 의미와 더불어」 『기억과전망』 33호, 민주화운동기념사업회, 2015.

2) 국외

O. B. Depue, "My First Fifty Years in Motion Pictures," Journal of the Society of Motion Picture Engineers, vol. 49, no. 6, pp. 481~493, Dec. 1947.

Roberts, L. J., "SMPTE Historical Paper: Cameras and Systems: A History of Contributions from the Bell & Howell Co. (Part I)," SMPTE Journal, vol. 91, no. 10, Oct. 1982.

Roberts, L. J., "SMPTE Historical Paper: Cameras and Systems: A History of Contributions from the Bell & Howell Co. (Part II)," SMPTE Journal, vol. 91, no. 11, 1079–1086, Nov. 1982.

Roberts, L. J., "The Mitchell Camera: The machine and its makers," SMPTE Journal, vol. 91, no. 2, Feb. 1982.

4. 온라인 자료(인터넷 사이트)

국가기록원 홈페이지 https://www.archives.go.kr

국립중앙도서관 대한민국신문아카이브 https://nl.go.kr/newspaper

국사편찬위원회 한국사데이터베이스 https://db.history.go.kr

국회전자도서관 홈페이지 https://dl.nanet.go.kr

네이버 뉴스라이브러리 https://newslibrary.naver.com

대한민국역사박물관 홈페이지 https://www.much.go.kr

한국영상자료원 한국영화데이터베이스(https://www.kmdb.or.kr)

한국학중앙연구원 한국학자료통합플랫폼(https://kdp.aks.ac.kr)

5. 기타(영화 전단 등)

<사도세자> 영화전단/포스터 (대한민국역사박물관 소장/국립민속박물관)

안종화, <서라벌예술대학 강의계획서>, 연대미상 (영화진흥위원회 소장)

<우수국산영화 특혜작품 선정심사위원 위촉장, 1957> (영화진흥위원회 소장)

<조선영화인협회 보도자료, 1939> (영화진흥위원회 소장)

<천추의 한> 영화전단 (대한민국역사박물관 소장)

<춘향전> 영화전단 (대한민국역사박물관 소장)

찾아보기(색인)

인명

왕덕성
135

윌리엄 F. 딘(William F. Dean)
251

유동훈
316

유두연
39, 40, 267, 276, 420

유수준
95

유신혁
76

유장산
221, 260, 320, 404, 407, 408
410, 411, 413, 418, 423

유제한
268

유진오
267

유치진
266

유현목
35, 64, 297, 407

윤기정
59, 106, 108, 110, 113, 117,
128, 131, 132, 133, 135, 145,
146, 147

윤대룡
257

윤백남
17, 18, 19, 20, 26, 53, 55, 56,
57, 68, 86, 87, 88, 89, 94, 95,
96, 116, 117, 126, 128, 129,
131, 133, 223, 271, 275, 286,
287, 290, 291, 300, 308, 309,
311, 314, 414, 421

윤봉길
219, 229

윤봉춘
26, 28, 36, 61, 64, 118, 119,
136, 142, 148, 149, 151, 152,
157, 171, 180, 185, 227, 229,
231, 258, 267, 268, 271, 273,
274, 283, 297, 300, 407, 408,
417, 419

윤석중
268

윤용규
227, 417

윤인자
277

윤일선
267

윤헌
91

윤효중
268

이강천
36, 38, 64, 65, 260, 261, 269,
295

이경손
20, 24, 25, 58, 70, 91, 96, 98,
106, 110, 116, 117, 122, 156,
170, 288, 300, 302, 306, 406

이경환
84

이광수(춘원)
156

이구영
50, 51, 69, 107, 117, 131,
156, 169, 170, 180, 185, 190,
191, 227, 229, 256, 265, 409,
417, 420

이규동
297

이규백
267

이규환
26, 27, 28, 32, 34, 36, 60, 61,
63, 64, 70, 71, 119, 165, 166,
167, 169, 171, 184, 185, 227,
256, 264, 267, 271, 272, 273,
274, 279, 291, 295, 300, 313,
320, 321, 404, 409, 417, 420

이금룡
230, 283, 240, 242, 244, 246,
271, 412, 416, 417

이기세
83, 89, 97, 100, 128, 139,
180, 189, 190, 308, 411

이기현
212, 218

이만수
279

이만흥
258

이만희
316, 317

이명우
27, 61, 71, 125, 156, 166,
167, 180, 185, 199, 221, 239,
260, 409

이무영
268

이민자
277, 417

이민재
274

이병일
30, 35, 37, 38, 46, 64, 65,
227, 270, 273, 280, 300, 417,
420, 421

이복본
167

이봉래
40, 66

기타

단체

필진 소개

김종원 한국영화평론가협회 상임고문

「안종화 「한국영화 40년 약사」의 특징과 의미」

1937년 제주 출생. 시인이자 영화평론가이며, 현재 한국영화평론가협회 상임고문이다. 서라벌예술대학 문예창작과와 동국대학교 국문학과를 졸업했다. 1957년『문학예술』, 1959년『사상계』를 통해 시인으로 등단했다. 1959년 영화평론 활동을 시작하였으며 1965년 창립된 한국영화평론가협회 발기인이자 3대 회장을 역임했다.(1981.02.01.~1982.01.31.) 학원사와 조선일보사에서 근무했으며 1975년 자유언론 수호를 위한 조선투위에 참여하여 강제 해직당했다. 이후 공연윤리위원회(영상물등급위원회) 영화심의위원을 역임했으며 인하대, 동국대, 청주대, 한국예술종합학교 영상원 등에서 후학을 가르쳤다.

청룡영화상 제1회 정영일영화평론상,(1994.12.), 제주도 문화상(예술부문)(2000.12.), 영평상 공로영화인상(2020) 등을 수상했다. 저서로 영화평론집『영상시대의 우화』(第三企劃, 1985), 『한국영화사와 비평의 접점 I, II』(현대미학사, 2007), 『영화와 시대정신』(작가, 2020), 회고록『시정신과 영화의 길』(한상언영화연구소, 2023), 『제주영화사』(한상언영화연구소, 2024) 등이 있다.

김명우 중앙대학교 첨단영상대학원 영상예술학과 박사과정

「안종화의 초기 연출작 <꽃장사>와 <노래하는 시절>」

중앙대학교 첨단영상대학원에서 한국영화사 전공으로 석사학위를 받았다. 영화운동에 관심을 두고 한국영화사를 조망하는 연구를 진행하고 있다. 주요 관심 분야는 1980-90년대 영화운동단체 및 영화인 연구이다. 현재 동 대학원 영상예술학 박사과정에 재학중이며 한상언영화연구소 연구원으로 활동하고 있다. 저서로는『스탈린거리의 평양책방』(공저, 한상언영화연구소, 2022)이 있다.

남기웅 국립부경대학교 융합미디어빅데이터연구소 전임연구원

「한 손에는 '메가폰(megaphone)', 한 손에는 '교편(敎鞭)'을: 안종화의 영화교육 활동」

한양대학교 일반대학원에서 영화이론을 전공하여『영상(映像) 이전의 한국 영상(影像) 미학 연구』(2020)를 주제로 박사학위를 받았다. 아주대학교와 경희대학교에서 강의하며 한국영화의 역사와 미학에 관해 연구해오고 있다. 주요 논문으로「민족과 계급 사이의 영화비평, 그리고 아메리카니즘 - 해방기 영화비평 연구」(2015), 「'전사(全史)'라는 욕망, 전사(前史)가 된 '최초의 정사(正史)' - 노만(魯晩)의『한국영화사』(1964)를 중심으로」(2024) 등이 있으며, 공저로『해방과 전쟁 사이의 한국영화』(박이정, 2017) 등이 있다.

유창연 한국영상대학교 강사

「한국전쟁 이후 안종화의 영화계 활동」

영화학 박사. 한국영상대학교, 강서대학교 강사. 2024년 2월 한양대학교에서「영화를 통해 본 한국 대중문화 형성 과정 연구: 해방기, 한국전쟁기를 중심으로 (1945~1953)」로 박사학위를 수여받았다.「이미례 감독론: 1980년대 충무로 여성 영화감독의 장르성과 대중성」(2021), 「벨라 타르 초기작 연구 (1978~1985)」(2023) 등의 학술논문을 발표했으며, 한국영화사를 비롯한 한국 대중문화 역사에 관심을 두고 있다.

이화진 서울대학교 국어국문학과 조교수

「조선일보사 주최 '제1회 영화제'와 안종화의 영화사 서술」

서울대학교 국어국문학과 조교수. 한국영화 및 극장문화를 연구한다. 「'데프'의 영화를 찾아서 : <만종>(신상옥, 1970)과 그 주변」(2021), 「프랑스 지식인들과 전후 북한의 조우, 영화 <모란봉>(1960)」(2023), 「예술적 동정과 제국적 관용, 그 사이의 비평」(2019) 등의 논문과 『소리의 정치』(현실문화, 2016), 『조선영화란 하오』(공저, 창비, 2016), 『할리우드 프리즘』(공저, 소명출판, 2017), 『원본 없는 판타지』(공저, 후마니타스, 2020) 등의 책을 썼다.

이효인 경희대학교 연극영화학과 교수

「카프영화 운동과 안종화」

한국영화 연구서 『한국영화역사강의 1』(이론과 실천, 1992), 『한국 근대영화의 기원』(박이정, 2017), 『한국 근대영화사』(공저, 돌베개, 2019), 『한국 뉴웨이브 영화』(박이정, 2020), 에세이 『한국 뉴웨이브 영화와 작은 역사』(한상언영화연구소, 2021), 소설 『멜랑콜리 연남동』(사간서원, 2020), 『선물 같은 진경』(BOOKK, 2024)을 출간하였다. 현재 경희대학교 연극영화학과 교수로 재직 중이다.

전지니 한경국립대학교 브라이트칼리지 부교수

「해방기 안종화의 역사극과 '민족'이라는 화두」

한경국립대학교 브라이트칼리지 부교수로 재직 중이며 현재 University of California, Irvine 방문학자로서 연구를 수행 중이다. 연극평론가로 활동하며 드라마투르그로서 연극 프로덕션에도 참여한다. 『극장과 젠더-냉전과 남북한 극장의 젠더정치(1945-1980)』(소명출판, 2024) 『인간의 미래, 연극의 미래-한국 SF연극의 역사와 상상력』(연극과 인간, 2022), 『1940년대 극장의 감성과 이데올로기』(혜안, 2016), 『연극과 젠더』(공저, 연극과 인간, 2019), 『해방기 문학의 재인식』(공저, 소명출판, 2018), 『할리우드 프리즘』(공저, 소명출판, 2017), 『해방과 전쟁 사이의 한국영화』(공저, 박이정, 2017) 등을 썼다.

정종화 한국영상자료원 학예연구팀장

「식민지 조선의 멜로드라마가 우리에게 말해주는 것: <청춘의 십자로>」

한국영상자료원 학예연구팀장으로 근무하며, 중앙대학교 첨단영상대학원 겸임교수로 영화사를 가르친다. 한국영화사와 한일 비교영화사가 주 연구 분야로, 2014~2016년 교토대학 인문과학연구소에서 JSPS외국인특별연구원으로 공부했다. 주요 저서로 『韓国映画100年史―その誕生からグローバル展開まで』(明石書店, 2017), 『1990년대 한국영화』(공저, 앨피, 2022), 『1980년대 한국영화』(공저, 앨피, 2023) 등이 있다. 주요 논문으로 「Mode of Cinematic Plagiarism and Adaptation: How Ishizaka Yojiro's Novels Launched Korean Youth Film」 『Korea Journal』(vol. 57, no.3, 2017)와 「The Identity of "Joseon Film": Between Colonial Cinema and National Cinema」 『Korea Journal』(vol.59, no.4, 2019) 등이 있다.

조성민 영화진흥위원회 정책본부 영화기술인프라팀

「카메라로 본 한국영화사」

한국영화아카데미에서 촬영을 전공했으며 서강대학교에서 박사학위를 받았다. 관심 연구분야는 미디어 기술의 역사와 수용자이다. 영화진흥위원회에 재직하고 있으며 번역서와 저서로 『촬영전문가를 위한 포커스 매뉴얼』(책과길, 2006), 『이미지컨트롤』(커뮤니케이션북스, 2012), 『퓨처시네마』(커뮤니케이션북스, 2015), 『영화기술표준』(패턴엔플릭스, 2022)이 있다.

한상언 한상언영화연구소 대표

「안종화의 배우 시절: 여형배우에서 화형배우로」

한상언영화연구소 대표. 한양대학교에서 한국영화사 전공으로 박사학위를 받았다. 일제강점기부터 해방 직후 시기를 중심으로 한국영화사를 연구하고 있으며 주요 관심 분야는 식민과 분단 문제이다. 현재 충남 천안에서 복합문화공간 '노마만리'를 운영하고 있다. 저서로는 『해방공간의 영화 영화인』(이론과실천, 2013), 『조선영화의 탄생』(박이정, 2018), 『영화운동의 최전선』(한상언영화연구소, 2022), 『스탈린거리의 평양책방』(한상언영화연구소, 2023) 등이 있다.

함충범 한국영상대학교 영화영상학과 교수

「안종화 감독의 경찰영화 <수우>에 관한 재고찰」

한양대학교 연극영화학과에서 영화학 박사학위를, 고려대학교 중일어문학과에서 문학 박사학위를 받았으며, 서울시립대학교 국사학과 박사과정을 수료한 상태이다. 고려대학교 일본연구센터 연구교수, 나고야대학교 대학원 문학연구과 객원연구원, 한양대학교 현대영화연구소 연구교수를 거쳐, 현재 한국영상대학교 영화영상과 교수로 재직하고 있다. 주요 연구 분야는 한국영화사, 북한영화사, 일본영화사 등을 아우르는 동아시아 영화사이다. 주 전공은 식민지 시대를 중심으로 하는 한일 영화 교류·관계사이고, 계속해서 그 시기와 지역을 확대하며 연구의 지평을 넓혀 가는 중이다.

안종화 「한국영화 40년 약사」

ⓒ2024, 영화진흥위원회

발행일	2024년 12월 24일
발행인	한상준
저　자	안종화 김종원, 김명우, 남기웅, 유창연, 이화진, 이효인, 전지니, 정종화, 조성민, 한상언, 함충범
편집자	이영빈
발행처	영화진흥위원회
진　행	영화진흥위원회 정책본부 정책개발팀
주　소	48058 부산광역시 해운대구 수영강변대로 130
전　화	051-720-4700
홈페이지	kofic.or.kr
ISBN	978-89-8021-269-9 93680

제작 및 유통	두두북스
주　소	48231 부산광역시 수영구 연수로357번길 17-8
전　화	051-751-8001
이메일	doodoobooks@naver.com